Annette L. Dernick
Wolfgang Schwarzer
Rita Stein

Personalführung, Qualifizierung und Kommunikation

Fach- und Führungskompetenz für die Assekuranz

Geprüfter Fachwirt für Versicherungen und Finanzen
Geprüfte Fachwirtin für Versicherungen und Finanzen

Herausgegeben vom Berufsbildungswerk
der Deutschen Versicherungswirtschaft (BWV) e.V.

2. Auflage

vvw.de

Bibliografische Information der Deutschen Nationalbibliothek

Die Deutsche Nationalbibliothek verzeichnet diese Publikation
in der Deutschen Nationalbibliografie;
detaillierte bibliografische Daten sind im Internet über
http://dnb.d-nb.de abrufbar.

Herausgeber:

Berufsbildungswerk der Deutschen Versicherungswirtschaft (BWV) e.V.
Arabellastraße 29
81925 München

Tel. 089 922001-30
Fax 089 922001-44
info-bb@bwv.de
www.bwv.de

Fachkoordinator:
Hubert Holthausen Köln

Bandkoordinator:
Wolfgang Schwarzer Dortmund

Leider ist es kaum vermeidbar, dass Buchinhalte aufgrund von Gesetzesänderungen in immer kürzer werdenden Abständen schon bald nach Drucklegung nicht mehr dem neuesten Stand entsprechen.

Beachten Sie bitte daher stets unseren Aktualisierungsservice auf unserer Homepage unter www.vvw.de→Service→Ergänzungen/Aktualisierungen
Dort halten wir für Sie wichtige und relevante Änderungen und Ergänzungen zum Download bereit.

Satz Susanne Rihm Eggenstein
Herstellung Druckhaus Nomos Sinzheim

ISBN 978-3-89952-697-4

Annette L. Dernick
Wolfgang Schwarzer
Rita Stein

Personalführung, Qualifizierung und Kommunikation

Fach- und Führungskompetenz für die Assekuranz

2. Auflage

Vorwort

Die Rahmenbedingungen der Versicherungswirtschaft werden sich auch in den nächsten Jahren grundlegend ändern. Mit der 2009 in Kraft getretenen Verordnung zum anerkannten Abschluss „Geprüfte/-r Fachwirt/Fachwirtin für Versicherungen und Finanzen" hat die Versicherungsbranche ein innovatives Bildungskonzept für die Zukunft des Wirtschaftszweigs erarbeitet und rüstet ihre Mitarbeiterinnen und Mitarbeiter für den gestalterischen Umgang mit dem Wandel.

Wissenschaft und Berufspraxis haben bei diesem Bildungskonzept wieder Hand in Hand gearbeitet und die Verordnung auf den Nachweis der Kompetenzen abgestellt, die die Branche heute und morgen benötigt, um erfolgreich zu sein. Vorstände und Führungskräfte der Assekuranz haben im Vorfeld Tätigkeitsfelder definiert, in denen Fachwirte für Versicherungen und Finanzen schwerpunktmäßig arbeiten werden:

- Produktmanagement
- Vertriebsmanagement
- Risikomanagement
- Schaden- und Leistungsmanagement

Aufbauend auf den Kenntnissen, Fertigkeiten und Fähigkeiten der Ausbildung zum Kaufmann / zur Kauffrau für Versicherungen und Finanzen werden die Studierenden in den grundlegenden Qualifikationen *Steuerung und Führung im Unternehmen, Marketing und Vertrieb von Versicherungs- und Finanzprodukten für Privatkunden* sowie *Personalführung, Qualifizierung und Kommunikation* ihr Know-how erheblich erweitern. In der anschließenden Spezialisierung auf einen aus sechs Produktmanagementbereichen und einen aus drei betrieblichen Kernprozessen können die Studierenden ihre Kompetenzen in den Feldern ausbauen, die ihrem beruflichen Werdegang und ihren Potenzialen entsprechen. Der vorliegende Band *Personalführung, Qualifizierung und Kommunikation* begleitet die Fortbildung und kann darüber hinaus auch allen anderen an der Materie Interessierten als Fachliteratur empfohlen werden.

Die Fortbildung wie auch die zugehörige Literatur orientieren sich an betrieblichen Praxisfällen. In der Fachwirtliteratur wird deshalb Bezug genommen auf Handlungssituationen der fiktiven Versicherungsgesellschaft Proximus AG. Aus diesem Grund ist ein Profil der Proximus AG vorangestellt.

Mit dem vorliegenden Band bedanken sich Herausgeber und Redaktion sehr herzlich bei den Autoren und wünschen allen Studierenden viel Erfolg!

München, im März 2013

Profil Proximus Versicherung

Geschichte

Die Proximus Versicherung AG wurde 1885 von sächsischen Wirtschafts- und Finanzkreisen in Dresden zum Betrieb der Feuer-, Transport- und Haftpflichtversicherung gegründet.

Im Jahre 1924 erwarb sie die 1910 von der Textilindustrie errichtete Chemnitzer Lebensversicherung AG, die durch die Inflation in Schwierigkeiten geraten war. Nach dem Zweiten Weltkrieg verlegten beide Gesellschaften ihren Sitz nach München. Im Jahre 1965 übernahm die Chemnitzer Lebensversicherung AG den Bestand der 1930 von mehreren Handwerkskammern gegründeten Amboss Lebensversicherung auf Gegenseitigkeit. 1951 fusionierte sie mit der von rheinischen Geschäftsleuten ins Leben gerufenen Düsseldorfer Lebensversicherung AG und nahm gleichzeitig die neue Firma Proximus Lebensversicherung AG an. Heute ist die Proximus eines der bedeutendsten deutschen Lebensversicherungsunternehmen.

Die Proximus Versicherung AG und die Proximus Lebensversicherung AG gründeten 1970 die Proximus Krankenversicherung AG, die sich außerordentlich erfolgreich entwickelte. 1988 erweiterte die Gruppe ihre Dienstleistungen mit der Ausrichtung auf den Finanzsektor. Sie erwarb die Süddeutsche Handelsbank AG und gründete die Proximus Bausparkasse AG. Zwei Jahre später wurde die erste ausländische Niederlassung in Italien gegründet – in der Hauptstadt Rom.

Tätigkeiten

Die Proximus Versicherungsgruppe bietet die gesamte Vielfalt der Versicherungszweige an. Dabei betreibt die Proximus Versicherung AG die Schaden- und Unfallversicherung, die Proximus Lebensversicherung AG das Lebensversicherungsgeschäft und die Proximus Krankenversicherung AG alle Arten der privaten Krankenversicherung. Außerdem werden über die Süddeutsche Handelsbank AG und die Proximus Bausparkasse AG die einschlägigen Finanzprodukte angeboten.

Die Proximus Versicherungsgruppe zählt zurzeit über 7,85 Millionen Verträge für Kunden in acht europäischen Ländern.

Hauptgeschäftsfelder sind die Lebens-, Kranken-, Kraftfahrt- und Haftpflichtversicherung.

Die Gruppe hat zurzeit 8.270 Angestellte. Sie benutzt drei Vertriebswege:

- Ausschließlichkeitsvertreter und Mehrfachvertreter (zzt. 2.890)
- Maklervertrieb (zzt. 70 Makler)
- Bankenvertrieb (Süddeutsche Handelsbank AG)

Das Lebensversicherungsgeschäft beläuft sich auf über 50 % des gesamten Prämienvolumens in Höhe von 7,2 Milliarden Euro.

Konzernstruktur

Die Muttergesellschaft der Proximus Versicherungsgruppe ist die Proximus Versicherung AG. Zu ihr gehören die Lebens- und Krankenversicherungs-Gesellschaft sowie die beiden Finanzdienstleistungs-Unternehmen.

Geschäftsadresse:
Proximus Versicherung AG,
Luisenstraße 7, 80333 München

Es bestehen 4 Landesdirektionen mit über 30 Bezirksdirektionen und etwa 1300 Agenturen.

- Landesdirektion Ost: Berlin
- Landesdirektion Nord: Hamburg
- Landesdirektion West: Köln
- Landesdirektion Süd: Stuttgart

Niederlassungen werden außer in Italien in folgenden Staaten der Europäischen Union unterhalten: Belgien, Dänemark, Frankreich, Großbritannien, Niederlande und Polen.

Legende

Zu Beginn eines Kapitels werden auf einer **Einstiegsseite** erläutert:

- Nachzuweisende Befähigung
  Kompetenzen, die in den Prüfungen nachzuweisen sind)
- Qualifikationsinhalte des Kapitels

Verwendete Elemente und Symbole:

Lernziele

Handlungssituationen

Beispiele

Definitionen und Merksätze

Exkurse

Zusammenfassungen

Aufgaben zur Selbstüberprüfung

Lösungen zu den Aufgaben zur Selbstüberprüfung sind abrufbar unter:
www.bwv.de/fachwirtliteratur_loesungen
www.vvw.de → Service → Ergänzungen/Aktualisierungen

Inhaltsverzeichnis

Abkürzungsverzeichnis

AC	Assessment-Center
AGG	Allgemeines Gleichbehandlungsgesetz
AGV	Arbeitgeberverband der Versicherungsunternehmen in Deutschland
AO	Ausbildungsordnung für die Berufsausbildung zum/zur Kaufmann/Kauffrau für Versicherungen und Finanzen
ArbG	Arbeitsgesetze
ArbZG	Arbeitszeitgesetz
AVmG	Altersvermögensgesetz
bAV	betriebliche Altersversorgung
BBiG	Berufsbildungsgesetz
BetrVG	Betriebsverfassungsgesetz
BGB	Bürgerliches Gesetzbuch
BSC	Balanced Scorecard
CBT	Computer-based-training
CD	Compact Disc
EDV	Elektronische Datenverarbeitung
EU	Europäische Union
GdWZ	Grundlagen der Weiterbildung (Zeitschrift)
IHK	Industrie- und Handelskammer
JArbSchG	Jugendarbeitsschutzgesetz
KVF	Kaufmann/Kauffrau für Versicherungen und Finanzen
MbD	Management by Delegation
MbE	Management by Exception
MbO	Management by Objectives
MuSchG	Mutterschutzgesetz
SFU	Fachwirt-Literatur „Steuerung und Führung im Unternehmen"
SGB	Sozialgesetzbuch
VN	Versicherungsnehmer
VNR	Visionen. Nutzen. Rat. Verlag für die deutsche Wirtschaft
VU	Versicherungsunternehmen
WBT	Web-based-training

Abbildungsverzeichnis

Kapitel 5

Kapitel 6

Kapitel 7

Tabellenverzeichnis

Teil 1

Personalführung

Kapitel 1

Führungsstile und -techniken anwenden

Wolfgang Schwarzer

Nachzuweisende Befähigung

Die angehenden Fachwirte/Fachwirtinnen für Versicherungen und Finanzen sollen imstande sein, Mitarbeiter individuell zu fördern und zu entwickeln sowie Führungsstile und -techniken anzuwenden (gemäß Erläuterungsbroschüre*, Qualifikationsinhalte und Handlungssituationen, 3.2 und 3.5).

Qualifikationsinhalte des Kapitels

Die Absolventen können im Einzelnen:

- Motivation fördern (3.2.4)
- Elemente der Personalführung erläutern (3.5.1)
- Führungsstile bewerten (3.5.2)
- Führungstechniken einsetzen (3.5.3)
- Führung im Team begründen (3.5.4)

* Berufsbildungswerk der Deutschen Versicherungswirtschaft (Hrsg.): Erläuterungen zur Fortbildung Geprüfter Fachwirt für Versicherungen und Finanzen, Verlag Versicherungswirtschaft, Karlsruhe 2012

1. Einleitung

Als Fachwirt für Versicherungen und Finanzen streben Sie u. a. an, als Spezialist in einem Fachbereich tätig zu werden, in Projektgruppen mitzuwirken, eine Führungsaufgabe im Innen- oder Außendienst zu übernehmen oder eine eigene Versicherungsagentur selbstständig zu führen. Zudem sind Sie für die Aus- und Weiterbildung Ihrer Mitarbeiter und Kollegen verantwortlich. Bei allen Tätigkeiten arbeiten Sie mit Kollegen zusammen oder Sie führen Personal. Für die Bewältigung der mit diesen Positionen verbundenen Aufgaben ist es für Sie sehr hilfreich, die Grundlagen der Personalführung zu kennen.

Im folgenden Kapitel erhalten Sie zunächst eine Einführung über das Arbeits- und Leistungsverhalten von Menschen in Betrieben. Eine konkrete Vorstellung vom menschlichen Verhalten und seinen Einflussfaktoren hilft Ihnen, die Voraussetzungen für Personalführung zu verstehen, um zukünftig die Aufgaben einer Führungskraft im Führungsprozess wahrzunehmen. Mithilfe dieser Erkenntnisse können Sie unterschiedliche Führungsstile bewerten und Führungstechniken anwenden. Die Besonderheiten von Führung im Team können Sie erklären. Die Motivation der Mitarbeiter stellen Sie im Rahmen der Personalführung sicher.

2. Menschliche Arbeitsleistung im Betrieb

Lernziele

Sie lernen motivationale Grundlagen des menschlichen Verhaltens kennen und erfahren, wie Sie durch bewusste Gestaltung von Arbeitsbedingungen gewünschte Verhaltensweisen von Mitarbeitern fördern können.

Handlungssituation

Sie sind Inhaber einer Generalagentur der Proximus Versicherungen in einer Stadt mit ca. 38.000 Einwohnern. Seit drei Jahren ist ein ehemaliger Auszubildender der Direktion als Kundenberater für Sie tätig. Mit dessen Vertriebserfolgen sind Sie sehr zufrieden. In Ihrem Ladenlokal in der Fußgängerzone kümmern sich zwei Teilzeitkräfte um die Vertriebsunterstützung und um administrative Aufgaben. Eine Ihrer Innendienstkräfte wirkt in letzter Zeit unzufrieden und neigt manchmal zu oberflächlicher Arbeit. Sie überlegen sich, ob Sie den Innendienstmitarbeitern finanzielle Anreize geben müssen oder ob es weitere Möglichkeiten gibt, die Arbeitsleistung Ihrer Mitarbeiter zu erhöhen.

2.1. Generalisierende Erklärungsansätze

Es gibt verschiedene Erklärungsansätze für das Zustandekommen der menschlichen Arbeit.

2.1.1 Menschenbilder

In der Management-Forschung bildeten sehr vereinfachte und verallgemeinerte Menschenbilder die Grundlage erster wissenschaftlicher Theorien zur Erklärung des menschlichen Verhaltens im Betrieb. Dies beeinflusste auch den Umgang der Führungskräfte mit den Mitarbeitern. In der Forschung wurden generell drei unterschiedliche Menschenbilder beschrieben.

economic man

- Der *rational ökonomische Mensch* (economic man), der einzig von materiellen Anreizen gesteuert ist und versucht, seinen Nutzen zu maximieren. Diesem Menschentyp wird Emotionslosigkeit unterstellt. Das Bild des economic man entstand in der Zeit der Industrialisierung. Damals zogen ungelernte Landarbeiter in die Städte. Sie waren vor allem darauf angewiesen, ihre Arbeitskraft zu vermarkten, um ihre existenziellen Bedürfnisse zu befriedigen.

social man

- Dem *sozialen Menschen* (social man) sind die Beziehungen zu anderen Menschen sehr wichtig. Dieses Menschenbild geht davon aus, dass aufgrund von gesellschaftlichen Rahmenbedingungen der einzelne Mensch materiell abgesichert ist und somit das soziale Miteinander dominiert.

- Beide Menschenbilder erscheinen in der heutigen Zeit als sehr extrem und wenig angemessen. Daher gehen moderne Konzeptionen der Personalführung vom Menschen als *komplexem Wesen* (complex man) aus. Dieser Mensch hat sowohl rationale Züge, sucht aber auch soziale Beziehungen und versucht sich selbst zu verwirklichen.

complex man

2.1.2 Scientific Management (Taylorismus)

Der Amerikaner Frederick W. Taylor stellte im Jahr 1911 Untersuchungen vor, in denen er mithilfe naturwissenschaftlicher Methoden versuchte, einen optimalen Einsatz von Mensch und Maschine zu ermöglichen. Auf der Grundlage von Zeit- und Bewegungsstudien zerlegte Taylor Arbeitsvorgänge und steigerte so die Arbeitsleistung der Mitarbeiter. Daraus ergab sich, dass Taylor eine strikte Trennung zwischen Hand- und Kopfarbeit einführte (die Leitung gab den Arbeitern einen optimalen Arbeitsvorgang vor und entzog den Mitarbeitern dadurch die geistige Arbeit) und eine komplette Arbeitsteilung (reduziert auf einzelne Handgriffe pro Arbeiter) vollzog. Aufgrund dieser Arbeitsteilung konnte er, entsprechend der Arbeitsbedingungen eines einzelnen Arbeitsplatzes, Anforderungen an einen Mitarbeiter formulieren und damit die Personalauswahl verbessern.

economic man

Da Taylor davon ausging, dass der Mensch überwiegend durch monetäre Anreize zu motivieren ist (economic man), führte er eine Entlohnung auf Basis des Stücklohns ein. Somit profitierten die Arbeiter aufgrund der höheren Produktivität.

Aus heutiger Sicht ist die vereinfachte Betrachtung bzw. die Reduktion des Menschen auf den „economic man" als unzureichend anzusehen; dennoch beeinflusst der Taylorismus noch heute die industrielle Arbeitsgestaltung (z. B. Fließbandarbeit).

2.1.3 Human-Relations-Ansatz

Arbeitsbedingungen

Beim Human-Relations-Ansatz sollte der Einfluss unterschiedlicher Arbeitsbedingungen (z. B. „freundliche" Gestaltung der Arbeitsplätze, Pausenregelungen) auf die Arbeitsproduktivität ermittelt werden. Untersuchungen, die zwischen 1927 bis 1932 bei General Electric durchgeführt wurden, zeigten zwar, dass Testgruppen aufgrund von besseren Arbeitsbedingungen eine höhere Leistung erzielten, andererseits stiegen aber auch die Leistungen in parallel beobachteten Kontrollgruppen an, welche unter unveränderten Bedingungen arbeiteten. Möglicherweise ergab sich diese Leistungssteigerung allein schon dadurch, dass eine Beobachtung vorgenommen wurde.

Arbeitszufriedenheit

Im Zuge der Interpretation der Ergebnisse kam man zu der Auffassung, dass neben den von Taylor eingeführten Leistungsdeterminanten die Arbeitsleistung auch durch die Arbeitszufriedenheit bestimmt wird. Die Beziehung in der Gruppe bzw. die Anerkennung durch die Führungskraft beeinflusst die Leistungsbereitschaft der Mitarbeiter.

Obwohl die oben beschriebenen Untersuchungen den wissenschaftlichen Standards von heute nicht genügen, lässt sich feststellen, dass sie Einfluss auf viele Ansätze zum Führungsverhalten bzw. auf die Erklärung von unterschiedlichen

Führungsstilen hatten. Die begrenzte Sicht auf das Menschenbild des „social man" erweist sich schon durch die Tatsache, dass ein gutes Arbeitsklima in einer Gruppe nicht automatisch zu einer Leistungssteigerung führt.

2.1.4 Humanistische Ansätze

Selbstverwirklichung

Ab Mitte der 1950er Jahre wurde u. a. von Maslow und McGregor die humanistische Sichtweise der Management-Forschung eingeleitet. Ausgehend von einer hierarchischen Anordnung der menschlichen Bedürfnisse (siehe Abschnitt 2.2.1.1) und den gesellschaftlichen Rahmenbedingungen, in denen zu Zeiten eines allgemeinen Wohlstandes die existenziellen Bedürfnisse der Mitarbeiter gedeckt sind, rückte das Bedürfnis nach Selbstverwirklichung in die Betrachtung der Erklärungsansätze. Während die oben erläuterten Ansätze die Bedürfnisbefriedigung außerhalb der eigentlichen Arbeit ansiedelten (z. B. Belohnung durch Geld oder soziale Kontakte), rückt nun eine Bedürfnisbefriedigung durch die Arbeit selbst in den Vordergrund. Ein Mitarbeiter ist bereit, sich aktiv für die Unternehmensziele einzusetzen, wenn sich diese mit seinen individuellen Interessen verbinden lassen, so lautete eine der Hauptthesen. Das Menschenbild der humanistischen Ansätze (complex man) führte zu neuen Organisationsformen der Arbeit im Betrieb, bei denen den Mitarbeitern erweiterte Handlungsspielräume in Form von Aufgabenerweiterungen und Übertragung von Kompetenzen zugestanden wurden.

2.2 Motivationstheoretische Ansätze

Die motivationstheoretischen Ansätze beschäftigen sich damit, wie menschliches Verhalten zustande kommt, wobei es in der Wissenschaft keine allgemein akzeptierte Motivationstheorie gibt. Die Erkenntnisse der verschiedenen Motivationstheorien bilden allerdings die Grundlage dafür, dass eine Führungskraft durch richtiges Verhalten situationsbezogen seine Mitarbeiter motivieren kann. Vor der Betrachtung ausgewählter Motivationstheorien erfolgt zunächst eine Begriffsklärung.

Motive

Mangelzustand

Unter Motiven werden Beweggründe verstanden. Motive können angeboren (z. B. Hunger, Durst) oder durch Sozialisation (z. B. Bedürfnis nach Anerkennung) erlernt worden sein. Handlungen bzw. das Verhalten einer Person werden durch einen Mangelzustand ausgelöst, um das entsprechende Motiv zu befriedigen. Allerdings muss dieser Mangel eine bestimmte Schwelle überschreiten, damit ein Motiv aktiviert wird.

Die folgenden Schritte verdeutlichen dies:

- Ein Mangel wird bewusst.
- Es wird erwartet, dass der Mangel durch ein bestimmtes Verhalten beseitigt wird.
- Das Verhalten, von dem erwartet wird, dass es im Sinne der Erwartung zu Befriedigung führt, wird eingeleitet.
- Das Verhalten wird – im Sinne einer so genannten Endhandlung – zum Abschluss geführt.
- Der Zustand der Befriedigung oder Sättigung tritt ein.

(Zitiert nach Conrads 2003, S. 184)

1

Beispiel

Eine eher kontaktfreudige Mitarbeiterin verbringt den gesamten Vormittag alleine in der Agentur. Da weder Kunden vorbeikommen noch Anrufe eingehen, fühlt sie sich einsam. Sie beginnt zu telefonieren, um z. B. die Bedürfnisse nach sozialen Kontakten oder nach Anerkennung zu befriedigen.

Motivation

Neben dem Motiv hat der Begriff „Motivation" eine besondere Bedeutung. Motivation wird aus dem lateinischen „movere" (englisch: to move) abgeleitet und bedeutet „bewegen". Es geht also darum, sich selbst oder andere zu einer Handlung bzw. einem Verhalten zu bewegen.

intrinsische und extrinsische Motivation

Zu unterscheiden sind die intrinsische und die extrinsische Motivation. Bei der intrinsischen Motivation kommt das Verhalten von innen heraus, z. B. weil ein Mensch etwas gerne tut und er daraus eine innere Befriedigung erhält. Die extrinsische Motivation kommt von außen. Eine Handlung wird vollzogen, weil es dafür eine Belohnung (z. B. eine Prämie) gibt. Stärker und andauernder wirkt die intrinsische Motivation. Wird eine Person immer extrinsisch motiviert, dann wird diese Person dauerhaft nur noch aufgrund der Belohnung etwas tun.

Volition

Willenskraft

Neben der Motivation ist auch die Volition für das Verständnis von menschlichem Verhalten bzw. von Führungsprozessen von Bedeutung. Während die Motivation die Zielsetzung beeinflusst, also auf die Frage ausgerichtet ist, welcher Beweggrund für eine bestimmte Handlung oder ein Verhalten ursächlich wird, ist unter Volition der Gebrauch des „Willens" für Entscheidungen oder auch die Kraft des „Wollens" zu verstehen. Es geht also um die Frage, welche Willenskraft eine Person besitzt, Ziele tatsächlich umzusetzen.

Beispiel

In der Pause sitzen mehrere Kollegen zusammen und unterhalten sich über ihre zurzeit mangelnde körperliche Fitness. Einige fassen nun den Beschluss, ein für alle machbares viermonatiges Trainingsprogramm zu erarbeiten. Tatsächlich starten sieben Personen samstags ein Laufprogramm. Nach Ablauf von vier Monaten haben lediglich zwei Personen dieses Programm durchgehalten. Die übrigen aus der Pausenrunde haben erst gar nicht begonnen bzw. haben das Programm vorzeitig beendet.

Volition beschreibt also das Ausmaß der Willenskraft, die erforderlich ist, Absichten in Ergebnisse umzusetzen. Je mehr Störungen es dabei gibt, die auf den Prozess einwirken, desto mehr Willenskraft ist erforderlich um tatsächlich durchzuhalten.

Für die Unternehmen ist es wichtig, Führungskräfte zu haben, die die Fähigkeit besitzen, Motive, Ziele und Wünsche in Resultate umzusetzen bzw. auf ihre Mitarbeiter dahingehend einzuwirken. Die Metapher: „Der Wille versetzt Berge" oder „neuamerikanisch": „Yes we can" sind treffende Aussagen dazu.

Motivationstheorien

Um ein Verständnis von menschlichem Verhalten im Betrieb zu erlangen bzw. Möglichkeiten der Einflussnahme von Führungskräften auf die Mitarbeiter zu beschreiben, werden ausgewählte Motivationstheorien dargestellt. Um nun eine Erklärung des menschlichen Verhaltens im Betrieb bzw. einer Einflussnahme der Führungskräfte auf die Mitarbeiter zu geben, werden ausgewählte Motivationstheorien dargestellt. Eine Möglichkeit, Motivationstheorien zu ordnen, ist die Einteilung in Inhalts- und Prozesstheorien.

2.2.1 Inhaltstheorien

Inhaltstheorien

Bei den Inhaltstheorien wird versucht zu erklären, was (mit welchem Inhalt) bei einem Individuum ein Verhalten auslöst.

2.2.1.1 Bedürfnistheorie

Der in der Literatur am weitesten verbreitete motivationstheoretische Ansatz ist die Bedürfnistheorie nach Abraham Maslow, der als klinischer Psychologe arbeitete. McGregor übertrug die Gedanken Maslows im Zuge der o. g. humanistischen Forschungsansätze auf die Arbeitsmotivation.

Maslow geht davon aus, dass der Mensch durch bestimmte Bedürfnisse motiviert wird. Diese Bedürfnisse stehen nicht nebeneinander, sondern sind hierarchisch geordnet. Er geht weiter davon aus, dass ein Bedürfnis nur dann und nur so lange Einfluss auf das Verhalten hat, wie es nicht befriedigt ist. Dies führt zu der Hypothese, dass die Befriedigung eines hierarchisch niedrigen Bedürfnisses die Voraussetzung dafür ist, dass ein nächst höheres Bedürfnis aktiviert werden kann. Gleichzeitig setzt ein so genanntes „Streben nach Höherem" ein.

Maslow unterscheidet zwei Klassen von Bedürfnissen: Die Mangel- oder Defizitbedürfnisse und die Wachstumsbedürfnisse. Die Bedürfnistheorie von Maslow wird häufig in Form einer Pyramide dargestellt:

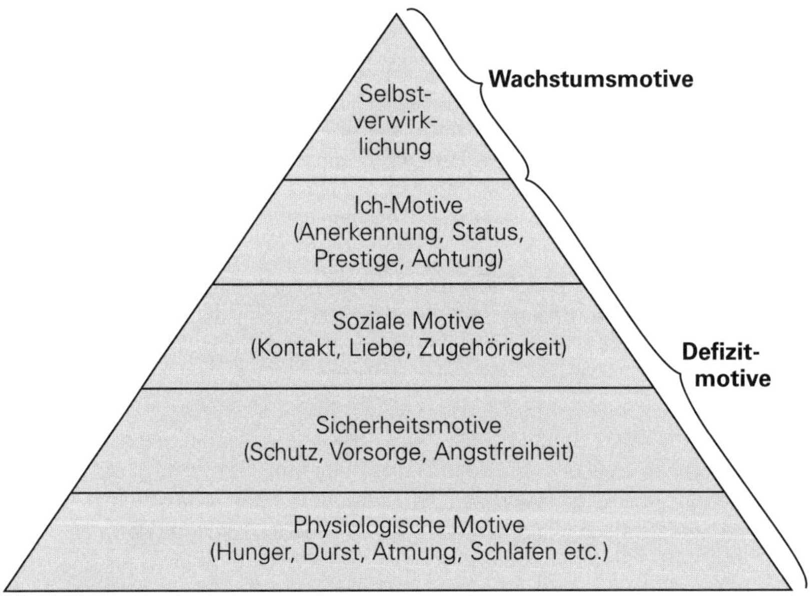

Abbildung 1: Motivationspyramide nach Maslow (Conrads 2003, S. 189)

Der Theorie von Maslow hat große Beachtung gefunden, wurde aber auch viel kritisiert, da sie z. B. nicht auf empirischen Untersuchungen basierte. Zudem blieben unterschiedliche situative oder gesellschaftliche Aspekte unberücksichtigt, denn der Ansatz basierte einzig auf Rahmenbedingungen der amerikanischen Mittelschicht. Darüber hinaus ist es vor dem Hintergrund alltäglicher Erfahrungen denkbar, dass Motive unterschiedlicher Rangstufen gleichzeitig wirken können.

Trotzdem sind auch heute noch aus dieser Theorie – allerdings sehr vereinfacht – Erkenntnisse für die Führung von Mitarbeitern abzuleiten. Alleine die Tatsache, dass eine Führungskraft aus diesem Modell ableiten kann, dass ihre Mitarbeiter unterschiedliche Bedürfnisse haben, ist wichtig. So kann ein langjähriger Mitarbeiter mit einem relativ hohen Einkommen mit Ich-Motiven (Prestige, Anerkennung, Status) motiviert werden. Im Versicherungsvertrieb ist es z. B. üblich, für die besten Verkäufer Incentive-Reisen durchzuführen. Der materielle Wert dieser Reisen ist für die meisten dieser Top-Verkäufer vermutlich nebensächlich, wichtig ist die Zugehörigkeit zu der prämierten Gruppe (z. B. Gold-Club, Club der besten Verkäufer etc.). Auch heute noch streben Mitarbeiter nach hierarchischen Titeln, obwohl weder finanzielle Vorteile oder höhere Befugnisse dahinterstehen. Oft lässt sich beobachten, dass Mitarbeiter, die durch ihre Vorgesetzten nicht ausreichend gelobt oder gefördert werden bzw. auf einer bestimmten Karrierestufe stehen bleiben, sich Anerkennung oder Selbstverwirklichung in anderen Organisationen (z. B. Vereinen) suchen.

2.2.1.2 ERG-Modell

In Anlehnung an Maslow entwickelte Clayton Alderfer 1969 die so genannte ERG-Theorie als motivationstheoretischen Ansatz. Alderfer reduziert die fünf Bedürfnisstufen Maslows auf drei und gibt die strenge hierarchische Ordnung bzw. das Rangfolgenprinzip auf. Im Einzelnen unterscheidet er nach folgenden Bedürfnissen:

- E = Excistence Needs (Existenzbedürfnisse): Sie umfassen die physiologischen Bedürfnisse sowie einen Teil der Sicherheitsbedürfnisse (z. B. Einkommen, Wohnung, Versicherung gegen die Folgen von Krankheit, Arbeitslosigkeit etc.).

Existenzbedürfnisse

- R = Relatedness Needs (Beziehungsbedürfnisse): Hier sind die Bedürfnisse gemeint, die die sozialen Beziehungen zu anderen (wie z. B. beim Bedürfnis nach Zuwendung oder Anerkennung) zum Ziel haben.

Beziehungsbedürfnisse

- G = Growth Needs (Wachstumsbedürfnisse): Hierzu zählen die Bedürfnisse nach Selbstverwirklichung, Selbstständigkeit und Unabhängigkeit.

Wachstumsbedürfnisse

Grundlegend für die ERG-Theorie sind die vier folgenden Prinzipien:

- **P 1:** Ein nicht befriedigtes Bedürfnis wird dominant.
- **P 2:** Wird ein Bedürfnis nicht befriedigt, so wird das hierarchisch niedrigere Bedürfnis dominant.
- **P 3:** Durch die Befriedigung eines Bedürfnisses wird das hierarchisch höhere aktiviert.
- **P 4:** Frustration eines Bedürfnisses kann zur Persönlichkeitsentwicklung beitragen und höhere Bedürfnisse aktivieren bzw. zu höheren Anspruchsniveaus führen.

Tabelle 1: Prinzipien der ERG-Theorie (Conrads 2003, S. 191)

Durch die Anwendung dieser Prinzipien auf die drei Motivklassen (ERG) beschreibt Alderfer seine Theorie durch sieben Grundaussagen.

- **G 1:** Je weniger die Grundbedürfnisse befriedigt werden, desto stärker werden sie.
- **G 2:** Je weniger die sozialen Bedürfnisse befriedigt werden, desto stärker werden die Grundbedürfnisse.
- **G 3:** Je mehr die Grundbedürfnisse befriedigt werden, desto stärker werden die sozialen Bedürfnisse.
- **G 4:** Je weniger die sozialen Bedürfnisse befriedigt werden, desto stärker werden sie.
- **G 5:** Je weniger die Entfaltungsbedürfnisse befriedigt werden, desto stärker werden die sozialen Bedürfnisse.
- **G 6:** Je mehr die sozialen Bedürfnisse befriedigt werden, desto stärker werden die Entfaltungsbedürfnisse.
- **G 7:** Je mehr die Entfaltungsbedürfnisse befriedigt werden, desto stärker werden sie.

Tabelle 2: Grundaussagen der ERG-Theorie (Conrads 2003, S. 191)

So kann die Verhinderung der Befriedigung höherwertiger Bedürfnisse zu Frustrationen und zur Dominanz niederer Bedürfnisse führen. Allerdings wird die Verstärkung eines höheren Bedürfnisses bei Befriedigung eines niedrigeren Bedürfnisses als Regelfall angenommen. Zudem geht Alderfer davon aus, dass Bedürfnisse auch nach ihrer Befriedigung noch aktiv sein können. Bedürfnisse unterschiedlicher Klassen können gleichzeitig wirken.

Im Gegensatz zu Maslow berücksichtigt die ERG-Theorie die Tatsache, dass Menschen sehr unterschiedlich auf Bedürfnisbefriedigung reagieren können. So kann ein Mangel an sozialen Bedürfnissen bei dem einen Menschen Frustration auslösen und damit verbunden den Wunsch nach einer „Ersatzbefriedigung“ durch z. B. vermehrtes Essen (Befriedigung von Grundbedürfnissen). Bei einem anderen Menschen wird der Wunsch nach sozialer Bedürfnisbefriedigung noch weiter verstärkt.

2.2.1.3 Zwei-Faktoren-Theorie

Herzberg (1959) und seine Mitarbeiter befragten Arbeitnehmer unterschiedlichster Positionen und Fachrichtungen über angenehme und unangenehme Arbeitssituationen (Methode der kritischen Ereignisse). Dabei stellte sich heraus, dass jeweils unterschiedliche Ursachen für Zufriedenheit und Unzufriedenheit genannt wurden.

Motivatoren

Faktoren, mit denen Arbeitszufriedenheit erreicht werden kann, sind nach Herzberg so genannte Motivatoren (auch: Satisfaktoren). Hierzu zählen u. a. Lob und Anerkennung, Erfolgserlebnisse und die Möglichkeit, selbstständig Verantwortung zu übernehmen.

Hygienefaktoren

Faktoren, die eine Arbeitsunzufriedenheit verhindern können, werden von ihm als Hygienefaktoren (auch: Dissatisfaktoren) bezeichnet. Hier sind u. a. die Beziehungen zu Vorgesetzten und Kollegen, das Arbeitsumfeld und das Gehalt zu nennen.

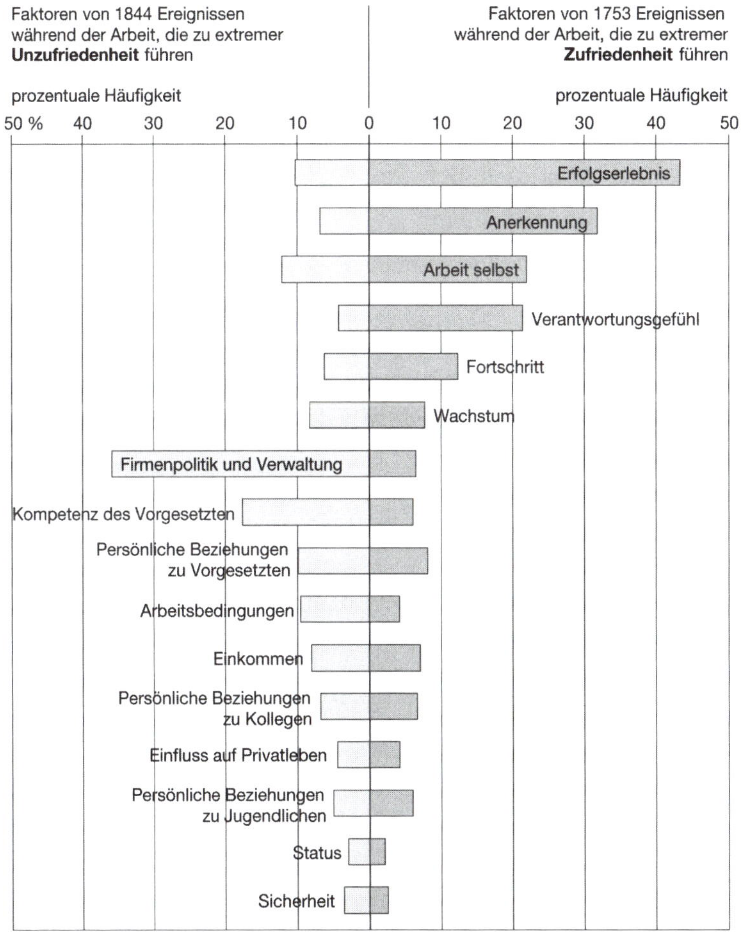

Abbildung 2: Zufriedenheit und Unzufriedenheit am Arbeitsplatz (Befragungsergebnisse von Herzberg, Böck 2006, S. 270)

Für die betriebliche Praxis bzw. für die Personalführung bedeutet dies, dass Motivation über die Motivatoren erfolgen muss. Eine Förderung der Hygienefaktoren bedeutet im günstigsten Fall den Zustand der Nicht-Arbeitsunzufriedenheit. Wie aus dem angeführten Beispiel deutlich wird, erscheint es als problematisch, wenn Mitarbeitern Faktoren weggenommen werden, die als Hygienefaktoren eingestuft sind. Unzufriedenheit bis hin zur inneren Kündigung kann die Folge sein.

Beispiel

Ein Mitarbeiter hat ein sehr schön eingerichtetes, großes Büro mit Blick in einen Park für sich allein zur Verfügung. Der „Besitz" dieses tollen Büros wird den Mitarbeiter allerdings nur kurze Zeit motivieren. Schon bald ist es für ihn selbstverständlich. Im Zuge von Umstrukturierungen wird der Mitarbeiter in ein anderes Büro versetzt. Er teilt sich nun das Büro mit Kollegen, sitzt mit Blick auf eine vielbefahrene Straße und hat weniger Platz als vorher. Seine Arbeitsbedingungen (Hygienefaktor) haben sich hiermit verschlechtert. Die Gefahr, dass dieser Mitarbeiter unzufrieden wird, ist hoch.

2.2.2. Prozesstheorien

Bei den Prozesstheorien geht es darum, in welcher Weise das Motivationsgeschehen abläuft und welche gedanklichen Vorgänge (Kognitionen) damit verbunden sind.

2.2.2.1 Erwartungsvalenztheorie

Erwartungsvalenztheorien sind abstrakte mathematische Denkmodelle und gehen von einem rational, zielorientiert handelnden Menschen (economic man) aus. Das Verhalten dieses Menschen hängt von der eingeschätzten Wahrscheinlichkeit, ein Ziel zu erreichen, ab sowie von dem subjektiv wahrgenommenen Wert (Attraktivität) des realisierten Sachverhalts. Der Mensch wird also den Weg einschlagen, von dem er glaubt, dass das Produkt aus Zielattraktivität und Wahrscheinlichkeit am größten ist.

Zum besseren Verständnis dieser Theorien soll das folgende Beispiel dienen (in Anlehnung an Conrads 2003, S. 194).

Beispiel

Ein Mitarbeiter hat gleich zwei interne Stellenausschreibungen entdeckt, in denen jeweils ein Abteilungsleiter für die Niederlassungen in Köln und Stuttgart gesucht wird. Da er sich schon seit längerem weiterentwickeln möchte, ist er an beiden Möglichkeiten interessiert. Allerdings ist ihm auch bekannt, dass eine Bewerbung nur dann als glaubwürdig und chancenreich eingestuft wird, wenn er sich nur für eine Stelle bewirbt.

In ersten Gesprächen mit Kollegen hat er erfahren, dass die Rahmenbedingungen und Perspektiven in Köln wesentlich besser als die in Stuttgart sind. Allerdings wird er nun auch bewerten müssen, inwieweit seine Bewerbung Chancen auf Erfolg hat. Da er seinen potenziellen Vorgesetzten in Stuttgart noch aus der gemeinsamen Ausbildungszeit kennt, rechnet er sich in Stuttgart größere Chancen aus.

Wenn man nun die Zielattraktivität als Valenz (V) bezeichnet und deren subjektive Einschätzung auf einer Skala von -1 bis +1 abbildet und gleichzeitig die subjektive Wahrscheinlichkeit (Expectancy = E) für den Erfolg der Bewerbung auf einer Skala von 0 bis 1 misst, kann man die bessere Alternative berechnen.

Aufgrund der beschriebenen Ausgangssituation wird nun für die Alternative Köln eine Valenz von 0,9 und eine Wahrscheinlichkeit (E) von 0,2 angenommen. Für Stuttgart gilt die Annahme, dass V 0,5 und E 0,6 ist.

Alternative Köln:	V = 0,9	E = 0,2	0,9 * 0,2 = 0,18
Alternative Stuttgart:	V = 0,5	E = 0,6	0,5 * 0,6 = 0,30

Da die Alternative Stuttgart mit einem deutlich besseres Ergebnis abschneidet als die Alternative Köln, ist davon auszugehen, dass der Mitarbeiter sich für die Stelle in Stuttgart bewirbt – obwohl er die Attraktivität der Stelle in Köln isoliert betrachtet deutlich höher eingestuft hatte.

Mit dem hier beschriebenen Beispiel soll ansatzweise eine Vorstellung der Erwartungsvalenztheorien verdeutlicht werden. Weitere Differenzierungen erscheinen nicht notwendig, da in der betrieblichen Praxis wohl nur sehr wenige Mitarbeiter unter rein logischen und mathematischen Gesichtspunkten ihre Entscheidungen treffen. Wichtig erscheint aber die Tatsache, dass mehrere Faktoren nebeneinander wirken und der Mitarbeiter vor dem Auslösen einer Handlung möglicherweise versuchen wird, antizipativ in die Zukunft zu schauen. So kann z. B. ein Abteilungsleiter nicht davon ausgehen, dass ein erwünschtes Mitarbeiterverhalten (z. B. Ableistung von Mehrarbeit) zwangsläufig durch eine Belohnung (Geld, Zulage) ausgelöst wird. Der Mitarbeiter könnte z. B. bewerten, dass er durch die Ableistung der Überstunden von den Kollegen als „Streber" angesehen wird und er dadurch innerhalb der Gruppe zum Außenseiter wird.

Ein anderer Mitarbeiter wird vielleicht trotz der Gehaltsversprechungen des Vorgesetzten keine Überstunden leisten wollen, weil er nach seinen Erfahrungen annimmt, dass diese Versprechungen aufgrund der betrieblichen Rahmenbedingungen sowieso nicht eingehalten werden.

2.2.2.2 Gleichgewichtstheorie

Gleichgewicht und Gerechtigkeit

Die Gleichgewichtstheorie von Adams basiert auf dem Gedanken von Gleichgewicht und Gerechtigkeit. Der Grundgedanke ist ein Tauschgeschäft. Dabei unterscheidet Adams zwischen einem direkten und einem indirekten Tausch.

direkter Tausch

Beim direkten Tausch stellt der Mitarbeiter z. B. seine Arbeitskraft zur Verfügung und erhält dafür ein Gehalt. Empfindet er dieses Gehalt als angemessen zu seiner Leistung, so ist seine innere Waage im Gleichgewicht und der Mitarbeiter ist zufrieden. Wird das Aufgabengebiet des Mitarbeiters horizontal oder vertikal erweitert (Job enlargement, Job enrichment), sodass er schwierigere Arbeitsvorgänge erledigt als vorher, so erwartet der Mitarbeiter eine Anpassung seiner Bezüge. Erhält er die höhere Bezahlung, ist seine innere Waage im Gleichgewicht.

indirekter Tausch

Beim indirekten Tausch vergleicht der Mitarbeiter die Belohnung, die er für seine Arbeit erhält, mit der wahrgenommenen Belohnung seiner Kollegen.

1

Beispiel

Ein Schadensachbearbeiter ist nach Tarifgruppe V eingestuft. Er reguliert täglich 35 Schäden. Durch Zufall stellt er fest, dass ein Kollege, der ebenfalls 35 Schäden mit gleichem Schwierigkeitsgrad reguliert, in Gehaltsgruppe VI eingestuft ist. Der Mitarbeiter fühlt sich benachteiligt, sein inneres Gleichgewicht ist gestört. Der Mitarbeiter wird nun versuchen, ebenfalls nach Gehaltsgruppe VI eingestuft zu werden. Gelingt ihm dies, ist seine subjektive Welt wieder in Ordnung. Gelingt ihm dies jedoch nicht, besteht die Gefahr, dass er seine Arbeitsleistung reduziert, um so sein Gleichgewicht wieder herzustellen.

Die hier beschriebenen Tauschbeziehungen lassen sich auf vielfältige andere Arbeitssituationen (Übertragung von Aufgabengebieten, Lob und Anerkennung, Teilnahme an Fortbildungsveranstaltungen, bevorzugte Berücksichtigung bei der Wahl des Zeitraums für den Jahresurlaub etc.) übertragen.

Zusammenfassung

Die Kenntnisse über die Gestaltung von Arbeitsbedingungen und Motivation als Voraussetzung für zielorientiertes Verhalten bilden eine wesentliche Grundlage der Personalführung.

Die Entwicklung der Arbeitsbedingungen im Betrieb basiert auf unterschiedlichen Menschenbildern. Eine Führungskraft sollte seine Mitarbeiter als komplexe Wesen ansehen, die aufgrund unterschiedlicher Interessenlagen bzw. unterschiedlicher persönlicher Voraussetzungen individuell zu führen sind.

Das Bild vom „economic man", dem Menschen, der nur rational daran denkt, seine Arbeitskraft zu vermarkten, oder vom „social man", der durch die Bereitstellung von sozialen Einrichtungen im Betrieb zu einer höheren Leistung angeregt wird, ist überholt. Gleichwohl kann aus den Erkenntnissen des Taylorismus abgeleitet werden, dass ein gewisser Grad an Arbeitsteilung sehr sinnvoll ist, denn nur so können Mitarbeiter entsprechend ihrer individuellen Voraussetzungen (Können) und ihrer Neigungen (Wollen) ausgewählt werden. Allerdings sollten Mitarbeiter nicht nur als „ausführende Organe" betrachtet werden. Aus den Erkenntnissen der humanistischen Management-Forschung lässt sich ableiten, dass die Gestaltung der Arbeitsplätze und die sozialen Beziehungen eines Mitarbeiters zu den Kollegen und zu seiner Führungskraft Auswirkungen auf die Arbeitszufriedenheit haben. Ein gutes Betriebsklima und eine positive Arbeitsplatzgestaltung führen zwar nicht zwangsläufig zu einer höheren Arbeitsleistung, allerdings beeinflussen schlechte Rahmenbedingungen die Leistungen in negativer Weise.

Wichtig für den wirtschaftlichen Erfolg der Unternehmen ist eine zielgerichtete Personalführung. Die Arbeitsleistung in Betrieben hängt davon ab, inwieweit die Mitarbeiter motiviert sind, im Unternehmensinteresse zu handeln. Für das Entstehen der Motivation sind Motive verantwortlich. Motive sind Beweggründe, die entweder angeboren sind (z. B. Essen, Trinken, Schlafen) oder sich durch die Sozialisation der Person (z. B. Anerkennung, Macht) gebildet haben. Motive müssen aktiviert werden, damit sie zum Handeln einer Person führen. Dabei sind gleichzeitig die äußeren Rahmenbedingungen zu berücksichtigen, denn neben der Motivation sind auch die Komponenten „Wollen" und „Dürfen" zu beachten.

Um menschliches Verhalten zu erklären oder vorherzusagen, wurden verschiedene Motivationstheorien entwickelt. Dabei gibt es keine allgemein gültige Theorie. Die Theorien lassen sich in Inhalts- und Prozesstheorien einteilen.

Die Inhaltstheorien versuchen zu erklären, was bei einem Menschen ein bestimmtes Verhalten auslöst. Die Bedürfnispyramide nach Maslow und das ERG-Modell von Alderfer gehen dabei von unterschiedlichen Bedürfnisklassen aus, deren Wirksamwerden aufgrund verschiedener Prinzipien erklärt wird. Die Zwei-Faktoren-Theorie von Herzberg unterscheidet zwischen Motivatoren und Hygienefaktoren. Nur die Motivatoren beeinflussen die Arbeitsleistung positiv; Die als Hygienefaktoren bezeichneten Rahmenbedingungen können lediglich Unzufriedenheit abbauen.

Prozesstheorien betrachten die in einem Individuum ablaufenden Prozesse. Erwartungsvalenztheorien gehen davon aus, dass rational denkende Menschen sich dafür entscheiden, welcher maximale Wert sich aus dem Produkt von Nutzen und Auftretenswahrscheinlichkeit ergibt. Die Gleichgewichtstheorie von Adams basiert auf dem Gedanken, dass der Mensch über einen inneren Gerechtigkeitssinn verfügt und dabei im Rahmen von so genannten Tauschbeziehungen handelt. Arbeitsleistung wird z. B. gegen Gehalt eingetauscht. Beides muss in einem ausgewogenen Verhältnis zueinander stehen. Zusätzlich werden die eigene Leistung und die dafür erhaltene Gegenleistung (z. B. das Gehalt) mit der erbrachten Leistung der Kollegen und den dafür vermuteten Gegenleistungen verglichen.

Handlungssituation

Sie sind Inhaber einer Generalagentur der Proximus Versicherungen in einer Stadt mit ca. 38.000 Einwohnern. Seit drei Jahren ist ein ehemaliger Auszubildender der Direktion als Kundenberater für Sie tätig. Mit seinen Vertriebserfolgen sind Sie sehr zufrieden. In Ihrem Ladenlokal in der Fußgängerzone kümmern sich zwei Teilzeitkräfte um die Vertriebsunterstützung und um administrative Aufgaben. Eine Ihrer Innendienstkräfte wirkt in letzter Zeit unzufrieden und neigt manchmal zu oberflächlicher Arbeit. Sie überlegen sich, ob Sie den Innendienstmitarbeitern finanzielle Anreize geben müssen oder ob es weitere Möglichkeiten gibt, die Arbeitsleistung Ihrer Mitarbeiter zu erhöhen.

Als Inhaber der Generalagentur sollten Sie zunächst überlegen, ob Sie die Arbeitsbedingungen Ihrer Innendienstmitarbeiter in der Vergangenheit bewusst oder unbewusst verändert haben. Haben Sie die Arbeitsplätze (Ort, Lichtverhältnisse, Möbel) verändert? Dies könnte z. B. dazu geführt haben, dass sich eine Mitarbeiterin gegenüber der anderen zurückgesetzt fühlt (Gleichgewichtstheorie), weil sie möglicherweise noch mit einem alten PC arbeitet und der andere Arbeitsplatz mit einem neuen ausgestattet wurde. Es könnte auch sein, dass Sie die Arbeitszeiten verändert haben (z. B. längere Servicezeiten) und die Mitarbeiterin auf bisher liebgewonnene Freiräume verzichten muss (Zwei-Faktoren-Theorie, Hygienefaktoren). Veränderungen der Rahmenbedingungen können zu Unzufriedenheit führen. Vielleicht überlegen Sie sich, wie Sie mit einfachen Maßnahmen die Arbeitsbedingungen verbessern können und wie Sie z. B. durch gemeinsame Besprechungsrunden (z. B. Einführung einer gemeinsamen Frühstücksrunde einmal pro Woche) die Beziehungen der Kollegen untereinander und zu Ihnen als Führungskraft verbessern können (Human-Relations-Ansatz).

Weiterhin gilt zu überlegen, ob die Mitarbeiter über jeweils abgegrenzte Aufgabengebiete verfügen, welche sie eigenverantwortlich bearbeiten können. Eine Arbeitsteilung steigert die Arbeitsleistung, weil sich die Mitarbeiterinnen zu Spezialistinnen entwickeln. Es hat für Sie auch den Vorteil, dass Sie die Aufgaben entsprechend der Fähigkeiten und Neigungen der Mitarbeiter verteilen können (Scientific Management). Zusätzlich motivieren Sie die Mitarbeiter durch die Übertragung von Aufgaben und Befugnissen (Zwei-Faktoren-Theorie).

Im Rahmen der Motivation ist es wichtig zu analysieren, was die einzelnen Mitarbeiter tatsächlich motiviert. Jeder Mensch wird von anderen Beweggründen (Motiven) angetrieben. Eine Verallgemeinerung wäre falsch. Während eine noch sehr junge Mitarbeiterin z. B. mit Geld zu motivieren ist, weil sie sich beispielsweise eine eigene Wohnung einrichten möchte, kommt eine andere Mitarbeiterin, deren Mann über ein sehr gutes Einkommen verfügt, nur deswegen ins Büro, um soziale Kontakte zu pflegen (Bedürfnispyramide, ERG-Modell). Jeder Mitarbeiter strebt vermutlich andere Ziele an und ist daher mit unterschiedlichen Maßnahmen zu motivieren.

Die Notwendigkeit die Bezüge der Mitarbeiter anzupassen, wenn entsprechende Aufgabenerweiterungen (Schwierigkeitsgrad, Arbeitsqualität und Arbeitsquantität) vorgenommen werden, ist zwingend gegeben. Allerdings sollte auf Motivation durch ausschließlich finanzielle Anreize verzichtet werden, weil hierdurch immer nur kurzfristige Arbeits- bzw. Verhaltensänderungen herbeigeführt werden (vgl. intrinsische und extrinsische Motivation).

1

3. Grundlagen der Personalführung

Lernziele

Sie lernen die Grundlagen der Personalführung kennen. Neben Begriffsbestimmungen werden Voraussetzungen der Personalführung erklärt. Ihnen werden die Aufgaben einer Führungskraft im Führungsprozess erläutert und es werden die Anforderungen bzw. Eigenschaften an eine Führungskraft dargestellt. Führungsleitlinien sollen Ihnen bei der Umsetzung Ihrer Führungsaufgaben helfen.

Handlungssituation

Sie sind Führungskraft im Bereich „Krankenversicherung/Leistung". Seit Ihrer Ausbildung zum Kaufmann für Versicherungen und Finanzen sind Sie mit einem Kollegen eng befreundet. Dieser Kollege hat Sie telefonisch um ein vertrauliches Gespräch gebeten. Ihm ist die Stelle eines Gruppenleiters angeboten worden. Nun ist er sich nicht sicher, welche Aufgaben auf ihn zukommen und ob er die Anforderungen, die an eine Führungskraft gestellt werden, erfüllen kann. Außerdem möchte er von Ihnen wissen, welche Voraussetzungen bei der Personalführung zu berücksichtigen sind und ob er sich an Leitlinien orientieren kann. Da Sie Ihrem Kollegen helfen wollen, bereiten Sie sich intensiv auf dieses Gespräch vor.

3.1 Personalführung als Teil der Unternehmensführung

Unternehmen werden zu dem Zweck der Leistungserbringung betrieben. Dies geschieht durch die Kombination der elementaren Produktionsfaktoren Werkstoffe, Betriebsmittel und ausführende Arbeit. Um zielgerichtet arbeiten zu können, bedarf es zusätzlich dispositiver Produktionsfaktoren, d. h. der Leitung, Planung, Organisation und Kontrolle.

Diese Arbeit ist somit der bestimmende Faktor jeder betriebswirtschaftlichen Betätigung. Dies gilt insbesondere für Dienstleistungsunternehmen und somit für die Unternehmen der Versicherungswirtschaft. Heute und in Zukunft werden nur solche Unternehmen rentabel und überlebensfähig sein, die auf eine langfristige Strategie setzen. Hierfür werden handlungskompetente Mitarbeiter benötigt, die in der Lage sind, selbstständig und eigenverantwortlich alle derzeitigen und zukünftigen Problemstellungen zu erkennen und diese im Sinne von Kunden und Unternehmen zu lösen. Diese Mitarbeiter müssen kreativ und innovationsfähig sein, über Fach-, Methoden- und Sozialkompetenz verfügen und die Bereitschaft mitbringen, ihre Kräfte so zu bündeln, dass die gemeinsamen Ziele erreicht werden.

Zur Erfüllung des Unternehmenserfolgs übernehmen die Führungskräfte eine zentrale Aufgabe. Sie müssen die von der Unternehmensleitung getroffenen grundlegenden Entscheidungen zur Unternehmenspolitik, zu den Unternehmenszielen und zur Unternehmensstrategie mit ihren Mitarbeitern umsetzen. Darüber hinaus sind sie dafür verantwortlich, dass im Unternehmen ein soziales Umfeld vorhanden ist, in dem die Mitarbeiter dauerhaft zufrieden sind und sich zu handlungskompetenten Mitarbeitern entwickeln können.

Führung

Unter Führung ist ein Prozess zu verstehen, der das Verhalten einer Vielzahl von Menschen zielorientiert beeinflusst. Zu unterscheiden sind die Unternehmensführung, die sich sachbezogen auf die Festlegung von Unternehmenszielen und grundlegenden Strategien bezieht, und die Personalführung, welche personenbezogen die getroffenen strategischen Entscheidungen auf den einzelnen Hierarchieebenen des Unternehmens umsetzt. Somit ist die Personalführung ein Teil der Unternehmensführung. Die Führung erfolgt in mehreren Führungs- bzw. Managementebenen:

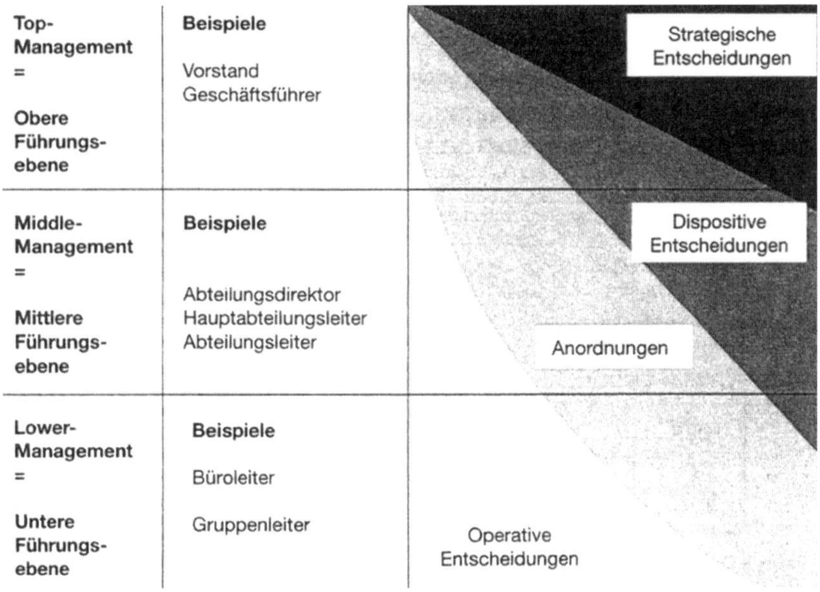

Abbildung 3: Führungs- bzw. Managementebenen (in Anlehnung an Olfert 2008, S. 221)

Nach Jung (1997, S. 402) sind die folgenden Merkmale für die Personalführung charakteristisch:

Merkmale für die Personalführung

- Es sind mindestens zwei Personen (Führungskraft und Mitarbeiter) am Führungsprozess beteiligt.
- Eine soziale Interaktion findet statt.
- Die Führung erfolgt zielgerichtet, d. h., bestimmte Ergebnisse sollen erreicht bzw. bestimmte Aufgaben erfüllt werden.
- Es wird eine Verhaltensauslösung bzw. -steuerung bewirkt.

3.2 Der Führungsprozess

Wie bereits oben beschrieben, soll die Personalführung den Bestand des Unternehmens sichern und den Mitarbeitern die Möglichkeit geben, sich zu entfalten. „Der Führungsprozess stellt die Abfolge der zweckgerichteten Beeinflussung des Verhaltens der Mitarbeiter durch die Führungskräfte dar. Er hat einen sachlichen Aspekt, der die Unternehmensführung betrifft, und einen personalen Aspekt, der im Rahmen der Personalführung anzusprechen ist, denn von allen Phasen des Führungsprozesses ist das Personal unmittelbar betroffen" (Olfert 2008, S. 221).

Die Phasen des Führungsprozesses gehen aus der folgenden Abbildung hervor:

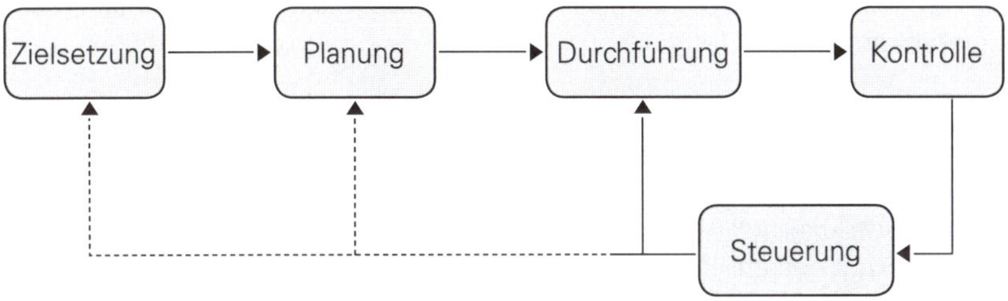

Abbildung 4: Phasen des Führungsprozesses
(Olfert, Personalwirtschaft, Kiehl Verlag, 2008, S. 221)

Führungsaufgaben

Die Zielsetzung erfolgt auf der Grundlage der Vorgaben der Unternehmensleitung. Die Führungskraft selbst muss sich an diesen Zielen orientieren und sie an die Mitarbeiter kommunizieren. Die wesentlichen Aufgaben, die sich aus dem Führungsprozess ergeben, werden im Folgenden beschrieben.

planen und disponieren

Beim Planen und Disponieren geht es grundsätzlich um folgende Fragestellungen:

- Warum soll eine bestimmte Tätigkeit gemacht werden?
- Wo soll dieser Prozess erfolgen?
- Wer ist dafür zuständig?
- Bis wann muss die Arbeit erledigt sein?

Mitarbeiter auszuwählen

Problemfindung initiieren

Dabei gehört es auch zu den Aufgaben der Führungskraft, die entsprechenden Mitarbeiter auszuwählen und mit diesen Mitarbeitern den Prozess der Problemfindung zu initiieren. Bei der Planung ist es notwendig, Alternativen zu bedenken und eine Entscheidung herbeizuführen.

Planung

Arbeitsaufträge erteilen

Die Führungskraft muss die entsprechenden Arbeitsaufträge erteilen, wobei sicherzustellen ist, dass die Aufträge eindeutig und vollständig erteilt werden. Für die Wertschätzung und Motivation der Mitarbeiter ist es notwendig, die Arbeitsaufträge entsprechend zu begründen und bei der Übertragung von Aufgaben auch Kompetenzen zu vergeben.

Kontrolle

Die Phase der Kontrolle von Aufgaben dient nicht nur der Sicherstellung von Qualität und Quantität, sondern ist auch notwendig, um eine Grundlage für die

1

Beurteilung

Beurteilung der Mitarbeiter zu haben. Lob und Anerkennung, konstruktive Kritik und die Motivation der Mitarbeiter gehören zu den wichtigsten Führungsaufgaben. Die aus der Kontrolle gewonnenen Erkenntnisse bilden die Basis, um Förder- bzw. Entwicklungsmaßnahmen für die einzelnen Mitarbeiter einzuleiten. Zudem ist die Rückmeldung von den Mitarbeitern die Grundlage dafür, den Prozess zu optimieren und steuernd einzugreifen.

Zusammenhalt in der Gruppe

Information, Kommunikation

Da Aufgaben immer im Zusammenspiel von mehreren Personen oder sogar mehreren Organisationseinheiten durchgeführt werden, ist es die Aufgabe der Führungskraft, den Zusammenhalt in der Gruppe zu sichern bzw. zu fördern und die Beziehungen untereinander zu pflegen. Zusätzlich ist es notwendig, die Mitarbeiter auf ein gemeinsames Ziel auszurichten. Dazu gehört die Information aller Beteiligten und die Kommunikation nach außen bzw. die Präsentation der Ergebnisse.

originäre Führungsaufgaben

Nicht alle Aufgaben, die sich aus der direkten Mitarbeiterführung ergeben, sind delegierbar. Es ist zwingend notwendig, dass Ziele persönlich mit den Mitarbeitern vereinbart werden. Gleiches gilt für Lob, Anerkennung und Kritik, also auch Beurteilung und Motivation. Diese Aufgaben müssen zwingend von der Führungskraft persönlich ausgeführt werden. Daher werden sie auch als klassische oder originäre Führungsaufgaben bezeichnet. Andere Aufgaben, wie z. B. Planungsaufgaben, können auf Mitarbeiter übertragen werden.

3.3 Führungsvoraussetzungen

Da es in Unternehmen häufig nicht ausreicht, dass Führungskräfte quasi als Vorbilder vorangehen und deren Mitarbeiter folgen, regeln klare Machtverhältnisse das Miteinander zwischen Führungskräften und Mitarbeitern. So hat Oberhäuser (Conrads 2003, S. 150) Personalführung als „Einflussnahme mittels Macht auf das Verhalten der Mitarbeiter durch den Führenden, um ein bestimmtes Ziel (Unternehmensziel) zu erreichen", definiert. Neben Macht gilt Autorität als weitere Führungsvoraussetzung.

3.3.1 Autorität als Führungsvoraussetzung

Der Vorgesetzte sollte über Autorität verfügen, die sich darin äußert, dass er seinen Mitarbeitern Weisungen erteilt, die diese tatsächlich ausführen. Die Autorität wird als eine Einflussgröße angesehen, die eine freiwillige Unterordnung der Mitarbeiter voraussetzt. Nach Simon (2009, S. 38) ist ein Führer „jemand, der Menschen dazu bringt, Dinge zu schaffen, die sie alleine nicht schaffen würden."

Autorität

Autorität entsteht z. B. durch die charismatische Ausstrahlung einer Führungskraft, die durch hohe Handlungskompetenz hervorsticht und Eigenschaften wie Integrität, Zuverlässigkeit und Vertrauenswürdigkeit auf sich vereint. Autorität wird auch dadurch begründet, dass Mitarbeiter die Fachkompetenz der Führungskraft und die Fähigkeit, situationsgemäß sachgerecht zu entscheiden und zu handeln, anerkennen.

Anhand einer Befragung von hundert Führungskräften ermittelte Richter (1989, S. 90) einige autoritätsfördernde und autoritätshemmende Eigenschaften bzw. Verhaltensweisen von Führungskräften.

autoritätsfördernde Eigenschaften

So wurden u. a. als autoritätsfördernde Eigenschaften identifiziert: Gerechtigkeit, Toleranz gegenüber anderen Meinungen, Zuverlässigkeit, die Fähigkeit klare Anweisungen zu erteilen und Kritik sachbezogen zu äußern sowie das Bestreben, Mitarbeiterinteressen nach oben zu vertreten. Zudem wird von der Führungskraft ein rollenkonformes Verhalten erwartet.

autoritätsgefährdende Eigenschaften

Als autoritätsgefährdend gelten u. a. unkontrolliertes Verhalten, Nervosität und Angst, Gleichgültigkeit gegenüber Mitarbeiterbelangen, Unpünktlichkeit, Besserwisserei, ungerechtfertigte Kritik, Illoyalität gegenüber Mitarbeitern und das Verhalten, eigene Fehler anderen zuzuschieben.

3.3.2 Macht als Führungsvoraussetzung

Stellenbeschreibungen

Kompetenzen

Die Autorität der Führungskraft kann auf verschiedenen Machtgrundlagen beruhen. Je nach der Position in der Hierarchie eines Unternehmens werden den Führungskräften Einflussmöglichkeiten auf das betriebliche Geschehen zugesprochen. So regeln die Stellenbeschreibungen die hierarchische Einordnung (Über- und Unterstellung) und die mit der Stelle verbundenen Kompetenzen. Führungskräfte verfügen über bestimmte Ressourcen, wie z. B. Informationen, Sachkenntnisse oder Möglichkeiten der Belohnung, und können andererseits ungewolltes Verhalten z. B. durch Ermahnungen, Abmahnungen oder Nichtberücksichtigung bei Beförderungen sanktionieren. Damit wird Macht gleichgesetzt mit der Möglichkeit und der Fähigkeit einer Person, ihren Willen bzw. ihre Interessen gegenüber anderen auch gegen deren Willen durchzusetzen (vgl. Jung 1997, S. 403).

Nach Sandner (1990, S. 17 ff.) basiert die Fähigkeit von Führungskräften, Macht gegenüber Mitarbeitern auszuüben, auf folgenden Grundlagen:

Belohnungsmacht

- *Belohnungsmacht:* Diese ist dann gegeben, wenn der Vorgesetzte den Mitarbeiter z. B. durch Gehaltserhöhungen, Beförderungen, Fördermaßnahmen oder andere Zuwendungen belohnen kann.

Bestrafungsmacht

- *Bestrafungsmacht:* Hier sind die Sanktionen gemeint, die ein Vorgesetzter ausüben kann, wenn ein Mitarbeiter seine Anordnungen nicht befolgt oder kein gewünschtes/angemessenes Verhalten zeigt. Die Führungskraft kann diesen Mitarbeitern unangenehme Aufgaben zuteilen, sie zu unliebsamen Arbeitszeiten einteilen, Urlaubstage, z. B. an „Brückentagen", verwehren oder arbeitsrechtliche Schritte wie Ermahnungen, Abmahnungen, Gehaltskürzungen oder Kündigungen vorbereiten.

Legitimationsmacht

- *Legitimationsmacht:* Die Grundlage dieser Macht bilden die Position des Vorgesetzten in dem hierarchischen Gefüge des Unternehmens sowie die vorhandenen Normen und Werte. Die Mitarbeiter, die diese Normen und Werte anerkennen, werden sich deshalb den Anweisungen der Vorgesetzten fügen.

Identifikationsmacht

- *Identifikationsmacht:* Die Identifikations- oder Referenzmacht entsteht dadurch, dass die Mitarbeiter die Führungskraft als Bezugsperson sehen. Mitarbeiter identifizieren sich mit den Werten, Überzeugungen und Handlungswei-

1

sen des Vorgesetzten und übernehmen diese. Der Vorgesetzte erscheint den Mitarbeitern aufgrund der persönlichen Wertschätzung als Vorbild.

Expertenmacht

- *Expertenmacht:* Diese basiert auf der fachlichen Qualifikation der Führungskraft. Die Mitarbeiter sprechen ihrem Vorgesetzten einen Wissensvorsprung aufgrund seiner Sachkenntnis zu und erhoffen sich davon zu profitieren. Allerdings beschränkt sich die Expertenmacht lediglich auf einzelne Fachgebiete.

Informationsmacht

- *Informationsmacht:* Diese Form der Macht gründet sich auf die Weitergabe von Informationen an die Mitarbeiter. Durch die selektive Weitergabe von Informationen kann die Führungskraft bei den Mitarbeitern bestimmte Reaktionen bzw. Verhaltensweisen hervorrufen; gemäß dem bekannten Sprichwort: „Wissen ist Macht".

3.3.3 Rolle der Führungskraft als Führungsvoraussetzung

Wertewandel

Erfolgreiche Personalführung hängt nicht nur von der Autorität und der Macht der Führungskraft ab, sondern auch davon, welche Rolle die Führungskraft ausübt und inwieweit sich eine Führungskraft in ihre Mitarbeiter hineinversetzen kann. Dabei hat sich in den letzten Jahren insbesondere durch ein höheres Bildungsniveau ein deutlicher Wertewandel bei den Mitarbeitern vollzogen.

Die Mitarbeiter von heute haben eine deutlich höhere Qualifikation als noch vor wenigen Jahren. Gerade in der Versicherungswirtschaft hat das Bildungsniveau der Mitarbeiter extrem zugenommen. So ist die Anzahl der Hochschulabsolventen von 1996 bis 2006 um 33 Prozent und die Anzahl der Abiturienten mit abgeschlossener Berufsausbildung im gleichen Zeitraum um ca. 50 Prozent gestiegen (vgl. AGV Geschäftsbericht 2007/2008, S. 54).

Dieser Trend hält weiter an: Die Anzahl der Hochschulabsolventen stieg im Zeitraum von 2002 bis 2010 um 25 Prozent und die Anzahl der Abiturienten mit abgeschlossener Berufsausbildung im gleichen Zeitraum nochmals um 26,2 Prozent. (vgl. AGV, Sozialstatistische Daten der Versicherungswirtschaft 2009, Stand: Oktober 2010).

Diese höhere Qualifikation führt dazu, dass Arbeitnehmer durch fortschreitende Spezialisierung zu deutlichen Informationsvorsprüngen gegenüber Vorgesetzten gelangen. Zudem entwickeln viele Arbeitnehmer ein höheres und kritischeres Selbstbewusstsein, wodurch die formale Legitimation der Führungskraft eher infrage gestellt wird.

Rolle der Führungskraft

Durch diese veränderten Rahmenbedingungen hat sich die Rolle der Führungskräfte gegenüber ihren Mitarbeitern verändert. Die Führungskraft von heute ist Prozessgestalter und Moderator. Sie muss überwiegend planen und disponieren, Aufträge erteilen und durch Lob, Anerkennung und Förderung von Eigenverantwortlichkeiten die Mitarbeiter motivieren. Zudem muss sie die Zusammenarbeit in der Gruppe fördern und Mitarbeiterbeziehungen pflegen.

Bereits 1960 wies Douglas McGregor in seinem Buch „The human side of enterprise" darauf hin, dass die Führung von Mitarbeitern wesentlich vom Menschenbild der Führungskraft beeinflusst wird.

McGregor stellte in seiner XY-Theorie zwei völlig unterschiedliche Menschenbilder dar. In seiner X-Theorie ging er davon aus, dass der Mensch eine angeborene Abneigung gegen Arbeit hat und versucht, dieser wenn möglich aus dem Weg zu gehen. Daher ist der Mensch von außen durch Belohnung zu motivieren bzw. zu sanktionieren. Durch diese Arbeitsunlust muss der Mensch zur Erfüllung der Unternehmensziele meistens gelenkt werden. Der Mensch muss eng geführt werden, da er zu wenig Ehrgeiz besitzt, nach Sicherheit strebt und es vorzieht, Routineaufgaben zu erledigen.

XY-Theorie

Ein so geführter Mitarbeiter wird vermutlich schnell die Lust an der Arbeit verlieren. Immer dann, wenn die Führungskraft z. B. aufgrund einer Tagung, nicht anwesend ist, wollen sich die Mitarbeiter von dem ausgeübten Druck „erholen". „Ist die Katze nicht da, tanzen die Mäuse auf dem Tisch" – dieses Sprichwort ist vielen bekannt. Kommt die Führungskraft zurück, ist die Arbeit tatsächlich nicht oder nur unzureichend gemacht. Die Vorurteile bestätigen sich und die Führungskraft wird noch strenger führen als bislang.

Dagegen hat für den Y-Menschen die Arbeit einen hohen Stellenwert. Sie gibt ihm Zufriedenheit, denn der Mensch ist von Natur aus leistungsbereit und von innen motiviert. Daher sind für den Mitarbeiter Bedingungen zu schaffen, in denen er selbstbestimmt arbeiten kann und über einen eigenen Verantwortungsbereich verfügt. Ein so geführter Mitarbeiter wird gerne bereit sein, Verantwortung zu übernehmen, Eigeninitiative zu entwickeln und kreativ nach Lösungen zu suchen. Hier wird die positive Einstellung der Führungskraft durch die positiven Arbeitsergebnisse bestätigt.

Die Positionen der XY-Theorie sind in der folgenden Tabelle zusammengefasst:

Theorie X	Theorie Y
Der Mensch hat eine angeborene Abscheu vor der Arbeit und versucht, sie so weit wie möglich zu vermeiden.	Der Mensch hat keine angeborene Abneigung gegen Arbeit – im Gegenteil, Arbeit kann eine wichtige Quelle der Zufriedenheit sein. Die wichtigsten Arbeitsanreize sind die Befriedigung von Ich-Bedürfnissen und das Streben nach Selbstverwirklichung.
Deshalb müssen die meisten Menschen kontrolliert, geführt und mit Strafandrohung gezwungen werden, einen produktiven Beitrag zur Erreichung der Organisationsziele zu leisten.	Wenn der Mensch sich mit den Zielen der Organisation identifiziert, sind externe Kontrollen unnötig; er wird Selbstkontrolle und eigene Initiative entwickeln.
Deshalb müssen die meisten Menschen kontrolliert, geführt und mit Strafandrohung gezwungen werden, einen produktiven Beitrag zur Erreichung der Organisationsziele zu leisten.	Der Mensch sucht bei entsprechender Anleitung eigene Verantwortung. Einfallsreichtum und Kreativität sind weit verbreitete Eigenschaften in der arbeitenden Bevölkerung; sie werden jedoch in industriellen Organisationen kaum aktiviert.

Tabelle 3: XY-Theorie zum Verhalten von Mitarbeitern (Böck 2006, S. 268)

McGregor selbst lehnte die X-Theorie ab. Die XY-Theorie ist in die entsprechenden Annahmen des Taylorismus (s. o.) und des Human-Relations-Ansatz (s. o.) einzuordnen. In unsere heutige Zeit ist sie so nicht übertragbar, allerdings kann durch diese Theorie sehr gut dargestellt werden, inwieweit die Einstellung einer Führungskraft das Verhalten der Mitarbeiter beeinflusst.

3.4 Führungsleitlinien

Kunden- und Marktorientierung stellen heute die Grundausrichtung aller Finanzdienstleistungsunternehmen dar. Dabei bestimmen Flexibilität und Geschwindigkeit den Wettbewerb. Gerade in der Versicherungswirtschaft werden die Produktlebenszyklen immer kürzer und anspruchsvolle Kunden erwarten erstklassigen Service und individuelle Deckungskonzepte. Die Unternehmen, die die besten Mitarbeiter für sich gewinnen, haben die größten Chancen, am Markt erfolgreich zu bestehen. Der zunehmende Wettbewerb um die „besten" Mitarbeiter führt dazu, dass sich die Führungskultur in einem Unternehmen anpassen muss. Nur wenn sich gute Mitarbeiter im Unternehmen wohlfühlen, sie wertgeschätzt werden und sich entfalten können, werden sie ihr Potenzial innovativ für das Unternehmen einsetzen. Dabei ist ein zunehmender Wertewandel zu berücksichtigen. Werte wie Fleiß, Pünktlichkeit und Gehorsam haben nicht mehr einen herausragenden Stellenwert. Gesucht werden zunehmend selbstbewusste und besser gebildete Mitarbeiter, die ihre Aufgaben im Unternehmen im Team entwickeln und eigenverantwortlich erledigen.

Eigenschaften von Führungskräften

Nach von Rosenstiel (2009) müssen Führungskräfte von heute unternehmerisch denken, sich an den Menschen orientieren und die Fähigkeit besitzen, ein Zukunftsbild (Vision) zu entwerfen und andere dafür zu begeistern. Zudem ändert sich die Rolle der Vorgesetzten. Der Vorgesetzte von heute ist weniger der fachlich versierte Spezialist, sondern vielmehr die Person, die interdisziplinär und ganzheitlich denkt, Prozesse steuert und koordiniert. Gerade in Konfliktsituationen ist die kommunikative Kompetenz der Führungskraft notwendig, um Spannungen auszugleichen und aus den Konflikten mögliche Veränderungen in der Organisation herbeizuführen (Eigenschaften von Führungskräften).

Aufgrund dieser veränderten Anforderungen an die Führungskräfte wurden in vielen Unternehmen Führungsgrundsätze oder -leitlinien entwickelt, die die Aufgabe haben, Hilfestellung im Führungsprozess zu geben.

Führungsleitlinien

Führungsleitlinien berücksichtigen den oben dargestellten Wertewandel. So wird den Führungskräften nahegelegt, die Selbstverantwortung der Mitarbeiter zu fördern und durch Delegation – also durch Übertragung von Aufgaben und Befugnissen – zu führen. Dazu ist eine Unternehmenskultur notwendig, in der ein vertrauensvolles und wertschätzendes Miteinander gepflegt wird, eine offene Kommunikations- und Informationspolitik praktiziert wird und beispielsweise auch Fehler als Lernchance angesehen werden.

Zusammenfassung

Zur Erreichung der Unternehmensziele übernehmen die Führungskräfte eine zentrale Aufgabe. Sie müssen die von der Unternehmensleitung getroffenen grundlegenden Entscheidungen zur Unternehmenspolitik und zur Unternehmensstrategie mit ihren Mitarbeitern umsetzen. Darüber hinaus sind sie dafür verantwortlich, dass im Unternehmen ein soziales Umfeld vorhanden ist, in dem die Mitarbeiter dauerhaft zufrieden sind und sich zu handlungskompetenten Mitarbeitern entwickeln können.

Dabei ist unter Führung ein Prozess zu verstehen, der das Verhalten einer Vielzahl von Menschen zielorientiert beeinflusst. Als Grundlage für die Führung gilt die Autorität der Führungskraft, die auf unterschiedlichen Machtgrundlagen ausgeübt wird. Zusätzlich ist zu beachten, inwieweit sich eine Führungskraft überhaupt in ihre Mitarbeiter hinein versetzen kann, und ob sie in der Lage ist, die Mitarbeiter zu motivieren. Dabei hat sich die Rolle verändert. Die Führungskraft von heute ist überwiegend koordinierend tätig, delegiert Aufgaben und Kompetenzen und gestaltet die Rahmenbedingungen für die Mitarbeiter. Zudem muss sie in der Lage sein, Netzwerke zu bilden und Konflikte zu lösen. Für die Umsetzung der Führungsaufgaben haben viele Unternehmen Führungsleitlinien entwickelt. Diese dienen den Führungskräften als Hilfestellung, um über das eigene Führungsverhalten zu reflektieren. Bei der Führung von Mitarbeitern muss sich die Führungskraft darüber bewusst sein, dass das eigene Menschenbild die Beziehung zu den Mitarbeitern und deren Verhalten beeinflusst. Die von McGregor entwickelte XY-Theorie liefert hierfür Erkenntnisse.

Handlungssituation

Sie sind Führungskraft im Bereich „Krankenversicherung/Leistung". Seit Ihrer Ausbildung zum Kaufmann für Versicherungen und Finanzen sind sie mit einem Kollegen eng befreundet. Dieser Kollege hat Sie telefonisch um ein vertrauliches Gespräch gebeten. Ihm ist die Stelle eines Gruppenleiters angeboten worden. Nun ist er sich nicht sicher, welche Aufgaben auf ihn zukommen und ob er die Anforderungen, die an eine Führungskraft gestellt werden, erfüllen kann. Außerdem möchte er von Ihnen wissen, welche Voraussetzungen bei der Personalführung zu berücksichtigen sind und ob er sich an Leitlinien orientieren kann. Da sie Ihrem Kollegen helfen wollen, bereiten sie sich intensiv auf dieses Gespräch vor.

In einem Gespräch machen Sie Ihrem Kollegen deutlich, dass sich die Anforderungen an eine Führungskraft deutlich gewandelt haben. Wenn er selbst dazu bereit ist, sich stetig weiterzubilden und die Mitarbeiter in ihrer jeweiligen Persönlichkeit mit ihren Neigungen und persönlichen Zielen akzeptiert, dann hat er beste Voraussetzungen. Sie machen ihm klar, dass die Führungskraft von heute nicht mehr auf allen Gebieten eine höhere Fachkompetenz haben kann als ihre Mitarbeiter. Vielmehr ist es wichtig, die Fachkompetenz – das Spezialistentum – der einzelnen Mitarbeiter zu bündeln. Als Vorgesetzter muss er über besonders gute kommunikative Fähigkeiten verfügen und in der Lage sein, die Mitarbeiter zu begeistern und zu motivieren. Gleichzeitig sollte er über die intellektuellen Fähigkeiten verfügen, die ihn dazu befähigen, Sachverhalte zu analysieren und Entscheidungen im Sinne von Kunden und Unternehmen zu treffen.

Sie erläutern Ihrem Kollegen auch, dass er als Führungskraft Instrumente der Macht zur Verfügung hat, er allerdings wohl dosiert mit diesen umgehen sollte. Im Zuge des allgemeinen Wertewandels in der Unternehmenskultur kann es passieren, dass sich die besten Mitarbeiter bei sehr starker Machtausübung distanzieren und ggf. die Abteilung oder sogar das Unternehmen verlassen. Sie erklären ihm, dass in den Führungsleitlinien der Proximus Versicherungen eine vertrauensvolle Zusammenarbeit und eine offene Informationspolitik gefordert werden. Zudem empfehlen Sie, Mitarbeitern eigene Verantwortungsgebiete und Kompetenzen zu übertragen.

Sie ermutigen den Kollegen die Führungsaufgabe zu übernehmen. Dadurch übernimmt er eine höhere Verantwortung, erhält größere Entscheidungsbefugnisse und wird vermutlich sein eigenes Selbstwertgefühl und die persönliche Zufriedenheit steigern.

4. Führungsstile

Lernziele

Sie lernen verschiedene Führungsstile kennen.

Handlungssituation

Sie sind Mitarbeiter im Bereich „Krankenversicherung" und arbeiten seit Ihrer bestandenen Fachwirtprüfung als stellvertretender Gruppenleiter. Seit einiger Zeit nehmen Sie an einem Führungskräfte-Nachwuchsprogramm der Proximus teil. Gemeinsam mit elf anderen Mitarbeitern werden Sie darauf vorbereitet, in ca. ein bis zwei Jahren verantwortlich eine Führungsaufgabe zu übernehmen. Neben Einsätzen in verschiedenen Abteilungen innerhalb der Direktion haben Sie auch schon einen mehrwöchigen Einsatz im Außendienst erlebt. In verschiedenen Seminaren wird Ihnen theoretisches Rüstzeug vermittelt. Für die nun anstehende Seminarveranstaltung haben Sie den Auftrag, einen Vortrag über verschiedene Führungsstile zu halten.

Ein Führungsstil beschreibt, wie Führungskräfte sich verhalten, d. h. ihre Führungsfunktion gegenüber Mitarbeitern ausüben. Dabei handelt es sich um zeitliche überdauernde Verhaltensmuster, die unabhängig von der Führungssituation immer wieder auftreten. Der individuelle Führungsstil kann von einer Führungskraft bewusst ausgewählt werden, oftmals hat er sich aber im Unterbewusstsein manifestiert. Einen optimalen Führungsstil gibt es nicht. Eine Aussage über den Vorteil eines Führungsstils ist immer nur auf eine bestimmte Situation zu beziehen. Für die Beschreibung von Führungsstilen dienen unterschiedliche Dimensionen.

4.1 Eindimensionale Führungsstile

Ein Führungsstil ist eindimensional, wenn lediglich ein Kriterium, z. B. die Art der Willensbildung, betrachtet wird. Die bekanntesten eindimensionalen Führungsstile sind der autoritäre und der kooperative Führungsstil.

Tannenbaum/Schmidt stellen in ihrem Kontinuum der Führung die Beschränkung auf das Kriterium „Entscheidungsspielraum" dar. Dabei bilden autoritär und kooperativ lediglich die Endpunkte in diesem Kontinuum. Insgesamt werden sieben verschiedene Führungsstile abgebildet, wobei der Entscheidungsspielraum des Mitarbeiters von autoritär nach kooperativ immer weiter zunimmt.

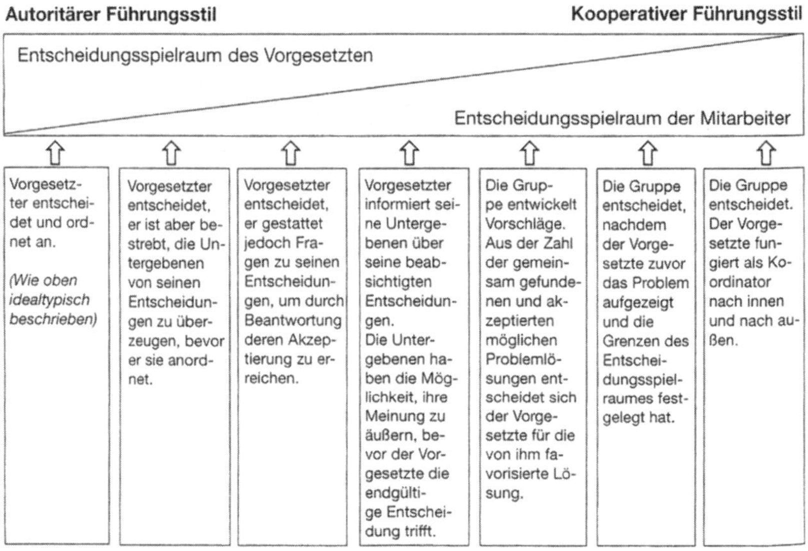

Abbildung 5: Autoritärer und kooperativer Führungsstil
(Olfert, Personalwirtschaft, Kiehl Verlag, 2008, S. 270)

autoritärer Führungsstil

Beim autoritären Führungsstil werden sämtliche Aktivitäten vom Vorgesetzten gestaltet. Die Führungskraft trifft alle Entscheidungen, ohne sie gegenüber den Mitarbeitern zu begründen. Die Entscheidungen haben den Charakter von Anordnungen, die die Mitarbeiter ausführen müssen, ansonsten haben sie Sanktionen zu erwarten.

Der Vorteil des autoritären Führungsstils liegt darin, dass die Entscheidungen sehr schnell gefällt werden. Der Vorgesetzte entscheidet unmittelbar; er muss sich mit niemandem abstimmen. Zusätzlich ist davon auszugehen, dass bei einem rational denkenden Vorgesetzten die Entscheidungen immer gleichartig getroffen werden und damit nachvollziehbar sind. Die Nachteile des autoritären Führungsstils liegen in der mangelnden Motivation der Mitarbeiter. Die Mitarbeiter werden zu „Befehlsempfängern" degradiert und haben keine Möglichkeit sich zu entwickeln bzw. selbstbestimmt zu arbeiten (siehe 2.2.1.3 „Zwei-Faktoren-Theorie"). Darüber hinaus werden sich die Mitarbeiter vermutlich nur gering mit der Arbeit identifizieren. Hierdurch kann ein Klima entstehen, in dem nur wenige Ideen und Innovationen entwickelt werden. Zudem erfolgt keine Entlastung des Vorgesetzten. Dieser kann quantitativ und qualitativ überlastet werden. Ein weiterer Nachteil besteht darin, dass keine Nachwuchskräfte herangebildet werden. Obwohl dieser Führungsstil auf den ersten Blick als nicht mehr zeitgemäß einzustufen ist, gibt es Berufsgruppen oder auch Situationen, in denen eine autoritäre Führung angemessen ist. Denken wir z. B. an einen Einsatz der Feuerwehr. Hier hat der Einsatzleiter keine Zeit zu diskutieren. Er muss schnell und ohne Diskussionen Entscheidungen treffen, um Menschenleben oder Sachgüter zu retten. Ähnliches gilt z. B. für den Kapitän auf See oder den Piloten in der Luft bei Notsituationen. Es kann jedoch durchaus sein, dass es auch Mitarbeiter gibt, die nicht mitdenken und autoritär „geführt werden" wollen. Dieses Verhalten kommt vor allem bei einfachen, monotonen Tätigkeiten vor.

kooperativer Führungsstil

Beim kooperativen Führungsstil werden die betrieblichen Aktivitäten gemeinsam von Vorgesetzten und Mitarbeitern gestaltet. Die Führungskraft bezieht die Mitarbeiter bei allen Entscheidungen ein. Voraussetzung hierfür ist ein ähnliches bzw. gleiches Bildungsniveau bei den Beteiligten. Der Vorteil des kooperativen Führungsstils liegt darin, dass die Mitarbeiter beteiligt werden und somit auch persönlich hinter den Entscheidungen stehen, wodurch es bei der Umsetzung weniger Akzeptanzprobleme gibt (Betroffene werden zu Beteiligten). Gleichzeitig wird die sachliche Entscheidung auf eine breitere Basis gestellt, denn der Sachverstand der Mitarbeiter, deren Ideen und Bedenken, fließen in die Entscheidung ein. Durch diese Beteiligung kommt es zu einem höheren Zufriedenheitsgrad der Mitarbeiter, zudem werden Nachwuchskräfte gefördert. Als Nachteil des kooperativen Führungsstils ist die deutlich längere Zeit in der Phase der Entscheidungsfindung anzuführen. Zudem kann es passieren, dass ähnliche Sachverhalte aufgrund der Beteiligung unterschiedlicher Personen (bei Fehlen einzelner Mitarbeiter durch Urlaub, Krankheit oder dienstlichen Verpflichtungen) vollkommen unterschiedlich bewertet und entschieden werden.

Als weitere traditionelle Führungsstile sollen hier noch der patriarchalische und der charismatische Führungsstil erwähnt werden.

patriarchalischer Führungsstil

Beim patriarchalischen Führungsstil beruht der Führungsanspruch auf einer Tauschbeziehung. Während der Geführte zu absoluter Treue und Unterordnung verpflichtet ist, gewährleistet der „Patriarch" die Versorgung seiner „Getreuen". Auch heute noch lassen sich patriarchalische Führungstendenzen in kleinen und mittleren Betrieben beobachten.

charismatischer Führungsstil

Auch beim charismatischen Führungsstil ist der Führungsanspruch auf eine Person konzentriert. Hier leitet sich dieser Anspruch nicht aus der Position, sondern aus der Person des Führenden ab. Der „Charismatiker" führt durch seine Ausstrahlung und Persönlichkeit.

4.2 Zweidimensionale Führungsstile

Als zweidimensionale Stile werden solche Stile bezeichnet, die sich an zwei Kriterien/Dimensionen orientieren.

Personenorientierung

Aufgabenorientierung

Ausgehend von Untersuchungen die im US-Bundesstaat Ohio durchgeführt wurden, entwickelten Blake und Mouton das so genannte Verhaltensgitter (Managerial Grid). Dabei werden die beiden Dimensionen „Consideration" und „Initiating Structure" betrachtet. Unter Consideration verstehen Blake/Mouton die Personenorientierung (concern for people); Initiating structure steht für die Aufgabenorientierung (concern for production). Beide Dimensionen werden auf einer neunstufigen Skala abgebildet, woraus sich theoretisch 81 verschiedene Führungsstile ableiten lassen. Blake/Mouton selbst beschrieben allerdings nur die vier Eckfelder und den Mittelpunkt des Gitters.

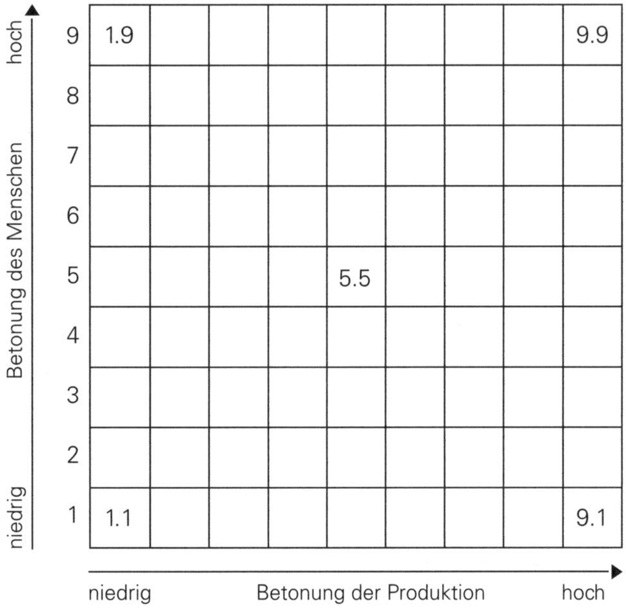

Abbildung 6: Verhaltensgitter (in Anlehnung an Wunderer 2009)

Die im Verhaltensgitter abgebildeten Führungsstile lassen sich wie folgt beschreiben:

Beim Stil 1.1 geht die Führungskraft weder auf die Bedürfnisse der Mitarbeiter ein, noch kümmert sie sich um die Erfüllung der Aufgaben. Obwohl dies auf den ersten Blick als „Paradies" für die Mitarbeiter erscheint, lässt sich doch vermuten, dass die Mitarbeiter dauerhaft unzufrieden werden, denn Lob und Anerkennung durch die Führungskraft bleiben aus (siehe 2.2.1.3 „Zwei-Faktoren-Theorie"). Zudem wird keinerlei Einfluss auf die Erfüllung der Aufgabe genommen. Damit ist infrage zu stellen, ob die Unternehmensziele tatsächlich dauerhaft umgesetzt werden können. Der Punkt 1.1 ist mit dem – häufig in Verbindung mit den traditionellen (eindimensionalen) Führungsstilen – verwendeten Begriff des Laissez-faire gleichzusetzen. Laissez-faire bedeutet, dass der Vorgesetzte keinerlei Einfluss nimmt und „alles laufen lässt".

Denkbar wäre es, dass eine Führungskraft für eine kurze Zeit bewusst den Stil 1.1 einsetzt. Dies wäre z. B. der Fall, wenn eine Führungskraft einen für sie neuen Funktionsbereich (Abteilung, Gruppe, Team) übernimmt, in der es mit der bisherigen Führungskraft und im Zusammenspiel der Mitarbeiter Probleme gab. Hier könnte sich die Führungskraft zunächst einen Überblick verschaffen, wie die Aufgaben bislang erledigt werden und welche Mitarbeiter wie zusammenarbeiten. Allerdings darf diese Phase nicht zu lange dauern. Eine andere Situation könnte sich bei der Initiierung von kreativen Prozessen ergeben.

Beim Stil 1.9 erfolgt eine hohe Beziehungsorientierung, die Aufgabenorientierung ist niedrig. In einer harmonischen Arbeitsatmosphäre pflegen die Mitarbeiter die Beziehungen untereinander. Es läuft nach dem Motto: „Wenn wir uns alle verstehen, läuft die Arbeit schon von alleine". Der Stil 1.9 ist völlig ineffizient, denn bei der geringsten zwischenmenschlichen Störung „ruht" die Arbeit.

Der Stil 9.1 ist dadurch geprägt, dass die Führungskraft ausschließlich Wert auf die Leistung der Mitarbeiter legt. Wie es dem einzelnen Mitarbeiter geht, ob Probleme existieren, interessiert nicht. Die menschliche Arbeit wird quasi als Ware angesehen. Das Motto dieses Führungsstils lautet: Der einzelne Mitarbeiter ist austauschbar, es stehen genügend Arbeitskräfte zur Verfügung.

Beim Stil 5.5 wendet sich die Führungskraft ausreichend den Mitarbeitern zu und kümmert sich auch um die übertragenen Aufgaben. Es kommt zu einem mittelmäßigen Ergebnis.

Der optimale Führungsstil wird im Feld 9.9 bezeichnet. Hier wird den Mitarbeitern eine hohe Aufmerksamkeit entgegengebracht, was dazu führt, dass die Mitarbeiter aufgrund der hohen Wertschätzung motiviert sind, gemeinsame Ziele zu verfolgen. Gleichzeitig wird durch eine hohe Aufgabenorientierung die Arbeitsleistung der Mitarbeiter honoriert.

Motivation einer Führungskraft

Durch Hinzufügen einer dritten Dimension bauen Blake/Mouton das Verhaltensgitter zu einem Diagnoseinstrument aus, das die persönliche Motivation einer Führungskraft erkundet. Die fünf beschriebenen Führungsstilkombinationen werden mit einem Motivationskontinuum verbunden, dessen Ausprägungen von + bis – gehen. Mit (+) wird dabei beschrieben, wonach Führungskräfte streben, das (-) steht dafür, was sie versuchen zu vermeiden.

Grid-Stil	Ausprägung auf dem Motivationskontinuum	
	(+)	(–)
(9/1)	Es wird Erfüllung durch den Einsatz von Menschen als Werkzeuge bei der Erreichung der Leistung angestrebt	Furcht vor Versagen, Verfehlung bestimmter Leistungsergebnisse wird als Eingeständnis eigener Schwäche und persönlichen Versagens angesehen
(1/9)	Liebe und Anerkennung von anderen Personen	Furcht vor Zurückweisung
(1/1)	Fortsetzung aller Aktivitäten, an der eine Führungskraft beteiligt ist, jedoch mit den geringsten Anstrengungen	Vermeidung von Aktivitäten, die zur Aufdeckung der Teilnahmslosigkeit führen könnten und eine Kündigung wahrscheinlich machen
(5/5)	Beliebt und akzeptiert sein. Status und Prestige, die das System bietet, werden angestrebt	Furcht vor Kritik, Überwachung, „Nicht-Dazu-Gehören" und Statusverlust
(9/9)	Zusammenarbeit mit anderen zur Selbstverwirklichung aller und zur optimalen Erreichung von Unternehmenszielen	Vermeiden von egoistischen Handlungen, die nur eigenen Vorteilen dienen

Tabelle 4: Grid-Stile (zitiert nach Olfert 2008, S. 274)

1

4.3 Dreidimensionale Führungsstile

Bei den dreidimensionalen Führungsstilen werden die Dimensionen „Beziehungsorientierung" und „Aufgabenorientierung" um eine weitere Dimension ergänzt.

4.3.1 Das 3D-Modell

Effektivität

Reddin bezieht in seinem 3D-Modell die Effektivität als dritte Dimension mit ein. Damit geht er auf das Umfeld der Führung ein, welches durch situative Elemente, wie z. B. die Organisationsstruktur, das Betriebsklima, die Arbeitsweise von Mitarbeitern und Führungskräften oder die Aufgabenanforderungen beeinflusst wird. Der Erfolg der Führungskraft wird daran gemessen, wie viel eine Abteilung unter ihrer Leitung leistet, also wie effektiv sie ist. Das Vermögen des Vorgesetzten, seine Interaktion zu allen am Führungsprozess Beteiligten (also auch zu den nächst höheren Vorgesetzten) und die organisatorischen Rahmenbedingungen bestimmen dessen Erfolg.

Reddin definiert vier Grundstile, bei denen er anhand der Achse der Effektivität eine positive und eine negative Variante aufzeigt.
Zum besseren Verständnis kann der Leser die effektiven Stile im Grid-Modell auf der Ebene 9.9 einordnen und die ineffektiven Stile bei 1.1.

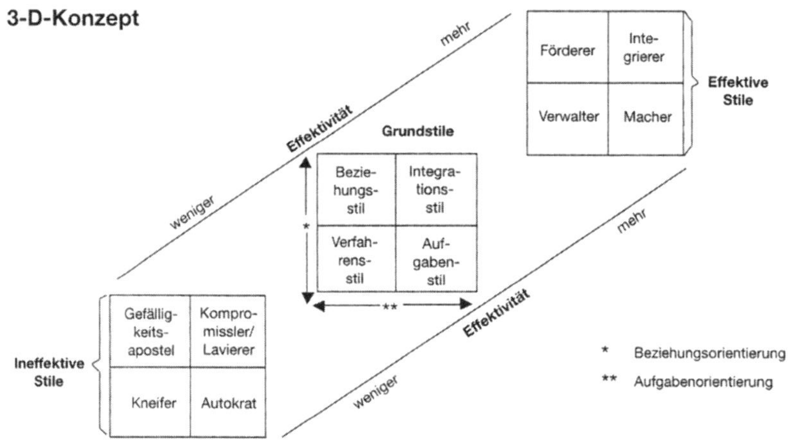

Abbildung 7: 3D-Modell (Olfert, Personalwirtschaft, Kiehl Verlag, 2008, S. 274)

Die Grundstile und deren jeweilige positive und negative Ausprägungen sind in der folgenden Übersicht dargestellt.

1

▪ **Grundstile**	
Beziehungsstil	Der Vorgesetzte betont gute zwischenmenschliche Beziehungen und berücksichtigt Mitarbeiterbedürfnisse.
Verfahrensstil	Der Vorgesetzte verlässt sich primär auf Verfahren, Methoden, Systeme und bevorzugt stabile Umweltsituationen.
Integrationsstil	Der Vorgesetzte strebt nach einer gleichgewichtigen Beachtung von Mensch und Aufgabe.
Aufgabenstil	Der Vorgesetzte betont Leistungsergebnisse und denkt dabei produktivitätsorientiert.
▪ **Ineffektive Stile, die mit folgenden Verhaltensweisen zu verbinden sind:**	
Gefälligkeitsapostel	Der Vorgesetzte glaubt, dass zufriedene Mitarbeiter auch mehr leisten werden, und vernachlässigt die Aufgabenerreichung.
Kneifer	Der Vorgesetzte beharrt auf Regeln und Vorschriften, wo die Situation flexible Anpassung erfordert.
Kompromissler	Der Vorgesetzte meidet die Konfrontation, zeigt entscheidungsscheues Verhalten und versucht, es allen recht zu machen.
Autokrat	Der Vorgesetzte überfordert die Mitarbeiter und pocht auf seine Amtsautorität.
▪ **Effektive Stile, bei denen folgende Verhaltensweisen gezeigt werden:**	
Förderer	Der Vorgesetzte delegiert, so viel und so weit es die Situation erlaubt und sieht in der Mitarbeiterentwicklung keinen Selbstzweck. Er erwartet langfristig eine bessere Aufgabenerfüllung.
Verwalter	Der Vorgesetzte beherrscht die Routineprozesse durch straffe Organisation und disziplinierte Regelbeachtung als „Bürokrat".
Integrierer	Der Vorgesetzte entscheidet und führt kooperativ, motiviert und fördert seine Mitarbeiter zielorientiert.
Macher	Der Vorgesetzte setzt realistische und anspruchsvolle Ziele und überzeugt seine Mitarbeiter durch Expertenwissen.

Tabelle 5: Motivationale Dimensionen verschiedener Grid-Stile (in Anlehnung an Blake/Mouton/Lux (1987), Berthel 2007, S. 142)

4.3.2 Das Reifegrad-Modell

Reifegrad des Mitarbeiters

Hersey und Blanchard haben auf der Basis des 3D-Modells von Reddin ein Reifegrad-Modell entwickelt. Sie unterscheiden vier verschiedene Führungsstile, die im Sinn von Reddin alle effektiv sind. Entscheidendes Kriterium ist der jeweilige Reifegrad des Mitarbeiters. Die Reife wird immer in Relation zur gestellten Aufgabe gesehen.

Der Reifegrad des Mitarbeiters wird in vier verschiedenen Stadien betrachtet:

- *Geringe Reife:* Motivation, Wissen und Fähigkeiten fehlen.
- *Geringe bis mäßige Reife:* Motivation ist vorhanden, Fähigkeiten fehlen.
- *Mäßige bis hohe Reife:* Fähigkeiten vorhanden, Motivation muss gefördert werden.
- *Hohe Reife:* Motivation, Wissen und Fähigkeiten sind vorhanden.

Je nachdem, in welchem Reifestadium sich der Mitarbeiter befindet, wendet die Führungskraft einen entsprechenden (effektiven) Führungsstil an. Danach gibt es vier erfolgreiche Führungsstile:

Unterweisung

- *Unterweisen (telling):* Die Führungskraft legt fest, wer was wann zu tun hat. Die Aufgaben stehen im Mittelpunkt und nicht die Mitarbeiter.

Verkaufen

- *Verkaufen (selling):* Die Führungskraft agiert sowohl stark aufgabenbezogen als auch mitarbeiterbezogen. Sie versucht aufgrund sachlicher Argumente zu überzeugen und ist um Akzeptanz der Mitarbeiter bemüht.

Beteiligung

- *Beteiligung (participating):* Die Führungskraft und die Mitarbeiter entscheiden gemeinsam. Die Mitarbeiterorientierung steht hier im Vordergrund.

Delegation

- *Delegation (delegating):* Die Führungskraft delegiert und kontrolliert nur stichprobenartig. Dieser Stil ist wenig mitarbeiter- und aufgabenorientiert. (zitiert nach Oberhäuser, Conrads 2003, S. 159)

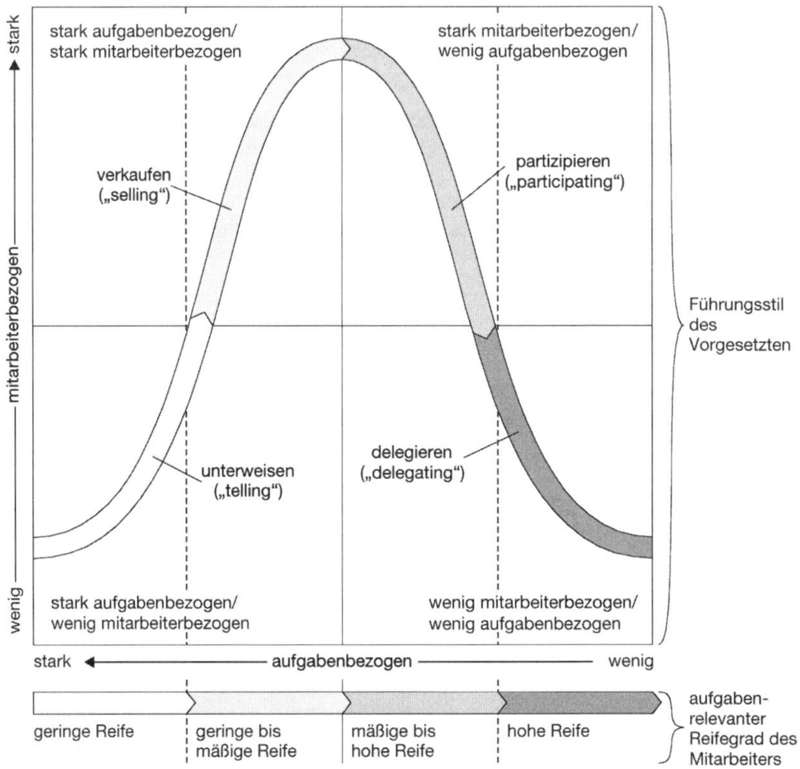

Abbildung 8: Reifegrad-Modell von Hersey/Blanchard (nach Rosenstiel (1999), Conrads 2003, S. 160)

Beispiel

Sie sind Gruppenleiter in der Abteilung Kraftfahrt-Schaden und ein extern eingestellter Mitarbeiter kommt in Ihre Gruppe. Zunächst müssen Sie diesen Mitarbeiter in die Tarife ihres Unternehmens und die entsprechenden Programme zur Bearbeitung einweisen. Die Erklärung der Aufgaben nimmt einen hohen Stellenwert in der Zusammenarbeit ein. Nachdem der Mitarbeiter die Tarife beherrscht, werden Sie ihm einzelne Aufgaben übertragen, diese allerdings immer noch stark überwachen. Da der neue Mitarbeiter die Aufgaben immer besser bearbeitet, werden Sie sich immer stärker um die Integration des Mitarbeiters in Ihre Gruppe kümmern. Bald ist der Mitarbeiter ein „alter Hase". Er ist in Ihrer Gruppe integriert und beherrscht sein Aufgabengebiet. Sie können ihm eigenständig zu erledigende Aufgaben und einen zugehörigen Kompetenzrahmen übertragen.

4.4 Situative Führung

Das Kontingenzmodell von Fiedler gibt Führungskräften unter Berücksichtigung der jeweiligen Situation Handlungs- und Gestaltungsempfehlungen. Der Führungsstil muss demnach an die aktuelle Herausforderung angepasst werden, es gibt an und für sich keinen optimalen Führungsstil.

Führungssituation

Der Grad der situativen Günstigkeit einer Führungssituation wird in drei Aspekten beschrieben:

1. Die *Beziehung* zwischen dem Vorgesetzten und den Mitarbeitern: Der Vorgesetzte analysiert die Atmosphäre in der Gruppe.
2. Die *Struktur der Aufgabe*: Ist die Aufgabe eindeutig? Gibt es erkennbare Lösungswege bzw. Strategien?
3. Die *Positionsmacht* des Führenden: Inwieweit ist der Führende in der Lage, auf die Mitglieder der Gruppe einzuwirken?

Aus diesen drei Aspekten lassen sich acht verschiedene Führungssituationen ableiten.

Acht Führungssituationen

	Vorgesetzten-Mitarbeiter-Beziehung	Aufgaben-struktur	Positions-macht	Empfohlener Führungsstil
1	gut	gut	stark	aufgabenorientiert
2	gut	gut	schwach	aufgabenorientiert
3	gut	schlecht	stark	aufgabenorientiert
4	gut	schlecht	schwach	beziehungsorientiert
5	schlecht	gut	stark	beziehungsorientiert
6	schlecht	gut	schwach	beziehungsorientiert
7	schlecht	schlecht	stark	beziehungsorientiert
8	schlecht	schlecht	schwach	aufgabenorientiert

Tabelle 6: Acht Führungssituationen nach Fiedler (Oberhäuser/Conrads 2003, S. 161)

Die günstigste Situation für einen Vorgesetzten ergibt sich daraus, dass eine gute Beziehung zwischen ihm und den Mitarbeitern besteht, die Struktur der Aufgabe eindeutig formuliert und klar ist und er über eine hohe Positionsmacht verfügt.

Die Tabelle gibt entsprechende Handlungsempfehlungen. Entsprechend der Situation sollte eher aufgaben- oder eher beziehungsorientiert geführt werden, um eine möglichst effiziente Führung zu erreichen.

Zusammenfassung

Unter einem Führungsstil wird die Art und Weise verstanden, in der sich Führungskräfte verhalten, d. h. ihre Führungsfunktion gegenüber Mitarbeitern ausüben. Dabei handelt es sich um zeitlich überdauernde Verhaltensmuster, die unabhängig von der Führungssituation immer wieder auftreten. Der individuelle Führungsstil kann von einer Führungskraft bewusst ausgewählt werden, oftmals hat er sich aber im Unterbewusstsein manifestiert. Einen optimalen Führungsstil gibt es nicht. Eine Aussage über den Vorteil eines Führungsstils ist immer nur auf eine bestimmte Situation zu beziehen.

Für die Beschreibung von Führungsstilen dienen unterschiedliche Dimensionen. Traditionelle Führungsstile beobachteten nur die Beziehung (eine Dimension) zwischen Führungskraft und Mitarbeiter. Die bekanntesten Führungsstile sind der autoritäre und der kooperative Führungsstil. Während der kooperative Führungsstil aufgrund des Wertewandels in der Unternehmenskultur und bei Mitarbeitern der bevorzugte Führungsstil sein sollte, gibt es durchaus Arbeitssituationen, in denen eine autoritäre Führung angebracht ist.

Im Verhaltensgitter von Blake/Mouton wird neben der Beziehung zusätzlich die Aufgabe betrachtet. Der optimale Führungsstil zeichnet sich hier durch eine hohe Aufgaben- und Beziehungsorientierung aus. Blake/Mouton erweiterten ihr Verhaltensgitter, indem sie die Motivationslage der Führungskraft herausstellten.

Dreidimensionale Führungsstile sind dadurch gekennzeichnet, dass neben den im Verhaltensgitter beschriebenen Dimensionen eine weitere Kategorie bei der Betrachtung des Führungsverhaltens hinzugenommen wird. Im 3D-Modell von Reddin kommt als weitere Dimension die Effektivität hinzu. Die Führungskraft wird daran gemessen, wie viel eine Organisationseinheit unter der Leitung der jeweiligen Führungskraft leistet.

Der Führungsstil hängt im Reifegrad-Modell von dem jeweiligen Entwicklungsstand des Mitarbeiters ab. Unreife Mitarbeiter werden entsprechend eng geführt; beim reifen Mitarbeiter erfolgt die Führung durch Übertragung von Aufgaben und Befugnissen, also durch Delegation.

Fiedler macht mit seinem Kontingenzmodell deutlich, dass die optimale Führung der Mitarbeiter in einem engen Zusammenhang mit der jeweiligen Situation steht. Daher gibt es keinen optimalen, auf alle Situationen anwendbaren Führungsstil. Vielmehr sind die Aspekte Vorgesetzten-Mitarbeiter-Beziehung, die Aufgabenstruktur und die Positionsmacht des Führenden zu bewerten. Je nach Situation empfiehlt Fiedler eher aufgaben- oder mitarbeiterorientiert zu führen.

Handlungssituation

Sie sind Mitarbeiter im Bereich „Krankenversicherung" und arbeiten seit Ihrer bestandenen Fachwirtprüfung als stellvertretender Gruppenleiter. Seit einiger Zeit nehmen Sie an einem Führungskräfte-Nachwuchsprogramm der Proximus teil. Gemeinsam mit elf anderen Mitarbeitern werden Sie darauf vorbereitet, in ca. ein bis zwei Jahren verantwortlich eine Führungsaufgabe zu übernehmen. Neben Einsätzen in verschiedenen Abteilungen innerhalb der Direktion haben Sie auch schon einen mehrwöchigen Einsatz im Außendienst erlebt. In verschiedenen Seminaren wird Ihnen theoretisches Rüstzeug vermittelt. Für die nun anstehende Seminarveranstaltung haben Sie den Auftrag, einen Vortrag über verschiedene Führungsstile zu halten.

In dem Vortrag über verschiedene Führungsstile stellen Sie den Kollegen dar, dass es nicht nur die allgemein bekannten autoritären und kooperativen Führungsstile gibt, sondern dass verschiedene Aspekte das Führungsverhalten bestimmen. Sie machen den Kollegen klar, dass neben einer hohen Aufgaben- und Beziehungsorientierung, auch der jeweilige Reifegrad des Mitarbeiters zu berücksichtigen ist. Führung ist also von Mitarbeiter zu Mitarbeiter individuell zu gestalten. Dies nehmen Sie als Überleitung dafür, dass Sie die Aspekte der situativen Führung ansprechen. Als Fazit Ihres Vortrags erläutern Sie, dass Führung durch Rahmenbedingungen, Aufgabenstellung, Positionsmacht des Führenden und nicht zuletzt von den zu führenden Mitarbeitern abhängig ist. Eine gute Führungskraft wird daher das Führungsverhalten immer wieder reflektieren, um ein für alle Beteiligten (Mitarbeiter, Führungskraft und Unternehmen) bestmögliches Führungsverhalten zu erzielen. Dabei soll den Kollegen die theoretische Kenntnis der unterschiedlichen Modelle helfen.

1

5. Führungstechniken

Lernziele

Es werden Ihnen unterschiedliche Formen von Führungstechniken vorgestellt.

Handlungssituation

Sie sind seit zwei Jahren als Abteilungsleiter in der Sachversicherung tätig. Ihre Mitarbeiter bearbeiten Neuanträge im Privatkundensegment der Hausrat- und Wohngebäudeversicherung und führen Vertragsänderungen im Bestand durch. Nach Ihrer Ausbildung bei der Proximus Versicherung und der Weiterbildung zum Versicherungsfachwirt haben Sie auch das Studium zum Versicherungsbetriebswirt (DVA) erfolgreich abgeschlossen. Auf der jährlich stattfindenden Tagung für die Absolventen des Versicherungsbetriebswirt-Studiums (Alumni-Tagung) führen Sie ein längeres Gespräch mit einem Ihrer ehemaligen Kommilitonen. Dieser berichtet Ihnen, dass er inzwischen im Bereich der Produktentwicklung tätig ist. In den nächsten Tagen steht bei ihm das jährlich stattfindende Zielvereinbarungsgespräch mit seinem Vorgesetzten an. Darüber wundern Sie sich, denn bei der Proximus sind solche Zielvereinbarungsgespräche nur im Vertrieb üblich. Sie denken darüber nach, ob Sie in der Zukunft auch mit Ihren Mitarbeitern Ziele vereinbaren sollten.

Führungstechniken, Führungssystem

Während Führungsstile die von einem Vorgesetzten praktizierte Art der Führung beschreiben, beziehen sich Führungstechniken auf das Führungssystem eines Unternehmens. Sie beschreiben also grundsätzliche Verhaltens- und Verfahrensweisen, die in einem Unternehmen zur Bewältigung der Führungsaufgaben anzuwenden sind. Innerhalb dieses Systems entfaltet die Führungskraft – in einem für alle Beteiligten akzeptierten Rahmen – ihren persönlichen Stil.

Managementtechniken

Führungstechniken werden auch als Führungsprinzipien oder Managementtechniken bezeichnet. Die bekanntesten Führungstechniken sind:

- Management by Objectives
- Management by Delegation
- Management by Exception

Zusätzlich wird auch das „Führen durch Vertrauen" betrachtet.

Der Zusammenhang zwischen Führungstechniken und Führungsstilen wird im „Harzburger Modell" dargestellt.

5.1 Management by Objectives

Zielvereinbarungen

Management by Objectives (MbO) ist eine Führungstechnik, die auf dem Führen durch Zielvereinbarungen beruht. Dabei werden die Ziele zwischen dem jeweiligen Vorgesetzten und seinen Mitarbeitern vereinbart. Kernpunkt dabei ist, dass der Mitarbeiter die Maßnahmen, die zur Zielerfüllung führen, weitestgehend selbst bestimmen kann. Es wird „lediglich" darauf geachtet, ob die Ziele erfüllt werden. Der Vorgesetzte ist allerdings dazu verpflichtet, den Mitarbeiter bei der Zielerreichung zu unterstützen. Hierzu werden regelmäßige Förder- und Beratungsgespräche durchgeführt.

Bei der Festlegung von Zielen sollten Inhalt, Ausmaß und Zeit vereinbart werden.

Inhalt	**Ausmaß**	**Zeitraum**
Steigerung der zu bearbeitenden Arbeitsvorgänge pro Tag und Mitarbeiter …	… um 5 Vorgänge	01.01.–31.12.
Verringerung der Stornoquote in der Sparte Lebensversicherung …	… um 5 Prozent	im 1. Quartal
Entwicklung eines neuen Tarifes in der Unfallversicherung …	… mit 3 Assistance-Leistungen …	01.04.–31.10.

Tabelle 7: Beispiel für Festlegung von Zielen

Dabei ist zu beachten, dass die Ziele nach Inhalt, Ausmaß und Zeit eindeutig formuliert sind, damit der Mitarbeiter einen Orientierungsrahmen hat und die Überprüfung der Ziele messbar (operationalisierbar) wird. Gleichzeitig sollte darauf geachtet werden, dass die Ziele einerseits erreichbar sind, ansonsten führen sie zur Frustration der Mitarbeiter, andererseits aber auch attraktiv sind, sodass der Mitarbeiter tatsächlich zur Leistung motiviert bzw. angespornt wird.

SMART

Häufig wird bei der Zielformulierung die so genannte SMART-Formel verwendet. Danach sollten Ziele

- S = spezifisch
- M = messbar
- A = attraktiv
- R = realistisch (auch: R = relevant, d. h. für die entsprechende Tätigkeit erfolgswirksam)
- T = terminiert

sein.

Je nach Hierarchieebene im Unternehmen werden die von der Unternehmensleitung formulierten Oberziele bis zur Mitarbeiterebene immer weiter konkretisiert. Das Oberziel „Steigerung der Beitragseinnahmen in der Sparte Unfallversicherung um 10 Mio. Euro" innerhalb eines Jahres, kann zu einem Unterziel „Steigerung des Bekanntheitsgrads um x Prozent" für die Abteilung Marketing führen und für einen bestimmten Mitarbeiter das Ziel ergeben, dass er drei Werbeaktionen für die Unfallversicherung planen soll.

Weiterhin ist darauf zu achten, dass keine konkurrierenden Ziele formuliert werden. Ziele werden als konkurrierend bezeichnet, wenn die Erfüllung des einen Ziels gleichzeitig die Abnahme des Zielerreichungsgrades bei einem anderen Ziel bewirkt. So kann nicht eine Erhöhung des Bekanntheitsgrads durch Marketingaktionen angestrebt und bei gleichzeitiger Zielsetzung das Werbebudget um x Prozent gesenkt werden.

Daher erscheint auch eine Priorisierung von Zielen sinnvoll. Hierdurch wird ein eindeutiger Orientierungsrahmen für den Mitarbeiter gegeben.

Wichtiges Merkmal beim MbO ist, dass die Ziele gemeinsam zwischen Vorgesetzten und Mitarbeitern vereinbart werden. Dabei ist die Möglichkeit, dass der Mitarbeiter die Ziele kommentiert und eine Stellungnahme abgibt, die schwächste Form der Partizipation. Besser ist es, wenn beide gemeinsam die Ziele entwerfen und festlegen. Dabei bietet sich auch die Form an, dass zunächst Mitarbeiter und Vorgesetzte unabhängig voneinander Ziele formulieren und diese dann abstimmen und festlegen. Diese Form der Zielvereinbarung führt zu einer hohen Identifikation der Mitarbeiter mit den festgelegten Zielen. Hierdurch wird dem oben beschriebenen Wertewandel Rechnung getragen, da die Mitarbeiter ihre eigenen Vorstellungen einbringen können.

Durch die Unterstützung der Führungskraft und die Kontrolle der Zielerfüllung ist das MbO als ständiger Prozess anzusehen. Dieser Prozess wird in der folgenden Abbildung deutlich.

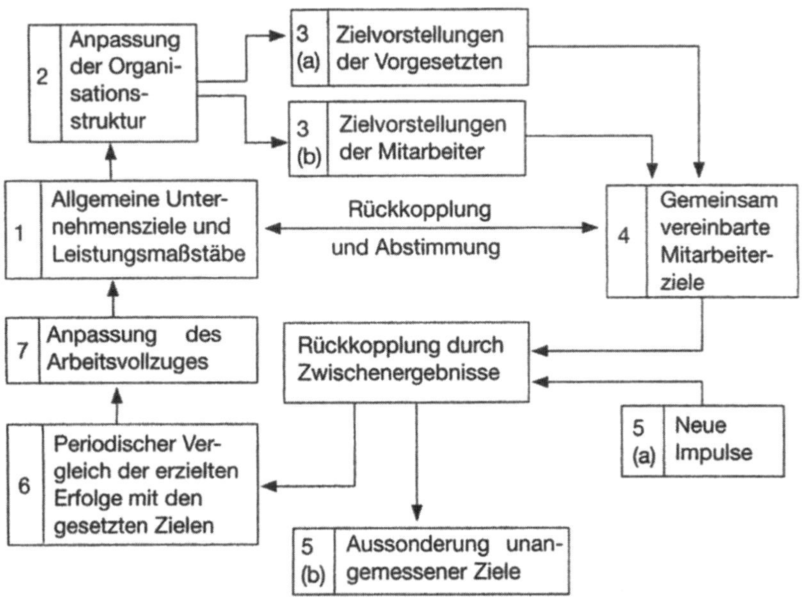

Abbildung 9: Prozess des Management by Objectives
(Olfert, Personalwirtschaft, Kiehl Verlag, 2008, S. 227)

Die Vorteile des Management by Objectives lassen sich wie folgt zusammenfassen:

- Die Mitarbeiter verfügen über Kompetenzen und übernehmen Verantwortung.
- Die Leistungsmotivation und Eigeninitiative der Mitarbeiter wird gefördert.
- Die Identifikation der Mitarbeiter mit den Unternehmenszielen wird gesteigert.
- Die Beurteilung der Mitarbeiter wird objektiver.
- Eine leistungsgerechte Entlohnung wird möglich.
- Die Vorgesetzten werden entlastet.

Allerdings könnte die Anwendung dieser Führungstechnik bei einzelnen Mitarbeitern zu einem überhöhten Leistungsdruck führen. Darüber hinaus könnten eher messbare quantitative Ziele gegenüber qualitativen Zielen in den Vordergrund treten. In gleicher Weise könnten Mitarbeiter und Führungskräfte stärker die Erfüllung von kurzfristigen Zielen bevorzugen, um z. B. Bonifikationen zu erreichen und dabei langfristige, strategische Ziele vernachlässigen.

5.2 Management by Delegation

Verantwortung, Kompetenz, Delegation

Bei dieser Führungstechnik werden den Mitarbeitern Aufgabenbereiche übertragen, die sie mit voller Verantwortung, unter Ausstattung der für die Aufgaben benötigten Kompetenzen, ausführen. Die Mitarbeiter treffen eigenverantwortlich die Entscheidungen und realisieren diese. Daher sind sie für die Ergebnisse verantwortlich. Sie partizipieren bei erfolgreicher Aufgabenerfüllung, tragen allerdings auch die Konsequenzen bei mangelhafter Ausführung. Die Führungskraft übernimmt die Verantwortung dafür, die richtige Personalauswahl bei der Delegation getroffen zu haben.

Stellenbeschreibungen

Unternehmen, die Stellenbeschreibungen für ihre Mitarbeiter erstellt haben und darin u. a. Hauptaufgaben, Kompetenzrahmen, hierarchische Einordnungen und Stellvertretung (vgl. Dernick, u. a.: Steuerung und Führung im Unternehmen; Kap. 2) regeln, geben durch den Einsatz dieser personalwirtschaftlichen Instrumente eine Voraussetzung für Management by Delegation (MbD).

MbD setzt ein vertrauensvolles Verhältnis zwischen Vorgesetzten und Mitarbeitern voraus. Beide arbeiten sehr unabhängig voneinander, da der Mitarbeiter eigenverantwortliche Aufgabengebiete übertragen bekommen hat. Die Führungskraft kontrolliert in regelmäßigen Abständen die Ergebnisse, verlässt sich aber bei der Durchführung auf die berufliche Handlungskompetenz des Mitarbeiters.

Reifegrad-Modell

Neben der Entlastung des Vorgesetzten bietet MbD den Vorteil, dass in erheblichem Maß die Leistungsmotivation und Verantwortungsbereitschaft der Mitarbeiter gefördert wird. Weiterhin ermöglicht diese Führungstechnik die Förderung von Nachwuchskräften. Analog dem oben beschriebenen Reifegrad-Modell (siehe Abschnitt 4.3.2) werden Aufgaben und Kompetenzen immer weiter erhöht.

Voraussetzung für erfolgreiche Delegation ist der Ausschluss der Zurück- bzw. Weiterdelegation. Zudem ist es unabdingbar, dass im Unternehmen ein Kommunikationssystem existiert, bei dem jeder Mitarbeiter alle für die Bewältigung seiner Aufgaben relevanten Informationen erhält.

5.3 Management by Exception

Ausnahmesituationen

Mit Management by Exception (MbE) wird eine Führungstechnik bezeichnet, bei der die Führungskraft lediglich in Ausnahmesituationen eingreift.

Die Mitarbeiter entscheiden innerhalb eines vorgegebenen Rahmens selbstständig über die ihnen übertragenen Aufgaben. Weicht ein Vorgang von der Norm ab, also tritt eine außergewöhnliche Situation ein, greift der Vorgesetzte ein. Dies ist z. B. der Fall, wenn ein Vorgang besonders wichtig ist oder der abgestimmte Kompetenzrahmen überschritten wird.

Eine Ausnahmesituation ist auch immer dann gegeben, wenn sich die Rahmenbedingungen verändern. Dies können z. B. gesetzliche Veränderungen sein, die eine neue Bearbeitungsweise erfordern oder eine neue strategische Ausrichtung des Unternehmens (Veränderung der Unternehmensziele, Umstrukturierung). In diesen Fällen muss die Führungskraft eingreifen und entscheiden.

5.4 Führen über Vertrauen

Neben den beschriebenen Führungstechniken soll an dieser Stelle der Aspekt „Vertrauen" aufgegriffen werden.

Wie bereits an verschiedenen Stellen beschrieben, benötigen die Unternehmen hoch qualifizierte und handlungskompetente Mitarbeiter. Diese Mitarbeiter bringen sehr häufig eine hohe Bereitschaft mit, sich für ihr Unternehmen einzusetzen. Sie sind engagiert, bringen eigene Ideen ein und tragen damit zu einem hohen Grad dazu bei, dass die Unternehmen wettbewerbsfähig bleiben und im immer schneller werdenden Wettbewerb bestehen.

Vertrauenskultur

Gerade diese Mitarbeiter benötigen ein Umfeld, welches durch ein hohes Maß an Vertrauen geprägt ist. Wird ihnen dieses Umfeld nicht gegeben, dann werden sich die besten und am höchsten qualifizierten Mitarbeiter bald ein neues Betätigungsfeld suchen. Neben der Delegation von Aufgaben, d. h. der Übertragung von größeren Aufgabengebieten mit einem umfassenden Kompetenzrahmen, gewinnt der Aspekt der Vertrauensarbeitszeit zunehmend an Bedeutung. Bei diesem Arbeitssystem wird auf die elektronische Zeiterfassung verzichtet. Den Mitarbeitern wird somit weitestgehende Gestaltungsfreiheit bei der Arbeitszeit eingeräumt. Führungskräfte und Mitarbeiter können sich so vom „Zeitverbrauchsdenken" lösen und die Betrachtung der Leistungsergebnisse in den Vordergrund rücken. Hierfür ist es notwendig, dass sich die Unternehmenskulturen ändern und eine Vertrauenskultur aufgebaut wird. Jeder Mitarbeiter muss die Bereitschaft haben, für sich und für den Erfolg seines Unternehmens Verantwortung zu übernehmen.

5.5 Das Harzburger Modell

Führungsmodelle

Wenn Führungstechniken und Führungsstile in einem Unternehmen konzeptionell aufeinander abgestimmt werden und Führungsmittel (Führungsinstrumente) wie z. B. Beurteilungsverfahren und Stellenbeschreibungen zur Verfügung stehen, kann von so genannten Führungsmodellen gesprochen werden.

In Deutschland ist besonders das „Harzburger Modell" von Höhn (1967) bekannt. Bei diesem Modell sind wichtige Elemente von Management by Delegation und Management by Exception enthalten.

In Anlehnung an Bisani (2000) beruht das Modell auf folgenden Leitsätzen:

- Entscheidungen sollen auf der Ebene getroffen werden, in die sie der Sache nach gehören.
- Entscheidungen sollen nicht einzelne Personen auf mittlerer oder oberer Hierarchie-Ebene fällen, sondern viele Mitarbeiter.
- An die Stelle von Einzelaufträgen treten fest umrissene Aufgabengebiete, innerhalb derer die Mitarbeiter selbstständig entscheiden können.
- Verantwortung soll sich nicht in der Führungsspitze konzentrieren, sondern auf die Stellen delegiert werden, die sich mit den Problemstellungen befassen.
- Die Aufgabenverteilung sollte von unten nach oben (bottom up) erfolgen. Die Aufgaben, die sachlich nicht zu entscheiden sind, werden nach oben weitergegeben.

Führungs-verantwortung

Handlungs-verantwortung

Beim Harzburger Modell wird eine klar gegliederte Führungshierarchie vorausgesetzt. Aufgaben und Kompetenzen sind in Stellenbeschreibungen geregelt. Die Führungskräfte delegieren die Aufgaben an die Mitarbeiter. Dabei tragen die Vorgesetzten die Führungsverantwortung, die Mitarbeiter die Handlungsverantwortung. Beide Parteien tragen eine ständige Informationspflicht. Durch das Modell werden Eigeninitiative und Leistungsmotivation der Mitarbeiter gefördert.

Zusammenfassung

Führungstechniken beziehen sich auf das Führungssystem eines Unternehmens. Sie beschreiben grundsätzliche Verhaltens- und Verfahrensweisen, die in einem Unternehmen zur Bewältigung der Führungsaufgaben anzuwenden sind.

Beim Management by Objectives (MbO) steht das Führen durch Zielvereinbarungen im Vordergrund. Führungskräfte und Mitarbeiter „verhandeln" Ziele für eine bestimmte Zeitperiode. Dabei ist es wichtig, dass diese Ziele spezifiziert, messbar, attraktiv, realistisch und terminiert (SMART) sind. Ziele dürfen in keinem Zielkonflikt zu anderen Zielen stehen. Der Mitarbeiter wird am Ende der Periode daran gemessen, inwieweit er seine Ziele erfüllt hat. Der Weg zur Zielerfüllung steht weitestgehend in der Verantwortung der Mitarbeiter. Die Führungskraft berät und unterstützt den Mitarbeiter.

Management by Delegation (MbD) bedeutet, dass dem Mitarbeiter Aufgabengebiete und Befugnisse übertragen werden. Der Mitarbeiter übernimmt die volle Handlungsverantwortung, der Vorgesetzte steht dafür gerade, dass er den richtigen Mitarbeiter ausgewählt hat. Er hat somit die Führungsverantwortung. Voraussetzung für MbD ist ein gutes Vertrauensverhältnis zwischen den Beteiligten.

Beim Management by Exception (MbE) werden dem Mitarbeiter Aufgaben und ein Kompetenzrahmen zugeteilt. Der Mitarbeiter erledigt somit alle Routinefälle selbstständig. Lediglich wenn außergewöhnliche Vorgänge zu erledigen sind oder sich die Rahmenbedingungen ändern, greift die Führungskraft ein.

Durch den immer stärker werdenden Wettbewerb – auch um die besten Mitarbeiter – erscheint es notwendig, dass eine „Vertrauenskultur" in den Unternehmen aufgebaut wird. Der leistungsstarke, hoch motivierte Mitarbeiter zeigt häufig ein hohes Maß an Eigeninitiative und möchte daher nicht durch betriebliche Restriktionen eingeengt werden. Veränderungen lassen sich bereits dadurch erkennen, dass immer mehr Unternehmen bestimmten Personengruppen „Vertrauensarbeitszeit" einräumen.

Die Kombination von Führungstechniken, individuellen Führungsstilen der Vorgesetzten und der Bereitstellung von Führungsmitteln (z. B. Beurteilungsverfahren, Arbeitszeitmodelle, Stellenbeschreibungen mit Kompetenzen) durch die Unternehmen wird als Führungsmodell bezeichnet. Das in Deutschland bekannteste Führungsmodell ist das Harzburger Modell.

Handlungssituation

Sie sind seit zwei Jahren als Abteilungsleiter in der Sachversicherung tätig. Ihre Mitarbeiter bearbeiten Neuanträge im Privatkundensegment der Hausrat- und Wohngebäudeversicherung und führen Vertragsänderungen im Bestand durch. Nach Ihrer Ausbildung bei der Proximus Versicherung und der Weiterbildung zum Versicherungsfachwirt haben Sie auch das Studium zum Versicherungsbetriebswirt (DVA) erfolgreich abgeschlossen. Auf der jährlich stattfindenden Tagung für die Absolventen des Versicherungsbetriebswirtstudiums (Alumni-Tagung) führen Sie ein längeres Gespräch mit einem Ihrer ehemaligen Kommilitonen. Dieser berichtet Ihnen, dass er inzwischen im Bereich der Produktentwicklung tätig ist. In den nächsten Tagen steht bei ihm das jährlich stattfindende Zielvereinbarungsgespräch mit seinem Vorgesetzten an. Darüber wundern Sie sich, denn bei der Proximus sind solche Zielvereinbarungsgespräche nur im Vertrieb üblich. Sie denken darüber nach, ob Sie in der Zukunft auch mit Ihren Mitarbeitern Ziele vereinbaren sollten.

Den Gedanken, dass auch Mitarbeiter in der Direktion über Zielvereinbarungen geführt werden, finden Sie gut. Insbesondere für Abteilungsleiter, Gruppenleiter und Spezialistenfunktionen halten Sie dieses Instrument für geeignet. Für sich selbst würden Sie es sehr begrüßen, wenn Ihr Vorgesetzter mit Ihnen Ziele gemeinsam vereinbart. Sie würden eine noch stärkere Motivation entwickeln und hätten insgesamt das Gefühl, dass Ihre Leistungen und Ihr Engagement viel objektiver als bisher bewertet und leistungsgerecht anerkannt werden könnten. Dadurch sehen Sie für sich die Möglichkeit, durch positive Zielerfüllungen im Unternehmen weiter zu kommen.

Für die meisten Ihrer Mitarbeiter im Antrags-/Vertragsbereich der Sachversicherung sehen Sie dieses Instrument als nicht so sehr geeignet an. Viele Mitarbeiter erledigen Standardaufgaben: Antragsprüfung im Privatkundensegment der Hausrat- und Wohngebäudeversicherung sowie Policierung und Vertragsänderung. Zielvereinbarungen würden hier vermutlich überwiegend quantitativer Art sein. Das heißt, Sie würden mit Ihren Mitarbeitern eine höhere Anzahl von zu bearbeitenden Fällen pro Tag vereinbaren. Hier glauben Sie, dass viele Ihrer Mitarbeiter durch einen erhöhten Leistungsdruck unzufrieden oder sogar krank werden könnten. Sie bevorzugen eher das Management by Delegation. Sie wollen Ihren Mitarbeitern abgegrenzte Aufgabengebiete übertragen, z. B. die verantwortliche Betreuung des Sach-Bestandes einzelner Bezirksdirektionen. In dem jeweils verantworteten Bestand können die Mitarbeiter in einem noch festzulegenden Kompetenzrahmen selbstständig entscheiden. Sie hoffen, Ihre Mitarbeiter mit dieser Maßnahme noch stärker zu motivieren. Gleichzeitig wollen Sie die Zusammenarbeit zwischen Ihrer Abteilung und den vertriebsnahen Bezirksdirektionen verbessern, da jede Bezirksdirektion zukünftig eigene Ansprechpartner erhält.

6. Führung im Team

Lernziele

Sie lernen, die Begriffe Team und Gruppe abzugrenzen. Sie können die Voraussetzungen für erfolgreiche Teamarbeit begründen. Sie verstehen die Prozesse der Teambildung und Teamentwicklung.

Handlungssituation

Sie sind Mitarbeiter in der Direktion. Nach Ihrer Ausbildung zum Versicherungskaufmann haben Sie erst einige Jahre in der „Bestandsabteilung Unfall" und dann drei Jahre in der „Leistungsabteilung Unfall" gearbeitet. Beim Berufsbildungswerk der Versicherungswirtschaft haben Sie sich berufsbegleitend zum Versicherungsfachwirt weitergebildet. Seit zwei Jahren sind Sie im Bereich „Produktmanagement" tätig. Da die Proximus Versicherung beabsichtigt, ein besonderes Augenmerk auf die Zielgruppe Senioren zu legen, sollen Sie mit einem Team von Mitarbeitern spartenübergreifend ein neues Produktangebot für diese Zielgruppe entwickeln.

6.1 Grundsätze erfolgreicher Teamarbeit

Aufgrund der immer stärker werdenden Komplexität der Aufgabenstellungen und der zunehmenden Notwendigkeit, das Wissen verschiedener Spezialisten zu bündeln, gewinnt die Teamarbeit zunehmend an Bedeutung. Dabei ist zunächst einmal festzuhalten, dass i. d. R. in allen Unternehmen Menschen in Arbeitsgruppen zusammenarbeiten, d. h., dass eigentlich jedes Unternehmen ein Gefüge aus vielen Gruppen ist. Häufig werden die Begriffe (Arbeits-)gruppe und Team synonym verwendet. Dabei erscheint es moderner, den Begriff „Team" zu verwenden. Bevor über erfolgreiche Teamarbeit gesprochen wird, ist es sinnvoll einige Begrifflichkeiten zu klären.

„Ein Team ist eine Gruppe – aber nicht jede Gruppe ist ein Team." Vielleicht kommt Ihnen dieser Satz bekannt vor.

Gruppe

In der Soziologie bezeichnet eine Gruppe eine Sammlung von mindestens drei Personen, die in einer unmittelbaren Beziehung zueinander stehen und relativ dauerhaft zusammengehören. Eine Person gehört einer Gruppe an, wenn sie sich selbst als zu dieser Gruppe zugehörig fühlt und ein gewisses Maß an emotionaler Bindung zu dieser Gruppe aufbaut und zusätzlich die Gruppe diese Zugehörigkeit nicht dementiert. Damit überhaupt ein Dementi der Gruppe erfolgen kann, muss eine Gruppe ein Wir-Gefühl entwickeln. Dieses Wir-Gefühl, also das Gefühl von Zugehörigkeit und Zusammengehörigkeit, ist der entscheidende Faktor für den Erhalt einer Gruppe.

Wir-Gefühl

Beispiel

Etwa 15 Personen, die sich untereinander nicht kennen, sitzen in einem öffentlichen Bus und fahren aus einer Vorstadt in die Innenstadt einer größeren Stadt.

Hier sind zwar mehrere Personen zusammen, es ist allerdings davon auszugehen, dass nach Erreichen des Fahrzieles die einzelnen Personen auseinandergehen, dass während der Fahrt nur vereinzelte Personen miteinander in Kontakt getreten sind und dass auch kein Wir-Gefühl entstanden ist.

Anders wäre es, wenn diese 15 Personen gemeinsam eine zweiwöchige Urlaubsreise mit einem Bus unternehmen. Hier ist davon auszugehen, dass die Personen miteinander kommunizieren und sich durch gemeinsame Erlebnisse ein Wir-Gefühl einstellt. Dieses Wir-Gefühl kann manchmal noch Jahre nach einer emotional erlebnisreichen Urlaubsreise andauern.

Arbeitsgruppe

In Betrieben werden häufig Arbeitsgruppen gebildet. Dabei steht zunächst die Erfüllung vorab definierter Aufgaben im Vordergrund. Gleiche oder ähnliche Arbeiten werden zu Aufgabengebieten zusammengefasst; eine Gruppe von Personen ist dafür zuständig. Bei der Proximus existiert z. B. eine Gruppe im Bereich „Kraftfahrt-Schaden". In dieser Gruppe arbeiten zwölf Mitarbeiter. Obwohl die Mitarbeiter organisatorisch in einer Gruppe zusammenarbeiten, kann es sein, dass einige Mitarbeiter ausschließlich Schäden aus dem Bereich der Fahrzeug-Teilversicherung regulieren, andere Mitarbeiter schwerpunktmäßig Kraftfahrt-Haftpflichtschäden bearbeiten, ein einzelner Mitarbeiter die Regulierung im Bereich „Insassenunfallversicherung" vornimmt und ein weiterer für Betrugsbekämpfung zuständig ist.

In einer anderen Gruppe könnte es sein, dass alle Mitarbeiter Kraftfahrt-Schäden im Bereich der Privatkunden regulieren und ein einziger Mitarbeiter für die Regulierung von Schäden eines Großkunden (Flotte) zuständig ist. In beiden hier beschriebenen Gruppen arbeiten die Mitarbeiter in dem Sinne zusammen, dass sie gleiche oder ähnliche Aufgaben haben, jeder Mitarbeiter könnte aber auch an einem anderen Arbeitsplatz, also in einer anderen Gruppe seine Aufgaben ausüben.

Wir sprechen hier also von Gruppen, da die Mitarbeiter zwar räumlich und organisatorisch zusammen arbeiten, sie allerdings „nebeneinander" unterschiedliche Aufgaben erledigen. Gleichwohl entwickeln viele solcher in den Versicherungsunternehmen vorkommenden Gruppen ein Zusammengehörigkeitsgefühl und es herrscht ein gutes Betriebsklima.

Team

Neben den oben beschriebenen Merkmalen einer Gruppe kommt bei einem Team hinzu, dass die Mitglieder ein gemeinsames Ziel verfolgen und es dafür notwendig ist, dass verschiedene Spezialisten mit unterschiedlichen Fähigkeiten zur Erreichung dieses Ziels zusammen arbeiten. Gerade dann, wenn Teammitglieder unterschiedlich sind, also auch aus verschiedenen Perspektiven heraus Sachverhalte bewerten, kommen tendenziell bessere Ergebnisse zustande, als wenn gleichartige Personen zusammenarbeiten. Bei Erfolgen des Teams entwickelt sich ein Wir-Gefühl, sodass in vielen Teams eine Teamidentität entsteht. Hierdurch wird wiederum der Zusammenhalt in einem Team gefördert. Die Teammitglieder bestärken sich gegenseitig, sodass die einzelnen Mitglieder

Teamidentität

1

Kohäsion

positive Bestätigungen erhalten. Das Ausmaß dieser wechselseitigen positiven Gefühle wird als Kohäsion (Zusammenhalt) bezeichnet. Dieses führt dazu, dass die einzelnen Mitglieder es als attraktiv empfinden, diesem Team anzugehören. Sie leiten dadurch einen persönlichen Nutzen für sich ab und entwickeln das Bestreben, möglichst lange diesem Team anzugehören. Hierzu ist es für die Mitglieder allerdings notwendig, die erwartete Leistung für dieses Team zu erbringen, um nicht ausgeschlossen zu werden.

Beispiel

Im Sport besteht ein Team nicht nur aus den Spielern einer Mannschaft auf dem Spielfeld, sondern auch aus Trainern und Assistenten. Torwart, Verteidiger und Stürmer sind jeweils Spezialisten auf ihren Positionen und müssen lernen, als Team zusammenzuspielen. Der Trainer gibt die Taktik vor und ist für das passende Einwechseln von Spielern zuständig. Assistenten oder ggf. Techniker sorgen dafür, dass jeder Spieler mit den bestmöglichen Hilfsmitteln versorgt wird. Bei einem Erfolg entwickelt sich ein Wir-Gefühl. Dieses führt dazu, dass die Teammitglieder stolz darauf sind, dazuzugehören. Sie strengen sich an, um möglichst lange diesem Team anzugehören, da sie sonst ausgeschlossen werden.

In der Versicherungswirtschaft werden häufig Teams im Bereich der Kundenbetreuung eingerichtet. Hier sollen Spezialisten aus verschiedenen Versicherungssparten sich gegenseitig unterstützen, sodass möglichst viele Mitarbeiter als so genannte „Allrounder" ganzheitlich Kunden beraten können. Immer wieder werden neue Aspekte zur Verbesserung der Kundenbetreuung in das Team eingebracht. Am Ende zählt die Teamleistung:

Kommunikationsstruktur

Wie viele Kunden konnten vom gesamten Team fallabschließend erfolgreich beraten werden? Gerade in der Versicherungswirtschaft ist die Informationsfülle, die auf Mitarbeiter einwirkt, sehr hoch. Um erfolgreich in einem Team zusammenarbeiten zu können, sollte eine Kommunikationsstruktur innerhalb des Teams angestrebt werden, die der „Totale" in der folgenden Abbildung entspricht. Gerade bei komplexen Aufgaben würde eine Kommunikationsstruktur, die auf eine zentrale Person ausgerichtet ist (z. B. beim Rad), die Informationsverarbeitungskapazitäten dieser Person vermutlich bald überfordern. Zudem gingen bei einem Ausfall dieser Person entscheidende Informationen verloren. Dagegen könnten in einer Arbeitsgruppe einfache Aufgaben schneller und fehlerfreier mit der Radstruktur gelöst werden.

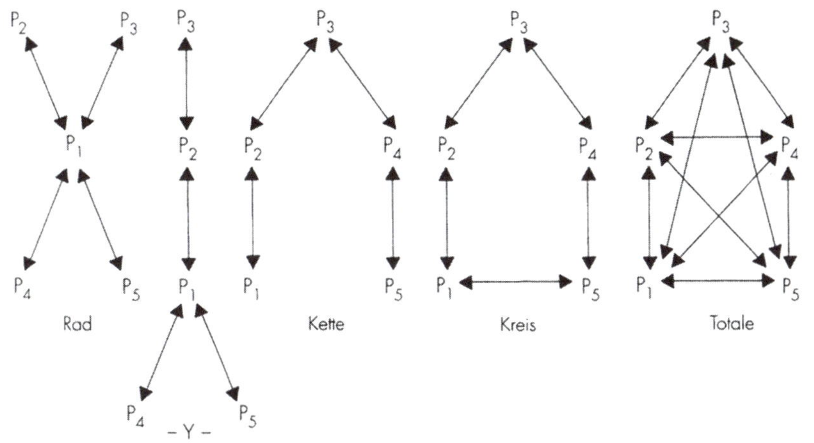

Abbildung 10: Kommunikationsstrukturen in Gruppen
(Lutz von Rosenstiel / Erika Regnet / Michel E. Domsch (Hrsg.): Führung von Mitarbeitern. Handbuch für erfolgreiches Personalmanagement. 6., überarbeitete Auflage, S. 327. © Schäffer-Poeschel Verlag für Wirtschaft Steuern Recht GmbH & Co. KG in Stuttgart)

Weiterhin sind für eine erfolgreiche Teamarbeit eine sorgfältige Auswahl der Teammitglieder und die Teamführung wichtige Voraussetzungen.

Folgende Empfehlungen sollten dabei berücksichtigt werden: (zitiert nach Gemünden/Högl (2000); in: von Rosenstiel 2009, S. 333)

- Bei der Teambesetzung sollte auf ausreichend soziale Kompetenz geachtet werden.
- Bei der Teambesetzung muss auf ausreichend methodische Kompetenz geachtet werden.
- Bei der Besetzung des Teams muss darauf geachtet werden, dass die Diskrepanz der Mitarbeiter im Wissens- und Fähigkeitsbereich nicht zu hoch ist (Fachkompetenz).
- Bei der Auswahl sollte darauf geachtet werden, dass die Mitarbeiter gerne mit anderen zusammenarbeiten.
- Die Ziele sollten für alle Mitglieder verpflichtend sein.
- Die Ziele sollten entsprechend der SMART-Formel beschrieben sein.
- Das Team sollte während seiner Tätigkeit regelmäßiges, konstruktives Feedback erhalten.
- Es sollte ein Führungsmodell praktiziert werden, das den Gruppenmitgliedern grundsätzliche Gleichberechtigung und Mitwirkungsmöglichkeiten bei Entscheidungen bietet.

Ein Lao-Tse zugeschriebener Ausspruch passt sehr gut zum Thema Teamführung:

„Der beste Führer ist der, dessen Existenz gar nicht bemerkt wird; der zweitbeste der, welcher geehrt und gepriesen wird; der nächstbeste der, den man fürchtet; und der schlechteste der, den man hasst. Wenn die Arbeit des besten Führers getan ist, sagen die Leute: „Das haben wir selbst getan."

Die folgende Tabelle gibt eine Zusammenfassung von Merkmalen eines erfolgreichen Teams:

Leistung	Das Team ist imstande, Leistungen zu erzielen, die die Mitglieder allein nicht fertig bringen.
Ziel	Mitglieder kennen das Hauptziel, sind damit einverstanden und halten es für erstrebenswert. Stärke des Teams hängt ab vom Einverständnis der Mitglieder mit dem Ziel und ihrer Bereitschaft, ihre persönlichen Ziele in den Dienst des Hauptziels zu stellen.
Dynamik	Mitglieder spornen sich gegenseitig an. Der Begriff Synergie beschreibt dieses einzigartige Energiepotenzial eines Teams. Ein Team ist in seiner Qualität und Leistungsfähigkeit mehr als die Summe seiner einzelnen Mitglieder.
Struktur	Regelung der Kontrolle, Führungsansprüche, Arbeitsstil, Organisation, Rollenverständnis, Koordination individueller Fähigkeiten zu den Teilaufgaben.
Klima	Offenheit, Vertrauen, Besprechen persönlicher Schwierigkeiten, Risikobereitschaft, gegenseitige Ermunterung, Identifikation mit dem Team, Erfolg und Misserfolg übertragen sich auf die Stimmung, Kraft wird in die Wahrung der Teaminteressen investiert.

Tabelle 8: Merkmale eines erfolgreichen Teams (Lang/Conrads 2003, S. 247)

6.2 Teambildung

Bevor ein Team handlungsfähig ist und die beschriebenen Synergien erreicht werden, durchläuft das Team einen Teambildungsprozess.

Häufig werden bei der Teambildung vier Phasen unterschieden:

- Orientierungsphase (forming)
- Spannungsphase (storming)
- Organisationsphase (norming)
- Identifikationsphase (performing)

6.2.1 Orientierungsphase

Orientierungsphase

In der Orientierungsphase begegnen sich viele Teammitglieder zum ersten Mal. In dieser Phase verhalten sich viele Personen eher vorsichtig, zurückhaltend, höflich und oft sehr förmlich. Die einzelnen Mitglieder versuchen, miteinander in Kontakt zu treten und Informationen über die übrigen Teammitglieder zu sammeln. Es findet ein verbales und nonverbales Abtasten statt. Oftmals ist die

Atmosphäre gespannt, da die einzelnen Mitglieder die eigene Rolle, die sie zukünftig in dem Team annehmen werden, noch nicht kennen. Untereinander probieren die Teammitglieder aus, welches Verhalten innerhalb des Teams bzw. gegenüber einzelnen Teammitgliedern akzeptiert wird.

In dieser Phase überlegen sich die Teammitglieder, inwieweit sie persönlich den Anforderungen, die an das Team gestellt werden, gerecht werden können. Das Team versucht, die gegebene Aufgabenstellung allgemein zu ordnen und formuliert erste gemeinsame Ziele.

Der Teamleiter hat in dieser Phase die Aufgabe, dafür zu sorgen, dass sich die Teammitglieder untereinander kennenlernen. Am besten erfolgt dies durch gemeinsame Aktivitäten, die möglichst Spaß machen. Der Teamleiter selbst sollte mit gutem Beispiel vorangehen und ein hohes Maß an Offenheit demonstrieren. Gleichzeitig sollte er versuchen, die Teammitglieder dahingehend zu bewegen, dass sie Probleme und Bedenken äußern. Einzelne Teammitglieder kann der Teamleiter bei der persönlichen Stärken- und Schwächenanalyse unterstützen.

6.2.2 Spannungsphase

Spannungsphase

Nachdem sich die Teammitglieder in der Orientierungsphase „abgetastet" haben, treten in der nun folgenden Phase Spannungen zwischen den Teammitgliedern untereinander und ggf. auch mit dem Teamleiter auf. In dieser Phase werden die unterschiedlichen Rollen im Team verteilt. Ursachen für auftretende Konflikte können Sympathie und Antipathie einzelner Teammitglieder sein. Das kann damit zu tun haben, dass konkurrierende Personen bestimmte Aufgaben für sich deklarieren oder damit, dass die Kommunikation innerhalb des Teams nicht offen erfolgt.

In Bezug auf die Rollenverteilung innerhalb des Teams ergibt sich oftmals eine so genannte „Hackordnung", also eine Rangreihe bezogen auf Macht und Einfluss innerhalb des Teams. In der Soziologie wird diese Rangordnung vom „Alpha", also dem Führer, bis zum „Omega", dem so genannten Außenseiter definiert. Bezogen auf die Kriterien eines erfolgreichen Teams muss vermieden werden, dass sich eine Außenseiterposition bildet. Im Rahmen der Führung des Teams könnte es passieren, dass einzelne Teammitglieder den vorab bestimmten Teamführer nicht anerkennen. Auch hier kann es zu Konflikten kommen. Falls im Vorfeld kein Teamleiter bestimmt wurde, kristallisiert sich in dieser Phase heraus, wer das Team zukünftig führt. Oft konkurrieren der beliebteste und der fachlich versierteste Mitarbeiter untereinander.

Besteht bereits ein von Unternehmensseite bestimmter formaler Führer, so ist in leistungsorientierten Teams eine Arbeitsteilung denkbar. Empfehlungen aus der Praxis gehen dahin, den formalen Führer, d. h. den ernannten Teamleiter, als treibende Kraft, also Initiator für die Prozesse zu benennen und den sich aus dem Team herausbildenden informellen Führer als „Beliebtheitsführer" zu dessen Stellvertreter zu machen (vgl. von Rosenstiel 2009, S. 330).

Für die Teambildung hat diese Spannungsphase eine entscheidende Bedeutung. Auf der Grundlage der in der Orientierungsphase gebildeten Atmosphäre werden nun Konflikte offen artikuliert. Entsprechend den Erkenntnissen der themenzentrierten Interaktion (siehe Kap. 5, 2.3.6), sollte die Bewältigung von Störungen Vorrang haben. Durch die Bewältigung dieser Konflikte wird das Team weiter gefestigt. Gemeinsame Normen und Regeln werden festgelegt.

Mögliche Regeln für die Teamarbeit ergeben sich aus der folgenden Aufzählung:

- Jeder erkennt den anderen als gleichwertigen Partner an.
- Rollen (z. B. Diskussionsleitung) werden ständig gewechselt.
- Meinungen sollen ständig herausgefordert und geäußert werden – Schweigen bedeutet nicht Zustimmung.
- Zuhören ist genauso wichtig wie reden.
- Bei der Ideensammlung sollen keine „Killerphrasen" geäußert werden.
- Konflikte dürfen nicht verschleiert werden, sondern sind aufzudecken und zu diskutieren.
- Meinungsverschiedenheiten sind Informationsquellen, keine Störfaktoren.
- Innerhalb des Teams soll kritisiert, aber nicht getadelt werden.
- Jeder soll bereit sein, permanent alle Lösungsansätze infrage zu stellen – auch eigene Vorstellungen.
- Auch die Ideen anderer Teammitglieder dürfen weiterverfolgt werden. Es gibt kein „Copyright".
- Informationsgefälle ist abzubauen, Wissen ist ständig mitzuteilen.
- Entscheidungen sollen möglichst einstimmig gefällt werden.
- Keiner führt eine neue Aktivität aus, die nicht vorher gemeinsam beschlossen wurde.
- Entscheidungen und Ereignisse sind laufend festzuhalten und sichtbar zu machen.
- Neue Aspekte und Zielabweichungen sind sofort mitzuteilen und zu klären.
- Die Einhaltung der Spielregeln ist ständig zu beobachten und ggf. einzufordern.

Tabelle 8: Spielregeln für die Teamarbeit (nach Kennheiser, Hormel, Aichner (1997); Lang/Conrads 2003, S. 230)

Der Teamleiter hat in dieser Phase die Aufgabe, Konflikte aufzudecken und diese mit dem gesamten Team konstruktiv zu lösen. Dabei ist es auch die Aufgabe des Teamleiters, einzelnen Mitgliedern dabei zu helfen, dass diese ihre Probleme artikulieren. Weiterhin muss er deutlich machen, wie wichtig jedes einzelne Teammitglied für die Erreichung des Gesamtergebnisses ist. Damit sich das tatsächliche Potenzial der Teammitglieder entfalten kann, ist es seine Aufgabe, Entscheidungswege und Problemlösungsmethoden infrage zu stellen. Hierdurch wird das Team zum Experimentieren angeregt.

6.2.3 Organisationsphase

Organisationsphase

Nachdem die Beziehungen im Team und die Form der Zusammenarbeit geklärt sind, beginnt die Organisationsphase. In dieser Phase entwickelt das Team seine eigene Arbeitsweise. Das Team lernt mit Problemen umzugehen und diese kreativ und flexibel zu lösen. Gleichzeitig lernt das Team die unterschiedlichen Stärken der Teammitglieder zu nutzen und effektiv Problemlösungen herbeizuführen. Die Mitglieder stellen sich auf die unterschiedlichen Arbeitsstile der Teamkollegen ein. In dieser Phase werden die Feinziele des Teams definiert und gemeinsame Lösungsstrategien entwickelt.

Der Teamleiter unterstützt die Mitglieder im Rahmen der Zusammenarbeit. Er ermuntert die Teammitglieder, auch die übrigen Personen an ihren Ideen teilhaben und von ihren Stärken profitieren zu lassen. Er koordiniert die Hilfe zur Selbsthilfe. Die Teammitglieder werden füreinander verantwortlich und stützen sich. Dieses erreicht er auch dadurch, dass er gemeinsame Erfolge hervorhebt und diese als Teamleistung würdigt. Der Teamleiter wird immer mehr zum Koordinator, gleichzeitig initiiert er, dass das Team seine Strategien immer wieder analysiert und Prozesse optimiert.

6.2.4 Identifikationsphase

Identifikationsphase

In der Identifikationsphase hat sich das Team endgültig gefunden. Die Rollen, Verhaltens- und Arbeitsweisen haben sich konsolidiert. Das Team hat einen hohen Grad an Selbstorganisation erreicht. Die Teammitglieder fühlen sich füreinander und für das Teamergebnis verantwortlich. Die Atmosphäre ist dadurch geprägt, dass sich die Mitglieder untereinander helfen. Unterschiedliche Rollen gleichen sich immer stärker an. Die Aufgaben werden gemeinsam in Angriff genommen und konstruktiv gelöst. In dieser Phase wird das Wir-Gefühl deutlich nach außen getragen. Der Zusammenhalt bzw. die Kohäsion wächst und jedes Teammitglied profitiert von der Teamzugehörigkeit.

Wir-Gefühl

Der Teamleiter übernimmt nun die Rolle eines Moderators. Er ermutigt die Teammitglieder zu experimentieren und sorgt dafür, dass alle Teammitglieder mit allen Informationen versorgt werden. Er setzt Impulse, die dazu führen sollen, dass das Team seine Strategien immer wieder infrage stellt und sich so verbessert. Der Teamleiter setzt sich für die Teamentwicklung ein und organisiert, dass das Team durch Personen außerhalb des Teams beraten wird. Der Teamleiter wird zum „Primus inter Pares", d. h. er ist weniger Führungskraft, sondern mehr Teammitglied.

Der Prozess der Teambildung wird häufig in Form einer so genannten Teambildungsuhr dargestellt. In der Abbildung sind die einzelnen Phasen dargestellt.

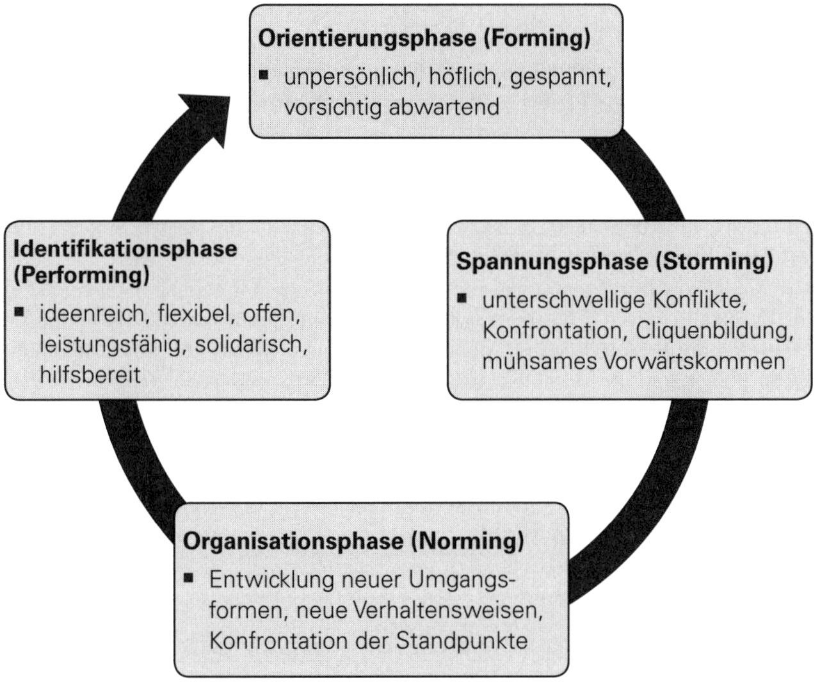

Abbildung 11: Prozess der Teambildung (eigene Darstellung)

Der so beschriebene Prozess läuft wiederkehrend ab. Immer dann, wenn neue Teammitglieder dazu kommen oder Teammitglieder ausscheiden, beginnt der Prozess von vorne. Gleiches gilt, wenn neue Aufgaben durch das Team zu erfüllen sind und eine neue Aufgabenverteilung vorgenommen werden muss. Es ist allerdings zu vermuten, dass bei beiden Ereignissen die Teambildung deutlich schneller erfolgt als bei einer „Erstbildung".

6.3 Teamentwicklung und Teamtraining

Um den gerade beschriebenen Prozess der Teambildung zu unterstützen und Teams in ihrem Fortbestehen zu entwickeln, ist es erforderlich, die Teamentwicklung durch Teamtrainings zu unterstützen. Dieses erscheint umso notwendiger, da die meisten Mitarbeiter aus einer hierarchisch strukturierten Organisation kommen und es daher gewohnt sind, dass die Arbeitsweise auf den individuellen Erfolg des Einzelnen ausgerichtet ist. Anlässe für ein Teamtraining können nach Lang (Conrads 2003, S. 249) sein:

- Ein neues Team beginnt die gemeinsame Arbeit mit einem Training, um von Anfang an Grundlagen und Spielregeln für eine vertrauensvolle Zusammenarbeit in der Zukunft festzulegen. Gleichzeitig werden Regeln für Konflikt- und Krisenfälle vereinbart.
- Störungen in der Zusammenarbeit untereinander und/oder mit der Führungskraft, z. B. aufgrund mangelnden Vertrauens, behindern die Teamarbeit.

- Mangelnde kommunikative Fähigkeiten oder Methodenkenntnisse blockieren oder erschweren die Zielerreichung.
- Regeln der Zusammenarbeit wurden nicht ausreichend aufgestellt.
- Bei bereits länger bestehenden Teams gibt es Krisensymptome wie ineffektive Besprechungen, unzureichende Kommunikation untereinander, eine Häufung von Missverständnissen, eine unzureichende Einbeziehung der Mitarbeiter bei Entscheidungen, mangelndes Engagement, Leistungsabfall etc.

Teamtraining

Um ein funktionierendes Team zu bilden bzw. ein bestehendes Team zu beleben, werden in Teamtrainings die im Team ablaufenden Prozesse analysiert und den Teammitgliedern aufgezeigt. Anschließend werden gemeinsame Lösungsstrategien entwickelt. Im Laufe der Zeit müssen die Mitarbeiter selbst diagnostische Fähigkeiten entwickeln, ihre Wahrnehmungen im Team zu kommunizieren und das Team zu Veränderungen anzuleiten.

Wichtigste Voraussetzung für jedes Teamtraining ist, dass die Erkenntnis vorliegt, dass Störungen vorhanden sind und der Wunsch nach Veränderung besteht.

Teamtrainings sollten nach Möglichkeit außerhalb der eigentlichen Betriebsstätte durchgeführt werden. Hierdurch werden mögliche Störungen weitestgehend ausgeschaltet und das Team kann sich auf das Training konzentrieren. Methodisch werden neben intensiven Gesprächs- und Moderationsrunden hauptsächlich gruppendynamische Übungen eingesetzt, die das Wir-Gefühl verstärken und helfen, gegenseitiges Vertrauen aufbauen.

1

Je nach Intention des Trainings kann dieses unterschiedlich ablaufen. Mögliche Schritte eines Teamtrainings sind in der folgenden Tabelle aufgeführt:

1. Wunsch nach Veränderung	Es ist die Erkenntnis da, „Es ist nicht alles so, wie es sein sollte". Der Wunsch nach Veränderung muss von einer Person verspürt werden, die im Unternehmen etwas gilt.
2. Definition des Problems	Die technische oder organisatorische Diagnose eines Problems muss durch eine Diagnose ergänzt werden, die auch Aspekte wie Führung, Engagement, Klima, Rollenklarheit, Kreativität, Formen des Feedbacks und der Kritik, Möglichkeiten des Lernens in der Gruppe und Beziehungen zu anderen Gruppen berücksichtigt.
3. Definition des gewünschten Zustands	Bei einem Entwicklungsprozess eines Teams soll bekannt sein, wohin die Reise gehen soll. Eine Möglichkeit der Zielklärung und Visionsbildung besteht darin, an die eigene Phantasie die Frage zu stellen: „Was soll heute in einem Jahr mit dieser Gruppe geschehen sein?" Einsatz von Methoden der Moderation.
4. Behandlung des Problems und Aufbau der Zukunft	Ableitung konkreter Handlungen und Ziele. Ausarbeiten von Strategien und Taktiken. Die beste Behandlung eines Teamproblems ist die, die sowohl erschwinglich als auch wirksam ist. Einsatz von Methoden der Moderation.
5. Erfolgskontrolle	Überwachung des Trainingsprozesses durch regelmäßige Sitzungen, klar abgegrenzte Kompetenzen, offene Diskussionen und Personen, die von außen wie ein Spiegel das Verhalten der Gruppe reflektieren.

Tabelle 9: Schritte des Teamtrainings
(nach Francis/Young (1996), Lang/Conrads 2003, S. 248)

Der Erfolg einer Teamentwicklungsmaßnahme hängt u. a. von verschiedenen Bedingungen ab (zitiert nach Lang/Conrads 2003, S. 248 f):

- Entscheidungen sollen weitestgehend von der Gruppe getroffen werden. Die Gruppe wählt selbst die richtige Vorgehensweise für ihre Aufgaben und ihre Entwicklung. Sie benötigt dazu Zeit, ihr Entwicklungsprogramm selbst zu gestalten.
- Vollständige Lösungen sollen entwickelt werden, schwierige Situationen brauchen eine gründliche Einarbeitung.
- Es soll auch genügend Zeit für das Teamtraining bereitstehen, damit die Zeit vorhanden ist für Experimente und den Austausch von Feedback, für den Erwerb von neuem Wissen und neuen Fertigkeiten und für die Beurteilung der Kräfte, die die Gruppe beeinflussen.
- Eine Teamentwicklung kann von einem Team auch allein durchgeführt werden. Dabei übernimmt ein Mitglied des Teams oder der Teamleiter die Moderation. Ein Team kann sich auch einen Berater für das Teamtraining hinzuziehen, Dies ist dann geraten, wenn das Team am Anfang seines Lebenszyklus steht, der Teamleiter und die Mitglieder nicht im Stande sind, gleichzeitig den Prozess zu steuern und an ihm teilzunehmen, wenn z. B. schwierige oder peinliche Konflikte zu lösen sind.

1

- Eine wichtige Voraussetzung für den Erfolg eines Teamtrainings ist der offene Austausch. Alle Gruppenmitglieder sollten sich dessen bewusst sein, dass das Teamtraining den freien Meinungsaustausch begünstigt. Es können im Teamtraining also auch kritische Kommentare und negative Gefühle auftauchen.
- Die in dem Teamtraining vereinbarten Vertraulichkeitsklauseln und Zusagen müssen eingehalten werden.
- Die unmittelbare Führungskraft muss voll und glaubwürdig hinter der Teamentwicklung stehen. Ist sie bereit, ihre Rolle, ihre eigenen Leistungen in einem Training durch andere infrage stellen zu lassen? Ist sie sich darüber klar, dass sie wahrscheinlich auch unerwartetes und kritisches Feedback bekommen kann und kann sie damit umgehen?
- Es muss Klarheit über den vorhandenen Entscheidungsspielraum und die vorhandenen Ressourcen herrschen, die dem Team zur Verfügung stehen.
- Für die Planung, wer an dem Teamtraining teilnehmen soll, hilft die Unterscheidung zwischen Mitgliedern, die Dienstleistungen liefern und weniger zu Aufgabenerfüllung beitragen, und zeitweiligen Mitgliedern mit besonderem Fachwissen, deren Tätigkeiten spezifisch und zeitlich begrenzt sind. In besonders schwierigen oder unklaren Fällen kann die Teilnahme auch mit dem Betreffenden und den ständigen Mitgliedern besprochen werden.
- Die Teilnahme der Teammitglieder soll auf freiwilliger Basis erfolgen.

Zusammenfassung

Bei einer Gruppe handelt es sich um eine Mehrzahl von Personen, die über einen längeren Zeitraum in direktem Kontakt zueinander stehen, gemeinsame Werte und Normen haben und ein Wir-Gefühl entwickeln. In einer Arbeitsgruppe werden mehrere Personen organisatorisch zusammengefasst. Jeder führt allerdings eine andere Aufgabe aus. Sie müssen nicht zwingend etwas miteinander zu tun haben.

Bei einem Team handelt es sich um eine Gruppe von Personen, die ein gemeinsames Ziel verfolgen, für dessen Erreichung es notwendig ist, dass verschiedene Spezialisten zusammenarbeiten.

Voraussetzungen für eine erfolgreiche Teamarbeit sind u. a. die Bereitschaft der Teammitglieder, in einer Gruppe zusammenzuarbeiten und dabei eine offene Kommunikation zu pflegen. Alle Teammitglieder müssen bereit sein, nicht die eigene Leistung, sondern die Leistung des gesamten Teams in den Vordergrund zu stellen, um das gemeinsame Ziel zu erreichen. Dazu gehört, dass die Teammitglieder sich jederzeit unterstützen und die Stärken und Schwächen der übrigen Personen anerkennen bzw. akzeptieren. Erfolgreiche Teams streben danach, sich immer weiter zu entwickeln und zu verbessern. Gemeinsame Erfolge fördern das Wir-Gefühl und verstärken die Kohäsion.

Bevor ein Team erfolgreich arbeitet, durchläuft es einen Teambildungsprozess. Während der Teambildung werden die folgenden Phasen durchlaufen: Orientierungsphase, Spannungsphase, Organisationsphase, Identifikationsphase.

Der Teambildungsprozess und die Teamentwicklung werden durch Teamtrainings unterstützt. Dabei müssen zunächst die Probleme des Teams analysiert und offen angesprochen werden. Anschließend sind gemeinsame Lösungsstrategien zu entwerfen. Gruppendynamische Übungen, vertrauensbildende Maßnahmen, Diskussions- und Moderationsrunden kommen in Teamtrainings zum Einsatz. Wichtig ist, dass die Teammitglieder freiwillig an dieser Maßnahme teilnehmen und der Wunsch nach Veränderung tatsächlich vorhanden ist.

1

Handlungssituation

Sie sind Mitarbeiter in der Direktion. Nach Ihrer Ausbildung zum Versicherungskaufmann haben Sie erst einige Jahre in der „Bestandsabteilung Unfall" und dann drei Jahre in der „Leistungsabteilung Unfall" gearbeitet. Beim Berufsbildungswerk der Versicherungswirtschaft haben Sie sich berufsbegleitend zum Versicherungsfachwirt weitergebildet. Seit zwei Jahren sind Sie im Bereich „Produktmanagement" tätig. Da die Proximus Versicherung beabsichtigt, ein besonderes Augenmerk auf die Zielgruppe Senioren zu legen, sollen Sie mit einem Team von Mitarbeitern spartenübergreifend ein neues Produktangebot für diese Zielgruppe entwickeln.

Für diesen Entwicklungsprozess benötigen Sie Spezialisten aus den unterschiedlichsten Fachgebieten. Aus dem Marketingbereich benötigen Sie Experten, die Ergebnisse aus der Marktforschung – z. B. zu Kundenbedürfnissen – einbringen. Aus der jeweiligen Versicherungssparte werden Experten benötigt, die für die fachlichen Aspekte zuständig sind. Mathematiker sollen mögliche Tarifvarianten kalkulieren. Juristen sind für die Klarheit der Versicherungsbedingungen zuständig. Zusätzlich benötigen Sie aus weiteren Abteilungen Experten. Zudem wäre es ratsam, auch Außendienstpartner einzubinden. Diese könnten über Produkte von Wettbewerbern informieren und gleichzeitig Wünsche für Produktvarianten äußern. Gleichzeitig wären Außendienstpartner in der Lage, einen potenziellen Vertriebserfolg zu bewerten.

Bei der Auswahl Ihres Teams müssen Sie darauf achten, dass die zukünftigen Teammitglieder gerne mit anderen Menschen zusammenarbeiten, also „teamfähig" sind. Alle Teilnehmer sollten mindestens die Qualifikation „Geprüfter Versicherungsfachwirt" oder „Fachwirt für Versicherung und Finanzen" besitzen. Dadurch stellen Sie sicher, dass die Teammitglieder „auf Augenhöhe" miteinander kommunizieren. Um möglichst schnell handlungsfähig zu werden, beabsichtigen Sie, mit einem Teamtraining zu beginnen.

Aufgaben zur Selbstüberprüfung

1. Grenzen Sie intrinsische und extrinsische Motivation anhand eines selbst gewählten Beispiels ab.
2. Erläutern Sie die Bedürfnispyramide nach Maslow und nehmen Sie kritisch dazu Stellung.
3. Charakterisieren Sie den Begriff „Führung".
4. Nennen Sie vier Aufgaben der Führungskraft im Führungsprozess.
5. Erläutern Sie den Begriff „Führungsstil" und erklären Sie, worin sich ein-, zwei- und dreidimensionale Führungsstile unterscheiden.
6. Beschreiben Sie je drei Vor- und Nachteile des autoritären und des kooperativen Führungsstils.
7. Erklären Sie die Führungstechniken
   a) Management by Objectives
   b) Management by Delegation
   c) Management by Exception
8. Begründen Sie, warum eine sorgfältige Teamauswahl wichtig ist.
9. Beschreiben Sie den Prozess der Teambildung.
10. Beschreiben Sie die Aufgaben der Teamleitung während der einzelnen Phasen des Teambildungsprozesses.

Teil 2
Qualifizierung

Kapitel 2

Mitarbeiterinnen und Mitarbeiter individuell fördern und entwickeln

Wolfgang Schwarzer

Rita Stein

Nachzuweisende Befähigung

Die angehenden Fachwirte/Fachwirtinnen für Versicherungen und Finanzen sollen imstande sein, Mitarbeiter individuell zu fördern und zu entwickeln (gemäß Erläuterungsbroschüre, Qualifikationsinhalte und Handlungssituationen, Nr. 3.2).

Qualifikationsinhalte des Kapitels

Die Absolventen können im Einzelnen:

- Standortbestimmung und Potenzialanalyse durchführen (3.2.1)
- Karriere und Nachfolgeplanung festlegen (3.2.2)
- Instrumente der Personalentwicklung einsetzen (3.2.3)
- Bildungscontrolling umsetzen (3.2.5)

Lernziele

In diesem Kapitel lernen Sie verschiedene Instrumente der Personalentwicklung kennen, mit denen Mitarbeiter individuell gefördert werden können. Dabei wird zunächst eine Standortbestimmung durchgeführt, damit vorhandene Stärken, aber auch etwaige Defizite von Mitarbeitern erkannt werden können. Da die Unternehmen auch für die Zukunft gerüstet sein müssen, erscheint es notwendig, Potenziale von Mitarbeitern festzustellen, um jederzeit geeignete Kandidaten bei Stellenbesetzungen aus den eigenen Reihen zur Verfügung zu haben. Nach der Durchführung von Personalentwicklungsmaßnahmen wird im Rahmen von Bildungscontrolling überprüft, inwieweit diese erfolgreich waren.

Handlungssituation

Sie sind im Bereich „Personalentwicklung" der Proximus Versicherung AG tätig. Neben der Durchführung von Seminaren für Auszubildende und Mitarbeiter gehört es auch zu Ihren Aufgaben, Führungskräfte und Mitarbeiter in Aus- und Weiterbildungsfragen zu beraten.

Zurzeit sind Sie in einem intensiven Austausch mit einem Abteilungsleiter, der voraussichtlich in zwei Jahren in den Ruhestand treten wird. Er ist daran interessiert, rechtzeitig einen geeigneten Nachfolger zu bestimmen, um diesen vor seinem Eintritt in den Ruhestand einarbeiten zu können. Aus seiner Sicht würde sowohl einer seiner Gruppenleiter als auch ein ihm direkt unterstellter Spezialist für seine Nachfolge geeignet sein. Gemeinsam erörtern Sie die anstehende Nachfolgeregelung und überlegen, wie Sie beide Mitarbeiter durch Personalentwicklungsmaßnahmen fördern können.

Zusätzlich zu diesen Aufgaben werden Sie häufig in verschiedene Projekte eingebunden. Zurzeit sind Sie an einem Projekt beteiligt, welches neue strategische Unternehmensziele für die operative Umsetzung vorbereitet. In Ihrem Arbeitspaket geht es insbesondere um die zukünftigen Anforderungen und die damit verbundenen Qualifikationen der Mitarbeiter. Gleichzeitig arbeiten Sie in einer Projektgruppe mit, welche eine Imagebroschüre für die Zielgruppe „Hochschulabsolventen" entwickelt. Sie sind für den Teil „Personalentwicklung" verantwortlich.

1. Standortbestimmung und Potenzialanalyse

Versicherungsunternehmen benötigen hoch qualifizierte, handlungskompetente Mitarbeiter, die aktuelle wie langfristige Aufgaben im Unternehmen auf einem hohen Leistungsniveau erfüllen und damit dafür sorgen, dass das Unternehmen auf dem Markt wettbewerbsfähig bleibt.

Die Personalentwicklung zielt dementsprechend darauf ab, den Personen im Unternehmen Qualifikationen bzw. Kompetenzen zu vermitteln, damit sie diese Aufgaben im Unternehmen wahrnehmen können und den gestellten Anforderungen jederzeit – also auch in der Zukunft – genügen.

Um Personalentwicklungsmaßnahmen steuern zu können, werden Informationen über den aktuellen Leistungsstand der Mitarbeiter und deren Potenzial benötigt.

Personalbeurteilungen

Dabei wird der aktuelle Leistungsstand, i. d. R. in Form von Personalbeurteilungen, erhoben. Der jeweilige Vorgesetzte beurteilt mithilfe eines festgelegten Beurteilungsmaßstabs festgelegte Kriterien (z. B. Leistung und Verhalten der Mitarbeiter) in einer zurückliegenden Beurteilungsperiode (i. d. R. die letzten zwei Jahre). Unterschiedliche Arten von Beurteilungsverfahren und Hinweise auf Beurteilungsfehler sind im Band „Steuerung und Führung im Unternehmen" (siehe Kap. 2 „Funktionsbereiche und Instrumente der Personalwirtschaft") ausführlich dargestellt. Anhand der Ergebnisse der Personalbeurteilung lassen sich Stärken und Schwächen der Mitarbeiter feststellen. Stärken sollen weiter ausgebaut, Schwächen müssen durch gezielte Personalentwicklungsmaßnahmen möglichst schnell behoben werden.

In der betrieblichen Praxis besteht häufig die Notwendigkeit Qualifikationsdiagnosen zu formulieren. Dies ist beispielsweise dann der Fall, wenn sich die Aufgaben an einem Arbeitsplatz durch zusätzliche Inhalte erweitern oder durch technologischen Fortschritt verändern. Gleiches gilt bei personellen Veränderungen: Beim Ausscheiden von Mitarbeitern (z. B. durch Ruhestand) müssen andere Mitarbeiter diese Aufgaben übernehmen oder Mitarbeiter sollen oder wollen Führungsaufgaben übernehmen. Hierzu muss das Potenzial der Mitarbeiter in Form einer Potenzialanalyse oder Potenzialbeurteilung ermittelt werden.

Potenzialanalyse

Unter Potenzialanalyse ist der Versuch zu verstehen, durch die Erfassung der bereits realisierten Qualifikationsmerkmale (also den Ergebnissen der vergangenheitsbezogenen Personalbeurteilungen) und der jeweilig prognostizierten Entwicklungschancen die Frage zu beantworten, inwieweit Mitarbeiter in der Lage sind, zukünftigen Anforderungen zu genügen. Dabei werden mögliche Qualifizierungsmaßnahmen (Seminare, Hospitationen, Job enrichment etc.), die ein Mitarbeiter durchlaufen kann, berücksichtigt.

In der betrieblichen Praxis werden vor allem diagnoseorientierte Verfahren, psychologische Tests oder Assessment-Center eingesetzt.

▪ Diagnoseorientierte Verfahren

Auswertung von Leistungsbeurteilungen

Die diagnoseorientierten Verfahren basieren auf den vorgenommenen Leistungsbeurteilungen. Die Vorgesetzten formulieren im Anschluss an die vorgenommenen Beurteilungen weitere Verwendungs- und Entwicklungsmöglichkeiten für ihre Mitarbeiter. Dies kann durch allgemeine, freie Formulierungen geschehen oder auch gelenkt, indem das Unternehmen Kriterien wie Lernbereitschaft, Flexibilität oder Mobilität vorgibt.

Zusätzlich zu den so gewonnenen Informationen werden Leistungsdaten des Mitarbeiters aus der Vergangenheit ausgewertet. Wie viel Zeit benötigte ein Mitarbeiter im Vergleich zu anderen Mitarbeitern bei der Einarbeitung auf eine bestimmte Stelle oder bei der Übernahme von neuen Aufgaben? Welche Initiativen ergreift ein Mitarbeiter? Wie kontinuierlich erfolgt die Leistungsentwicklung des Mitarbeiters? An welchen Personalentwicklungsmaßnahmen hat ein Mitarbeiter mit welchem Erfolg teilgenommen? An welchen Projekten hat er, mit welchen Aufgaben teilgenommen?

Personalentwicklungsgespräche

Weiterhin können sog. Personalentwicklungsgespräche zwischen Mitarbeitern und Vorgesetzten oder zwischen Mitarbeitern und Mitarbeitern des Personal- und/oder des Personalentwicklungsbereichs durchgeführt werden. In diesen Gesprächen können die Entwicklungswünsche des Mitarbeiters besprochen werden. Zusätzlich geben diese Gespräche auch Aufschluss darüber, ob es im außerbetrieblichen Bereich des Mitarbeiters bislang unbekannte Potenziale oder Eigenschaften des Mitarbeiters gibt, die bei der Übernahme von zukünftigen Aufgaben hilfreich wären. Zum Beispiel könnte ein Mitarbeiter in einem Sportverein aktiv sein und dort aufgrund seines besonderen Organisationsvermögens die Spielpläne von verschiedenen Mannschaften koordinieren.

Auch wenn ein großer Teil dieser Daten subjektiven Einflüssen unterliegt, lässt sich doch feststellen, dass ein Zusammenhang zwischen der vergangenen bzw. gegenwärtigen Aufgabenerfüllung und der Zukunft besteht.

▪ Psychologische Eignungstests

psychologische Eignungstests

Unter psychologischen Eignungstests werden Messverfahren verstanden, die unter standardisierten Bedingungen Leistungs- und Persönlichkeitsmerkmale von Personen erheben. Im Rahmen dieser Tests werden intellektuelle Fähigkeiten (mathematische und logische Fähigkeiten, Sprachvermögen, Intelligenz, Organisationsvermögen) genauso gemessen wie zeitliche überdauernde Persönlichkeitsstrukturen. Dazu gehören z. B. Merkmale wie Flexibilität, Zielstrebigkeit, Hartnäckigkeit oder der Umgang mit so genannten „psychosozialen Belastungssituationen".

Um einen angemessenen Umgang mit psychologischen Testverfahren zu gewährleisten, ist sicherzustellen, dass die Tests nur von speziell für die Anwendung der Tests ausgebildeten Personen durchgeführt werden. Ein seriöses Testverfahren erfüllt die folgenden Gütekriterien:

- Der Test ist objektiv, d. h., die Testergebnisse und deren Interpretation sind vom Testleiter unabhängig.
- Der Test ist reliabel, d. h., bei einer wiederholten Anwendung kommt es zu einem gleichen Ergebnis.

2

- Der Test ist valide, d. h., der Test misst tatsächlich die Merkmale, die er vorgibt zu messen (so wird die Körperlänge mit einem Maßband, das Gewicht mit einer Waage gemessen).
- Der Test ist standardisiert, d. h., die Testaufgaben sind gleich und die Testdurchführung findet immer unter gleichen Rahmenbedingungen statt (immer gleiche Startzeit; die vorgegebene Zeit zur Lösung der Aufgaben und ggf. Hilfsmittel sind identisch).
- Der Test ist normiert, d. h., es gibt eine Vergleichsgruppe mit deren Ergebnissen die Ergebnisse der Probanden verglichen werden.

- **Assessment-Center**

Assessment-Center

Der Begriff „Assessment-Center" kommt aus dem Amerikanischen und heißt wörtlich übersetzt „Beurteilungs-" oder „Einschätzungs-Zentrum". Charakteristisch für ein AC ist, dass mehrere Bewerber in ein- bis dreitägigen Veranstaltungen von mehreren Beobachtern auf ihr vorhandenes Potenzial getestet werden. Dabei steht die Feststellung von Verhaltensleistungen oder Verhaltensdefiziten im Vordergrund. Die Beobachter verfolgen das Verhalten der Teilnehmer bei verschiedenen Übungen in unterschiedlichen Situationen. Die Auswahl der Aufgaben bzw. Übungen beziehen sich auf vorher festgelegte Bewertungskriterien.

Dadurch, dass immer mehrere Beobachter einen Kandidaten bewerten (Mehrfachbeurteilung), werden die bei Einzelbeobachtungen auftretenden subjektiven Fehlbeurteilungen verringert. Durch das Nachstellen von typischen Arbeitssituationen kann das Arbeitsverhalten (Verhaltensorientierung) eines Bewerbers beobachtet werden, wobei durch verschiedene Übungen (Methodenvielfalt) Fehler reduziert werden.

Im Gegensatz zu Testverfahren genießen AC eine hohe Akzeptanz, da sich die Aufgaben an realistischen Alltagssituationen orientieren. Typische Übungen, die in einem Assessment-Center eingesetzt werden, sind:

- *Präsentation*

  Aufgabe: Der Teilnehmer bearbeitet ein fachliches Thema und präsentiert die Ergebnisse vor einer im Vorfeld definierten Zielgruppe. Der Teilnehmer soll dabei z. B. einen Verkaufswettbewerb in einer festgelegten Sparte für eine ausgewählte Zielgruppe vor Außendienstpartnern präsentieren. Das Plenum simuliert eine Verkaufsorganisation von Vertriebsmitarbeitern.

  Kompetenzbereiche: Neben der Fachkompetenz werden auch Methodenkompetenz (Präsentationstechnik) und das persönliche Auftreten bewertet.
- *Rollenspiel*

  Aufgabe: Der Teilnehmer soll ein Kritikgespräch mit einem Mitarbeiter durchführen. Z. B. hält sich ein Mitarbeiter nicht an Vereinbarungen und hält Termine nicht ein.
  Kompetenzbereiche: Die Sozialkompetenz (das Gesprächsverhalten), die Methodenkompetenz (Gesprächssystematik) und die Führungskompetenz im Rahmen des Kritikgesprächs werden beobachtet.

- *Postkorb*

  Aufgabe: Der Bewerber muss unter Zeitdruck die typische Eingangspost (Briefe, Anfragen, Aktennotizen, Rundschreiben) für eine Position im Unternehmen bearbeiten, die hierarchisch über der Position liegt, die der Proband derzeit innehat.

  Kompetenzbereiche: Insbesondere die Methodenkompetenz wird hier beurteilt. Der Bewerber muss nach Wichtigkeit und Dringlichkeit ordnen, Aufgaben delegieren und Zusammenhänge erkennen. Zusätzlich wird die Fachkompetenz überprüft.

- *Gruppenarbeit*

  Aufgabe: Die Teilnehmer sollen im Rahmen einer Projektarbeit (z. B. Verkaufsförderung und Tarifentwicklung) gemeinsam eine Verkaufsaktion für eine ausgewählte Zielgruppe vorbereiten.

  Kompetenzbereiche: Insbesondere die Teamfähigkeit wird hier beobachtet. Zudem können Rückschlüsse auf das Konfliktverhalten, die Durchsetzungsfähigkeit aber auch auf Kreativität und Flexibilität gezogen werden. Gleichzeitig wird die Fachkompetenz (z. B. bei der Erläuterung der Vorteile verschiedener Durchführungswege der bAV) bewertet.

Weitere Übungen wie Gruppendiskussionen, Konstruktionsübungen, Fallstudien, Interviews etc. können in ein AC eingebaut werden.

Im Anschluss an ein AC hat zeitnah ein Feedback-Gespräch mit jedem Teilnehmer zu erfolgen. Hierbei werden die beobachteten Stärken und Schwächen aufgezeigt und Fördermaßnahmen bzw. Perspektiven besprochen.

2

2. Karriere- und Nachfolgeplanung

Karriere- und Nachfolgeplanung in einem Unternehmen stehen in einem engen Zusammenhang. Vielen Unternehmen fällt es immer schwerer, qualifizierte Mitarbeiter zu rekrutieren und Fach- und Führungskräfte langfristig zu binden. Eine Möglichkeit diesem zu begegnen besteht darin, frühzeitig im Unternehmen Nachfolgeplanung zu betreiben und gleichzeitig den Mitarbeitern Karriere- bzw. Laufbahnmodelle aufzuzeigen. Für die Unternehmen besteht der Vorteil darin, dass selbst bei kurzfristig auftretenden Vakanzen geeignete Kandidaten vorhanden sind, auf die bei der Stellenbesetzung zurückgegriffen werden kann.

Für die Mitarbeiter im Unternehmen ergibt sich eine hohe Transparenz, die darin besteht, dass über bestehende Entwicklungsmöglichkeiten informiert wird und Mitarbeiter selbst dazu beitragen können, Qualifikationen zu erlangen, die für die Übernahme von bestimmten Positionen im Unternehmen erwartet werden. Gleichzeitig muss aber auch in der Unternehmenskultur „verankert" sein, dass dem Aufstieg aus den eigenen Reihen Vorrang vor externen Stellenbesetzungen gegeben wird. Es sei denn, im Unternehmen sind die im Anforderungsprofil geforderten Qualifikationen und Kompetenzen nicht vorhanden.

Karriere- und Nachfolgeplanung

Um eine erfolgreiche Karriere- und Nachfolgeplanung im Unternehmen zu verwirklichen, sollten zunächst allgemeine Laufbahnmodelle entwickelt werden. Hierzu werden im Unternehmen entsprechende Kompetenzen und formale bzw. fachliche Qualifikationen analog eines Anforderungsprofils definiert, die bei einem Mitarbeiter vorhanden sein sollten, damit eine entsprechende Position oder Hierarchieebene im Unternehmen erreicht werden kann.

Beispielsweise könnte für die Position eines Gruppenleiters formal die Qualifikation „Versicherungsfachwirt" oder „Fachwirt für Versicherungen und Finanzen" gefordert werden und zusätzlich festgeschrieben sein, dass der Mitarbeiter für eine bestimmte Zeit im Vertrieb tätig gewesen sein muss. Darüber hinaus sollte er über Kenntnisse im Bereich „Projektmanagement" verfügen und es sollten ausgeprägte kommunikative Kompetenzen vorhanden sein. Zudem muss der Mitarbeiter die Seminare „Grundlagen der Personalführung", „Präsentation" und „Rhetorik" besucht haben.

Für die Position eines Abteilungsleiters wird formal die Qualifikation „Versicherungsbetriebswirt (DVA)", „Bachelor of Insurance Management" oder ein abgeschlossenes Hochschulstudium erwartet. Zudem müssen mehrere Jahre Personalführung nachgewiesen werden. Zusätzlich sind weitere Managementseminare zu absolvieren.

Potenzialentwicklungsprogramm

Nachdem für allgemeine Laufbahnmodelle Anforderungen definiert wurden, werden geeignete Mitarbeiter ausgewählt (siehe Potenzialanalyse) und in ein- bis zweijährigen Potenzialentwicklungsprogrammen auf die Übernahme von vakanten Stellen vorbereitet. Während bereits für einen Teil dieser Mitarbeiter feststeht, dass mit ihnen eine in naher Zukunft freiwerdende Stelle besetzt wird, ist für andere Mitarbeiter noch völlig offen, auf welcher Zielposition sie zukünftig eingesetzt werden. Durch das Durchlaufen dieses Programms können diese Mitarbeiter aber sicher sein, dass sie bei der Personalauswahl für zu besetzende Stellen in die engere Wahl gezogen werden. Schließlich hat das Unternehmen Geld und Zeit in die Qualifizierung des Mitarbeiters investiert und verfügt darüber hinaus über einen sehr guten Einblick über das vorhandene Potenzial des Mitarbeiters. Sobald sich dann für einen der Teilnehmer dieses Programms abzeichnet, dass eine für ihn geeignete Stelle frei wird, kann dieser Mitarbeiter mit gezielten Personalentwicklungsmaßnahmen und unter fachkundiger Beratung durch die Mitarbeiter des Personalentwicklungsbereichs auf die Übernahme dieser Stelle vorbereitet werden.

Karriere

Bei diesem gesamten Prozess sollte den Mitarbeitern von vornherein aufgezeigt werden, dass sich das Bild von „Karriere" gewandelt hat. In der heutigen Zeit sollte Karriere nicht ausschließlich als hierarchischer Aufstieg gesehen werden. Im Zuge von immer schlankeren Unternehmensstrukturen (Stichwort: lean management) reduzieren sich die hierarchischen Entwicklungsmöglichkeiten der Mitarbeiter erheblich. Das Bild von Karriere sollte daher nicht zwingend mit der Anzahl der zu führenden Mitarbeiter oder der Positionierung auf einer bestimmten Hierarchieebene verbunden werden. Arbeitnehmer sollten in ihrer Karriereplanung vielmehr bestrebt sein, anspruchsvolle Herausforderungen zu suchen, bei denen sie neue Aufgaben selbstständig und verantwortlich übernehmen können.

Um trotzdem den Mitarbeitern das „Gefühl von Aufstieg" zu vermitteln, haben viele Versicherungsunternehmen schon seit Jahren so genannte Fachlaufbahnen aufgebaut. Charakteristisch für solche Positionen ist ein hoher Anteil an reinen Fachaufgaben und – wenn überhaupt – ein geringer Anteil an Führungs- und/oder Verwaltungsaufgaben. Der Aufstieg in einer solchen Hierarchie beruht primär auf einer nachgewiesenen fachlichen Kompetenz. So leitet ein Mitarbeiter in der Fachlaufbahn ein eigenes Referat – jedoch ohne Personalführung – und steht damit auf der gleichen Hierarchieebene wie ein Gruppen- oder Teamleiter in der Managementlaufbahn des gleichen Unternehmens.

Grundgedanke der Fachlaufbahnen ist es, Aufstiegsmöglichkeiten für solche Mitarbeiter im Unternehmen zu schaffen, die nicht in Führungspositionen übernommen werden können. Daneben dienen sie nach Berthel (2007, S. 378) der:

- Förderung, Anerkennung und Belohnung besonderer fachlicher Leistungen
- Dokumentation der Anerkennung
- Übertragung eines höheren Freiheitsgrades
- Verringerung der Fluktuation
- Erhaltung und Steigerung der fachlichen Leistung

2

3. Instrumente der Personalentwicklung

3.1 Training on the job

Beim „Training on the job" erfolgt die Vermittlung von Qualifikationen unmittelbar am Arbeitsplatz. Neben der klassischen Einarbeitung geht es um die Übertragung von neuen und anspruchsvolleren Aufgaben.

3.1.1 Einarbeitung am Arbeitsplatz

Die wichtigste und am häufigsten vorkommende Personalentwicklungsmaßnahme ist die so genannte Unterweisung am Arbeitsplatz.

Multiplikatoren

Neue Mitarbeiter werden durch erfahrene Mitarbeiter eingearbeitet. Auch kommt es in der Praxis vor, dass lediglich ein oder zwei Mitarbeiter einer Abteilung durch zentrale Schulungsmaßnahmen einen neuen Tarif oder eine neue Software vorgestellt bekommen und anschließend als Multiplikatoren ihr Wissen an die übrigen Mitglieder der Abteilung weitergeben. Vorteile dieser Unterweisungen sind insbesondere die Anschaulichkeit und ihre Realitätsnähe. Wichtig ist aber auch, dass die vorhandenen Kenntnisse und Fertigkeiten berücksichtigt werden können und das Lerntempo individuell angepasst werden kann. Zudem wirken laufende Bestätigungen und Erfolgserlebnisse motivierend auf die Mitarbeiter. In aller Regel wird hier ein so genanntes „Vormachen und Nachmachen" praktiziert. Im Kap. 4 (Lernprozesse unter methodischen und didaktischen Aspekten anleiten) wird näher auf die Unterweisung am Arbeitsplatz eingegangen.

Vormachen/Nachmachen

Vier-Stufen-Methode

Gerade im gewerblich-technischen Bereich wird das „Vormachen/Nachmachen" im Rahmen einer Vier-Stufen-Methode praktiziert. In der Aus- und Weiterbildung am Arbeitsplatz in der Versicherungswirtschaft wird vielfach auch bewusst oder unbewusst nach dieser Methode angeleitet. Allerdings sollte der jeweilige Reifegrad des Mitarbeiters berücksichtigt werden. Die in der folgenden Abbildung strenge kleinschrittige Vorgehensweise sollte eher in Form eines fragend-entwickelnden Gesprächs durchgeführt werden.

Stufe	Aktion	Erläuterung
1. Vorbereitung	▪ Eigene Vorbereitung ▪ Vorbereitung des Unterweisungsvorgangs ▪ Vorbereitung, Einstimmung des Mitarbeiters	Die Lernsituation soll entkrampft und der Lernende auf die zu erlernende Arbeitstätigkeit eingestellt werden.
2. Vorführen und Erklären durch den Unterweisenden	▪ Vorführen und Erklären in geraffter Form ▪ Zweite Vorführung: Detailliertes Vormachen, Erklären und Begründen ▪ Dritte Vorführung: Vormachen und Kernpunkte wiederholen	Der Lernende soll die Arbeit verstehen lernen und soweit mit ihr vertraut gemacht werden, dass sein erster Versuch auch gelingen wird. Die Leitfragen der begleitenden Erläuterung sind: Was? Wie? Warum so?
3. Ausführen (Nachmachen) durch den Mitarbeiter	▪ Erster Ausführungsversuch: Nachmachen durch den Mitarbeiter ohne zu sprechen ▪ Zweite Ausführung: Wiederholen mit detaillierter Erklärung und Begründung durch den Mitarbeiter ▪ Dritte Ausführung: Nachmachen und Kernpunkte wiederholen lassen	Parallel zu den Phasen der Vorführung wird der Lernende aktiv. Er soll die Arbeit so zu bewältigen lernen, dass er dann selbstständig weiterlernen kann. Beim Nachvollzug soll der Lernende seine Arbeitsschritte erklären.
4. Abschluss und Übung	▪ Mitarbeiter selbstständig üben lassen ▪ Erfahrene Mitarbeiter für Rückfragen benennen ▪ Übungsfortschritte beobachten und kontrollieren ▪ Übung anerkennen und förmlich beenden	Der Lernende gelangt durch Übung zur sicheren Ausführung bzw. Beherrschung der Arbeitstätigkeit. Er soll entlang seiner Übung weitgehend eigenständig weiterlernen. Dem Lernenden sind Rückmeldung und Fortschritte zu geben.

Tabelle 1: Abfolge der Vier-Stufen-Methode (zitiert nach Jung 1997, S. 277)

Neben dem Aspekt der fachlichen Ausbildung von Mitarbeitern sollte bei der Betrachtung nicht unerwähnt bleiben, dass gleichzeitig auch die Mitarbeiter, die die Unterweisung durchführen, gefördert werden. Indem sie andere Mitarbeiter schulen, müssen sie zum einen die eigenen Fachkenntnisse auffrischen, zum anderen werden die Methoden- und Sozialkompetenz gestärkt. Die ständige Übertragung von Aus- und Weiterbildungsaktivitäten an ausgewählte Mitarbeiter stärkt deren Selbstwertgefühl und ist im Rahmen des unten beschriebenen Job enrichment einzuordnen.

2

3.1.2 Job enlargement

Aufgabenerweiterung

Mit „Job enlargement" (Aufgabenerweiterung) wird eine Personalentwicklungsmaßnahme bezeichnet, bei der das Arbeitsfeld einer Stelle vergrößert wird, indem neue, qualitativ gleichartige Aufgaben hinzugefügt werden. So bekommt beispielsweise ein Mitarbeiter in der Antragsabteilung „Sachversicherung" zusätzlich zu Arbeitsvorgängen aus der „Hausratversicherung", Fälle aus den Zweigen „Wohngebäude-„ und „Glasversicherung". In einem weiteren Schritt kommt es dann zu einer „Rundumsachbearbeitung" im Antrags- und Vertragsbereich der Sachversicherung. Diese Aufgabenerweiterung soll dazu führen, dass Monotonie am Arbeitsplatz abgebaut wird. Durch unterschiedliche Aufgaben wird die Arbeit für den Mitarbeiter interessanter und abwechslungsreicher, wodurch sich die Aufmerksamkeit für die einzelne Tätigkeit erhöht. Es wird erwartet, dass dadurch die Fehlerquote, die sich bei Monotonie leicht einschleicht, sinkt.

Unter organisatorischen Gesichtspunkten kann Job enlargement dazu führen, dass bislang unterschiedliche Stellen im Unternehmen zu einer Stelle zusammengefasst werden.

Als weiteres Beispiel ist die Arbeit in den Kundenservice-Centern der Versicherungsunternehmen zu nennen. Im so genannten „First Level" sollen die Mitarbeiter bis zu 80 Prozent der Kundenanfragen erledigen. Aus ehemals – i. d. R. nur in einer Sparte ausgebildeten Mitarbeitern – werden „Allrounder", die spartenübergreifend Kunden beraten.

3.1.3 Job enrichment

Aufgabenbereicherung

Beim „Job enrichment" (Aufgabenbereicherung) werden der Stelle neue Aufgaben, i. d. R. mit einem höheren Anforderungsniveau, hinzugefügt. Mit der Übernahme von schwierigeren, anspruchsvolleren und komplexeren Aufgaben wird der Mitarbeiter stärker gefordert. Hierdurch soll eine Stärkung der Persönlichkeit des Mitarbeiters erzielt und gleichzeitig dem Mitarbeiter die Gelegenheit gegeben werden, sich an seinem Arbeitsplatz selbst zu verwirklichen. In Anlehnung an die Zwei-Faktoren-Theorie von Herzberg wird durch Job enrichment eine echte Motivation erzielt, zumal sich zusätzlich der Kompetenzrahmen des Mitarbeiters erhöht. Neben dem motivationalen Aspekt ergibt sich für den Mitarbeiter gleichzeitig der Vorteil, dass er für das Unternehmen „wertvoller" wird, da eine höhere Wertschöpfung erfolgt. Für den Vorgesetzten ergibt sich der Vorteil, dass er entlastet wird.

Job enrichment liegt beispielsweise dann vor, wenn ein Mitarbeiter in der Kraftfahrtversicherung zukünftig über die Annahme von Sonderrisiken entscheiden soll. Im Schadenbereich könnte ein erfahrener Regulierer als Spezialist für Betrugsbekämpfung eingesetzt werden. Neben diesen rein fachlichen Aufgaben kann auch die Übernahme von Führungsaufgaben als Job enrichment bezeichnet werden. Beispielsweise kann eine Führungskraft einem sehr kompetenten Mitarbeiter Planungs- oder Überwachungsaufgaben übertragen.

Einsatz als Assistent oder Stellvertreter

Eine Besonderheit des Job enrichment ist der Einsatz als Assistent oder Stellvertreter. Hierbei werden Mitarbeiter z. B. als Nachfolger aufgebaut, indem sie stufenweise Führungsaufgaben übernehmen. Bei anstehenden Entscheidungen lernen die Stellvertreter unternehmerisches Denken und Handeln. Gleichzeitig werden die Vorgesetzten entlastet.

3.1.4 Job rotation

Arbeitsplatzwechsel

Unter „Job rotation" (Arbeitsplatzwechsel) wird ein systematischer Arbeitsplatzwechsel zur Vermittlung zusätzlicher Qualifikationen verstanden. Mehrere Mitarbeiter wechseln planmäßig ihre Aufgabengebiete und übernehmen dabei die volle Verantwortung am jeweiligen Arbeitsplatz.

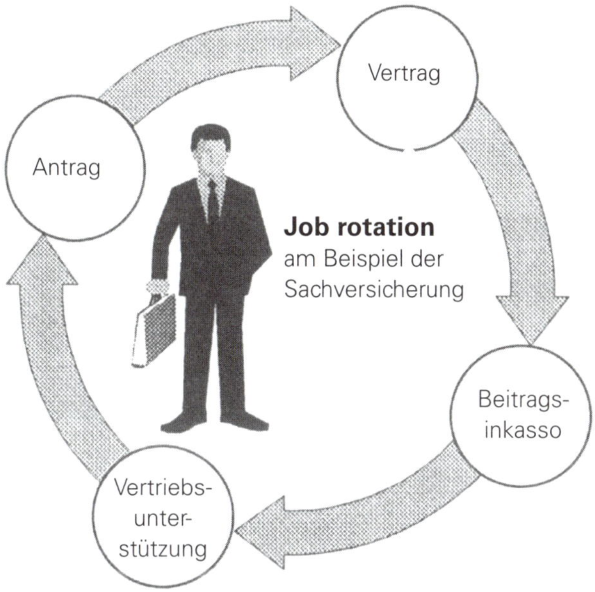

Merkmale

- Wechsel des Arbeitsplatzes in regelmäßigen Intervallen
- Ständig wechselnde Aufgabenbereiche
- Einblick in verschiedene Abteilungen, deren Aufgaben und Arbeitsbereiche

Abbildung 1: Job rotation (in Anlehnung an Jung 1997, S. 281)

Ursprünglich wurde im Bereich der industriellen Fertigung durch Tausch von Arbeitsplätzen (Job rotation) die Vermeidung von einseitiger körperlicher Belastung und Monotonie angestrebt. Die gleichen Zielsetzungen kann ein Versicherer damit verfolgen, dass Mitarbeiter einer Abteilung die Aufgaben regelmäßig (z. B. täglich, wöchentlich) wechseln. So ist es denkbar, dass ein Teil der Mitarbeiter die telefonische Kundenbetreuung übernimmt, andere Mitarbeiter ausschließlich die Korrespondenz im Bestandsgeschäft durchführen und wieder andere Mitarbeiter Neugeschäft bearbeiten. Die Mitarbeiter wechseln ihre Aufgaben im Rotationsverfahren.

Im Bereich der Personalentwicklung geht es bei Job rotation um die Vermittlung von Qualifikationen insbesondere für Führungsnachwuchskräfte. Die Mitarbeiter übernehmen zeitlich befristet verschiedene Arbeitsplätze, erweitern dadurch ihre Fachkenntnisse und sammeln Erfahrungen. Zudem lernen die Mitarbeiter verschiedene Funktionsbereiche des Unternehmens kennen, wodurch das Denken in größeren Zusammenhängen gefördert wird. Gleichzeitig werden viele neue Kontakte geknüpft und das Sozialverhalten verbessert.

Mitarbeiter die ein solches Programm durchlaufen haben, sind vom Unternehmen in verschiedenen Funktionen bzw. auf Positionen flexibel einsetzbar. Dadurch erhöhen diese Mitarbeiter ihre Karrierechancen erheblich, zumal sie durch die wechselnden Einsätze in immer wieder neuen Situationen und Abteilungen ihr Können unter Beweis stellen mussten. Für das Unternehmen hat Job rotation den zusätzlichen Nutzen, dass ein Transfer von Know-how im Unternehmen stattfindet und in einzelne Abteilungen immer wieder „frischer Wind" kommt. Es sollte allerdings auch nicht unerwähnt bleiben, dass es durch die ständigen Einarbeitungszeiten zu Verzögerungen der betrieblichen Arbeitsabläufe kommen kann.

3.1.5 Mentoring und Coaching

Mentoring und Coaching werden auch als Maßnahmen des „Trainings near the job" eingestuft. Beide Personalentwicklungsmaßnahmen werden nicht unmittelbar am Arbeitsplatz durchgeführt, allerdings werden konkrete Arbeits- und ggf. auch Persönlichkeitsprobleme mit einem Mentor oder Coach analysiert.

Mentoring

Beim Mentoring handelt es sich i. d. R. um eine Maßnahme, bei der einer Führungsnachwuchskraft ein älterer Manager als Berater und Förderer (Mentor) „an die Seite" gestellt wird. Die erfahrene Führungskraft hilft dem Mentee seine Fähigkeiten zu entwickeln. Gleichzeitig führt sie den „jungen" Kollegen in das Unternehmensnetzwerk ein, stellt dabei wichtige Kontakte her und zeigt auf, welche Stellen bei der Umsetzung von wichtigen Projekten zu beteiligen sind. Dabei werden Problemstellungen gemeinsam analysiert und hinterfragt. In dem gesamten Prozess bleibt der Mentor stets Berater. Der Mentee trifft alleine Entscheidungen und verantwortet diese.

Der Mentor ist stets auf einer höheren Führungsebene angesiedelt als der Mentee. Damit ein offenes und häufig auch freundschaftliches Verhältnis entstehen kann, ist es notwendig, dass der Mentor nicht in einer direkten Führungslinie über dem Mentee steht.

Der Mentor selbst profitiert auch von dieser Zusammenarbeit. Durch die jüngere Führungsnachwuchskraft werden ihm neue Denkweisen nähergebracht. Zudem partizipiert er auch daran, dass der jüngere Mitarbeiter ihn mit aktuellen fachlichen, methodischen oder technologischen Veränderungen konfrontiert. In vielen Fällen ist der Mentor stolz darauf, dass er an der Entwicklung einer Führungskraft mitgewirkt hat und später in ihm seine eigenen Werthaltungen und Verhaltensweisen wiedererkennt.

Ein Mentorenprogramm dauert i. d. R. zwischen zwei und fünf Jahren. Oft entstehen darüber hinaus langjährige Beziehungen.

Coaching

Während der Mentor in aller Regel aus dem eigenen Unternehmen rekrutiert wird, handelt es sich bei einem Coach häufig um einen externen Berater. Beim Coaching werden Einzel- und auch Gruppen- bzw. Teamcoachings unterschieden. Im Folgenden wird nur auf das Einzelcoaching eingegangen. Dabei geht es häufig um die Beratung und Unterstützung von höher positionierten Führungskräften.

Anlässe für Coaching können beispielsweise die Vorbereitung einer Führungskraft für neue Aufgaben sein (Übernahme eines Vorstandsressorts) oder die Änderung der Unternehmenskultur, z. B. im Zuge von Verschmelzungen oder Fusionen. Es kann aber auch sein, dass die Führungskraft in einer persönlichen Krise steckt (Gefühl von Überforderung, Burn-out) oder einfach das persönliche Bedürfnis hat, sich weiter zu entwickeln. Oft steckt auch der Wunsch nach „echtem" Feedback dahinter, da die eigenen Mitarbeiter vermutlich – aus Sorge vor Restriktionen – als befangen gelten.

Coaching-Prozess

Nach Böck (2006, S. 192) läuft der Coaching-Prozess i. d. R. in folgenden Schritten ab:

- Im Erstgespräch werden die Grundlagen für eine Coaching-Beziehung gelegt (gegenseitige Akzeptanz, Sympathie). Der Klient nennt seine Erwartungen und der Coach schildert die Möglichkeiten und Grenzen des Coachings. Die problematischen Situationen werden analysiert und die Problemfelder erstmals abgegrenzt.
- Im nächsten Schritt wird eine gemeinsame konkrete Problemanalyse vorgenommen. Wo genau liegt das Problem? Wann tritt es auf? Woran könnte man erkennen, dass das Problem beseitigt ist? Anschließend wird gemeinsam ein individueller Arbeitsplan entworfen.
- Mehrere mögliche Problemlösungen werden entwickelt und bewertet. Vor- und Nachteile werden in durchgespielten Simulationen abgewägt, der Klient entscheidet über die Realisierung der verschiedenen Strategien. Vorschläge werden gemacht und Rückmeldungen gegeben, die der Klient annehmen oder ablehnen kann.
- Der Klient probiert die Problemlösungsstrategien aus und berichtet über die Ergebnisse. Dabei auftauchende Schwierigkeiten und Erfolge werden besprochen, der Coach gibt wiederum Rückmeldung.
- Der Coachingprozess wird abschließend anhand der zuvor geäußerten Erwartungen bewertet.

Während zu Beginn eines Coachings regelmäßige Sitzungen vereinbart werden, steht der Coach im weiteren Verlauf des Prozesses nur noch bei Bedarf zur Verfügung. Ziel der Maßnahme ist die Hilfe zur Selbsthilfe. Das Coaching kann sich über mehrere Monate hinziehen.

3.2 Training off the Job

Unter „Training off the job" werden solche Personalentwicklungsmaßnahmen verstanden, die nicht unmittelbar am Arbeitsplatz durchgeführt werden.

3.2.1 Tagungen

Tagung

Eine häufig gewählte Form, Informationen an Mitarbeiter weiterzugeben, sind Vorträge auf Tagungen. Bei einer Tagung kommen viele – zwischen 20 und 200 – Personen zusammen. In aller Regel werden hier Fachvorträge (z. B. zur aktuellen Rechtssprechung oder Vorstellung neuer Tarife) gehalten. Die Teilnehmer sollen dazu animiert werden, dass sie sich nach der Veranstaltung mit zur Verfügung gestellten Hilfsmitteln (Handbücher, Prospekte, Software) selbstständig auseinandersetzen. Von einer wirklichen fachlichen Schulung kann hier nicht gesprochen werden, da die Informationsfülle häufig so hoch ist, dass nur wenig von den Teilnehmern behalten wird (siehe auch die Ausführungen zum Behaltensgrad des Lernens in Kap. 4, 2.2.5). Der Vorteil dieser Tagungen besteht darin, dass in sehr kurzer Zeit viele Mitarbeiter erreicht werden und diese quasi als Multiplikatoren die Informationen weitergeben können.

Zusätzlich werden Tagungen auch gerne als Motivationsveranstaltungen genutzt. Tagungen finden teilweise in einem gehobenen oder außergewöhnlichen Ambiente statt, sodass es für die Teilnehmer ein Erlebnis und eine Belohnung darstellt, daran teilzunehmen. Im Rahmen solcher Veranstaltungen werden z. B. auch Ehrungen für besonders erfolgreiche Mitarbeiter vorgenommen.

3.2.2 Seminare

Neben der praktischen Unterweisung am Arbeitsplatz findet der größte Teil von Personalentwicklungsmaßnahmen vermutlich in Seminarform statt.

Seminar

Bei einem typischen Seminar kommen zwischen 10 und 15 Mitarbeiter für ein bis fünf Tage zusammen und werden von einem oder zwei Trainern bzw. Referenten geschult. Neben der Vermittlung von Fachkompetenz (z. B. Spartenwissen, Rechtsgrundlagen, EDV-Kenntnisse) stehen vor allem Sozial- und Methodenkompetenz im Vordergrund bei Seminarveranstaltungen. Das Üben von Kundenberatungs-, Regulierungs- und Verkaufsgesprächen oder die praktische Durchführung von Präsentations- und Moderationssequenzen findet in Seminaren statt. Hier können die Teilnehmer interaktiv z. B. in Form von Rollenspielen üben und durch das anschließende Feedback Ansätze erfahren, um Verhaltensmuster zu ändern.

Ein weiterer Vorteil von Seminaren liegt darin begründet, dass die Teilnehmer außerhalb ihres normalen beruflichen Alltags lernen und sie dadurch die Möglichkeit haben, sich voll auf die zu vermittelnden Lernziele zu konzentrieren. Als positiver Nebeneffekt ist anzuführen, dass die Teilnehmer bei intern durchgeführten Seminaren andere Mitarbeiter aus dem Unternehmen näher kennenlernen, was zusätzlich den Vorteil hat, dass sich Netzwerke bilden und die zukünftige Zusammenarbeit im Unternehmen verbessert wird. Bei Seminaren, bei denen Teilnehmer aus verschiedenen Unternehmen zusammenkommen, besteht der Vorteil, dass der Blick über den so genannten Tellerrand gefördert wird und Innovationspotenzial ins Unternehmen gelangen kann.

Als großer Nachteil von Seminarveranstaltungen ist der hohe Kostenaufwand anzuführen. Insbesondere Fahrt- und Übernachtungskosten und erhebliche Reisezeiten schlagen hier zu Buche.

3.2.3 Fernunterricht

Fernunterricht

Mit dem technischen Fortschritt hat sich die Bildungslandschaft verändert. Computerunterstütztes Lernen und Internet haben im Bildungsbereich vieler Versicherungsunternehmen Einzug gehalten. Durch Fernunterricht können Reisekosten erheblich reduziert werden, zudem können Mitarbeiter deutlich flexibler Lernen (unabhängig von Ort und Zeit) und Dauer und Intensität ihrer Lernsequenzen individuell bestimmen. Weiterhin ergibt sich der Vorteil, dass insbesondere kognitive – also wissensbasierte – Lerninhalte bereits vor einer Seminarveranstaltung von den Teilnehmern angeeignet werden können. In den „kostbaren" Seminarzeiten muss nicht unnötige Rüstzeit damit verbracht werden, alle Teilnehmer auf einen gleichen Wissensstand zu bringen. Vielmehr haben die Teilnehmer im Vorfeld durch Fernunterricht fachliche Inhalte gelernt; die wertvolle Zeit im Seminar wird dazu genutzt, das Erlernte durch praktische Übungen anzuwenden. Der Lernerfolg verbessert sich hierdurch erheblich.

Die Ursprünge von Fernunterricht waren sog. programmierte Unterweisungen. Die Lernenden erhielten kleinschrittig aufbereitete Wissenstexte in Papierform, an deren Ende Fragen standen. Auf der nächsten Seite stand dann die richtige Lösung. Wurde die Frage richtig beantwortet, so durfte der Lernende mit der nächsten Lektion beginnen, war die Antwort falsch, so musste der Teilnehmer das Kapitel oder Teile des jeweiligen Kapitels wiederholen.

Computer-based-Training

Aus diesen Lerntexten wurden computerunterstützte Lernprogramme entwickelt, zunächst als CBT (Computer-based-Training). Hier lernte der Teilnehmer rein kognitives Wissen am PC. Die Software wurde auf CD-Rom zur Verfügung gestellt. Zu jeder Lernsequenz, die durch aufbereitete Lerntexte und Abbildungen ergänzt wurde, gab es eine Frage, auch hier galt: Bei richtiger Antwort wurde die nächste Frage aufgeblockt; bei falscher Antwort ging es zurück. Der Vorteil dieser CBTs bestand darin, dass sehr viele Teilnehmer ortsunabhängig lernen konnten. Allerdings bestand auch immer die große Gefahr, dass der Lernende auf reines Auswendiglernen konditioniert wurde und die Anwendung des Erlernten zu kurz kam. Darüber hinaus bestand der große Nachteil darin, dass die CBTs sehr schnell veraltet waren, denn bei nur einer inhaltlichen Änderung (z. B. bei neuen gesetzlichen Vorschriften, Bedingungswerken oder Tarifen) musste sofort das gesamte Lernprogramm ausgetauscht werden.

Web-based-Training

Durch immer stärker werdende Verbreitung des Internets konnten sog. WBTs (Web-based-Trainings) eingesetzt werden. Das Lernen erfolgt wie bei den CBTs, allerdings können Fragen und Lernstoff taggenau aktualisiert und im Internet (oder Intranet des Unternehmens) eingestellt werden.

Internetforen

In einem nächsten Schritt hielten betreute Internetforen Einzug in den Fernunterricht. Die Lernenden erhalten den Auftrag, sich in einer bestimmten Zeit (z. B. innerhalb von zwei Wochen) Stoff anzueignen. Falls Fragen auftreten, so können diese in ein Internetforum eingestellt werden. Andere Teilnehmer und ein E-Tutor (quasi der Referent) sind aufgefordert, diese Fragen zu beantworten. Hierdurch entsteht ein Wissensaustausch bzw. Dialog zwischen den Teilnehmern, der allerdings nur asynchron ist. Der autorisierte E-Tutor wacht darüber, dass nur richtige Antworten bzw. Erklärungen im Forum abgespeichert werden. Nach und nach bauen sich die Teilnehmer ihre eigene Wissensdatenbank auf. Zusätzlich können in solchen Foren auch organisatorische Dinge (z. B. Einladungen zu Seminaren) oder Hinweise auf weiterführende Literatur, interessante Fachartikel sowie aktuelle Fernsehberichte eingestellt werden. Die E-Tutoren können in einem Download-Bereich Lernskripte und weitere Materialien zur Verfügung stellen.

2

Virtual classroom

Inzwischen ist der Stand der Technik soweit fortgeschritten, dass das Fernlernen in Form von Videokonferenzen oder Virtual classrooms ergänzt wird. Der E-Tutor „verabredet" sich mit seinen Teilnehmern zu einer bestimmten Zeit im Internet. Ausgestattet mit einem Headset (Mikrofon und Kopfhörer) und ggf. auch einer Videokamera werden nun Lernsequenzen ähnlich wie in einem „normalen" Schulungsraum synchron durchgeführt. Der E-Tutor kann durch den Einbau von Präsentationen (erstellt mit gängiger Bürosoftware), Tabellen, Graphiken und Texten den „Unterricht" interessant und abwechslungsreich gestalten. Allerdings erfordert diese Form des Unterrichts eine enorme Medienkompetenz des Tutors und sehr viel Disziplin und Konzentration bei allen Beteiligten.

Die so beschriebene Form des Fernunterrichts stellt eine erhebliche Bereicherung des Lernens dar. Allerdings kann hierdurch der Präsenzunterricht in Seminarform nur sinnvoll ergänzt werden, da im Fernunterricht überwiegend Fachkompetenzen aber nur wenig Methoden- und Sozialkompetenz vermittelt wird. Zudem ist ein ausschließliches Lernen am PC sehr ermüdend. Soziale Kontakte und damit auch den Erfahrungsaustausch zu anderen Personen werden beim reinen Ferntraining erheblich reduziert.

Blended learning

Blended-learning-Konzepte, wie z. B. der online gestützte Fernlehrgang zum „Fachwirt für Versicherungen und Finanzen", oder die Blended-learning-Kurse zur Vorbereitung auf die Prüfung zum Versicherungsfachmann (IHK), verbinden in einer sehr hohen Qualität Elemente des Fernlernens mit klassischem Präsenzunterricht. Nicht unerwähnt soll an dieser Stelle bleiben, dass Fernunterricht bei dem Lernenden ein erhebliches Maß an Selbstdisziplin und Selbstlernkompetenz voraussetzt und nicht jeder Lernende aufgrund seines individuellen Lerntyps dafür geeignet ist.

3.3 Traineeprogramme

Traineeprogramm

Unter Traineeprogrammen werden spezielle Einarbeitungsprogramme für Hochschulabsolventen verstanden. Diese Programme sind meistens auf einen Zeitraum von mindestens einen bis zu zwei Jahren ausgelegt. In dieser Zeit sollen die Trainees systematisch das gesamtbetriebliche Geschehen kennenlernen, in dem sie für Zeiträume von ein bis drei Monaten in unterschiedlichen Abteilungen bzw. Funktionsbereichen des Unternehmens eingesetzt werden. In der Versicherungswirtschaft wechseln so Einsätze in Vertriebseinheiten mit Einsätzen in der Direktion ab. Zusätzlich nehmen die Trainees an Seminaren zu Themen wie Rhetorik, Präsentation und Moderation, Projektmanagement, Führungsverhalten u. a. teil. Bei vertriebsorientierten Traineeprogrammen ist es üblich, dass die Teilnehmer entsprechend der EU-Vermittlerrichtlinie die Prüfung zum Versicherungsfachmann/-fachfrau (IHK) ablegen. Das heißt, dass sie sich im ersten Jahr Fachwissen über das Privatkundengeschäft und verkäuferische Kompetenz aneignen.

Anders als beim Job rotation übernimmt der Trainee die zugewiesenen Aufgaben nicht eigenverantwortlich. Sein Einsatz dient vielmehr der Orientierung im Unternehmen und dem Kennenlernen der Praxis nach einem meistens theoretisch-wissenschaftlich ausgerichteten Studium.

Häufig werden schon zu Beginn des Traineeprogramms mögliche Zielpositionen für die Hochschulabsolventen besprochen. Viele Unternehmen rekrutieren inzwischen eine Vielzahl von Führungskräften aus solchen Programmen.

3.4 Outplacement

Outplacement

Eine besondere Form der Personalentwicklung stellt das Outplacement dar. Gerade in wirtschaftlich schwierigen Zeiten, bei anstehenden Fusionen oder Rationalisierungen, z. B. beim Abbau ganzer Hierarchiestufen, müssen sich Unternehmen von Mitarbeitern trennen. Dabei trifft es immer mehr auch hoch qualifizierte Mitarbeiter und Führungskräfte mit langen Betriebszugehörigkeiten. Ausscheidende Mitarbeiter erhalten vom Unternehmen Unterstützung bzw. finanzielle Hilfe bei gezielten Aus- und Weiterbildungsmaßnahmen oder professionelle Beratung für eine berufliche Neuausrichtung.

Für viele Unternehmen ist es dabei wichtig, dass nach innen wie nach außen ein faires, sozialverträgliches und verantwortungsvolles Vorgehen bei der Trennung von Mitarbeitern gezeigt wird. Gelingt der Outplacement-Prozess, so wirkt sich dieses auf die Motivation bzw. Arbeitszufriedenheit der verbleibenden Mitarbeiter positiv aus. Schließlich können auch sie bei einem weiteren Personalabbau damit rechnen, dass dann für sie ähnliche Sozialleistungen bereitgestellt werden. Auch das Öffentlichkeitsbild des Unternehmens wird durch Outplacement positiv beeinflusst. Unternehmen mit einem positiven Image verzeichnen zum einen höhere Marktchancen, andererseits bleibt das Unternehmen als Arbeitgeber attraktiv und erhält sich dadurch die Chance, zukünftig sogar in Zeiten allgemeinen Fachkräftemangels seinen Personalbedarf zu decken und geeignete Bewerber zu finden.

2

4. Bildungscontrolling

4.1 Einführung

berufliche Handlungskompetenz und Wissen

Neben traditionellen Produktionsfaktoren bestimmen zunehmend immaterielle Faktoren den Wert eines Unternehmens. Zu den immateriellen Faktoren gehören u. a. auch das Wissen und die Fähigkeiten der Mitarbeiter. In modernen Unternehmen ist deshalb die kontinuierliche Weiterentwicklung der Mitarbeiterkompetenzen gefragt. Unter Kompetenz versteht man die Fähigkeit, in komplexen, dynamischen und intransparenten Situationen eine berufliche Problemstellung selbstgesteuert und selbstorganisiert lösen zu können. Man unterscheidet Fach-, Methoden-, Sozial- und Selbstkompetenz.

Der Begriff der „Kompetenz" erweitert den Begriff des „Wissens" um die Dimension der Handlungsfähigkeit.

Wissensmanagement

Das gesamte Wissen eines Unternehmens, das Wissenskapital, wird unterschieden in Human-Kapital (individuelle Fähigkeiten und Fertigkeiten der Mitarbeiter) und strukturelles Kapital (organisatorisch verankertes Wissen). Wissensmanagement ermöglicht einen systematischen Umgang mit der Ressource Wissen, um ein Unternehmen wettbewerbsfähiger zu machen. Die Kernprozesse des Wissensmanagements bestehen in Wissensidentifikation, -erwerb, -entwicklung, -verteilung, -nutzung und -bewahrung. Durch die Bestimmung von Wissenszielen und die Bewertung von Wissen entsteht ein Regelkreis, der Wissen "controllbar" macht. Die Bedeutung dieses Wissens hat Ikujiro Nonaka, Professor an der University of California in Berkeley, mit folgenden Worten beschrieben:

Wenn Mitarbeiter neues Wissen schöpfen, erschaffen sie sich auch selbst neu, das Unternehmen und sogar die Welt.

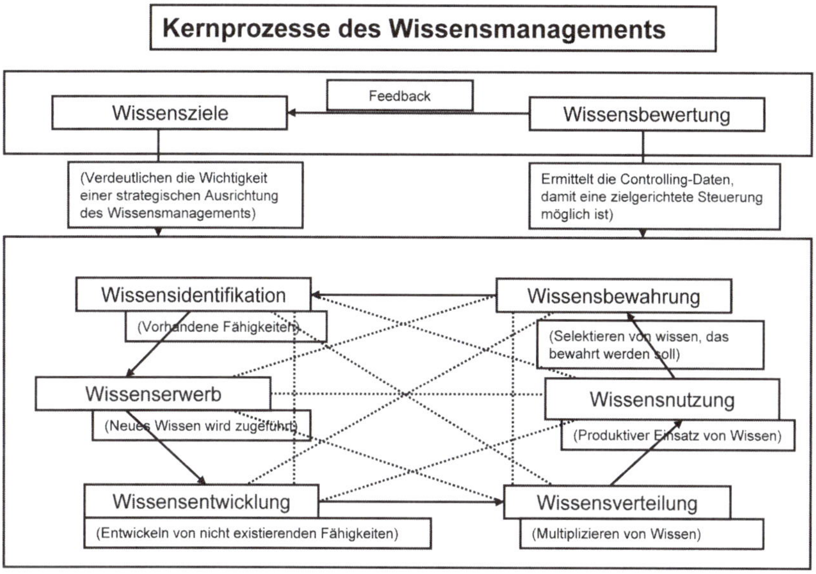

Abbildung 2: Strategisches Wissensmanagementsystem (in Anlehnung an Probst/Raub/Romhard in Gust/Weiß 2007, S. 76)

betriebliche Bildung

Betriebliche Bildung befasst sich mit dem Aufbau von Fähigkeiten, Fertigkeiten und Kenntnissen von Mitarbeitern innerhalb eines Unternehmens. Die dafür initiierten Bildungsmaßnahmen sollen die Qualifikation erhöhen und das Wissen der Mitarbeiter fördern, um sie im Interesse des Unternehmens einsetzen zu können. Traditionell unterscheidet man das betriebliche Bildungssystem in

- Ausbildung: Die Erstausbildung beinhaltet die Vermittlung der notwendigen beruflichen Fähigkeiten, Fertigkeiten und Kenntnisse im jeweiligen Ausbildungsberuf.
- Fortbildung: Die betriebliche oder berufliche Fortbildung ist die Fortsetzung der fachlichen Ausbildung während der Berufsausübung. Durch sie sollen Kenntnisse und Fertigkeiten am und für den Arbeitsplatz aktualisiert und vertieft werden. Man unterscheidet die Anpassungs- und Aufstiegsfortbildung. Mit der Anpassungsfortbildung wird erreicht, dass ein Mitarbeiter den aktuellen Stand , z. B. der gesetzlichen Grundlagen auffrischt. Die Aufstiegsfortbildung, wie z. B. der „Fachwirt für Versicherungen und Finanzen", soll einen beruflichen Aufstieg ermöglichen.
- Weiterbildung: Die betriebliche Weiterbildung baut auf bereits beruflich erworbene Qualifikationen auf. Sie soll die Kompetenz des Mitarbeiters stärken und auf die unternehmensspezifischen Anforderungen gezielt eingehen.

Unternehmen suchen verstärkt nach Möglichkeiten, ihre Bildungsarbeit besser zu planen und zu steuern. In vielen Unternehmensbereichen wird Controlling heute als erfolgreiches Steuerungsinstrument eingesetzt. Auch in der Bildungsarbeit gewinnt dieses Instrument zunehmend an Bedeutung.

2

Erfolgreiches Lernen passiert nicht durch Zufall. Bildungscontrolling sucht deshalb Antworten auf die Fragen:

- „Tun wir die richtigen Dinge?" (= strategisches Denken), und:
- „Tun wir die Dinge richtig?" (= operatives Denken)

(vgl. Horvath 1992)

Bildung ist als ein kostenintensiver Bereich anzusehen. Es fallen nicht nur Kosten für Planung und Entwicklung einer Maßnahme an, sondern auch Kosten für die Durchführung der Maßnahme, wie z. B. Referentenkosten, Reisekosten, Technik- und Raumkosten. Es entstehen auch Personalkosten, da der Mitarbeiter während der Maßnahme nicht seiner eigentlichen Aufgabe nachgehen kann. Hinzu kommt, dass Bildung überwiegend unter kurzfristigem Erfolgsdruck steht, oft aber erst langfristig wirksam wird, mit anderen Worten: „Den kurzfristig anfallenden Ausgaben, Kosten und Aufwendungen stehen erst langfristig anfallende Einnahmen, Leistungen und Erträge gegenüber" (s. Bronner/Schröder 1992, Sp.858).

Bildungscontrolling

Definition

Allgemein wird unter Bildungscontrolling ein zyklisches Ineinandergreifen von Planung, Messung, Bewertung und Korrektur des Bildungsgeschehens verstanden

(Landsberg, zitiert nach Graf 1992, S. 9)

Im Mittelpunkt des Controllings steht ein in die Zukunft gerichtetes Steuern von Abläufen und Prozessen. Mithilfe eines Bildungscontrollings soll der gesamte Bildungsprozess optimiert werden. Das beginnt mit der Bedarfsermittlung und der Formulierung von Bildungszielen und setzt sich mit der Gestaltung, Durchführung, Erfolgskontrolle und Transfersicherung der Bildungsmaßnahmen fort.

Ein Schwerpunkt von Bildungscontrolling besteht darin, den Nutzen von betrieblichen Bildungsmaßnahmen messbar zu machen und einen Zusammenhang zwischen der Maßnahme und der erfolgreichen Umsetzung am Arbeitsplatz herzustellen.

Bei der Umsetzung von Bildungscontrolling müssen sowohl die Unternehmensbedürfnisse berücksichtigt werden als auch rechtliche Rahmenbedingungen (z. B. Datenschutz).

4.2 Funktionen des Bildungscontrollings

Funktionen des Bildungscontrollings

Das Bildungscontrolling lässt sich nach unterschiedlichen Funktionen einteilen in:

- strategisches Bildungscontrolling
- operatives Bildungscontrolling
- quantitatives Bildungscontrolling
- qualitatives Bildungscontrolling

strategisches Bildungscontrolling

Das strategische Bildungscontrolling befasst sich mit Zielen, Planung und Kontrolle der Bildungsarbeit im Sinne der strategischen Unternehmensziele. Hierbei steht der Ausbau und Erhalt von strategischen Wettbewerbsvorteilen durch qualifizierte Human-Ressources im Vordergrund. Die Qualität ist langfristig zu sichern.

Das operative Bildungscontrolling befasst sich eher mit der kurzfristigen Steuerung der betrieblichen Bildung innerhalb eines Kalenderjahres. Ausgangsbasis ist die Planung beginnend mit einer Bildungsbedarfsermittlung, gefolgt von der entsprechenden Maßnahmenplanung und -umsetzung. Am Ende jeder Maßnahme steht die Erfolgskontrolle.

operatives Bildungscontrolling

Das operative Bildungscontrolling hat die Aufgabe, die betrieblich erforderliche Bildungsarbeit möglichst wirtschaftlich umzusetzen. Der Aufwand einer Bildungsmaßnahme wird dem Ertrag gegenübergestellt. Die durchgeführten Maßnahmen werden unter den Gesichtspunkten der Effizienz und Effektivität evaluiert.

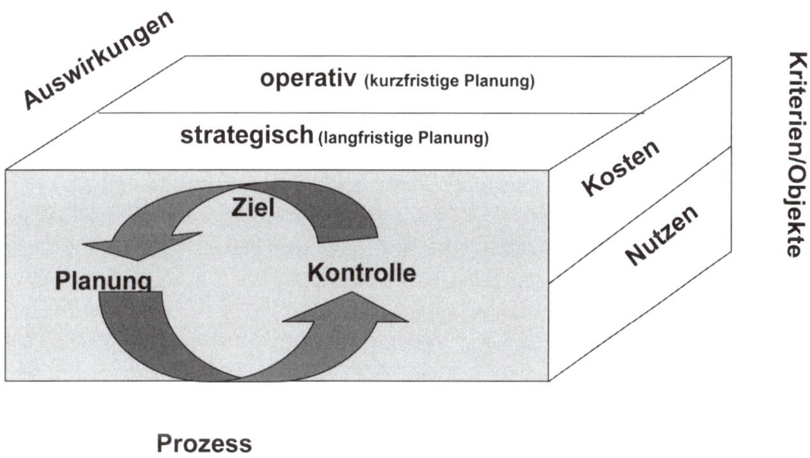

Abbildung 3: Dimensionen des Bildungscontrollings
(in Anlehnung an Dillerup/Hanns 2004, S. 5)

Das quantitative Bildungscontrolling beschäftigt sich mit der Erfassung, Planung, Steuerung und Kontrolle der aufgewendeten Mittel und stellt Sachverhalte dar, die zahlenmäßig eindeutig erfassbar sind.

quantitatives und qualitatives Bildungscontrolling

Das qualitative Bildungscontrolling beschäftigt sich mit den Inhalten der Bildungsmaßnahmen. Controllingobjekte sind z. B. die Überprüfung der dargebotenen Inhalte, Trainerkompetenzen und didaktischen Vorgehensweisen sowie Beurteilungsbögen und Transferkontrolle.

Ziel eines verbesserten Wissensmanagements und Bildungscontrollings muss es sein, Wettbewerbs-, Wachstums- und Ertragsvorteile zu erringen. Dazu sind mehrere Schritte erforderlich:

Ziel von Bildungscontrolling

- Wie kann das vorhandene Wissen lokalisiert, transparent und für alle Entscheidungs- und Innovationssituationen leicht zugänglich gemacht werden?
- Was sind typische Entscheidungs- und Innovationssituationen der Unternehmen und welche Wissensanforderungen charakterisieren sie?
- Wie kann die Wissensspeicherung und die Zugangsgeschwindigkeit zum gespeicherten Wissen aufgebaut werden?

- Wie kann Wissen proaktiv an die Interessierten verteilt werden, sobald es neu entstanden ist?
- Wie kann gewährleistet werden, dass Wissen ständig für eine aktive Innovationsstrategie genutzt wird?
- Wo liegen die sensiblen Druckpunkte und was sind die relevanten Messwerte in einem Unternehmen?

(zitiert nach Baldin 2004)

4.3 Instrumente des Bildungscontrollings

Instrumente des Bildungscontrollings

Bildungsmaßnahmen sind durch die Dualität von pädagogischen und wirtschaftlichen Aspekten gekennzeichnet. Im wirtschaftlichen Bereich sorgt das Bildungscontrolling für eine verstärkte Transparenz aller Kosten, die im Bildungsbereich anfallen. Der Controller arbeitet hier vorrangig mit quantitativen Größen wie z. B. Kosten in Euro. Die pädagogische Betrachtung hat zum Ziel, den Lernerfolg aller durchgeführten Bildungsmaßnahmen qualitativ sicherzustellen. Es gilt im Bildungscontrolling, diese beiden Ebenen so miteinander zu vereinen und aufeinander abzustimmen, dass sie zum Erfolg des Unternehmens beitragen.

Man unterscheidet im Bildungscontrolling
- quantitative (betriebswirtschaftlich bewertende),
- qualitative (inhaltlich bewertende) und
- quantitativ-qualitative

Instrumente.

Instrumente des quantitativen Bildungscontrolling sind
- das Kostencontrolling,
- die Budgetierung,
- das Effizienz- sowie
- das Kennzahlencontrolling (Balanced Scorecard).

qualitative und quantitative Instrumente

Instrumente des qualitativen Bildungscontrollings sind
- das Input-,
- das Durchführungs-,
- das Effektivitätscontrolling und
- die Evaluation.

Instrumente des quantitativ-qualitativen Bildungscontrollings sind
- das Ergebnis-,
- das Kosten-Nutzen-,
- das Output- und
- das Erfolgscontrolling.

Im weiteren Verlauf werden ausschließlich die Instrumente *Balanced Scorecard* und *Evaluation* betrachtet.

Ein immer häufiger genutztes quantitatives (strategisches) Controllinginstrument ist die Balanced Scorecard (BSC, zu Deutsch: ausgewogenes Zielsystem). Zentrales Element einer BSC ist, Kennzahlen über definierte betriebliche Zustände zu erheben. Eine BSC versucht, eine Verbindung zwischen der Strategie und den Unternehmenszielen (Vision und Strategie) sowie den abteilungs- und bereichsspezifischen Zielen und auch letztlich den Handlungen der Mitarbeiter herzustellen. Die klassische BSC, die von Kaplan und Norton entwickelt wurde, betrachtet vier Unternehmensperspektiven, aus denen dann jeweils die Kennzahlen abgeleitet werden:

Balanced Scorecard

- *Finanzperspektive* (Sie beinhaltet die Sicht des Kapitalgebers auf das Unternehmen. Mögliche Kennzahlen können sein: Umsatzsteigerung, Cash-flow, Kostensenkungen etc.)
- *Kundenperspektive* (Sie betrachtet die Sicht der Kunden auf das Unternehmen. Kundenzufriedenheit, Neukundenzugewinn, Kundenabgänge etc. können als Kennzahlen herangezogen werden.)
- *Prozessperspektive* (Sie beschreibt sämtliche Abläufe der internen Geschäftsprozesse. Projektlaufzeiten, Fehlerquoten, Antwortzeiten etc. können hier mögliche Kennzahlen sein.)
- *Lern- und Entwicklungsperspektive* (Sie verdeutlicht den Bildungsbedarf der Mitarbeiter. Die Anzahl von Schulungsteilnehmern, Mitarbeiterzufriedenheitsindices, die Anzahl an Verbesserungsvorschlägen etc. können hier als Kennzahlen eingesetzt werden.)

Entscheidend bei der Anwendung der BSC im Bildungsbereichs ist, dass die Personalentwicklung nicht nur Lern- und Entwicklungsperspektiven für sich beansprucht, sondern dass durch die Angebote und Maßnahmen des Bildungsbereichs alle Perspektiven einer BSC abgedeckt werden, denn erst dann liefert sie einen wesentlichen Wertbeitrag zum Unternehmensgeschehen.

Jedem Controllingprozess liegt die Regelkreis-Idee zugrunde. Sie besteht aus den sechs Elementen Auftrag, Planung, Durchführung, Kontrolle, Analyse und Gegensteuerung. Die einzelnen Elemente des Regelkreises bedingen sich gegenseitig, der Regelkreis-Zyklus wird ständig fortgeführt.

Regelkreis-Idee

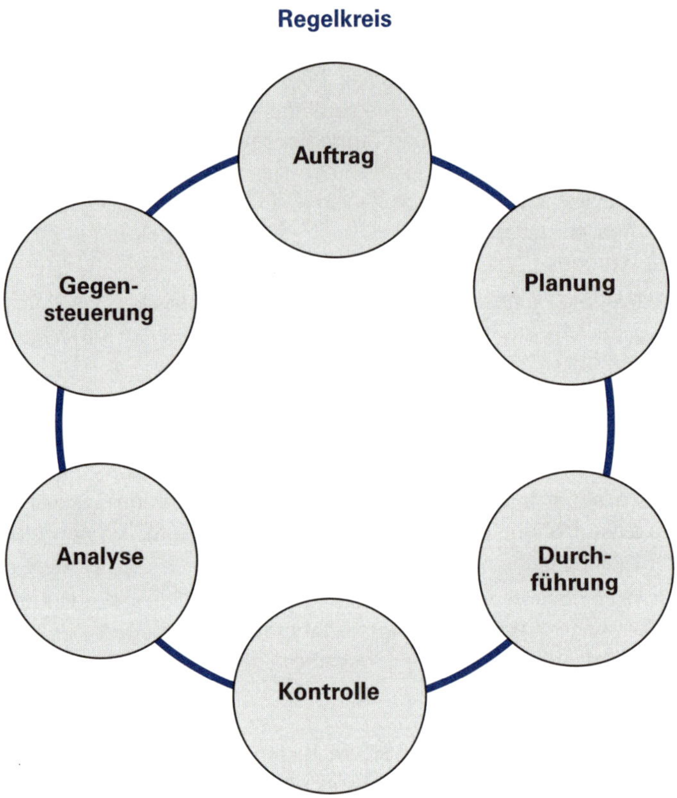

Abbildung 4: Regelkreis (eigene Darstellung)

Bildungscontrolling kann als eine wichtige und sinnvolle Ergänzung vorhandener Konzepte zur Verbesserung betrieblicher Bildungsarbeit – wie Evaluation und Qualitätssicherung – angesehen werden.

4.4 Evaluation

Das lateinische Fremdwort *Evaluation*, auch als *Evaluierung* bezeichnet, bedeutet Bewertung oder Beurteilung.

! *Evaluation bzw. Evaluierung*

Definition

„Der Begriff ‚Evaluation' wird in Pädagogik und Psychologie in vielfältigster Weise verwendet, es liegt eine sehr große Anzahl unterschiedlicher ‚Definitionsversuche' vor (vgl. Wottawa/Thierau, 1990). Das gemeinsame aller Konzeptionen ist, wie auch schon durch die Wortwurzel ausgedrückt, ein ‚Bewerten von Sachverhalten'. Bei Evaluation geht es also im Gegensatz zur klassischen empirischen Forschung nicht um das bloße Feststellen von Fakten, sondern auch um deren wertende Interpretation und, darauf gestützt, die Optimierung von Entscheidungen." (Rost 2001)

Im Zentrum der Evaluation steht die Beurteilung der Wirksamkeit und des Erfolges von Weiterbildungsmaßnahmen. Der Ursprung evaluativer Konzepte liegt in der Pädagogik und reicht bis in die 1970er Jahre zurück. Anfang der 1990er

Jahre wurden mit der Verlagerung der allgemeinen Qualitätssicherung in die betrieblichen Arbeits- und Produktionsprozesse auch in der betrieblichen Weiterbildung prozessorientierte Qualitätsverfahren eingeführt, wie die Zertifizierung nach DIN EN ISO 9000 ff. Diese Verfahren stammen vom Ursprung her aus dem Bereich der Ingenieurwissenschaften.

Die Evaluation bestimmt den Wert und den Nutzen von Organisation, Inhalt und Durchführung einer Bildungsmaßnahme. Sie sollte umfassend, permanent, steuernd, initiierend und erfolgsorientiert erfolgen.

Funktionen der Evaluation

Evaluationen können verschiedene Funktionen haben, z. B. Legitimationsfunktion, Verbesserungsfunktion und Effizienznachweis.

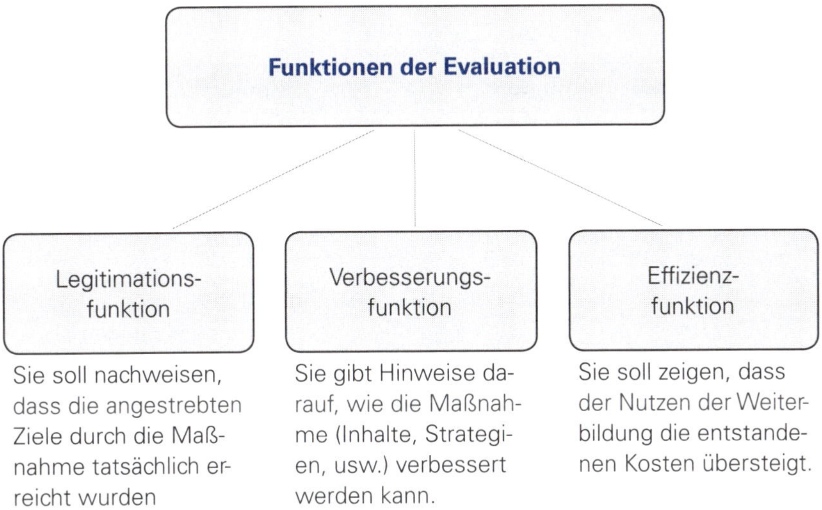

Abbildung 5: Funktionen der Evaluation (in Anlehnung an Domsch/Harms/Sticksel 2000, S. 59)

Für das Bildungscontrolling ist vorrangig die Erfolgskontrolle (Legitimationsfunktion) relevant. Mit ihrer Hilfe wird geklärt, ob die durchgeführte Bildungsmaßnahme erfolgreich war, d. h., ob das geplante Ziel erreicht wurde. Es wird in der Durchführungsphase als Prozess- und Planungsevaluation und in der Transferphase als Ergebnisevaluation eingesetzt.

Evaluationsmodell nach Kirkpatrick

Evaluation ist Bestandteil der Entwicklung, Realisierung und Kontrolle planvoller Bildungsarbeit in einem Unternehmen. Das am weitesten verbreitete Modell zur Darstellung unterschiedlichen Ebenen des Erfolgs von Bildungsmaßnahmen ist das Vier-Stufen- Evaluationsmodell von Kirkpatrick (University of Wisconsin, 1975). Er bemühte sich als einer der Urväter des modernen Bildungscontrollings darum, die Kosten als auch den Nutzen von Weiterbildungsmaßnahmen messbar zu machen.

2

Die vier Stufen sind nach Kirkpatrick:

- Zufriedenheit der Mitarbeiter mit einer Bildungsmaßnahme
- der Lernerfolg durch die Maßnahme
- der erfolgreiche Transfer des Gelernten in die unternehmerische Praxis
- der daraus erzielte Unternehmenserfolg

Noch heute ist sein Vier-Stufen-Modell der Standard für die Messung von Trainingsergebnissen.

Return-on-Investment (ROI)

Die Weiterentwicklung des Modells durch Hinzufügen einer weiteren Stufe hat dazu geführt, dass die klassische Return-on-Investment-Berechnung (ROI) auch in der Weiterbildung eingesetzt wird. ROI ist die Kennzahl zur Analyse der Rentabilität eines Unternehmens. (Quelle: VNR)

Evaluationsstufe	Kriterien	Beschreiben
1	Reaktion, Zufriedenheit und geplante Aktionen der Teilnehmer	Messen der Teilnehmerreaktionen auf die Weiterbildung und Beschreibung der spezifischen Aktionspläne der Teilnehmer
2	Lernen	Messen von Kompetenzen, Wissen, Fähigkeiten oder Veränderungen von Einstellungen
3	Anwenden am Arbeitsplatz	Messen der vermittelten Kenntnisse mit entsprechender Umsetzung sowie der Verhaltensänderungen am Arbeitsplatz
4	Auswirkungen auf das Unternehmen	Messen der Programmauswirkungen auf das Unternehmen
5	ROI	Ergebnisvergleich: monetärer Wert zu Weiterbildungskosten, ausgedrückt in Prozent

Tabelle 2: Evaluationsstufen (zitiert nach Philipps/Schirmer 2005)

Bei der Evaluation einer Bildungsmaßnahme sind folgende Fragen zu klären:

- Was soll evaluiert werden?
- Welche Aspekte des Evaluierungsgegenstandes sollen evaluiert werden?
- Wann soll evaluiert werden?
- Durch wen soll die Evaluierung gesteuert werden?
- Wer soll die Evaluierung realisieren?
- Wie soll die Evaluierung genutzt werden?

Evaluiert wird mithilfe von Befragungen (Fragebogen), Beobachtungen, Gesprächen und Tests. Der Einsatz von Fragebögen zählt zu der am weitesten verbreiteten Methode.

Standardisierte Fragebögen werden in erster Linie für die summarische Evaluation genutzt. Der Fragebogen wird i. d. R. direkt nach dem Besuch der Weiterbildungsmaßnahme oder nach Rückkehr des Mitarbeiters an seinen Arbeitsplatz eingesetzt. Die Ergebnisse der Fragebögen werden verdichtet und EDV-technisch erfasst. Eine Befragung direkt im Anschluss an eine Bildungsmaßnahme kann wertvolle Hinweise liefern, ob die Bildungsmaßnahme angenommen wird oder ob Korrekturen notwendig sind. Des Weiteren kann sie Erkenntnisse geben, ob die ausgewählten Inhalte, Methoden und der Zeitumfang richtig gewählt wurden (siehe Modell von Kirkpatrick).

In einem Gespräch zwischen Mitarbeiter und Führungskraft sollte die Weiterbildungsmaßnahme unter dem Aspekt *nachbetrachtet* werden, welche Inhalte unmittelbar am Arbeitsplatz umgesetzt werden können und wo der Mitarbeiter noch weitere Unterstützung benötigt. Zur differenzierten Transfersicherung erhält der Mitarbeiter nach einem zeitlichen Abstand von einem bis sechs Monaten einen weiteren Fragebogen, um die Umsetzung zu bestätigen oder weitere Maßnahmen zu veranlassen. In einigen Unternehmen erfolgt in dem oben genannten Zeitraum noch eine zweite Befragung. Nach einem längeren Zeitraum kann die Nachhaltigkeit der Umsetzung nachvollziehbarer bestätigt werden.

(Daten zur Veranstaltung, zum Veranstalter und zum Teilnehmer sind vorgegeben)

1. Wie sind Sie auf die Bildungsmaßnahme aufmerksam geworden?

Informationen des Veranstalters	❑
Empfehlung durch Kollegen	❑
Empfehlung durch Vorgesetzten	❑
Beratung/Empfehlung Personalentwicklung	❑

2. Welche Ziele möchten Sie mit der Maßnahme erreichen?

Grundwissen/Basiswissen aneignen (Kenntnisse < 10 % vorhanden)	❑
Wissen vertiefen (Kenntnisse ansatzweise vorhanden 10 % – 50 %) (Kenntnisse teilweise vorhanden > 50 % – 80 %)	 ❑ ❑
Expertenwissen erweitern (Kenntnisse zu mehr als > 80 % vorhanden)	 ❑
Erfahrungsaustausch	❑
Kontakte pflegen	❑
Sonstiges (Studium etc.). Bitte ergänzen:	❑

Vielen Dank

Abbildung 6: Fragebogen 1 „Orientierung“

(Daten zur Veranstaltung, zum Veranstalter und zum Teilnehmer sind vorgegeben, Angaben in Prozent)

1. Wie sind Sie auf die Bildungsmaßnahme aufmerksam geworden?

100	90	80	70	60	50	40	30	20	10	0
❑	❑	❑	❑	❑	❑	❑	❑	❑	❑	❑

2. Sind die von Ihnen formulierten Ziele erreicht worden?

Grundwissen/Basiswissen aneignen ❑										
100	90	80	70	60	50	40	30	20	10	0
❑	❑	❑	❑	❑	❑	❑	❑	❑	❑	❑
Wissen vertiefen ❑										
Erfahrungsaustausch ❑										
100	90	80	70	60	50	40	30	20	10	0
❑	❑	❑	❑	❑	❑	❑	❑	❑	❑	❑
Kontakte pflegen ❑										
100	90	80	70	60	50	40	30	20	10	0
❑	❑	❑	❑	❑	❑	❑	❑	❑	❑	❑
Weitere Qualifizierung (Studium etc.) ❑										
100	90	80	70	60	50	40	30	20	10	0
❑	❑	❑	❑	❑	❑	❑	❑	❑	❑	❑

3. Haben Sie die Möglichkeit die Inhalte in die tägliche Praxis umzusetzen?

Ja ❑	Nein ❑

Wenn ja, zu wie viel Prozent?										
100	90	80	70	60	50	40	30	20	10	0
❑	❑	❑	❑	❑	❑	❑	❑	❑	❑	❑

4. Wie bewerten Sie die Themendarstellung und deren Verständlichkeit?

sehr gut	gut	zufriedenstellend	schlecht
❑	❑	❑	❑

5. Ich konnte mich während der Veranstaltung aktiv beteiligen.

trifft vollkommen zu	trifft zu	trifft eher nicht zu	trifft nicht zu
❑	❑	❑	❑

6. Stimmten angekündigte und vermittelte Inhalte überein?

ja	teilweise	nein
❑	❑	❑

7. Die Teilnehmerunterlagen waren ...

gut	zufriedenstellend	schlecht	Ich habe keine erhalten
❑	❑	❑	❑

8. Wie bewerten Sie die Maßnahme insgesamt?

sehr gut	gut	zufriedenstellend	schlecht
❑	❑	❑	❑

9. Was Sie noch mitteilen möchten.

Vielen Dank

Abbildung 7: Fragebogen 2 „Rückmeldung"

(Angaben in Prozent)

1. In welchem Umfang konnten Sie Ihre formulierten Ziele bis heute in Ihren Arbeitsalltag umsetzen?

100	90	80	70	60	50	40	30	20	10	0
❑	❑	❑	❑	❑	❑	❑	❑	❑	❑	❑

2. Welche Veränderungen ergeben sich hieraus für Ihre Aufgabe / Ihren Arbeitsalltag?

❑ Qualität hat sich verändert.

❑ Quantität ist gestiegen.

❑ Ich bin sicherer geworden.

❑ Sonstiges: ______________________________

3. Wie bewerten Sie die Maßnahme rückblickend insgesamt?

sehr gut	gut	zufriedenstellend	schlecht
❑	❑	❑	❑

Vielen Dank

Abbildung 8: Fragebogen 2 „Umsetzung"

Fazit:

Mit der Nutzung innovativer Instrumente wie Bildungscontrolling und der Einbeziehung von entsprechenden DV-Möglichkeiten lässt sich Weiterbildung aktiver gestalten. Die unternehmensspezifische Lernkultur erhält damit einen anderen Stellenwert.

Handlungssituation

Sie sind im Bereich der Personalentwicklung der Proximus Versicherung AG tätig. Neben der Durchführung von Seminaren für Auszubildende und Mitarbeiter gehört es auch zu Ihren Aufgaben, Führungskräfte und Mitarbeiter in Aus- und Weiterbildungsfragen zu beraten.

Zurzeit sind Sie in einem intensiven Austausch mit einem Abteilungsleiter, der voraussichtlich in zwei Jahren in den Ruhestand treten wird. Er ist daran interessiert, rechtzeitig einen geeigneten Nachfolger zu bestimmen um diesen einzuarbeiten. Aus seiner Sicht würde sowohl einer seiner Gruppenleiter, als auch ein ihm direkt unterstellter Spezialist geeignet sein. Gemeinsam erörtern Sie die anstehende Nachfolgeregelung und überlegen, wie Sie beide Mitarbeiter durch Personalentwicklungsmaßnahmen fördern können.

Zusätzlich zu diesen Aufgaben werden Sie häufig in verschiedene Projekte eingebunden. Zurzeit sind Sie an einem Projekt beteiligt, welches neue strategische Unternehmensziele für die operative Umsetzung vorbereitet. In Ihrem Arbeitspaket geht es insbesondere um die zukünftigen Anforderungen und die damit verbundenen Qualifikationen der Mitarbeiter. Gleichzeitig arbeiten Sie in einer Projektgruppe mit, welche eine Imagebroschüre für die Zielgruppe „Hochschulabsolventen" entwickelt. Sie sind für den Teil „Personalentwicklung" verantwortlich.

Im Zuge der Beratung des Abteilungsleiters schlagen Sie diesem vor, dass Sie sich anhand der vorhandenen Personalbeurteilungen ein Bild von den beiden Mitarbeitern machen. Zudem bitten Sie den Abteilungsleiter, dass dieser eine schriftliche Potenzialbeurteilung durchführt, indem er beleuchtet, welche zukünftigen Aufgaben die beiden Mitarbeiter in welcher Qualität zu leisten in der Lage sind.

Gleichzeitig verabreden Sie sich mit beiden Mitarbeitern, um ein Personalentwicklungsgespräch zu führen. In diesem Gespräch wollen Sie Wünsche und Ziele der Mitarbeiter feststellen. Vom Verlauf dieses Gesprächs wollen Sie abhängig machen, ob die beiden Mitarbeiter zu einem Assessment-Center – natürlich in unterschiedlichen Gruppen – eingeladen werden. Anschließend könnte mit diesen Mitarbeitern vereinbart werden, dass sie entsprechend der diagnostizierten Stärken und Schwächen an individuellen Entwicklungsmaßnahmen teilnehmen sollen.

Neben Seminarveranstaltungen zu ausgewählten Themen sollen beide Mitarbeiter in Form von Job enrichment mit zusätzlichen Aufgaben betraut werden. Besonderes Augenmerk soll auf die Auswahl der Seminare gelegt werden. Es wird in Erwägung gezogen, die Mitarbeiter zu externen Seminaren zu entsenden, damit diese „über den Tellerrand" hinausblicken können.

Im Zuge des Bildungscontrollings soll dann nicht nur eine einfache Seminarauswertung mittels Fragebogen erfolgen, sondern es soll nach jeweils drei und sechs Monaten überprüft werden, ob die Seminarveranstaltungen Einfluss auf das Verhalten und die Leistung der Mitarbeiter gezeigt haben.

Neben diesem Gespräch mit dem Abteilungsleiter beschreiben Sie gerade für die Imagebroschüre das aktuelle Traineeprogramm der Proximus Versicherung AG. Durch diese Broschüre erhoffen Sie sich, dass qualifizierte Hochschulabsolventen auf Ihr Unternehmen aufmerksam werden.

Zusammenfassung

Damit Versicherungsunternehmen jederzeit ihren Auftrag erfüllen können benötigen sie hochqualifizierte, handlungskompetente Mitarbeiter. Jeder Mitarbeiter muss in der Lage sein, seine derzeitigen und zukünftigen Aufgaben im Unternehmen erfüllen zu können.

Die Personalentwicklung hat dabei den Auftrag, die Mitarbeiter entsprechend zu qualifizieren. Hierzu ist es zunächst notwendig, dass das aktuelle Leistungsvermögen und das vorhandene Potenzial der Mitarbeiter festgestellt werden. Der aktuelle Status quo eines Mitarbeiters geht i. d. R. aus den Personalbeurteilungen hervor. Alle Mitarbeiter werden regelmäßig, meist alle zwei Jahre, von ihren jeweiligen Vorgesetzten beurteilt. Aus den Ergebnissen der Beurteilungen lassen sich die Stärken und Schwächen der Mitarbeiter erkennen. Zur Motivation der Mitarbeiter sollten Stärken gefördert, Schwächen schnellstmöglich behoben werden. Hierzu werden Personalentwicklungsmaßnahmen wie z. B. Seminare eingeleitet.

Gerade in den Versicherungsunternehmen gibt es ständige Veränderungen. Neue gesetzliche Bestimmungen, sich ändernde Versicherungsbedingungen, Tarife und neue Produkte, Kooperationen und Fusionen sind Beispiele hierfür. Die von den Mitarbeitern zu bewältigenden Aufgaben ändern sich sehr schnell, zudem führen Wechsel in der Belegschaft (Aufstieg, Ruhestand etc.) dazu, dass Mitarbeiter für andere, zum Teil höherwertige Aufgaben benötigt werden.

Für die richtige Personalbesetzung ist es notwendig, das Potenzial der Mitarbeiter festzustellen. Durch Potenzialbeurteilungen wird es möglich, geeignete Mitarbeiter im Unternehmen zu bestimmen und für diese Mitarbeiter gesonderte Potenzialentwicklungsprogramme zu initiieren. Als Instrumente der Potenzialanalyse lassen sich Potenzialbeurteilungen durch die Vorgesetzten, die Analyse des bisherigen Werdegangs und des Arbeitsverhaltens, psychologische Eignungstests und Assessment-Center einsetzen. Für die Mitarbeiter bedeutet die Teilnahme an einem solchen Programm die Chance, einen interessanten und mit höherer Kompetenz bzw. Verantwortung ausgestatteten Arbeitsplatz zu erlangen. Es ist zu kommunizieren, dass in der heutigen Zeit Karriere nicht zwingend mit hierarchischem Aufstieg gleichzusetzen ist.

Als Instrumente der Personalentwicklung werden „Training on the job“ und „Training off the job“ betrachtet. Beim „Training on the job“ stehen neben der typischen Einarbeitung am Arbeitsplatz die Instrumente Job enrichment, Job enlargement und Job rotation für gestandene Mitarbeiter zur Verfügung. Für Nachwuchsführungskräfte wird häufig das Mentoring, also die Begleitung einer jüngeren Führungskraft durch eine bereits schon lange im Unternehmen tätige, erfahrene Führungskraft, eingesetzt. In höheren Führungsebenen kommt das Coaching durch einen i. d. R. externen Berater vor.

Instrumente des Trainings off the job sind vor allem die Teilnahme an Tagungen und Seminaren. Immer stärker findet dabei die Vermittlung (insbesondere Fachwissen) in Form von Fernlehrgängen statt. Gerade durch das Internet werden Lernprozesse durch programmierte Unterweisungen, Teilnahmen an virtuellen Konferenzen (Virtual Classroom) und durch Internetforen orts- und häufig auch zeitunabhängig initiiert.

Um qualifizierte Hochschulabsolventen für die Unternehmen zu gewinnen, werden spezielle Traineeprogramme angeboten. In ein- bis zweijähriger Ausbildungszeit lernen die Trainees wichtige Bereiche des Unternehmens kennen, werden im Vertrieb eingesetzt und durch Schulungsmaßnahmen auf die Übernahme von Führungs- oder Spezialistenfunktionen im Innen- und Außendienst vorbereitet.

Da Aus- und Weiterbildung gerade in der Versicherungswirtschaft sehr viel Geld und Zeit in Anspruch nimmt, ist es notwendig, den gesamten Bildungsprozess zu steuern. Durch Bildungscontrolling werden einzelne Bildungsmaßnahmen, z. B. Seminare, ausgewertet. Für die Planung weiterer Bildungsmaßnahmen ist festzustellen, ob die Mitarbeiter tatsächlich einen Nutzen von ihrer Weiterbildung hatten. Im Bildungscontrolling wird daher der Aufwand für die Bildungsmaßnahmen dem jeweiligen Nutzen für die Mitarbeiter bzw. für das Unternehmen gegenübergestellt.

Aufgaben zur Selbstüberprüfung

1. Erläutern Sie, welche Voraussetzungen für die Karriere- und Nachfolgeplanung erforderlich sind und erläutern Sie jeweils zwei Vorteile für das Versicherungsunternehmen und den Mitarbeiter, die sich hieraus ergeben.
2. Beschreiben Sie einen „neuen" Karriere-Begriff.
3. Nennen Sie Merkmale bei der Einarbeitung am Arbeitsplatz.
4. Beschreiben Sie die Instrumente „Job enlargement" und „Job enrichment".
5. Erklären Sie Mentoring und Coaching.
6. Beschreiben Sie die Personalentwicklungsmaßnahmen „Tagung", „Seminar" und „Fernunterricht".
7. Beschreiben Sie wesentliche Merkmale eines Traineeprogramms.
8. Beschreiben Sie drei Vorteile des Outplacements.
9. Stellen Sie die Unterschiede des strategischen, des operativen, des quantitativen und des qualitativen Bildungscontrollings heraus.
10. Erläutern Sie, was man unter „Evaluation" versteht.

Kapitel 3

Planen und organisieren der beruflichen Erstausbildung

Wolfgang Schwarzer

Nachzuweisende Befähigung

Die angehenden Fachwirte/Fachwirtinnen für Versicherungen und Finanzen sollen imstande sein, die berufliche Erstausbildung am Arbeitsplatz zu planen und zu organisieren (gemäß Erläuterungsbroschüre, Qualifikationsinhalte und Handlungssituationen, 3.3).

Qualifikationsinhalte des Kapitels

Die Absolventen können im Einzelnen:

- die rechtliche Grundlagen der betrieblichen Ausbildung beachten (3.3.1)
- die Auswahl und Einstellung von Auszubildenden erläutern (3.3.2)
- die Planung der betrieblichen Ausbildung festlegen (3.3.3)
- Beendigungsgründe der betrieblichen Ausbildung unterscheiden (3.3.4)

Lernziele

In diesem Kapitel lernen Sie, welche Rechtsgrundlagen Sie im Rahmen der betrieblichen Ausbildung, insbesondere beim Einstellen und bei der Beendigung der Ausbildung, beachten müssen. Sie können bei der Auswahl von Auszubildenden mitwirken und die Planung der betrieblichen Ausbildung festlegen.

Handlungssituation

Sie sind Ausschließlichkeitsvermittler bei der Proximus Versicherung AG. Gemeinsam mit einem Partner betreiben Sie in einer Kreisstadt eine Agentur mit Ladenbüro. Neben Ihnen und Ihrem Partner sind noch zwei Bürokräfte als Teilzeitbeschäftigte für Sie tätig. Da Ihr Bestand in den letzten Jahren kontinuierlich gewachsen ist, überlegen Sie, ob Sie einen Auszubildenden für den Ausbildungsberuf „Kaufmann für Versicherungen und Finanzen" einstellen sollen. Der Ausbildungsleiter Ihres Unternehmens hat Ihnen empfohlen, dass Sie beim Ausbildungsberater Ihrer Industrie- und Handelskammer vorstellig werden sollten. Zudem gibt er Ihnen den Tipp, dass die regionalen Berufsbildungswerke der Versicherungswirtschaft (BWV) e.V. und die Deutsche Versicherungsakademie (DVA) GmbH Seminare zum Thema „Ausbildung" anbieten. Auch die Proximus Versicherung AG würde Sie bei Ausbildungsfragen unterstützen.

3

1. Rechtliche Grundlagen der betrieblichen Ausbildung

In Deutschland ist die Berufsbildung im Berufsbildungsgesetz (BBiG) geregelt. Laut § 1 BBiG ist Berufsbildung im Sinne des Gesetzes die Berufsausbildungsvorbereitung, die Berufsausbildung, die berufliche Fortbildung und die berufliche Umschulung.

Berufsausbildungsvorbereitung

- Die Berufsausbildungsvorbereitung (§ 1 (2) BBiG) dient dem Ziel, durch die Vermittlung von Grundlagen für den Erwerb beruflicher Handlungsfähigkeit an eine Berufsausbildung in einem staatlich anerkannten Ausbildungsberuf heranzuführen.

Berufsausbildung

- Die Berufsausbildung (§ 1 (3) BBiG) vermittelt für die Ausübung einer qualifizierten beruflichen Tätigkeit in einer sich wandelnden Arbeitswelt notwendige berufliche Fertigkeiten, Kenntnisse und Fähigkeiten (berufliche Handlungsfähigkeit) in einem geordneten Ausbildungsgang. Sie soll ferner den Erwerb der erforderlichen Berufserfahrungen ermöglichen.

berufliche Fortbildung

- Die berufliche Fortbildung (§ 1 (4) BBiG) soll es ermöglichen, die berufliche Handlungsfähigkeit zu erhalten, anzupassen oder zu erweitern und beruflich aufzusteigen.

berufliche Umschulung

- Die berufliche Umschulung (§ 1 (5) BBiG) soll zu einer anderen beruflichen Tätigkeit befähigen.

Lernorte

Die Berufsbildung wird an folgenden Lernorten (§ 2 BBiG) durchgeführt:

betriebliche, schulische, außerbetriebliche Berufsbildung

- Betriebliche Berufsbildung (z. B. Betriebe der Wirtschaft, in der Versicherungswirtschaft die Versicherungsunternehmen, Versicherungsagenturen)
- Schulische Berufsbildung (berufsbildende Schulen, Berufskollegs)
- Außerbetriebliche Berufsbildung (in der Versicherungswirtschaft z. B. die regionalen Berufsbildungswerke der Deutschen Versicherungswirtschaft (BWV) e.V. oder die Deutsche Versicherungsakademie (DVA) GmbH).

Lernortkooperation

Bei der Berufsbildung sollen laut BBiG § 2 (2) die o. g. Lernorte bei der Durchführung zusammenwirken (Lernortkooperation).

duale Berufsausbildung

In der Berufsausbildung gibt es in Deutschland die sogenannte duale Berufsausbildung. Das heißt, dass die Ausbildung sowohl in den Betrieben, als auch in den Berufskollegs „gemeinsam" durchgeführt wird. In den meisten Ländern der Welt gibt es entweder nur eine betriebliche Ausbildung – ohne Unterstützung der Berufsschule – oder eine reine Ausbildung in den Berufskollegs.

Kulturhoheit

Das Berufsbildungsgesetz gilt für die betriebliche und außerbetriebliche Ausbildung (§ 3 BBiG). Die schulische Berufsbildung unterliegt den Schulgesetzen der Länder (Kulturhoheit der Länder).

staatliche Zulassung

Als Grundlage für eine geordnete und einheitliche Berufsausbildung werden Ausbildungsberufe staatlich zugelassen und es werden hierfür Ausbildungsordnungen erlassen (§ 4 BBiG).

Jugendliche

Für einen anerkannten Ausbildungsberuf darf nur nach der jeweiligen Ausbildungsordnung ausgebildet werden (§ 4 (2) BBiG). Jugendliche (ab 15 und unter 18 Jahren, § 2 JArbSchG) dürfen nur in anerkannten Ausbildungsberufen (§ 4 (3) BBiG) ausgebildet werden, soweit die Berufsbildung nicht auf den Besuch weiterführender Bildungsgänge vorbereitet.

Ausbildungsordnung

In der Ausbildungsordnung ist gemäß § 5 (1) BBiG zu regeln:

- Bezeichnung des Ausbildungsberufs
- Ausbildungsdauer
- Ausbildungsberufsbild (berufliche Fertigkeiten, Kenntnisse und Fähigkeiten, die mindestens Gegenstand der Berufsausbildung sind)
- Ausbildungsrahmenplan (Anleitung zur sachlichen und zeitlichen Gliederung)
- Prüfungsanforderungen

Weitere „Kann-Regeln" ergeben sich aus § 5 (2) BBiG.

Kaufmann/Kauffrau für Versicherungen und Finanzen

Bezogen auf die Berufsbildung in der Versicherungswirtschaft ist festzuhalten, dass der Ausbildungsberuf „Kaufmann für Versicherungen und Finanzen/Kauffrau für Versicherungen und Finanzen" laut § 1 der „Verordnung über die Berufsausbildung zum Kaufmann für Versicherungen und Finanzen / zur Kauffrau für Versicherungen und Finanzen" vom 17.5.2006 staatlich anerkannt ist. Damit wird sichergestellt, dass ein Auszubildender, egal ob in Kiel, München, Chemnitz oder Saarbrücken, ob in einer Agentur oder in einem Direktionsbetrieb, immer nach dem gleichen Ausbildungsberufsbild ausgebildet wird und damit mit dem Abschluss seiner Berufsausbildung alle notwendige Fertigkeiten, Kenntnisse und Fähigkeiten besitzt, die zur Ausübung dieses Berufes notwendig sind.

Das nachfolgende Profil gibt einen Überblick zum Ausbildungsberuf „Kaufmann für Versicherungen und Finanzen".

3

Ausbildungsprofil

1. Berufsbezeichnung

Kaufmann für Versicherungen und Finanzen / Kauffrau für Versicherungen und Finanzen
Anerkannt durch Verordnung vom 17. Mai 2006 (BGBl. I, S. 1187)

2. Ausbildungsdauer

3 Jahre
Die Ausbildung findet an den Lernorten Betrieb und Berufsschule statt.

3. Arbeitsgebiet

Kaufleute für Versicherungen und Finanzen arbeiten bei Versicherungsunternehmen und Unternehmen der Finanzdienstleistungsbranche oder sind als selbstständige Vermittler, Makler oder Berater tätig. Sie können auch in Wirtschaftsunternehmen der Industrie und des Handels sowie anderen Dienstleistungsunternehmen tätig sein.

4. Berufliche Qualifikationen

Kaufleute für Versicherungen und Finanzen

- beraten und betreuen Kunden bedarfs- und situationsgerecht;
- analysieren den individuellen Bedarf des Kunden an Versicherungsschutz und Vermögensanlage;
- unterbreiten Angebote und schließen Verträge ab;
- nehmen Vertragsänderungen vor und führen Maßnahmen zur Bestandspflege und Vertragserhaltung durch;
- prüfen Leistungsfälle und informieren über den Umfang der Leistungen;
- nutzen die Instrumente des Rechnungswesens und Ergebnisse des Controllings für ihr Handeln;
- arbeiten team-, prozess- und projektorientiert.

Kaufleute für Versicherungen und Finanzen in der Fachrichtung Versicherung

- bearbeiten Schaden- und Leistungsfälle;
- verfügen über Qualifikationen aus zwei der folgenden Wahlbausteine:
  - Kundengewinnung und Kundenbindung
  - Marketing
  - Agenturbetrieb
  - Risikomanagement
  - Vertrieb von Produkten der betrieblichen Altersvorsorge
  - Vertrieb von Versicherungsprodukten für gewerbliche Kunden
  - Vertrieb von Versicherungsprodukten für private Kunden

Kaufleute für Versicherungen und Finanzen in der Fachrichtung Finanzberatung

- beraten Kunden bei Wertpapieranlagen;
- unterstützen bei der Wahl der betrieblichen Altersvorsorge;
- beraten über Immobilienfinanzierung und erstellen Finanzierungsangebote.

Abbildung 1: Ausbildungsprofil „Kaufmann/Kauffrau für Versicherungen und Finanzen" (KVF-Erläuterungen, S. 8)

Voraussetzung für die Ausbildung von Auszubildenden ist, dass die Ausbildungsstätte und das Ausbildungspersonal geeignet sind. Gemäß § 27 BBiG dürfen Auszubildende nur eingestellt und ausgebildet werden, wenn

Eignung der Ausbildungsstätte

- die Ausbildungsstätte nach Art und Einrichtung für die Berufsausbildung geeignet ist und
- die Zahl der Auszubildenden in einem angemessenen Verhältnis zur Zahl der Ausbildungsplätze oder zur Zahl der beschäftigten Fachkräfte steht.

Bezogen auf die Ausbildung in der Versicherungswirtschaft bedeutet dies, dass für den Auszubildenden ein vollständig ausgestatteter Arbeitsplatz (Schreibtisch, Telefon, EDV-System etc.) eingerichtet sein muss. Eine Versicherungsagentur sollte über eigene Geschäftsräume (Ladenlokal, Büro) verfügen. Ein in eine Privatwohnung integriertes Büro ist nicht geeignet. Falls die Büroräume im Privathaus des Agenturinhabers sind, so muss eine räumliche Trennung (separater Eingang, Sanitärräume) vorhanden sein.

Die beigefügte Checkliste gibt einen Überblick über die Ausstattung der Ausbildungsstätte.

Was	**Vorhanden: Ja**	**Vorhanden: Nein**
Getrennte Sanitärräume „… Wasch- und Toilettenräume sind für Männer und Frauen getrennt einzurichten oder es ist eine getrennte Nutzung zu ermöglichen" (§ 6 Abs. 2 ArbStättV). Die Anzahl der Toiletten ist abhängig von der Beschäftigtenzahl		
Pausenräume „bei mehr als zehn Beschäftigten … ist ein Pausenraum oder ein entsprechender Pausenbereich zur Verfügung zu stellen. Dies gilt nicht, wenn die Beschäftigten in Büroräumen … beschäftigt sind und dort gleichwertige Voraussetzungen für eine Erholung während der Pause gegeben sind" (§ 6 Abs. 3 ArbstättV).		
Eigener Schreibtisch		
Telefon		
PC / Notebook mit Zugriff auf Kundendaten		
Arbeitsmaterialien (Stifte, Ordner, etc.)		
Unternehmenseigenes Informationsmaterial (Prospekte, Flyer, Bedingungen)		
Arbeitsmaterialien (Muster, Versicherungsbedingungen, Tarifbücher, Fachbücher, Vordrucke zur Anfertigung des Ausbildungsnachweises		

Abbildung 2: Checkliste: Optimale Ausstattung einer Ausbildungsstätte (Leitfaden Ausbilden in Agenturen und Maklerbetrieben, S. 87)

Durch ein angemessenes Verhältnis zwischen Auszubildenden und der Anzahl der beschäftigten Fachkräfte wird sichergestellt, dass das Ausbildungsziel zu keinem Zeitpunkt gefährdet wird. Ideal ist ein Verhältnis von einem Auszubildenden zu drei Fachkräften bzw. bei zwei Auszubildenden zu vier Fachkräften. Dadurch wird sichergestellt, dass in Zeiten von Urlaub, Krankheit, Seminarbesuchen, Außendiensttterminen etc. der Auszubildende jederzeit betreut wird.

Können in einer Ausbildungsstätte die gemäß Ausbildungsordnung erforderlichen Fertigkeiten, Kenntnisse und Fähigkeiten nicht im vollen Umfang vermittelt werden, so kann die Vermittlung durch Ausbildungsmaßnahmen außerhalb der Ausbildungsstätte erfolgen. Besitzt eine Agentur z. B. keine Schadenregulierungsvollmacht, so könnte die Ausbildung in einer befreundeten Agentur (mit Regulierungsvollmacht) oder in der Direktion stattfinden. Darüber hinaus könnten solche Ausbildungsabschnitte in einer außerbetrieblichen Ausbildungsstätte (z. B. bei einem regionalen Berufsbildungswerk der Deutschen Versicherungswirtschaft (BWV) e.V.) erfolgen.

einstellen, ausbilden

persönliche Eignung

Auszubildende darf nur ausbilden, wer persönlich und fachlich geeignet ist (§ 28 BBiG). Laut § 29 BBiG ist zunächst grundsätzlich jede Person geeignet. Das Berufsbildungsgesetz legt fest, dass persönlich nicht geeignet ist, wer

- Kinder und Jugendliche nicht beschäftigen darf oder
- wiederholt oder schwer gegen das BBiG oder die aufgrund des BBiG erlassenen Vorschriften (z. B. Ausbildungsordnung) oder Bestimmungen verstoßen hat.

fachliche Eignung

Kinder und Jugendliche dürfen u. a. nicht von solchen Personen beschäftigt werden, die wegen eines Verbrechens zu einer Freiheitsstrafe von mindestens zwei Jahren oder wegen einer vorsätzlichen Straftat zum Nachteil gegenüber Kindern und Jugendlichen zu einer Freiheitsstrafe von mehr als drei Monaten rechtskräftig verurteilt worden sind. Diese und weitere Tatbestände sind im § 25 JArbSchG geregelt. Fachlich geeignet ist, wer

- die beruflichen sowie
- die berufs- und arbeitspädagogischen Fertigkeiten, Kenntnisse und Fähigkeiten besitzt, die für die Vermittlung der Ausbildungsinhalte erforderlich sind und
- eine angemessene Zeit in seinem Beruf praktisch tätig gewesen ist (§ 30 BBiG).

berufliche Eignung

Die erforderlichen beruflichen Fertigkeiten, Kenntnisse und Fähigkeiten besitzt, wer die Abschlussprüfung in einer dem Ausbildungsberuf entsprechenden Fachrichtung („Versicherungskaufmann", „Kaufmann für Versicherungen und Finanzen") bestanden hat. Auch geeignet ist, wer z. B. an einer deutschen Hochschule eine Abschlussprüfung in einer dem Ausbildungsberuf entsprechenden Fachrichtung (z. B. Dipl.-Kaufmann, Dipl.-Betriebswirt, Assessor jur.) bestanden hat. Weitere Regelungen sind im § 30 (2) BBiG enthalten. Erfüllen Personen die o. g. Voraussetzungen zur beruflichen Eignung nicht, so kann die nach Landesrecht zuständige Behörde (z. B. in Nordrhein-Westfalen der jeweilige Regierungspräsident) die fachliche Eignung nach Anhörung der zuständigen Stelle (IHK) widerruflich zuerkennen (§ 30 (6) BBiG). Das könnte z. B. dann der Fall sein, wenn „nur" die Qualifikation Versicherungsfachmann/-fachfrau (IHK bzw. ehemals BWV) vorhanden ist.

berufs- und arbeitspädagogische Eignung

Die erforderlichen berufs- und arbeitspädagogischen Fertigkeiten, Kenntnisse und Fähigkeiten besitzt, wer die Ausbildereignungsprüfung gemäß Ausbildereignungsverordnung bestanden hat. Geprüfte Fachwirte für Versicherungen und Finanzen sind laut § 10 der Verordnung vom 26.8.2008 vom schriftlichen Teil der Ausbildereignungsprüfung befreit.

3

Eine Person, die ausbilden möchte und selbst persönlich, aber nicht fachlich geeignet ist, darf Auszubildende einstellen, wenn sie einen persönlich und fachlich geeigneten Ausbilder bestellt (§ 28 (2) BBiG).

Die Trennung zwischen Einstellen und Ausbilden ist am Beispiel einer Versicherungsdirektion sehr schnell nachvollziehbar. Die Versicherungen gelten als Häuser der 100 Berufe. In vielen Unternehmen wird nicht nur im Ausbildungsberuf „Kaufmann für Versicherungen und Finanzen" ausgebildet, sondern auch in IT-Berufen. Des Weiteren werden z. B. Kaufleute für Bürokommunikation, Bankkaufleute oder Köche für ein vorhandenes Betriebsrestaurant ausgebildet. Der Personalleiter oder auch der Ausbildungsleiter können nicht für alle Berufsbilder die berufliche Eignung (gemäß § 30 BBiG) besitzen.

Ausbilder am Arbeitsplatz

Neben dem verantwortlichen Ausbilder können weitere Personen an der Ausbildung mitwirken, die die erforderlichen beruflichen Fertigkeiten, Kenntnisse und Fähigkeiten besitzen und persönlich geeignet sind (§ 28 (3) BBiG). Diese werden häufig als sog. „Ausbilder am Arbeitsplatz" bezeichnet. Allerdings hat der verantwortliche Ausbilder dafür Sorge zu tragen, dass diese Personen persönlich geeignet sind. Für die Ausbildung in einer Agentur mit drei Mitarbeitern reicht es also aus, wenn eine Person neben der persönlichen und beruflichen Eignung auch die berufspädagogische (also die Ausbildereignung) besitzt. Die übrigen zwei Mitarbeiter in der Agentur müssen zwingend persönlich geeignet sein und über Fachkenntnisse verfügen.

Die Überwachung der Eignungen (Ausbildungsstätte, Ausbilder) übernimmt die zuständige Stelle; für die Versicherungswirtschaft ist dies i. d. R. die jeweilige Industrie- und Handelskammer. Fällt die Eignung weg (wenn z. B. der verantwortliche Ausbilder das Unternehmen verlässt) oder werden Mängel festgestellt, so hat die IHK die nach Landesrecht zuständige Behörde (z. B. in Nordrhein-Westfalen den Regierungspräsidenten) einzuschalten. Diese kann dann das Einstellen und Ausbilden untersagen (§ 32 f BBiG).

JArbSchG

Neben diesen zentralen rechtlichen Grundlagen für die Berufausbildung muss der Ausbilder auch auf die einschlägigen Schutzgesetze achten. Besonders zu erwähnen sind hier die Bestimmungen des Jugendarbeitsschutzgesetzes (JArbSchG). So darf gemäß § 32 JArbSchG ein Jugendlicher, der in das Berufsleben eintritt, nur dann beschäftigt werden, wenn

- er innerhalb der letzten 14 Monate von einem Arzt untersucht worden ist (Erstuntersuchung) und
- dem Arbeitgeber eine von diesem Arzt ausgestellte Bescheinigung vorliegt.

Ein Jahr nach der Aufnahme der ersten Beschäftigung muss sich der Arbeitgeber die Bescheinigung eines Arztes darüber vorlegen lassen, dass der Jugendliche nachuntersucht worden ist (erste Nachuntersuchung § 33 JArbSchG).

Die ärztlichen Untersuchungen haben sich auf den Gesundheits- und Entwicklungsstand und die körperliche Beschaffenheit, die Nachuntersuchungen außerdem auf die Auswirkungen der Beschäftigung auf Gesundheit und Entwicklung des Jugendlichen zu erstrecken (§ 37 JArbSchG). Der Arzt muss u. a. die Arbeiten schriftlich festhalten, durch deren Ausführung er die Gesundheit oder die Entwicklung des Jugendlichen für gefährdet hält.

MuSchG SGB IX

Darüber hinaus sind ggf. Bestimmungen des Mutterschutzgesetzes (MuSchG) zu beachten. Bei der Beschäftigung von Schwerbehinderten gilt das Sozialgesetzbuch (z. B. SGB IX).

Betriebsrat

Zusätzlich sollte der Ausbilder die Bestimmungen des Betriebsverfassungsgesetzes kennen. Arbeitgeber und Betriebsrat haben die Berufsbildung zu fördern. Nähere Bestimmungen ergeben sich aus den §§ 96 ff. des BetrVG. Besonders zu erwähnen ist das Mitbestimmungsrecht bei der Durchführung von Maßnahmen der betrieblichen Berufsbildung (§ 98 BetrVG). Im gleichen Paragraph ist geregelt, dass der Betriebsrat der Bestellung einer mit der Durchführung der betrieblichen Berufsbildung beauftragten Person widersprechen oder ihre Abberufung verlangen kann, wenn die oben erläuterten Eignungen nicht vorliegen oder die Person ihre Aufgaben vernachlässigt.

Jugend- und Auszubildendenvertretung

In Betrieben mit i. d. R. mindestens fünf Arbeitnehmern, die das 18. Lebensjahr noch nicht vollendet haben oder die zu ihrer Berufsausbildung beschäftigt sind und das 25. Lebensjahr noch nicht vollendet haben, werden Jugend- und Auszubildendenvertretungen gewählt. Die Jugend- und Auszubildendenvertretung nimmt die besonderen Belange der Jugendlichen und Auszubildenden wahr. Näheres ergibt sich aus den §§ 60 ff. des BetrVG.

Weitere Rechtsgrundlagen werden im Zusammenhang mit der Auswahl und dem Einstellen von Auszubildenden, der Planung der betrieblichen Ausbildung und der Beendigung der Ausbildung angesprochen.

2. Auswählen und einstellen von Auszubildenden

2.1 Auswahl von Auszubildenden

Die Auswahl von Auszubildenden sollte im Betrieb einen hohen Stellenwert einnehmen und besonders sorgfältig durchgeführt werden.

Für den Betrieb geht es darum, geeignete Nachwuchskräfte für die Zeit nach der Ausbildung zu finden. Junge Menschen lernen bereits während der Ausbildung alle Besonderheiten des Unternehmens kennen und können nach einem erfolgreichen Abschluss relativ schnell in den Arbeitsprozess integriert werden. Eine Fehlentscheidung beim Auswahlprozess kann allerdings dazu führen, dass der Betrieb u. U. viel Geld und Zeit in die Ausbildung investiert, ohne dass sich dies nach bzw. während der Ausbildung amortisiert. Nach Ablauf der Probezeit ist eine Kündigung des Ausbildungsverhältnisses nur noch aus wichtigem Grund – also außerordentlich – möglich.

Ebenso ist eine Fehlentscheidung negativ für den Bewerber bzw. Auszubildenden. Stellt sich nach Beginn der Ausbildung heraus, dass der Auszubildende für den Beruf nicht geeignet ist, dann könnte der Ausbildungsbetrieb während der Probezeit kündigen. Hierdurch erhält die Biographie des jungen Menschen einen negativen Eintrag und die Chancen, einen neuen Ausbildungsplatz zu finden, verschlechtern sich deutlich. Kommt es zu keiner Auflösung des Ausbildungsverhältnisses während der Probezeit, kann es passieren, dass der Auszubildende über einen Zeitraum von drei Jahren ständig überfordert wird und möglicherweise gar nicht oder nur mit sehr schlechten Ergebnissen die Abschlussprüfung besteht. Ein so geprägter junger Mensch wird vermutlich sehr schnell die Branche wechseln. Auch dies wird von vielen Personalverantwortlichen vermutlich als negativer Eintrag in der Biographie gewertet.

Bevor die eigentliche Auswahl von Auszubildenden erfolgen kann, müssen zunächst Auswahlkriterien festgelegt werden.

2.1.1 Anforderungsprofil

Der Ausbildungsberuf „Kaufmann für Versicherungen und Finanzen" kann als sehr anspruchsvoll bezeichnet werden. Fachlich muss der Mitarbeiter die unterschiedlichen Versicherungsprodukte kennen. Er muss in der Lage sein, für Kunden bedarfsgerechte Angebote zu erstellen, über die Annahme von Versicherungsverträgen zu entscheiden und die Regulierung von Versicherungsfällen vornehmen können. Hierbei wird er vor allem mit eher abstrakten Rechtsgrundlagen konfrontiert.

Für die Arbeit ist es notwendig, dass ein Mitarbeiter über sehr gute kommunikative Fähigkeiten in „Wort und Schrift" verfügt, denn die Ware „Versicherung" ist „unsichtbar" und daher stark erklärungsbedürftig. Ein Mitarbeiter muss sowohl kunden- bzw. serviceorientiert sein als auch unternehmerisch handeln und entscheiden können.

Insbesondere in Verwaltungseinheiten – aber auch im Vertrieb – ist ein hohes Maß an Teamfähigkeit erforderlich. Da eines der Hauptarbeitsmittel der Computer ist, sollte ein Mitarbeiter auch über eine gewisse Affinität zu elektronischen Arbeitsgeräten verfügen.

Daher sollte ein Schulabgänger entweder über die allgemeine Hochschulreife (Abitur) oder über die Fachhochschulreife verfügen. Hierbei sollten mindestens befriedigende, besser gute Noten in den Fächern Deutsch und Mathematik vorhanden sein.

Da ein Teil der Ausbildung im Vertrieb erfolgt, ist es sehr sinnvoll, dass der Bewerber über einen Führerschein verfügt.

2.1.2 Instrumente der Personalauswahl

Personalauswahlprozess

In einem Personalauswahlprozess ist zu klären, ob die Voraussetzungen die ein Bewerber mitbringt, mit den oben beschriebenen Anforderungen übereinstimmen.

Um die Leistungsvoraussetzungen bzw. das Qualifikationsprofil zu klären, werden verschiedene diagnostische Instrumente eingesetzt. Sie sollen den Erfolg der Auswahlentscheidung so gut wie möglich absichern. Folgende Instrumente werden bei der Auswahl von Auszubildenden am häufigsten eingesetzt:

- Analyse und Bewertung der Bewerbungsunterlagen
- Bewerbergespräch bzw. -interview
- Testverfahren
- Assessment-Center

In der Regel werden verschiedene Instrumente kombiniert.

2.1.2.1 Bewerbungsunterlagen

Die schriftlichen Bewerbungsunterlagen bestehen üblicherweise aus:

- Bewerbungsschreiben
- Bewerbungsfoto
- Lebenslauf
- Schulzeugnissen
- sonstigen Unterlagen

Nach einer ersten Durchsicht der Bewerbungsunterlagen erfolgt eine Auswertung, die eine Vorauswahl der Bewerber darstellt. Unabhängig vom Inhalt der einzelnen Unterlagen ist der Gesamteindruck von erheblicher Bedeutung. Die Mitarbeiter des Personalbereichs achten darauf, ob Unterlagen „sauber und ordentlich" sind und wie die Unterlagen zusammengefügt wurden. Sind bereits hier Nachlässigkeiten zu erkennen, so ist davon auszugehen, dass der Bewerber während der Ausbildung ähnlich nachlässig bzw. verantwortungslos handelt.

Das Bewerbungsschreiben soll dem Unternehmen einen ersten Eindruck über die Persönlichkeit des Bewerbers geben. Die Art und Weise der Gliederung, der Sprachstil und die Rechtschreibung werden bewertet. Ist zu erkennen, ob sich der Bewerber ernsthaft mit dem Berufsbild und dem Unternehmen beschäftigt hat? Lassen sich aus dem Anschreiben besondere Fähigkeiten oder Hobbys des Bewerbers erkennen?

Bewerbungsschreiben

Das Bewerbungsfoto soll einen unmittelbaren Eindruck vom Bewerber vermitteln. Allerdings relativiert sich die Bedeutung des Bewerbungsfotos aufgrund der rechtlichen Grundlagen des Allgemeinen Gleichbehandlungsgesetzes (AGG). Einige Unternehmen erwarten von Bewerbern, dass diese Bewerbungsunterlagen ohne Fotos einreichen. Sie wollen sich davor schützen, dass sie von abgelehnten Bewerbern mit dem Vorwurf der Diskriminierung verklagt werden können. Schließlich ist ein Foto dazu geeignet, eine Entscheidung aufgrund von Sympathie bzw. Antipathie zu beeinflussen (z. B. wegen Hautfarbe, Haarschnitt, Piercing).

Bewerbungsfoto

Der Lebenslauf soll Aufschluss über die persönliche Entwicklung des Bewerbers geben. Hier ist zu erkennen, in welchem sozialen Umfeld ein Bewerber aufgewachsen ist. Die Berufe der Eltern, der Wohnort und besuchte Schulen können hierzu Anhaltspunkte geben. Wie viele Jahre hat ein Bewerber bis zu seinem Schulabschluss benötigt? Welche Hobbys hat der Bewerber? Treibt er Sport, engagiert er sich in Jugendgruppen, ist er lieber allein oder hat er Hobbys, die darauf schließen lassen, dass er den Kontakt zu anderen Menschen sucht?

Lebenslauf

Bei Bewerbern um einen Ausbildungsplatz kommt den Schulzeugnissen eine besondere Bedeutung zu. Welche Fächer hat der Bewerber in der Schule belegt? Hat der Bewerber an freiwilligen Arbeitsgemeinschaften teilgenommen? Wie sind die Noten in den so genannten Hauptfächern, insbesondere in den Fächern Deutsch und Mathematik? Bei der Bewertung von Schulnoten sollte dem Analysten bewusst sein, dass Schulnoten von Schule zu Schule und sogar von Klasse zu Klasse nur schwierig zu vergleichen sind.

Schulzeugnisse

Als sonstige Unterlagen sind häufig Bescheinigungen über Schülerpraktika, Auslandsaufenthalte, Ersatz- bzw. Wehrdienst oder ein freiwilliges soziales Jahr, Sprachzertifikate, Kopien des Führerscheins oder auch eines Computerführerscheins beigefügt. Als besonders vorteilhaft ist hier zu bewerten, wenn der Bewerber bereits ein Praktikum in der Versicherungswirtschaft absolviert hat.

sonstige Unterlagen

2.1.2.2 Bewerbergespräch bzw. -interview

Das zentrale Instrument der Personalauswahl ist das Bewerbergespräch. In der Regel führen ein Mitarbeiter des Personalbereichs und der verantwortliche Ausbilder gemeinsam das Gespräch. Nach der Auswertung der Bewerbungsunterlagen werden diejenigen Bewerber zum Gespräch eingeladen, bei denen man in der Vorauswahl davon ausgeht, dass sie den oben beschriebenen Anforderungen entsprechen und persönlich in das Unternehmen passen.

Bewerbergespräch

3

Mit dem Vorstellungsgespräch werden die folgenden Ziele verfolgt:

- Information des Bewerbers über das Unternehmen sowie über die Ausbildung
- Vermittlung eines positiven Unternehmensbildes
- Gewinn eines persönlichen Eindrucks über den Bewerber
- Klärung der aus den eingereichten Unterlagen offenen Fragen
- Feststellen des Eignungspotenzials
- Erkennen von Interessen des Bewerbers

Besonders ist darauf zu achten, dass eine subjektive Beeinflussung des Gesprächsführenden (Vorurteile, erster Eindruck) weitestgehend ausgeschaltet wird. Die Interviewer sollten versuchen, eine angenehme Gesprächsatmosphäre zu schaffen und den Bewerber durch offene Fragen zu aktivieren.

2.1.2.3 Testverfahren

Psychologische Testverfahren werden vor allem dann eingesetzt, wenn hohe Bewerberzahlen vorliegen. So bietet es sich an, Auszubildende für Direktionsbetriebe über Testverfahren auszuwählen. Der Vorteil von Testverfahren liegt darin, dass man innerhalb kurzer Zeit viele Informationen über mehrere Bewerber erhält und die Ergebnisse sehr leicht vergleichbar sind. Als Nachteil ist das schlechte Image von psychologischen Testverfahren zu nennen. Zudem versuchen einige Bewerber, die Ergebnisse zu manipulieren, da sie meinen, den Sinn von bestimmten Aufgaben zu erkennen und dann aufgrund von Vermutungen („das wollen die von mir hören") antworten.

Gütekriterien

Um einen angemessenen Umgang mit psychologischen Testverfahren zu gewährleisten, ist sicherzustellen, dass die Tests nur von speziell für die Anwendung von Tests ausgebildeten Testleitern durchgeführt werden. Ein seriöses Testverfahren ist normiert und sollte den Gütekriterien der Objektivität, Validität und Reliabilität (vgl. Dernick u. a.: Steuerung und Führung im Unternehmen, Kap. 2) genügen.

Für den Ausbildungsberuf „Kaufmann für Versicherungen und Finanzen" können durch einen Test intellektuelle Leistungsvoraussetzungen und Verhaltensdispositionen abgeklärt werden. Da es für den Ausbildungsberuf wichtig ist, dass der Auszubildende gut mit der deutschen Sprache umgehen und mathematische Problemstellungen lösen kann, sollten diese Fähigkeiten gemessen werden. Zudem ist es wichtig, dass der Auszubildende logisch denken kann, da er häufig mit abstrakt formulierten juristischen Texten (z. B. Versicherungsbedingungen) konfrontiert wird.

2.1.2.4 Assessment-Center (AC)

Der Begriff Assessment-Center kommt aus dem Amerikanischen und bedeutet soviel wie „Beurteilungs- oder Einschätzungs-Zentrum". Charakteristisch für ein AC ist, dass mehrere Bewerber über einen Zeitraum von einem Tag bis zu drei Tagen von mehreren Beobachtern auf ihre Eignung getestet werden. Bei der Auswahl von Auszubildenden wird man sich i. d. R. auf Ausschnitte beschränken und es bei einem Auswahltag belassen. Beim AC steht die Feststellung von Verhaltensleistungen oder Verhaltensdefiziten im Vordergrund. Die Beobachter (Assessoren) verfolgen das Verhalten der Teilnehmer bei verschiedenen Übungen in unterschiedlichen Situationen. Da mehrere Beobachter die Kandidaten bewerten (Mehrfachbeurteilung), wird die Gefahr von subjektiven Fehlbeobachtungen deutlich verringert.

Typische Übungen, die bei der Auswahl von Auszubildenden eingesetzt werden, sind:

- *Gruppendiskussion*

  Gruppendiskussion

  Die Teilnehmer sollen zu einem vorgegebenen Thema, z. B. 0,0 Promille Alkohol im Straßenverkehr, diskutieren.

  Es wird darauf geachtet, inwieweit sich die Teilnehmer in die Diskussion einbringen. Lassen sie andere zu Wort kommen bzw. ausreden? Welche Argumente finden sie? Wie artikulieren sich die einzelnen Personen?
- *Rollenspiel*

  Rollenspiel

  Der Teilnehmer soll einem „Beobachter" einen bestimmten Gegenstand, z. B. einen wertvollen Kugelschreiber oder eine Uhr, „verkaufen".

  Es wird darauf geachtet, inwieweit ein Bewerber in der Lage ist, auf andere Personen aktiv zuzugehen. Wie überzeugt ein Bewerber? Welche Argumente findet er?
- *Gruppenarbeit*

  Gruppenarbeit

  Die Bewerber sollen z. B. aus zur Verfügung gestellten Materialien und Werkzeugen (z. B. Papier, Klebstoff, Schere) einen möglichst hohen Turm oder eine möglichst lange Brücke bauen. Es wird darauf geachtet, wie sich die Teilnehmer in das Team einbringen. Wer hat welche Ideen? Wer ergreift die Initiative? Wer plant die Aufgabe und überzeugt seine Mitspieler? Wer beteiligt sich nicht oder nur teilweise an der Gruppenarbeit?
- *Präsentation*

  Präsentation

  Die Bewerber sollen z. B. eine Besonderheit aus ihrem bisherigen Leben visualisieren und anschließend präsentieren.

  Hier wird auf Kreativität (im Rahmen der Visualisierung) geachtet und gleichzeitig kann festgestellt werden, wie frei ein Bewerber sprechen kann, wie er sich artikuliert und ob er Hemmungen hat, vor einer Gruppe zu sprechen.

2.2 Einstellen von Auszubildenden

Beim Einstellen eines Auszubildenden gelten die gleichen gesetzlichen Regelungen wie beim Einstellen eines Mitarbeiters. Zusätzlich sind noch Bestimmungen aus dem Berufsbildungsgesetz und bei jugendlichen Auszubildenden Bestimmungen aus dem Jugendarbeitsschutzgesetz zu beachten.

In Unternehmen mit i. d. R. mehr als zwanzig wahlberechtigten Arbeitnehmern hat der Arbeitgeber den Betriebsrat vor jeder Einstellung zu unterrichten, ihm die erforderlichen Bewerbungsunterlagen vorzulegen und Auskunft über die Person zu geben. Der Arbeitgeber muss die Zustimmung des Betriebsrats einholen (vgl. § 99 BetrVG). Der Betriebsrat kann allerdings nur unter bestimmten Umständen die Zustimmung verweigern. Näheres regelt der § 99 (2) des Betriebsverfassungsgesetzes.

3

Berufsausbildungsvertrag

Im § 10 des Berufsbildungsgesetzes ist geregelt, dass Ausbildende und Auszubildende einen Berufsausbildungsvertrag schließen müssen. Hierbei sind die für den Arbeitsvertrag geltenden Rechtsvorschriften (vgl. z. B § 611 BGB) zu beachten.

Nach Abschluss des Berufsausbildungsvertrages haben Ausbildende unverzüglich, spätestens vor Beginn der Berufsausbildung, den wesentlichen Inhalt des Vertrages schriftlich niederzulegen (§ 11 (1) BBiG), dabei ist die elektronische Form ausgeschlossen.

In der Niederschrift sind gemäß § 11 (2) BBiG mindestens die folgenden Punkte aufzunehmen:

1. Art, sachliche und zeitliche Gliederung sowie Ziele der Berufsausbildung, insbesondere die Berufstätigkeit, für die ausgebildet werden soll
2. Beginn und Dauer der Berufsausbildung
3. Ausbildungsmaßnahmen außerhalb der Ausbildungsstätte
4. Dauer der regelmäßigen Ausbildungszeit
5. Dauer der Probezeit
6. Zahlung und Höhe der Vergütung
7. Dauer des Urlaubs
8. Voraussetzung, unter denen der Berufsausbildungsvertrag gekündigt werden kann
9. ein in allgemeiner Form gehaltener Hinweis auf die Tarifverträge, Betriebs- oder Dienstvereinbarungen, die auf das Berufsausbildungsverhältnis anzuwenden sind

Zur weiteren Konkretisierung werden die o. g. Punkte in Bezug auf die Ausbildung zum „Kaufmann für Versicherungen und Finanzen" vertieft:

- zu 1.

  Ausbildungsberuf, Fachrichtung

  Hier ist der Ausbildungsberuf „Kaufmann für Versicherungen und Finanzen" anzugeben. Zudem sind die jeweilige Fachrichtung, also entweder „Versicherungen" oder „Finanzen" sowie die Wahlbausteine (z. B. „Kundengewinnung und Kundenbindung" gemäß § 4 (2 und 4) der Ausbildungsordnung anzugeben.

  betrieblicher Ausbildungsplan

  Der gemäß § 6 der Ausbildungsordnung zu erstellende betriebliche Ausbildungsplan ist dem Vertrag beizufügen. In diesem Plan sind die sachliche und die zeitliche Gliederung der Ausbildung aufgeführt. Darin enthalten sind die zu vermittelnden Lernziele, der Einsatzplan für die Ausbildungsstationen (Abteilungen) und die jeweils dafür vorgesehene Dauer.
- zu 2.

  Ausbildungsdauer

  Die Ausbildungsdauer für den Beruf „Kaufmann für Versicherungen und Finanzen" beträgt drei Jahre (§ 2 Ausbildungsordnung).

  Auf gemeinsamen Antrag der Auszubildenden und Ausbildenden hat die zuständige Stelle (IHK) die Ausbildungszeit zu kürzen, wenn zu erwarten ist, dass das Ausbildungsziel in der gekürzten Zeit erreicht wird (§ 8 BBiG). Dieses könnte z. B. dann der Fall sein, wenn der Auszubildende bereits über einen anderen Berufsabschluss verfügt oder einen höheren Schulabschluss

(Abitur) besitzt. Darüber hinaus gibt es bestimmte berufliche Vorbildungen, die durch Rechtsverordnung auf die Ausbildungszeit anzurechnen sind (§ 7 BBiG).

- zu 3.

  außerbetriebliche Bildungsmaßnahme

  Im Ausbildungsvertrag ist anzugeben, ob bestimmte Ausbildungsmaßnahmen außerhalb der Ausbildungsstätte durchgeführt werden. Das kann z. B. bei einem Auszubildenden der Direktion der Einsatz in einer Agentur sein. Auszubildende in Agenturen können z. B. an außerbetrieblichen Bildungsmaßnahmen, die beispielsweise bei regionalen Berufsbildungswerken der Versicherungswirtschaft (BWV) angeboten werden, teilnehmen. Zusätzlich ist für Auszubildende in Agenturen, bei denen keine Schadenregulierungsvollmacht vorliegt, der Einsatz in einer Schaden- bzw. Leistungsabteilung der Direktion zu empfehlen.

- zu 4.

  tägliche Arbeitszeit

  Im Vertrag muss die Dauer der regelmäßigen täglichen Arbeitszeit angegeben werden.

  Zu beachten ist das Arbeitszeitgesetz. Im § 3 des ArbZG ist geregelt, dass die werktägliche Arbeitszeit acht Stunden nicht überschreiten darf. Sie kann auf bis zu zehn Stunden nur verlängert werden, wenn innerhalb von sechs Kalendermonaten oder innerhalb von 24 Wochen im Durchschnitt eine werktägliche Arbeitszeit von acht Stunden nicht überschritten wird. Die Arbeit ist durch im Voraus feststehende Ruhepausen (§ 4 ArbZG) von mindestens 30 Minuten bei einer Arbeitszeit von mehr als sechs bis zu neun Stunden und 45 Minuten bei einer Arbeitszeit von mehr als neun Stunden insgesamt zu unterbrechen. Pausen können in Zeitabschnitten von mindestens 15 Minuten aufgeteilt werden. Nach Beendigung der täglichen Arbeitszeit muss eine ununterbrochene Ruhezeit von mindestens 11 Stunden eingehalten werden (§ 5 (1) ArbZG).

  Generell sieht das Arbeitszeitgesetz ein Beschäftigungsverbot an Sonn- und gesetzlichen Feiertagen vor (§ 9 ArbZG).

  Für Auszubildende in der Versicherungswirtschaft gelten die besonderen Bestimmungen des Tarifvertrages und die Betriebsvereinbarungen der jeweiligen Unternehmen. So sieht der Manteltarifvertrag derzeit eine Wochenarbeitszeit von 38 Stunden, also eine tägliche Arbeitszeit von 7 Stunden und 36 Minuten, vor. Ferner ist dort ein generelles Wochenendarbeitsverbot für Auszubildende geregelt.

  Bei jugendlichen Auszubildenden (§ 2 JArbSchG, Jugendliche ab 15 und unter 18 Jahren) sind ferner die Bestimmungen des Jugendarbeitsschutzgesetzes zu beachten. Laut § 8 JArbSchG dürfen Jugendliche nicht mehr als acht Stunden täglich und nicht mehr als 40 Stunden wöchentlich beschäftigt werden. Wenn an einzelnen Werktagen die Arbeitszeit auf weniger als acht Stunden verkürzt ist, z. B. wenn der Betrieb freitags bereits um 14 Uhr schließt, können Jugendliche an den übrigen Werktagen derselben Woche achteinhalb Stunden beschäftigt werden.

  Weiterhin sind die besonderen Pausenregelungen für Jugendliche zu beachten. Laut § 11 JArbSchG müssen die Ruhepausen mindestens betragen:

  1. 30 Minuten bei einer Arbeitszeit von mehr als viereinhalb bis zu sechs Stunden.
  2. 60 Minuten bei einer Arbeitszeit von mehr als sechs Stunden.

Dabei gilt als Ruhepause nur eine Arbeitsunterbrechung von mindestens 15 Minuten. Die Ruhepausen müssen in angemessener Lage gewährt werden, frühestens eine Stunde nach Beginn und spätestens eine Stunde vor Ende der Arbeitszeit. Länger als viereinhalb Stunden dürfen Jugendliche nicht ohne Ruhepause beschäftigt werden (§ 11 (2) JArbSchG).

Nach Beendigung der täglichen Arbeitszeit dürfen Jugendliche nicht vor Ablauf einer ununterbrochenen Freizeit von mindestens 12 Stunden beschäftigt werden (§13 JArbSchG).

Jugendliche dürfen nur in der Zeit von 6 bis 20 Uhr beschäftigt werden (§ 14 JArbSchG).

Jugendliche dürfen nur an fünf Tagen in der Woche beschäftigt werden. Die beiden wöchentlichen Ruhetage sollten nach Möglichkeit aufeinander folgen (§ 15 JArbSchG). An Samstagen dürfen Jugendliche nicht beschäftigt werden (§ 16 JArbSchG). Für einzelne Berufsbilder (z. B. in Krankenhäusern, Bäckereien, u. a.) gelten Ausnahmen. Allerdings dürfen Jugendliche samstags an außerbetrieblichen Ausbildungsmaßnahmen teilnehmen. Dann ist ein anderer freier Tag in der Woche zu gewähren.

Da die Ausbildung auch in der Berufsschule oder in Ausbildungsstätten außerhalb des Betriebes stattfindet, ist der Ausbilder nach § 15 BBiG verpflichtet, die Auszubildenden für den Besuch der Berufsschule bzw. den Besuch der außerbetrieblichen Ausbildungsstätte und für Prüfungen freizustellen. Anschließend wird die Ausbildung im Betrieb fortgesetzt. Als Arbeitszeit gelten dann die Unterrichtszeit (inkl. Pausen) und die Wegezeiten. Bei einem Unterrichtsbeginn der Berufsschule vor 9:00 Uhr darf der Auszubildende vor Schulbeginn nicht beschäftigt werden (§ 9 JArbSchG; dieses gilt für alle Auszubildenden, also auch für die volljährigen Auszubildenden). Jugendliche dürfen an einem Berufsschultag in der Woche, der mehr als fünf Unterrichtsstunden hat, nicht beschäftigt werden (§ 9 JArbSchG).

- zu 5.

Probezeit

Die Dauer der Probezeit beträgt nach § 20 BBiG mindestens einen Monat und darf höchstens vier Monate betragen.

Die Probezeit dient dem gegenseitigen Kennenlernen. Der Auszubildende sollte möglichst in mehreren Funktionsbereichen des Betriebes (Innendienst, Vertrieb) zum Einsatz kommen. Nur so haben beide Parteien einen größtmöglichen Nutzen von dieser Regelung.

- zu 6.

Vergütung

Hier ist die Höhe der Vergütung anzugeben. Der Vergütungsanspruch muss mit fortschreitender Dauer der Berufsausbildung mindestens jährlich steigen (§ 17 BBiG). Die Vergütung ist spätestens am letzten Arbeitstag des Monats zu zahlen (§ 18 BBiG). Für die Auszubildenden der Versicherungswirtschaft ist die Vergütung im Gehaltstarifvertrag geregelt.

- zu 7.

Mindesturlaub

Der gesetzliche Mindesturlaub beträgt nach § 3 Bundesurlaubsgesetz 24 Werktage pro Kalenderjahr.

Urlaub

Für die Mitarbeiter der Versicherungswirtschaft ist der Urlaub im § 13 Manteltarifvertrag geregelt. Mitarbeiter in der Versicherungswirtschaft haben 30 Arbeitstage Urlaub pro Kalenderjahr.

Unterliegt ein Arbeitgeber nicht dem Tarifvertrag, so sind für jugendliche Auszubildende die Bestimmungen des Jugendarbeitsschutzgesetzes (§ 19) zu beachten. Der Urlaubsanspruch richtet sich hier nach dem Lebensalter des Jugendlichen, welches er zu Beginn eines Kalenderjahres vollendet hat.

Im Ausbildungsvertrag ist der Urlaub exakt für jedes Kalenderjahr der Ausbildung anzugeben.

- Zu 8.

  Beendigung der Ausbildung

  Die Voraussetzungen, unter denen der Berufsausbildungsvertrag gekündigt werden kann, sind im Vertrag aufzunehmen. Näheres regelt der § 22 BBiG. Im Abschnitt „Beendigung der Ausbildung" wird näher auf diesen Punkt eingegangen.
- Zu 9.

  Tarifverträge

  Zusätzlich wird im Ausbildungsvertrag Bezug auf die gültigen Tarifverträge und die Betriebsvereinbarungen des jeweiligen Unternehmens genommen.

Neben diesen laut Berufsbildungsgesetz zwingend aufzunehmenden Positionen sollten im Vertrag auch noch die Pflichten der Auszubildenden und Ausbildenden aufgeführt werden.

Pflichten der Auszubildenden und Ausbildenden

Nach § 13 BBiG haben Auszubildende sich zu bemühen, die berufliche Handlungsfähigkeit zu erwerben, die zum Erreichen des Ausbildungsziels erforderlich sind. Sie sind insbesondere verpflichtet,

1. die ihnen im Rahmen ihrer Berufsausbildung aufgetragenen Aufgaben sorgfältig auszuführen,
2. an Ausbildungsmaßnahmen teilzunehmen, für die sie nach § 15 BBiG freigestellt werden (Berufsschulunterricht, Prüfungen),
3. den Weisungen zu folgen, die ihnen im Rahmen der Berufsausbildung von Ausbildenden, von Ausbildern oder von anderen weisungsberechtigten Personen erteilt werden,
4. die für die Ausbildungsstätte geltende Ordnung zu beachten,
5. Werkzeug, Maschinen und sonstige Einrichtungen pfleglich zu behandeln,
6. über Betriebs- und Geschäftsgeheimnisse Stillschweigen zu wahren.

Ausbildende haben nach § 14 (1) BBiG

1. dafür zu sorgen, dass den Auszubildenden die berufliche Handlungsfähigkeit vermittelt wird, die zum Erreichen des Berufsausbildungsziels erforderlich ist, und die Berufsausbildung in einer durch ihren Zweck gebotenen Form planmäßig, zeitlich und sachlich gegliedert so durchzuführen, dass das Ausbildungsziel erreicht werden kann,
2. selbst auszubilden oder einen Ausbilder ausdrücklich damit zu beauftragen,
3. Auszubildenden kostenlos die Ausbildungsmittel, insbesondere Werkzeuge und Werkstoffe, zur Verfügung zu stellen, die zur Berufsausbildung und zum Ablegen von Zwischen- und Abschlussprüfungen (Privatversicherungsrecht, Proximus Versicherungsbedingungen), auch soweit solche nach Beendigung des Berufsausbildungsverhältnisses stattfinden, erforderlich sind,

4. Auszubildende zum Besuch der Berufsschule sowie zum Führen von schriftlichen Ausbildungsnachweisen anzuhalten, soweit solche im Rahmen der Berufsausbildung verlangt werden (gemäß § 7 der Ausbildungsordnung KVF erforderlich), und diese durchzusehen,
5. dafür zu sorgen, dass Auszubildende charakterlich gefördert sowie sittlich und körperlich nicht gefährdet werden.

Weiterhin dürfen den Auszubildenden nach § 14 (2) nur Aufgaben übertragen werden, die dem Ausbildungszweck dienen und ihren körperlichen Kräften angemessen sind.

nichtige Vereinbarungen

Vereinbarungen, die Auszubildende für die Zeit nach Beendigung des Berufsausbildungsverhältnisses in der Ausübung ihrer beruflichen Tätigkeit beschränken, sind nichtig. Dies gilt allerdings nicht, wenn sich Auszubildende innerhalb der letzten sechs Monate des Berufsausbildungsverhältnisses dazu verpflichten, nach dessen Beendigung mit dem Ausbildenden ein Arbeitsverhältnis einzugehen. Nichtig sind gemäß (§ 12 (2) BBiG) Vereinbarungen über:

1. die Verpflichtung Auszubildender, für die Berufsausbildung eine Entschädigung zu zahlen
2. Vertragsstrafen
3. den Ausschluss oder die Beschränkung von Schadenersatzansprüchen
4. die Festsetzung der Höhe eines Schadenersatzes in Pauschbeträgen

Die Niederschrift ist von den Ausbildenden, den Auszubildenden und bei Jugendlichen zusätzlich von deren gesetzlichen Vertretern zu unterzeichnen (§ 11 (2) BBiG).

Der Auszubildende hat unverzüglich eine unterzeichnete Vertragsniederschrift zu erhalten (§ 11 (3) BBiG). Bei Änderungen des Berufsausbildungsvertrages gelten die Absätze 1–3 des § 11 BBiG entsprechend.

Verzeichnis der Berufsausbildungsverhältnisse

Die zuständige Stelle (für die Unternehmen der Versicherungswirtschaft ist dies i. d. R. die IHK) hat für die anerkannten Ausbildungsberufe ein Verzeichnis der Berufsausbildungsverhältnisse zu führen, in das der wesentliche Inhalt des Berufsausbildungsvertrages einzutragen ist (§ 34 BBiG). Ein Berufsausbildungsvertrag und Änderungen seines Inhalts sind in das Verzeichnis einzutragen. Dieses ist vom Ausbilder unverzüglich nach Abschluss des Ausbildungsvertrages unter Beifügung einer Vertragsniederschrift zu beantragen (§ 36 BBiG). Zusätzlich hat der Ausbildende eine vorausgegangene allgemeine oder berufliche Ausbildung der Auszubildenden und die Bestellung von Ausbildern (vgl. § 28 BBiG) anzuzeigen (§ 36 (2) BBiG).

3. Planung der betrieblichen Ausbildung

duale Berufsausbildung

Ausbildende haben die Pflicht, die Berufsausbildung planmäßig, zeitlich und sachlich gegliedert durchzuführen. Dabei ist die Ausbildungsordnung als Rechtsverordnung verbindlich. Die Ausbildungsordnung regelt den betrieblichen Teil der dualen Berufsausbildung.

Ausbildungsrahmenplan, Mindestinhalte

Im Ausbildungsrahmenplan sind die zu vermittelnden Lernziele (sachliche Gliederung) und eine Empfehlung des Zeitpunktes, wann diese Lernziele vermittelt werden sollen (zeitliche Gliederung), enthalten. Die im Ausbildungsrahmenplan beschriebenen Fertigkeiten, Kenntnisse und Fähigkeiten gelten als so genannte Mindestinhalte. Das heißt, alle dort beschriebenen Lernziele müssen zwingend vermittelt werden, darüber hinaus gehende, i. d. R. unternehmensspezifische Inhalte können vermittelt werden.

Rahmenlehrplan

Der schulische Teil der dualen Berufsausbildung, also der Berufsschulunterricht, wird unter Zuständigkeit der Bundesländer (Kulturhoheit der Bundesländer) durch den Rahmenlehrplan geregelt. Dieser Rahmenlehrplan stellt eine Empfehlung für die Bundesländer dar und wird in aller Regel in landesspezifische Lehrpläne umgesetzt.

didaktische Parallelität

Seit 1974 werden die Ausbildungsrahmenpläne (Teil der jeweiligen Ausbildungsordnung) mit den Rahmenlehrplänen im Hinblick auf die Ausbildungsinhalte und den Zeitpunkt der Vermittlung in Betrieb und Schule abgestimmt. Hierdurch soll eine optimale Verknüpfung, die so genannte didaktische Parallelität, erreicht werden. Im Idealfall lernt ein Auszubildender „morgens" in der Berufsschule das Zustandekommen eines Versicherungsvertrages am Beispiel der Hausratversicherung und ist anschließend am Nachmittag im Betrieb in der Antragsabteilung Sachversicherung mit praktischen Fällen befasst.

Bei der Planung der betrieblichen Ausbildung muss der Ausbilder die Vorschriften der Ausbildungsordnung zwingend einhalten, er sollte darauf achten, welche Inhalte zu welchem Zeitpunkt in der Berufsschule behandelt werden (didaktische Parallelität) und er muss die betrieblichen Anforderungen und Gegebenheiten berücksichtigen.

Bei den betrieblichen Anforderungen ist es von Bedeutung, in welchen Bereichen in ca. drei Jahren (also nach Beendigung der Ausbildung des jeweiligen Auszubildenden) Fachkräfte benötigt werden. Bereits bei der Planung der Ausbildung sollten die Schwerpunkte (insbesondere die Versicherungssparten und die unten beschriebenen Fachrichtungen bzw. Wahlbausteine) so zusammengestellt werden, dass nach der Ausbildung die auslernenden Auszubildenden als Fachkräfte für ausgewählte Fachbereiche zur Verfügung gestellt werden können.

Weiterhin sind die betrieblichen Gegebenheiten zu berücksichtigen. In welchen Abteilungen können die laut Ausbildungsrahmenplan vorgeschrieben Lernziele inhaltlich vermittelt werden? Sind in diesen Abteilungen geeignete Fachkräfte, die die Ausbildung durchführen können, vorhanden?

3

Daher sind für den Ausbilder die folgenden Bestimmungen von Bedeutung:

Ausbildungsordnung

1. Die Ausbildungsordnung „Kaufmann für Versicherungen und Finanzen" vom 17.5.2006 beschreibt in § 3 die Zielsetzung und Struktur der Berufsausbildung. In § 4 der Ausbildungsordnung, dem Ausbildungsberufsbild, werden die Fertigkeiten, Kenntnisse und Fähigkeiten konkretisiert.

Ausbildungsrahmenplan

2. Laut § 5 der Verordnung (Ausbildungsrahmenplan) sollen die oben beschriebenen Fertigkeiten, Kenntnisse und Fähigkeiten nach den als Anlagen zur Verordnung enthaltenen sachlichen und zeitlichen Gliederungen vermittelt werden. Allerdings ist eine vom Ausbildungsrahmenplan abweichende sachliche und zeitliche Gliederung zulässig, wenn betriebspraktische Besonderheiten dies erfordern.

+

Beispiel:

Ein Betrieb stellt zehn Auszubildende in einem Ausbildungsjahr ein. Im ersten Ausbildungsjahr soll u. a. die betriebliche Personalwirtschaft vermittelt werden. Hier steht allerdings immer nur ein Ausbildungsplatz zur Verfügung. Daher kann nicht für alle Auszubildende im ersten Ausbildungsjahr ein Einsatz im Personalbereich stattfinden. Einige Auszubildende werden erst im zweiten oder dritten Ausbildungsjahr dort eingesetzt.

betrieblicher Ausbildungsplan

- Für jeden Auszubildenden ist ein individueller Ausbildungsplan zu erstellen (§ 6 der Ausbildungsordnung). In diesem Ausbildungsplan werden die Einsätze in den einzelnen Abteilungen (i. d. R. mit Wochenangaben), der Berufsschulunterricht (insbesondere Blockunterricht) und Einsätze, die außerbetrieblich stattfinden (z. B. Einsätze in Agenturen, Seminarveranstaltungen), festgelegt. In der Praxis ist es üblich bzw. hat sich bewährt, dass Auszubildende nach einem Zeitraum von drei Monaten die Abteilungen wechseln. Der betriebliche Ausbildungsplan wird als Anlage dem Ausbildungsvertrag beigefügt.

Für die Planung der Berufsausbildung ist es notwendig, die Struktur der Berufsausbildung und die Prüfungsanforderungen zu kennen.

Die Ausbildung zum „Kaufmann für Versicherungen und Finanzen" unterscheidet zwei Fachrichtungen: Die Fachrichtung „Versicherung" und die Fachrichtung „Finanzen".

Kernqualifikationen

Zwei Drittel der Ausbildung bilden die so genannten Kernqualifikationen und sind für alle Auszubildende gleich und verpflichtend. Bei einem Drittel der Ausbildung werden die Inhalte differenziert auf die jeweilige Fachrichtung bezogen.

Die verbindlichen Kernqualifikationen sind gemäß § 4 (1) der Ausbildungsordnung die Fertigkeiten, Kenntnisse und Fähigkeiten aus folgenden Qualifikationseinheiten:

- Ausbildungsbetrieb
- Arbeitsgestaltung, kaufmännische Steuerung und Kontrolle
- Kundenberatung und Verkauf
- Versicherungs- und Finanzprodukte
- Bestandskundenmanagement

Fachrichtung Versicherung

Im Differenzierungsteil umfasst die Fachrichtung „Versicherung" drei Bausteine. Der Baustein „Schaden- und Leistungsmanagement" ist hierbei verpflichtend. Die zwei weiteren Bausteine können aus den folgenden sieben zur Verfügung stehenden Wahlbausteinen ausgewählt werden:

- Kundengewinnung und Kundenbindung
- Marketing
- Agenturbetrieb
- Risikomanagement
- Vertrieb von Produkten der betrieblichen Altersvorsorge
- Vertrieb von Versicherungsprodukten für Gewerbekunden
- Vertrieb von Versicherungsprodukten für Privatkunden

Fachrichtung Finanzberatung

Der Differenzierungsteil der Fachrichtung „Finanzberatung" besteht aus drei verpflichtenden Bausteinen:

- Private Immobilienfinanzierung und Versicherungen
- Vertrieb von Finanzprodukten
- Vertrieb von Produkten der betrieblichen Altersvorsorge.

Der Aufbau bzw. die Struktur des Berufsbildes ergeben sich aus der folgenden Übersicht:

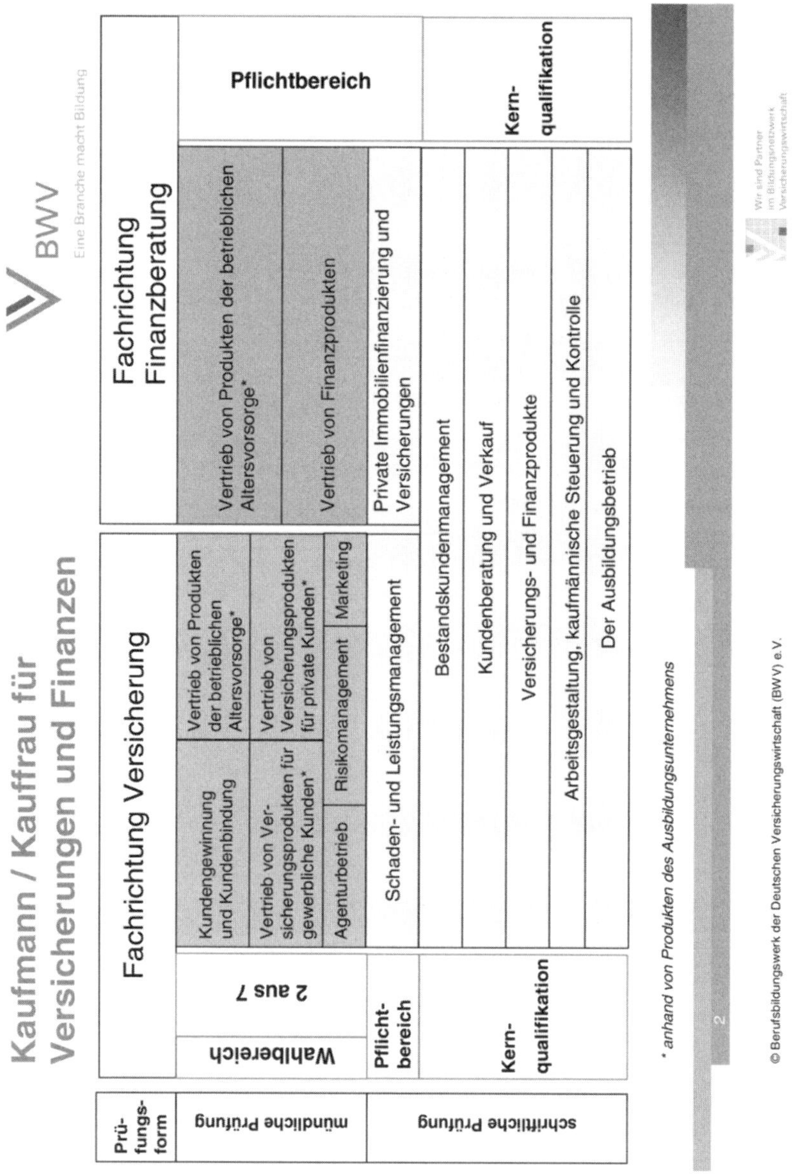

Abbildung 3: Berufsbild „Kaufmann/Kauffrau für Versicherungen und Finanzen" (KVF-Erläuterungen, S. 4)

Da bereits im Ausbildungsvertrag die jeweilige Fachrichtung (Versicherung oder Finanzberatung) angegeben werden muss und auch die Wahlbausteine in der Fachrichtung „Versicherung" der Industrie- und Handelskammer mitgeteilt werden, ergibt sich für jeden Auszubildenden ein individueller Ausbildungsplan.

Neben der inhaltlichen Ausrichtung sind bei der Planung der Berufsausbildung auch die Anforderungen der Prüfung von Bedeutung. Die Abschlussprüfung ist in den §§ 9 und 10 der Ausbildungsordnung beschrieben. Neben zwei schriftlichen Prüfungen sind ein Kundenberatungsgespräch und ein fallbezogenes Fachgespräch zu führen.

Da es sich bei den im Ausbildungsrahmenplan beschriebenen Lernzielen um so genannte Mindestinhalte handelt, muss der Ausbilder prüfen, ob alle Lernziele in seinem Unternehmen bzw. in der jeweiligen Betriebsstätte ausgebildet werden können. Sollten Lernziele bzw. -inhalte nicht vermittelt werden können, so muss bereits vor Beginn der Ausbildung festgelegt werden, wie bzw. wo die Vermittlung erfolgt.

Es bieten sich Einsätze in anderen Betriebsstätten des gleichen Unternehmens an, die überbetriebliche Ausbildung kann z. B. bei einem regionalen Berufsbildungswerk der Versicherungswirtschaft (BWV) oder in Kooperation mit einem befreundeten Unternehmen durchgeführt werden. Wie bereits beschrieben sind diese Maßnahmen im Ausbildungsvertrag mit aufzunehmen.

Für die Planung der betrieblichen Ausbildung ist es notwendig, dass genau festgelegt wird, welche Lernziele in den jeweiligen Abteilungen (Ausbildungsabschnitten) vermittelt werden sollen. Nur dadurch kann sichergestellt werden, dass alle im Ausbildungsrahmenplan zu vermittelnden Lernziele tatsächlich vermittelt werden. Die Ausbilder am Arbeitsplatz müssen zwingend in diesen Lernzielkatalog eingewiesen werden. Ansonsten kann es sehr schnell passieren, dass der Auszubildende am Ende eines Ausbildungsabschnittes die Tagesarbeit seines Ausbilders sehr gut beherrscht, bestimmte zu vermittelnde Lernziele aber gar nicht vermittelt wurden, weil sie in diesem Zeitraum nicht vorkamen.

Beispiel

Ein Auszubildender ist im Zeitraum Juli bis September in der Abteilung „Krankenversicherung Vertrag" eingesetzt. Dort soll er die Kundenbetreuung (Ausbildungsrahmenplan: lfd. Nr. 5.2, Buchstabe e) Gründe und Arten von Vertragsänderungen und Vertragsbeendigungen darstellen) erlernen. In diesem Abschnitt sind die Inhalte „Tarif-/Beitragsänderung" und „Kündigungsgründe des Versicherungsnehmers" enthalten. Die Proximus Versicherung AG führt allerdings immer nur zum 1.1. eines Jahres Beitragsanpassungen durch. Der im Sommer in dieser Abteilung eingesetzte Auszubildende wird weder mit Tarif-/Beitragsänderungen noch mit den sich aus diesem Grund ergebenden Kündigungen von Versicherungsnehmern konfrontiert. Der Ausbilder muss deshalb diese Inhalte anhand von z. B. Fallstudien (vgl. Kap. 4, „Lernprozesse unter methodischen und didaktischen Aspekten anleiten") vermitteln.

Der Ausbilder sollte den Auszubildenden ständige Rückmeldungen über seinen Leistungsstand geben und sich auch über dessen außerbetriebliche Leistungen informieren, damit ggf. Planungen korrigiert, Ausbildungsabschnitte verlängert oder andere Fördermaßnahmen eingeleitet werden können.

Jeder Ausbilder sollte demnach durch Lob und Anerkennung bzw. durch konstruktive Kritik den Auszubildenden ständig über dessen Leistungsstand in Kenntnis setzen. Darüber hinaus sollte der Ausbilder spätestens zur Hälfte eines Ausbildungsabschnittes mit dem Auszubildenden ein so genanntes Zwischenbeurteilungsgespräch führen. In diesem Gespräch wird resümiert, welche Lernziele bereits erreicht wurden, wie der derzeitige Leistungsstand des Auszubildenden ist und wie der Ausbilder das Verhalten des Auszubildenden einschätzt. Nur so hat der Auszubildende eine Chance, bei etwaigen Defiziten bis zum Ende eines Ausbildungsabschnittes seine Leistung bzw. sein Verhalten zu korrigieren.

Beurteilung

Zum Ende eines Ausbildungsabschnittes (i. d. R. nach drei, spätestens nach sechs Monaten) findet eine Beurteilung durch den Ausbilder am Arbeitsplatz statt. Von dieser Beurteilung bekommen der Auszubildende und der Ausbildungsleiter eine Kopie. Hierdurch kann der Ausbildungsleiter den Leistungsstand des Auszubildenden erkennen.

Zudem sollte sich der Ausbilder alle Klassenarbeiten der Berufsschule und natürlich auch das Berufsschulzeugnis zeigen lassen. Hierdurch erhält der Ausbilder die Möglichkeit, die Leistungen seines Auszubildenden mit den Leistungen der Auszubildenden anderer Unternehmen zu vergleichen.

Zwischenprüfung

Ungefähr auf der Hälfte der Ausbildungszeit findet die nach § 8 der Ausbildungsordnung vorgeschriebene Zwischenprüfung statt. Da i. d. R. in der Teilnahmebescheinigung der Industrie- und Handelskammer auch der IHK-Durchschnitt angegeben wird, ist es möglich, dass der Auszubildende und der Ausbilder einen Vergleich zu anderen Auszubildenden durchführen können.

Teilnahmebescheinigung Industrie- und Handelskammer

Prüfungstermin: **Herbst 2007**
Ausbildungsberuf: **Kaufmann/Kauffrau für Versicherungen und Finanzen**

Proximus Versicherung
Postwiese 13–5
80345 München

Frau
Regine Sonntag
Bruckner Straße 12
81925 München

Der / die Auszubildende hat in der Zwischenprüfung nach § 48 BBiG folgende Ergebnisse erreicht:

Funktion laut Ausbildungsordnung	**Zahl der Aufgaben**	**davon richtig***	**Punkte**	**IHK-Durchschnitt**
Arbeitsorganisation				
01 Arbeits- und Selbstorganisation	2	2		
02 Datenschutz und Datensicherheit	1	1		
03 Rechnungswesen als Instrument kaufmännischer Steuerung und Kontrolle beschreiben	3	1		
Dienstleistungen der Versicherungswirtschaft				
04 Stellung, Rechtsform und Struktur	5	2		
05 Versicherungs- und Finanzprodukte	13	6		
06 Vertragsservice	18	9		
07 Kundenbetreuung	6	4		
Wirtschafts- und Sozialkunde				
08 Berufsbildung	3	1		
09 Personalwirtschaft, arbeits-, sozial- und tarifrechtliche Vorschriften	5	3		
10 Sicherheit und Gesundheitsschutz bei der Arbeit	2	2		
11 Umweltschutz	2	1		
Gesamt	60	33	55	68,8

*** Die Kommastellen ergeben sich durch Teilbewertung.**

Beurteilung:

	100 - 67 Punkte (%):	Die Kenntnisse genügen den Anforderungen.
unter	67 - 50 Punkte (%):	Die Kenntnisse weisen Mängel auf; die Leistungen sind verbesserungsfähig.
unter	50 - 0 Punkte (%):	Die Kenntnisse genügen den Anforderungen nicht.

Abbildung 4: Bescheinigung über die Zwischenprüfung (KVF-Erläuterungen, S. 101)

Lernerfolgskontrollen

Gemeinsam sollten die jeweiligen Lernerfolgskontrollen analysiert werden, um ggf. Korrekturen beim Ausbildungsplan einzuleiten.

4. Beendigung der Ausbildung

Abschlussprüfung

Am Ende der Ausbildung steht i. d. R. die Abschlussprüfung. Der Ausbildende sollte den Auszubildenden bestmöglich unterstützen und ihn auf die Prüfung vorbereiten.

Zeugnis

Darüber hinaus ist der Ausbildende nach § 16 BBiG verpflichtet, dem Auszubildenden bei Beendigung des Berufsausbildungsverhältnisses ein schriftliches Zeugnis auszustellen. Dieses Zeugnis muss nach § 16 (2) Angaben über Art, Dauer und Ziel der Berufsausbildung sowie über die erworbenen beruflichen Fertigkeiten, Kenntnisse und Fähigkeiten des Auszubildenden enthalten (einfaches Zeugnis). Auf Verlangen des Auszubildenden sind auch Angaben über Verhalten und Leistung aufzunehmen (qualifiziertes Zeugnis).

Weiterbeschäftigung

Zusätzlich sollte bereits vor dem Ende der Ausbildung mit dem Auszubildenden geklärt werden, inwieweit eine Übernahme (Weiterbeschäftigung) in ein Beschäftigungsverhältnis möglich ist. Beide Vertragsparteien erhalten so Klarheit über die Zeit nach der Ausbildung. Für den Auszubildenden löst die Übernahme nach der Ausbildung einen zusätzlichen Motivationsschub aus. Allerdings ist dieses Gespräch auch für den Ausbildenden von großer Bedeutung. Werden Auszubildende im Anschluss an das Berufsausbildungsverhältnis im Betrieb beschäftigt, ohne dass hierüber ausdrücklich etwas vereinbart worden ist, so gilt ein Arbeitsverhältnis auf unbestimmte Zeit als begründet (§ 24 BBiG). Mit anderen Worten: Erscheint ein Auszubildender am Tag nach seiner bestandenen Abschlussprüfung im Betrieb und nimmt dort die Arbeit auf, dann muss der Ausbildende, falls er den „ehemaligen" Auszubildenden nicht beschäftigen möchte, diesen unverzüglich daran hindern.

nichtige Vereinbarung

Eine Vereinbarung, die den Auszubildenden dazu verpflichtet, nach Ende der Ausbildung mit dem Ausbildenden ein Beschäftigungsverhältnis einzugehen, darf nur in den letzten sechs Monaten der Berufsausbildung getroffen werden. Ansonsten wäre dieses eine nichtige Vereinbarung (§ 12 BBiG).

Die Ausbildung endet durch folgende Möglichkeiten:

- Beendigung durch Zeitablauf
- Beendigung durch Bestehen der Abschlussprüfung
- Kündigung
- Aufhebungsvertrag

4.1 Beendigung durch Zeitablauf

Ablauf der Ausbildungszeit

Das Berufsausbildungsverhältnis endet mit dem Ablauf der Ausbildungszeit (§ 21 (1) BBiG). Dabei ist der im Ausbildungsvertrag konkret vereinbarte Termin (z. B. 30.6.) zugrunde zu legen. Zulässige Abkürzungen oder Verlängerungen (vgl. § 8 BBiG) sind zu berücksichtigen. Das Ausbildungsverhältnis endet automatisch. Es bedarf keiner besonderen Kündigung.

Bestehen Auszubildende vor Ablauf der Ausbildungszeit die Abschlussprüfung, so endet das Berufsausbildungsverhältnis mit Bekanntgabe des Ergebnisses durch den Prüfungsausschuss (§ 21 (2) BBiG).

Bestehen Auszubildende die Abschlussprüfung nicht, so verlängert sich das Berufsausbildungsverhältnis auf ihr Verlangen bis zur nächstmöglichen Wiederholungsprüfung, höchstens um ein Jahr (§ 21 (3) BBiG). Das heißt, dass spätestens ein Jahr nach dem Nichtbestehen der Abschlussprüfung das Ausbildungsverhältnis durch Zeitablauf endet.

4.2 Beendigung durch Bestehen der Abschlussprüfung

Abschlussprüfung

Im Mittelpunkt der Berufsausbildung steht die Aufgabe, den Auszubildenden auf die Abschlussprüfung vorzubereiten. In ihr wird der Erfolg der Berufsausbildung gemessen und festgestellt, ob der Auszubildende zur Ausübung einer qualifizierten Berufstätigkeit befähigt ist.

Gemäß § 37 BBiG sind in den anerkannten Ausbildungsberufen (der Beruf „Kaufmann für Versicherungen und Finanzen" ist ein anerkannter Ausbildungsberuf) Abschlussprüfungen durchzuführen. Der Ausbildende hat den Auszubildenden gemäß § 15 BBiG für die Teilnahme an Prüfungen freizustellen und ihm die Ausbildungsmittel, die zum Ablegen der Prüfung notwendig sind, kostenlos zur Verfügung zu stellen (§ 14 BBiG). Die Abschlussprüfung kann im Falle des Nichtbestehens zweimal wiederholt werden.

Durch die Abschlussprüfung ist festzustellen, ob der Prüfling die berufliche Handlungsfähigkeit erworben hat. In ihr soll der Prüfling nachweisen, dass er die erforderlichen beruflichen Fertigkeiten beherrscht, die notwendigen beruflichen Kenntnisse und Fähigkeiten besitzt und mit dem im Berufsschulunterricht zu vermittelnden, für die Berufsausbildung wesentlichen Lehrstoff vertraut ist. Die Ausbildungsordnung ist zugrunde zu legen (§38 BBiG).

Die Struktur der Prüfung im Ausbildungsberuf „Kaufmann für Versicherungen und Finanzen" wurde bereits im vorherigen Abschnitt erläutert.

Das formelle Prüfungsverfahren beginnt mit der Anmeldung zur Prüfung. Die Industrie- und Handelskammern haben als zuständige Stelle in ihren Musterprüfungsordnungen i. d. R. festgelegt, dass die Anmeldung schriftlich nach den von der IHK bestimmten Anmeldefristen und Anmeldeformularen zu erfolgen hat. Die Anmeldung erfolgt durch den Ausbildenden unter Zustimmung des Auszubildenden. Diese Zustimmung ist auch schon allein deshalb notwendig, weil zur Prüfungsanmeldung die in der Ausbildungsordnung gemäß § 4 (2) festzulegenden zwei Wahlqualifikationseinheiten (z. B. „Kundengewinnung und Kundenbindung", „Marketing", „Agenturbetrieb") in der Fachrichtung Versicherung angegeben werden müssen. Zusätzlich ist in Berufsausbildungsverträgen bestimmt, dass der Ausbilder die Verpflichtung zur Anmeldung übernimmt. Versäumt der Ausbilder dies, so könnte aufgrund dieses Versäumnisses ein Schadenersatzanspruch des Auszubildenden gegenüber dem Ausbilder entstehen.

Nach § 43 BBiG ist zur Abschlussprüfung zuzulassen,

1. wer die Ausbildungszeit zurückgelegt hat oder wessen Ausbildungszeit nicht später als zwei Monate nach dem Prüfungstermin endet,
2. wer an vorgeschriebenen Zwischenprüfungen (vgl. AO § 8) teilgenommen sowie vorgeschriebene schriftliche Ausbildungsnachweise (vgl. AO § 7) geführt hat und
3. wessen Berufsausbildungsverhältnis in das Verzeichnis der Berufsausbildungsverhältnisse eingetragen oder aus einem Grund nicht eingetragen ist, den weder die Auszubildenden, noch deren gesetzliche Vertreter zu vertreten haben (§ 43 (1) BBiG).

vorzeitige Zulassung zur Prüfung

Ein Auszubildender kann nach Anhörung der Ausbildenden und der Berufsschule vor Ablauf der Ausbildungszeit zur Abschlussprüfung zugelassen werden, wenn seine Leistungen dies rechtfertigen (§ 45 (1) BBiG).

Allerdings rechtfertigen die Leistungen es nur dann, wenn zu erwarten ist, dass der Auszubildende tatsächlich die Prüfung besteht. Nach der Rechtsprechung sollten die Leistungen im Betrieb (betriebliche Beurteilungen) wie in der Berufsschule mit der Note „gut" (mindestens 2,49) bewertet worden sein. Zudem sollte der Auszubildende in den einschlägigen Ausbildungsabteilungen den zu vermittelnden Stoff schneller als üblich erarbeitet haben. Weiterhin ist sicherzustellen, dass der Auszubildende bis zum Zeitpunkt der Prüfung alle nach der Ausbildungsordnung notwendigen Kenntnisse, Fähigkeiten und Fertigkeiten erworben hat. Die im Ausbildungsrahmenplan aufgeführten Lernziele gelten als Mindestinhalte.

Der Antrag auf vorzeitige Zulassung ist vom Auszubildenden zu stellen. Es gibt kein Mitspracherecht des Betriebes, allerdings werden im Regelfall Ausbilder und Auszubildender das Für und Wider gemeinsam erörtern.

Die im Zusammenhang mit der Anmeldung zur Prüfung zu beachtenden Aspekte sind in der beigefügten Übersicht zusammengefasst.

Zum Prüfungstermin:

- Endet die Ausbildungszeit spätestens zwei Monate nach dem maßgebenden Termin? ❑ ❑
- Wenn nein: Ist ein Antrag auf vorzeitige Zulassung beabsichtigt? ❑ ❑

Zu notwendigen Anlagen/Unterlagen:

- Ist das Ausbildungsverhältnis im Verzeichnis der Kammer eingetragen? Wenn nein: Im Kontakt mit der Kammer klären! ❑ ❑
- Wurden die Berichtshefte regelmäßig geführt und kontrolliert? ❑ ❑
- Liegt das letzte Berufsschulzeugnis vor? ❑ ❑
- Liegt die fachliche Beurteilung für betriebliche Ausbildungszwecke vor? ❑ ❑

Für den Fall vorzeitiger Zulassung:

- Können die betrieblichen Leistungen mindestens mit „gut" bewertet werden? ❑ ❑
- Können alle notwendigen Kenntnisse und Fertigkeiten bis zur Prüfung vermittelt werden? ❑ ❑

Zum Verfahren:

- Liegt das Kammerformular vor? Wenn nein: Formular anfordern! ❑ ❑
- Ist das Formular vollständig ausgefüllt? ❑ ❑
- Sind ggf. Angaben zu Behinderungen des Auszubildenden gemacht? ❑ ❑
- Sind ggf. Angaben zu Wahlbausteinen gemacht? ❑ ❑
- Hat der Auszubildende zugestimmt (Unterschrift)? ❑ ❑

Weiter zu veranlassen:

- Auszubildenden für Prüfungsteilnahme freistellen!
- Notwendige Werkzeuge und Werkstoffe für die Prüfung bereitstellen!
- Prüfungsgebühr entrichten!

Abbildung 5: Checkliste zur Prüfungsanmeldung (nach Müller 2001, IV 9)

Das Berufsausbildungsverhältnis endet mit Bestehen der Prüfung und Bekanntgabe des Ergebnisses durch den Prüfungsausschuss (§ 21 (2) BBiG).

3

4.3 Kündigung

Das Ziel der Ausbildung, dem Auszubildenden die Grundlage für eine qualifizierte Berufstätigkeit zu vermitteln, ist nicht immer erreichbar. Insbesondere schwere Konflikte zwischen den Parteien können eine vorzeitige Auflösung des Ausbildungsverhältnisses notwendig machen. Allerdings sind die Möglichkeiten hierzu, insbesondere auch zum Schutz des Auszubildenden, sehr eingeschränkt. Bevor es zu einer Kündigung kommt, sollten alle Möglichkeiten der Intervention ausgenutzt werden: Gespräche zwischen Ausbildenden und Auszubildenden, die Einbeziehung der Eltern bei minderjährigen Auszubildenden und die Einbeziehung des Betriebsrats (bzw. der Jugend- und Auszubildendenvertretung) sollten dazu führen, dass Konflikte gelöst werden.

Ausbildungsberater

Berufsbildungsausschuss

Schlichtungsausschuss

Zudem sollte bei Konflikten auch die IHK eingeschaltet werden. Gemäß § 76 BBiG überwacht die zuständige Stelle (IHK) die Durchführung der Berufsausbildung und fördert diese durch Beratung. Hierzu werden Berater (Ausbildungsberater) bestellt. Weiterhin hat die IHK einen Berufsbildungsausschuss(§ 77 BBiG) zu errichten. Dieser ist paritätisch besetzt. Ihm gehören sechs Beauftragte der Arbeitgeber, sechs Beauftragte der Arbeitnehmer und sechs Lehrkräfte an berufsbildenden Schulen an. Allerdings haben die Vertreter der Schulen nur eine beratende Funktion. Zu den Aufgaben des Berufsbildungsausschusses gehören gemäß § 79 (3), Nr. 8 auch Verfahren zur Beilegung von Streitigkeiten aus Ausbildungsverhältnissen. In aller Regel wird hierzu ein so genannter Schlichtungsausschuss eingerichtet. Zudem kann bei Streitigkeiten aus Berufsausbildungsverhältnissen nicht direkt das Arbeitgericht eingeschaltet werden. Es muss zuvor ein Schlichtungsversuch erfolgen.

Probezeit

Für die Probezeit (vgl. § 20 BBiG) – sie dient dem gegenseitigen Kennenlernen – ist dagegen eine erleichterte Kündigungsmöglichkeit vorgesehen.

schriftliche Kündigung

Anhörung durch Betriebsrat

Während der Probezeit (§ 22 (1) BBiG) kann das Berufsausbildungsverhältnis ohne Einhaltung einer Kündigungsfrist gekündigt werden. Die Kündigung muss schriftlich (§ 22 (3) BBiG) erfolgen. Die Kündigung muss dem Auszubildenden vor Ende der Probezeit zugehen. Wie in anderen Fällen auch, ist der Betriebsrat vor jeder Kündigung zu hören. Eine ohne Anhörung des Betriebsrats ausgesprochene Kündigung ist unwirksam (§ 102 BetrVG).

Der Ausbildende sollte vor der Kündigung die Folgen für den Auszubildenden bedenken. Allerdings ergibt es keinen Sinn, ein Ausbildungsverhältnis aufrechtzuerhalten, wenn bereits zu Beginn massive Probleme auftreten. Zudem kann dieses eine problematische Ausbildungsverhältnis die Entwicklung bzw. Förderung anderer Auszubildender massiv einschränken.

Nach der Probezeit (§ 22 (2) BBiG) kann das Ausbildungsverhältnis von beiden Seiten aus einem wichtigen Grund ohne Einhaltung einer Kündigungsfrist gekündigt werden. Auch hier hat die Kündigung schriftlich und zusätzlich unter Angabe der Kündigungsgründe zu erfolgen. Erfolgt die Kündigung von Seiten des Arbeitgebers (Ausbildenden), ist auch hier der Betriebsrat zu hören. Eine Kündigung aus einem wichtigen Grund ist unwirksam, wenn die ihr zugrunde liegenden Tatsachen dem zur Kündigung Berechtigten länger als zwei Wochen bekannt sind (§ 22 (4) BBiG).

Da die Aufgabe des Ausbildenden u. a. darin besteht, auf den Auszubildenden erzieherisch einzuwirken, reichen einmalige oder gelegentliche Pflichtwidrigkeiten oder disziplinarische Verstöße für eine Kündigung aus wichtigem Grund nicht aus. Hier müssen schon massive Vertrauensverstöße wie Diebstahl oder Tätlichkeiten vorliegen. Schlechte Leistungen oder mangelnde Lernbereitschaft reichen als Gründe für eine außerordentliche Kündigung nicht aus. Arbeitsgerichte urteilten in der Vergangenheit in aller Regel für den Auszubildenden, da ein Betrieb – so die Argumentation – genügend Mittel und Personal zur Verfügung stellen könne, um auf den Auszubildenden einzuwirken.

Auch dem Auszubildenden steht ein außerordentliches Kündigungsrecht zu. Dieses kommt dann in Betracht, wenn grobe Ausbildungsmängel vorliegen. Dieses könnte dann der Fall sein, wenn dem Auszubildenden ständig unzulässige Arbeiten (vgl. § 14 (2) BBiG) übertragen werden, Teile des Ausbildungsrahmenplans überhaupt nicht vermittelt werden oder der Ausbilder bzw. der Ausbildungsbetrieb die Ausbildungsberechtigung (§§ 27 ff. BBiG) verliert.

Schadenersatz

Wird das Ausbildungsverhältnis nach der Probezeit vorzeitig gelöst, so können die Parteien Schadenersatz verlangen, wenn die andere Partei den Grund für die Auflösung zu vertreten hat. Dieser Anspruch muss allerdings innerhalb von drei Monaten nach Beendigung des Berufsausbildungsverhältnisses geltend gemacht werden (§ 23 BBiG).

Neben dem Recht der Kündigung aus wichtigem Grund kann der Auszubildende nach der Probezeit mit einer Frist von vier Wochen schriftlich kündigen, wenn er die Berufsausbildung aufgeben oder sich für eine andere Berufstätigkeit ausbilden lassen will (§ 22 (2), Nr. 2 BBiG). In diesem Falle entsteht kein Schadenersatzanspruch gemäß § 23 BBiG.

Der Auszubildende soll durch diese Regelung nicht über mehrere Jahre an einen Ausbildungsvertrag gebunden sein, wenn er merkt, dass dieses Berufsbild nicht zu ihm passt. Sowohl Auszubildender als auch Ausbilder hätten bei einer Bindung an den Vertrag keinerlei Nutzen. Mit dieser Regelung wird aber auch deutlich zum Ausdruck gebracht, dass es dem Auszubildenden nicht gestattet ist, innerhalb des gleichen Berufsbildes von einem Ausbildungsbetrieb zu einem anderen zu wechseln. Der Auszubildende kann also nicht bei der Proximus Versicherung AG die Ausbildung beginnen, dann mit vierwöchiger Frist kündigen, um die Ausbildung bei der Südstern-Versicherungs-AG fortzuführen. Durch die Eintragung der Ausbildungsverhältnisse in das bei der IHK geführte Ausbildungsverzeichnis wird hier einem Missbrauch Einhalt geboten.

Bei Kündigungen von Schwangeren, Mitgliedern der Jugend- und Auszubildendenvertretung oder schwerbehinderten Auszubildenden gelten besondere gesetzliche Bestimmungen. Diese gehen den Bestimmungen des Berufsbildungsgesetzes vor. Der Kündigungsschutz ist hier erheblich erweitert.

Die Kündigung eines Ausbildungsverhältnisses hat der Ausbildende der IHK mitzuteilen. Der Berufsausbildungsvertrag wird durch die IHK aus dem Verzeichnis gelöscht.

3

4.4 Aufhebungsvertrag

Aufhebungsvertrag

Neben der Kündigung besteht jederzeit die Möglichkeit, das Berufsausbildungsverhältnis einvernehmlich aufzulösen. Ausbildender und Auszubildender schließen einen so genannten Aufhebungsvertrag. In diesem sollten die wesentlichen Regelungen zum Wirksamwerden aber auch etwaige Vergütungs- und Urlaubsansprüche niedergelegt werden. Der Aufhebungsvertrag ist in Schriftform abzufassen, da es sich um eine wesentliche Änderung des Ausbildungsvertrags gemäß § 11 (4) BBiG handelt. Auch hier hat der Ausbildende bei der IHK die Löschung aus dem Verzeichnis zu bewirken.

Der Aufhebungsvertrag ist in aller Regel der Kündigung vorzuziehen, da hierdurch Kündigungsschutzklagen und Schadenersatzansprüche ausgeschlossen werden. Bei Personengruppen, die besonderen Kündigungsvorschriften unterliegen (siehe oben), ist der Aufhebungsvertrag oft die einzige Möglichkeit einer vorzeitigen Trennung.

Zusammenfassung

In Deutschland ist die Berufsbildung im Berufsbildungsgesetz geregelt. Dabei gelten im Sinne des Gesetzes als Berufsbildung die Berufsausbildungsvorbereitung, die Berufsausbildung, die Fortbildung und die Umschulung.

Die Berufsbildung wird in den Betrieben der Wirtschaft, in den berufsbildenden Schulen und in außerbetrieblichen Bildungseinrichtungen (z. B. BWV, DVA) durchgeführt. Dabei existiert in Deutschland das System der so genannten dualen Berufsausbildung: Ausbildung in Schule und Betrieb. Die einzelnen Lernorte sollen bei der Durchführung der Berufsbildung zusammenwirken (Lernortkooperation). Als Grundlage für eine einheitliche Berufsausbildung werden Ausbildungsberufe staatlich zugelassen. Für den betrieblichen Teil der Ausbildung werden Ausbildungsordnungen erlassen, parallel hierzu werden für die schulische Ausbildung Rahmenlehrpläne erstellt. Im Sinne einer didaktischen Parallelität werden der in den Ausbildungsordnungen enthaltene Ausbildungsrahmenplan (sachliche und zeitliche Gliederung der Ausbildung) und der Rahmenlehrplan so aufeinander abgestimmt, dass im Betrieb und in der Schule nach Möglichkeit zur gleichen Zeit die gleichen Inhalte vermittelt werden.

Um überhaupt ausbilden zu dürfen, müssen sowohl die Ausbildungsstätte, als auch das Ausbildungspersonal geeignet sein. Die Ausbildungsstätte muss nach Art und Einrichtung geeignet sein und die Anzahl der Auszubildenden muss in einem angemessenen Verhältnis zur Anzahl der beschäftigten Fachkräfte stehen. Zudem darf Auszubildende nur einstellen, wer persönlich geeignet ist. Ausbilden darf nur, wer persönlich und fachlich geeignet ist. Zur fachlichen Eignung gehört neben der beruflichen Eignung (z. B. Abschluss des Berufs „Versicherungskaufmann" bzw. „Kaufmann für Versicherungen und Finanzen") und einer angemessenen Zeit der praktischen Tätigkeit auch die Ausbildereignungsprüfung. Die Überwachung der entsprechenden Eignung wird von der IHK als zuständige Stelle durchgeführt.

Die Auswahl von Auszubildenden sollte im Betrieb einen hohen Stellenwert einnehmen und besonders sorgfältig durchgeführt werden. Für den Betrieb geht es darum, in die eigene Wettbewerbsfähigkeit zu investieren und geeignete Nachwuchskräfte zu finden, die von Beginn an auch mit den besonderen Anforderungen des Unternehmens vertraut gemacht werden. Bei einer Fehlentscheidung kann der Betrieb u. U. viel Geld und Zeit verlieren, da sich seine Investitionen nicht in der Zeit nach der Ausbildung amortisieren.

Für den Auszubildenden hat eine Kündigung in der Probezeit ebenso negative Konsequenzen. Der negative Eintrag in seine Erwerbsbiographie verringert seine Chancen, eine neue adäquate Ausbildung zu finden.

Bevor ein Betrieb einen Auszubildenden einstellt, sollte ein Anforderungsprofil erstellt werden. Anschließend erfolgt die Auswahl des Auszubildenden. Hierbei werden die Instrumente der Personalauswahl – die Analyse der Bewerbungsunterlagen, ein Bewerbergespräch und ggf. ein psychologischer Eignungstest und/oder ein Assessment-Center – eingesetzt.

Beim Einstellen von Auszubildenden gelten die gleichen gesetzlichen Bestimmungen wie beim Einstellen eines Mitarbeiters. Zusätzlich sind noch die Bestimmungen des Berufsbildungsgesetz (BBiG) und bei jugendlichen Auszubildenden die Bestimmungen des Jugendarbeitsschutzgesetzes (JArbSchG) zu beachten. Unverzüglich nach Abschluss des Berufsbildungsvertrages haben Ausbildende die wesentlichen Inhalte des Vertrags schriftlich niederzulegen. Dabei sind mindestens die im § 11 BBiG genannten Punkte aufzunehmen. Zudem sind Vereinbarungen, die den Auszubildenden für die Zeit nach der Berufsausbildung beschränken, nichtig. Zusätzlich sollten im Vertrag die Rechte und Pflichten von Auszubildenden und Ausbildenden (§ 13f BBiG) aufgenommen werden.

Der Ausbildende hat nach Vertragsabschluss bei der zuständigen Stelle (IHK) die Eintragung des Berufsausbildungsverhältnisses in ein bei der IHK geführtes Verzeichnis zu beantragen.

Zu den Pflichten des Ausbilders gehört es, die Berufsausbildung planmäßig, zeitlich und sachlich gegliedert durchzuführen. Dabei sind die im Ausbildungsrahmenplan aufgeführten Lernziele als so genannte Mindestinhalte zu betrachten. Diese müssen während der Ausbildung zwingend vermittelt werden. Weitere, z. B. unternehmensspezifische Inhalte, dürfen zusätzlich vermittelt werden. Für jeden Auszubildenden hat der Ausbildende einen betrieblichen Ausbildungsplan zu erstellen.

Am Ende der Ausbildung steht i. d. R. die Abschlussprüfung. Der Ausbildende sollte den Auszubildenden bestmöglich unterstützen und ihn auf die Prüfung vorbereiten. Die Ausbildung endet mit dem Bestehen der Abschlussprüfung. Darüber hinaus gibt es noch weitere Möglichkeiten, die Ausbildung zu beenden. Die Ausbildung kann durch Ablauf der Ausbildungszeit, durch einen Aufhebungsvertrag im gegenseitigen Einvernehmen oder durch Kündigung beendet werden. Da der Berufsausbildungsvertrag ein besonderes Vertragsverhältnis darstellt, ist eine Kündigung – insbesondere nach Ablauf der Probezeit – nur unter besonderen Umständen (vgl. § 22 BBiG) möglich. Eine Kündigung hat grundsätzlich schriftlich zu erfolgen.

Der Ausbildende ist bei Beendigung des Berufsausbildungsverhältnisses verpflichtet, ein Berufsausbildungszeugnis zu erstellen.

3

Handlungssituation

Sie sind Ausschließlichkeitsvermittler bei der Proximus Versicherung AG. Gemeinsam mit einem Partner betreiben Sie in einer Kreisstadt eine Agentur mit Ladenbüro. Neben Ihnen und Ihrem Partner sind noch zwei Bürokräfte als Teilzeitbeschäftigte für Sie tätig. Da Ihr Bestand in den letzten Jahren kontinuierlich gewachsen ist, überlegen Sie, ob Sie einen Auszubildenden für den Ausbildungsberuf „Kaufmann für Versicherungen und Finanzen" einstellen sollen. Der Ausbildungsleiter Ihres Unternehmens hat Ihnen empfohlen, dass Sie beim Ausbildungsberater Ihrer Industrie- und Handelskammer vorstellig werden sollten. Zudem gibt er Ihnen den Tipp, dass die regionalen Berufsbildungswerke der Versicherungswirtschaft (BWV) und die Deutsche Versicherungsakademie (DVA) Seminare zum Thema „Ausbildung" anbieten. Auch die Proximus Versicherung AG würde Sie bei Ausbildungsfragen unterstützen.

In einem Gespräch mit dem Ausbildungsberater der IHK werden Sie darin bestärkt, durch die Ausbildung für Ihren eigenen Nachwuchs im Unternehmen zu sorgen. Ihre Betriebsstätte erfüllt sowohl hinsichtlich der Einrichtung als auch der Anzahl der zur Verfügung stehenden Fachkräfte die im Berufsbildungsgesetz definierten Anforderungen. Da Sie die Weiterbildung zum Versicherungsfachwirt absolviert haben und auch Ihr Partner die Ausbildung zum Versicherungskaufmann abgeschlossen hat, sind Sie beide in der Lage, die fachlichen Aspekte der Ausbildung zu gewährleisten. Allerdings wird es notwendig, dass Sie z. B. beim regionalen Berufsbildungswerk der Versicherungswirtschaft (BWV), bei der Deutschen Versicherungsakademie (DVA) oder bei der IHK einen Lehrgang zur Vorbereitung auf die Ausbildereignungsprüfung besuchen. Im Anschluss daran müssen Sie vor der IHK die Ausbildereignungsprüfung erfolgreich ablegen.

In einem weiteren Gespräch mit dem Ausbildungsleiter der Proximus hat dieser Ihnen den Ausbildungsrahmenplan und die Prüfungsordnung für den Ausbildungsberuf „Kaufmann für Versicherungen und Finanzen" erläutert. Da in Ihrer Agentur keine Schadenregulierung durchgeführt wird, haben Sie mit dem Ausbildungsleiter vereinbart, dass der Auszubildende diese Inhalte zu Beginn des dritten Ausbildungsjahres in der nahegelegenen Landesdirektion vermittelt bekommt. Sie wissen, dass Sie dies in den Ausbildungsvertrag mit aufnehmen müssen. Auch bei der Auswahl von Auszubildenden will Sie das Unternehmen Proximus unterstützen. Der Ausbildungsleiter stellt Ihnen ein internes Anforderungsprofil für Auszubildende zur Verfügung. Zudem können Bewerber an so genannten Auswahltagen für Auszubildende (Assessment-Center) der Proximus Versicherung AG teilnehmen.

Mit Ihrem Partner vereinbaren Sie gemeinsam einen geeigneten Auszubildenden zu suchen. Dieser soll dann zum 1.9. eingestellt werden.

Aufgaben zur Selbstüberprüfung

1. Stellen Sie heraus, wozu die Ausbildungsordnung dient und was in ihr geregelt ist.
2. Erläutern Sie, welche rechtlichen Voraussetzungen für die Ausbildung von Auszubildenden erfüllt sein müssen.
3. Beschreiben Sie die formale Eignung von Ausbildern.
4. Begründen Sie, warum eine sorgfältige Auswahl des Auszubildenden so wichtig ist.
5. Erklären Sie die didaktische Parallelität.
6. Beschreiben Sie, worauf bei der Planung der Ausbildung geachtet werden soll.
7. Erläutern Sie die Rechte und Pflichten von Auszubildenden und Ausbildern.
8. Beschreiben Sie, was die Fachrichtung „Versicherung" und die Fachrichtung „Finanzen" gemeinsam haben und stellen sie die Unterschiede heraus.
9. Erläutern Sie, wann ein Zeugnis ausgestellt werden muss und was es beinhaltet.
10. Erläutern Sie die Unterschiede zwischen einer Kündigung und einem Aufhebungsvertrag.

Kapitel 4

Lernprozesse unter didaktischen und methodischen Aspekten anleiten

Wolfgang Schwarzer

Nachzuweisende Befähigung

Die angehenden Fachwirte/Fachwirtinnen für Versicherungen und Finanzen sollen imstande sein, Lernprozesse unter methodischen und didaktischen Aspekten anzuleiten (gemäß Erläuterungsbroschüre, Qualifikationsinhalte und Handlungssituationen, 3.4).

Qualifikationsinhalte des Kapitels

Die Absolventen können im Einzelnen:

- eine didaktische Analyse durchführen (3.4.1) und bei der didaktischen Begründung die Aspekte: Lernausgangslage, Lernziele, Inhalte, Methodik und Medien berücksichtigen sowie eine didaktische Reduktion vornehmen
- Lern- und Lehrmethoden umsetzen (3.4.2) und dabei zwischen konventionellen und handlungsorientierten Methoden unterscheiden
- den Umgang mit Lernschwierigkeiten berücksichtigen (3.4.3)
- Lernerfolgskontrollen planen (3.4.4)

1. Einleitung

Lernziele

In diesem Abschnitt erfahren Sie, wie Lernprozesse unter didaktischen Gesichtspunkten geplant und anschließend methodisch umgesetzt werden können. Sie analysieren die Lernausgangslage und setzen dabei die einzelnen Faktoren des Didaktischen Dreiecks in Beziehung. Sie können den Einsatz von unterschiedlichen Lehrmethoden begründen. Ursachen für Lernschwierigkeiten sind Ihnen bekannt. Zum Abschluss einer Lerneinheit planen Sie die Lernerfolgskontrolle.

Handlungssituation

Sie sind Mitarbeiter in einer Generalagentur der Proximus Versicherung. Seit ca. zwei Wochen gehört es zu Ihren Aufgaben, einen 20-jährigen Auszubildenden, der sich im 1. Ausbildungsjahr befindet, zu betreuen. Da in Ihrer Stadt gerade ein größeres Neubaugebiet entsteht, plant Ihre Agentur eine Werbekampagne im Bereich der Wohngebäudeversicherung. Sie nehmen dieses zum Anlass, den Auszubildenden in den nächsten Wochen verstärkt in der Sachversicherung auszubilden.

Da bei der Fortbildung zum Geprüften Fachwirt für Versicherungen und Finanzen der schriftliche Prüfungsteil der berufs- und arbeitspädagogischen Eignung (Ausbildereignung) enthalten ist, wird im folgenden Abschnitt der Schwerpunkt auf die Ausbildung von Auszubildenden gelegt. Selbstverständlich treffen die Ausführungen auch bei der Aus- und Weiterbildung von Mitarbeitern zu. Zum besseren Verständnis ist es wichtig, zunächst einige Begriffe zu klären:

- *Lernen*
  Lernen Unter Lernen wird ein Prozess verstanden, der bei einer Person Veränderungen in seiner Einstellung, seinen Fertigkeiten oder Verhaltensweisen bewirkt. Das Lernen vollzieht sich durch Wahrnehmung und Einsicht. Wird ein Lernprozess bewusst und geplant eingeleitet, so spricht man vom intentionalen Lernen. *intentionales Lernen* Wird ein Lernvorgang unbewusst in Bewegung gesetzt (z. B. durch eigene Versuche), wird dieser Lernvorgang als funktionales Lernen bezeichnet. *funktionales Lernen*
- *Lehren*
  Lehren ist das Tun bzw. Anleiten eines Ausbilders, mit dem bei einem Auszubildenden ein Lernprozess in Gang gesetzt wird.
- *Didaktik*
  Didaktik Der Begriff „Didaktik" kommt aus dem Griechischen und heißt soviel wie lehren oder beweisen. Unter Didaktik wird dementsprechend die Wissenschaft vom Lehren verstanden, die sich mit dem inhaltlichen Planen, Organisieren und Kontrollieren vom Lehren und Lernen beschäftigt.

- *Methodik*

  Methodik

  Auch der Begriff „Methodik" kommt aus dem Griechischen und lässt sich mit „Vorgehensweise" übersetzen. Hier geht es darum, wie und womit (z. B. Hilfsmittel, Medien) Lerninhalte planmäßig vermittelt werden sollen. Es geht also um das Arrangement von Lernprozessen.

Für die Planung und Durchführung der Ausbildung sollte der Ausbilder einige pädagogische Prinzipien wie „vom Leichten zum Schweren", „vom Bekannten zum Unbekannten", „vom Allgemeinen zum Speziellen" und vom „Konkreten zum Abstrakten" beachten. Weitere Prinzipien sind das
pädagogische Prinzipien

- *Prinzip der Fasslichkeit*

  Dem Ausbilder muss bewusst sein, dass der Auszubildende Lernschwierigkeiten bekommt, wenn diesem die für die Ausbildungseinheit notwendigen Vorkenntnisse fehlen. Der Umfang des Stoffes und der Schwierigkeitsgrad sind auf die Person des Auszubildenden abzustimmen. Der Auszubildende sollte weder über- noch unterfordert werden.
- *Prinzip der Anschaulichkeit*

  Je konkreter die Vorstellung von einem Sachverhalt ist, desto besser kann der Auszubildende den Stoff aufnehmen bzw. mit bereits vorhandenem Wissen durch Assoziationen verknüpfen. Je bildhafter ein Stoff vorgestellt wird, desto höher ist der Behaltensgrad.
- *Prinzip der Aktivität*

  Die Ausbildung sollte so gestaltet werden, dass der Auszubildende möglichst selbstständig agieren kann; die Zufriedenheit und die Motivation werden dadurch steigen (siehe auch Kap. 1, 2.2 zu Motivationstheorien). Je stärker durch eigenes Tun gelernt wird, desto länger bleibt das Gelernte im Langzeitgedächtnis haften (siehe auch Abschnitt 2.2.5 zum Behaltensgrad des Lernens).
- *Prinzip der Praxisnähe*

  Der Lernstoff sollte immer einen Bezug zur betrieblichen Praxis haben. Dadurch begreift der Auszubildende den Sinn der Unterweisung, wodurch sich die Motivation erhöht.
- *Prinzip der Erfolgssicherung*

  Da die Ausbildung zielgerichtet verlaufen soll, ist es notwendig, dass einzelne Lernabschnitte mit Lernerfolgskontrollen enden. Diese sollen unmittelbar nach der Vermittlung und zusätzlich ca. zwei bis drei Tage nach dem Lernabschnitt erfolgen. Durch die Rückmeldung werden Erfolgserlebnisse vermittelt bzw. können rechtzeitig Korrekturen eingeleitet werden.

Didaktische Analyse

Um Lernprozesse unter didaktischen und methodischen Aspekten anleiten zu können, müssen zunächst die einzelnen Faktoren, die auf den Lernprozess einwirken, analysiert werden. Anschließend wird ein auf die einzelne Lernperson oder ein auf die Lerngruppe bezogenes Lernarrangement festgelegt. Nach der Durchführung der Ausbildungseinheit ist im Rahmen einer Lernerfolgskontrolle zu überprüfen, ob die Lernziele tatsächlich erreicht wurden. Aus den Ergebnissen der Lernerfolgskontrolle und den bei der Durchführung gemachten Beobachtungen wird der weitere Lernprozess geplant.

Didaktisches Dreieck

Die Abhängigkeiten unterschiedlicher Einflussfaktoren bei der Planung des Lernprozesses lassen sich am besten mit dem so genannten „Didaktischen Dreieck" darstellen. Hier werden die Abhängigkeiten, die zwischen Lernzielen bzw. Inhalt, Methode und den Hilfsmittel bestehen, dargestellt. Alle zu treffenden Entscheidungen sollten dabei die Lernperson – hier den Auszubildenden – in den Mittelpunkt der Überlegungen stellen.

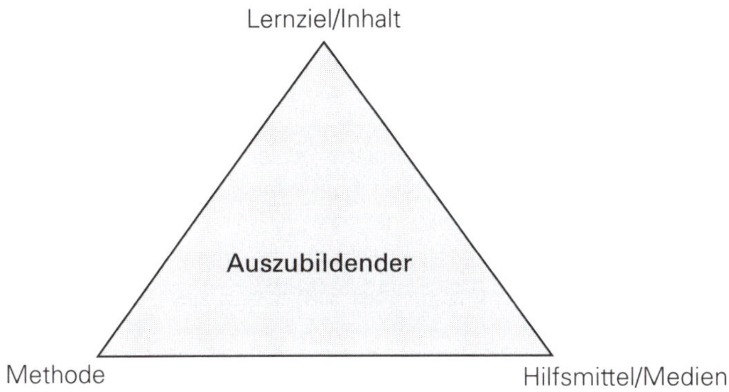

Abbildung 1: Didaktisches Dreieck (eigene Darstellung)

4

2. Lernausgangslage

Die Lernausgangslage gibt einen Überblick über die zu berücksichtigenden Rahmenbedingungen.

2.1 Der Ausbildungsbetrieb

Wie auch in anderen Branchen gibt es in der Versicherungswirtschaft eine große Bandbreite von unterschiedlich großen Ausbildungsbetrieben. Bereits auf den ersten Blick wird deutlich, dass die Ausbildung in einer Versicherungsagentur gegenüber der Ausbildung in einer Direktion anders zu gestalten ist. Die Größe der Betriebsstätte, die Anzahl der Auszubildenden und die Anzahl der Ausbilder sind bei der Erstellung des Lernarrangements zu berücksichtigen.

Versicherungsagentur

In einer Versicherungsagentur arbeiten nur wenige Personen. Neben dem Agenturinhaber sind vielleicht noch ein oder zwei Kundenberater und zwei Innendienstmitarbeiter beschäftigt. In einer Agentur dieser Größe können maximal zwei Auszubildende ausgebildet werden. Die Mitarbeiter sind neben ihrer „normalen" Tätigkeit gleichzeitig für die Ausbildung zuständig.

Die Kunden stellen die Agenturmitarbeiter täglich vor neue oder wechselnde Aufgaben deshalb wird die Ausbildung überwiegend „allround" durchgeführt. Das heißt, der Auszubildende wird an einem Arbeitstag mit unterschiedlichen Versicherungssparten konfrontiert. Tätigkeiten wie Angebotserstellung, Vertragsänderungen und Schadenaufnahme bei Versicherungsfällen wechseln sich ab. Zudem wird der Auszubildende häufig direkten Kundenkontakt haben und vermutlich sehr stark vertriebsorientiert ausgebildet. Da der Auszubildende meistens allein oder maximal mit einem weiteren Auszubildenden in der Agentur beschäftigt ist, wird es nur selten Gruppenarbeiten und keinen „Betriebsunterricht" geben.

Bei einer Ausschließlichkeitsagentur ist es die Regel, dass der Auszubildende mehrtägige Seminare des Versicherers besucht. Häufig wird die Berufsschule in Form von Tagesunterricht besucht. Das heißt, der Auszubildende ist an ein oder zwei Vormittagen in der Woche in der Berufsschule.

Versicherungsdirektion

In einer Direktion arbeiten mehrere hundert, oft deutlich mehr als tausend Mitarbeiter. In jedem Jahr werden je nach Größe des Betriebes zwischen zehn und bis zu 50 Auszubildende eingestellt. Eine zentrale Ausbildungsabteilung ist für die Betreuung der Auszubildenden sowie für Organisation und Koordination der Ausbildung verantwortlich. Die Ausbildung wird in den einzelnen Fachbereichen „spezialisiert" durchgeführt. In Zeiträumen von drei bis zu sechs Monaten lernen die Auszubildenden in unterschiedlichen Sparten die betrieblichen Kernprozesse (Bestandskundenmanagement, Kundenberatung und Verkauf, Schaden-/Leistungsmanagement etc.) kennen. So kann es sein, dass ein Auszubildender drei Monate lang die Risikoprüfung in der Krankenversicherung erlernt und anschließend für drei Monate im Bereich „Beitragsinkasso" eingesetzt wird. Zusätzlich finden Ausbildungsabschnitte in Versicherungsagenturen statt. In vielen Betrieben wird neben der Ausbildung am Arbeitsplatz zusätzlich „Betriebsunterricht" durchgeführt. Hier haben die Auszubildenden die Gelegenheit, entweder eigenverantwortlich in Kleingruppen oder mit Unterstützung von Ausbildern Fachwissen zu erarbeiten. Auszubildende der Direktionen besuchen die Berufsschule häufig in Form von Blockunterricht. Das heißt, sie sind in jedem Ausbildungsjahr drei Monate ausschließlich in der Berufsschule.

Die Ausbildung in Landesdirektionen, Filialdirektionen oder so genannten Niederlassungen wird sich je nach Größe und Organisationsstruktur mehr an die Ausbildung in einer Direktion oder mehr an die Ausbildung in einer Agentur anlehnen.

Ausbildungsort

Neben den Eigenheiten der Betriebsstätte wird auch zu entscheiden sein, an welchem Ausbildungsort die Ausbildung stattfinden soll. Wobei hier unter Ausbildung immer die Vermittlung eines neuen Inhalts gemeint ist. Die Ausbildung kann am Arbeitsplatz des Auszubildenden stattfinden oder in einem separatem Besprechungs-/Schulungsraum.

Für die Ausbildung am Arbeitsplatz spricht, dass sämtliche Arbeitsmittel (Telefon, PC, Fachliteratur, Bedingungen, Tarife etc.) vorhanden sind und der Auszubildende sich an die normale Arbeitsumgebung (z. B. Störungen durch andere Mitarbeiter, die telefonieren oder sich unterhalten, Kundenbesuche) gewöhnt. Andererseits kann dieses zu starker Ablenkung und zu Konzentrationsstörungen führen.

Bei einer Unterweisung in einem Besprechungsraum sind Ablenkungen bzw. Störungen weitestgehend ausgeschaltet. Allerdings sind nicht immer alle notwendigen Hilfsmittel direkt vorhanden, was zur Folge hat, dass der Vermittlungsprozess ab und zu unterbrochen werden muss. Je nach Thema und individuellen Lernvoraussetzungen des Auszubildenden sollte von Fall zu Fall über den angemessenen Ausbildungsort entschieden werden.

2.2 Der Auszubildende

Im Mittelpunkt aller Überlegungen steht der Auszubildende. Aus diesem Grund ist es wichtig, zunächst die Person des Auszubildenden zu betrachten.

2.2.1 Entwicklungsstand des Auszubildenden

Das Alter des Auszubildenden und der Grad seiner Selbstständigkeit haben Einfluss auf die Art und Weise der Ausbildung. Die körperliche Entwicklung vom Kind bis zum Erwachsenen wird an dieser Stelle nicht erläutert. Die meisten Auszubildenden, die in der Versicherungswirtschaft beschäftigt werden, sind bereits zu Beginn der Ausbildung deutlich älter als 18 Jahre und haben ihre körperliche Entwicklung bereits abgeschlossen.

Leistungsvermögen

Selbstverständlich sollte ein Ausbilder wissen, dass das Leistungsvermögen in der Zeit der Pubertät bei einem Jugendlichen zum Teil eingeschränkt ist und der Auszubildende durch seine psychologische Entwicklung erheblichen Gefühls- und Stimmungsschwankungen unterliegen kann. Darauf sollte der Ausbilder sensibel reagieren und Rücksicht nehmen.

Bei der Planung der Ausbildung muss allerdings berücksichtigt werden, wie selbstständig ein Auszubildender ist. Es gibt Auszubildende, die bereits in einer eigenen Wohnung leben und ihr Leben alleine organisieren. Andere Auszubildende leben noch in ihren Familien und brauchen sich um viele Dinge des täglichen Alltags (einkaufen, putzen, waschen etc.) noch nicht sehr stark kümmern. Die unterschiedlichen Lebenssituationen können Einfluss auf das Verhalten des Auszubildenden haben.
Selbstständigkeit

2.2.2 Vorbildung

Schulbildung

Bei der Planung der Ausbildung spielt auch die Vorbildung des Auszubildenden eine Rolle. Von einem Auszubildenden mit Abitur ist im Durchschnitt ein höheres intellektuelles Niveau zu erwarten als von einem Auszubildenden mit Realschulabschluss. Ein noch höheres intellektuelles Niveau kann von Auszubildenden erwartet werden, die ein Hochschulstudium begonnen, sich dann aber für eine praktische Ausbildung entschieden haben.

Berufsausbildung

Es kommt auch vor, dass Auszubildende bereits eine andere Berufsausbildung abgeschlossen haben und nun den Beruf des Kaufmanns für Versicherungen und Finanzen lernen. Gründe hierfür könnten u. a. sein, dass der ursprünglich ausgewählte Beruf im Nachhinein doch nicht den Interessen des Auszubildenden entsprach, oder dass der Auszubildende den ersten Beruf, z. B. aufgrund einer Krankheit oder eines Unfalls (z. B. Mehlstauballergie bei einem Bäcker, Funktionsunfähigkeit einer Hand aufgrund eines Unfalls bei einem Zahntechniker) nicht mehr ausüben kann.

2.2.3 Vorkenntnisse

Bei der Planung der Unterweisung sind die bereits erworbenen Kenntnisse, Fähigkeiten und Fertigkeiten des Auszubildenden zu berücksichtigen. Dadurch wird gewährleistet, dass die Ausbildung das richtige Niveau trifft und der Auszubildende weder über- noch unterfordert wird.

Je nach Ausbildungsjahr hat der Auszubildende schon ein gewisses Maß an beruflicher Handlungskompetenz erworben. Er hat möglicherweise aus vorherigen Ausbildungsabschnitten schon Kenntnisse in der Versicherungssparte erworben. Ein Auszubildender, der in der Leistungsabteilung eingesetzt wird, hat mit hoher Wahrscheinlichkeit schon im Antrags- und/oder Vertragsbereich der jeweiligen Sparte gearbeitet. Zudem sind Vorkenntnisse zu berücksichtigen, die der Auszubildende beim Einsatz im Außendienst oder bei der Kundenberatung am Telefon erworben hat. Neben der Fachkompetenz sollten „ältere" Auszubildende über ein erhebliches Maß an Methodenkompetenz verfügen. Mit zunehmendem Reifegrad (siehe auch Kap. 1 zu Führungsstilen) sollten die Auszubildenden in der Lage sein, aus früheren Problemstellungen den Transfer auf aktuelle Fragestellungen zu leisten.

Neben der Ausbildung im Betrieb besucht der Auszubildende zusätzlich den Berufsschulunterricht. Auch hier hat der Ausbilder darauf zu achten, welche Vorkenntnisse der Auszubildende mitbringt.

2.2.4 Stärken und Schwächen

Jeder Mensch verfügt über bestimmte Eigenschaften, die je nach Ausprägungsgrad als Stärke oder Schwäche interpretiert werden können.

So gibt es Personen, die z. B. sehr gut und schnell Texte schreiben können, und wiederum andere, die wenig akzentuiert formulieren und sich beim Verfassen von Texten schwer tun. Es gibt Personen, die sehr gut rechnen können, und wiederum andere, die selbst beim Lösen einfacher Rechenaufgaben verzweifeln. Wir bezeichnen zudem nur bestimmte Personen als teamfähig, hilfsbereit, kunden- bzw. serviceorientiert, kommunikativ, gut organisiert, strukturiert etc., und andere Personen eher nicht.

Selbstbild, Fremdbild

Jeder Mensch, und somit auch jeder Auszubildende, hat unterschiedliche Stärken und Schwächen. Zunächst ist es wichtig, sich durch Beobachtung und Befragung ein genaues Bild über die Fähigkeiten des Auszubildenden zu machen. Ein aussagekräftiges Bild kann schnell erzielt werden, wenn Ausbilder und Auszubildender gemeinsam einen kurzen Katalog von berufstypischen Anforderungen an die Persönlichkeit durchgehen und gemeinsam bewerten, inwieweit der Auszubildende diesen Anforderungen gerecht wird. Durch die Gegenüberstellung von Selbst- und Fremdbild wird sehr schnell ein Profil der Eigenschaften einer Person sichtbar.

Abbildung 2: Radarbild (eigene Darstellung)

Bei der Planung eines Ausbildungsabschnitts ist darauf zu achten, dass zu Beginn eines Ausbildungsabschnitts zunächst solche Themen behandelt werden, die der Auszubildende bereits gut beherrscht bzw. die seinen Stärken entsprechen. Dadurch werden Erfolgserlebnisse vermittelt, der Auszubildende öffnet sich und ist bereit, dann auch an seinen Schwächen zu arbeiten.

Die Notwendigkeit, insbesondere Schwächen zu beheben, soll an dieser Stelle noch einmal durch zwei Beispiele verdeutlicht werden. Vermutlich kennt jeder eine von Wind und Wetter gezeichnete Regentonne. Eine Regentonne besteht aus mehreren einzelnen Holzplanken. Die Regentonne kann immer nur so hoch befüllt werden, wie die kleinste Holzplanke hoch ist. An dieser Stelle läuft das Wasser aus dem Fass. Ein Verlängern der anderen Holzplanken ergibt wenig Sinn. Um mehr Wasser in der Tonne zu halten, muss zunächst die kleinste Planke verlängert werden.

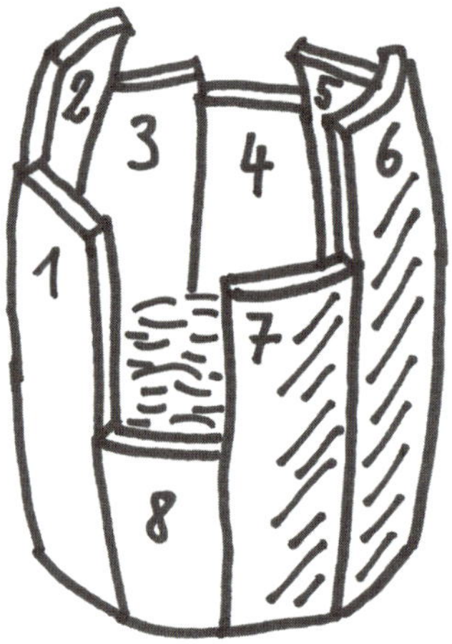

1 Hausrat
2 Gebäude
3 Rechtsgrundlage
4 Haushaltsplan
5 Kundenorientierung
6 Gesprächsführung
7 Kaufmännisches Rechnen
8 Korrespondenz

Abbildung 3: Regentonne (eigene Darstellung)

Beispiele

Stellen wir uns vor, ein Auszubildender wird im Bereich der Sachversicherung ausgebildet. Er verfügt bereits über gute Kenntnisse im Bereich der Gebäudeversicherung (Planke Nr. 2), ist sehr kundenorientiert (Nr. 5) und im Kundengespräch sehr eloquent (Nr. 6). Allerdings kann er nur durchschnittlich rechnen (Nr. 7), sein schriftlicher Ausdruck ist als unterdurchschnittlich zu bezeichnen, zudem macht er häufig Rechtschreibfehler (Nr. 8). In einem Kundengespräch überzeugt der Auszubildende durch seine brillante Gesprächsführung und seine Fachkompetenz in der Wohngebäudeversicherung. Der Kunde ist von dem Angebot überzeugt und bittet den Auszubildenden um die Zusendung eines schriftlichen Angebots. Leider verrechnet sich der Auszubildende in dem Angebot und der individuell verfasste Brief enthält einige Fehler. Daher kommt es nicht zum Abschluss, da der Kunde die vorher unterstellte Fachkompetenz des Auszubildenden im Bereich der Gebäudeversicherung durch die fehlerhafte Berechnung und den schlechten Kundenbrief in Frage stellt.

Ähnliches könnte auch bei der Vorbereitung auf die Abschlussprüfung zutreffen. Ein Auszubildender wird beispielsweise in einer Agentur ausgebildet, die über einen sehr großen Kraftfahrt- und Sachbestand verfügt. In diesen Sparten ist der Auszubildende am

Ende der Ausbildung absolut „fit". Leider fällt er durch die Abschlussprüfung, weil er die Fragen zur Krankenversicherung nicht beantworten kann. Auch dieses Beispiel soll verdeutlichen, dass die Holzplanke „Krankenversicherung" zunächst ausgebaut und stabilisiert werden muss, bevor die Holzplanken „Kraftfahrt- und Sachversicherung" erweitert werden.

2.2.5 Lerntypen

Bei der Vermittlung von Wissen muss sich der Ausbilder Gedanken darüber machen, wie von einem Auszubildenden der Lernstoff am besten aufgenommen wird und wie viel bei einem Lernenden haften bleibt.

Die Gedächtnisstufen zeigen, dass bei einer aktiven Stoffvermittlung („darüber reden", „selbst tun") deutlich mehr Informationen haften bleiben als bei einer eher passiven Vermittlung (z. B. über den Vermittlungsweg „nur hören"). Ein Ausbilder sollte also darauf achten, dass er die Auszubildenden möglichst aktiviert und dass der zu vermittelnde Lehrstoff durch Visualisierung unterstützt wird.

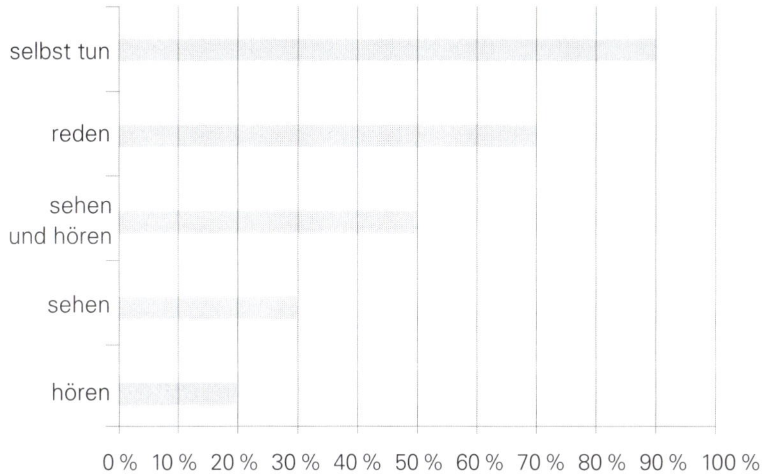

Abbildung 4: Behaltensgrad des Lernens (in Anlehnung an Vester 2009)

Behaltensgrad des Lernens

Der so beschriebene Behaltensgrad des Lernens gilt als Durchschnitt für eine Vielzahl von Personen. Im Rahmen der Ausbildung haben wir es aber immer mit einem individuellen Auszubildenden zu tun. Genauso wie Menschen unterschiedliche Stärken und Schwächen haben, können Menschen durch ihre Sozialisation ganz unterschiedliche Lerntypen sein (vgl. Vester 2009, S. 52). So gibt es:

- den visuellen Lerntyp, der überwiegend durch Sehen lernt
- den auditiven Lerntyp, der überwiegend durch Hören lernt
- den verbalen Lerntyp, der überwiegend durch Sprechen lernt
- den haptischen Lerntyp, der überwiegend durch Anfassen (Begreifen) lernt

Vester stellt fest, dass diese Lerntypen nicht in Reinkultur vorkommen, sondern dass im Prinzip jeder Mensch ein anderer Lerntyp ist. Für die Ausbildung ist es wichtig, dass sich der Ausbilder auf den individuellen Lerntyp des Auszubildenden einstellt. Bei einem visuellen Lerntyp kann er eher etwas mit Texten und Bildern vermitteln, mit dem kommunikativen Lerntyp sollte er möglichst oft fragend-entwickelnde Gespräche führen.

In einem Einführungsgespräch zu Beginn eines Ausbildungsabschnitts sollte der Ausbilder dem Auszubildenden die folgenden zwei Fragen stellen und dabei dem Auszubildenden etwas Zeit lassen, über sein bisheriges Lernverhalten nachzudenken:

- Wie haben Sie in der Vergangenheit am besten gelernt?
- Wie konnten Sie überhaupt nicht lernen?

Aus den Antworten kann häufig der überwiegende Lerntyp des Auszubildenden abgeleitet werden.

Gleichzeitig sollte der Ausbilder beachten, dass er selbst ein völlig anderer Lerntyp als der Auszubildende sein kann. Gut gemeinte Lerntipps oder Arbeitsanweisungen können dann sogar schädlich sein.

Beispiel

Der Ausbilder ist ein Lerntyp, der sehr gut durch Lesen Stoff aufnimmt. Den neuen Auszubildenden begrüßt er mit den Worten: „Schön, dass Sie unsere Abteilung in den nächsten drei Monaten unterstützen. Bevor es richtig losgeht, lesen Sie sich doch das Bedingungswerk durch. Bei Fragen stehe ich selbstverständlich zur Verfügung." Der Auszubildende beginnt zu lesen, ist allerdings nach einer Stunde total frustriert und verliert sehr schnell das Interesse an der Versicherungssparte.

Der Auszubildende ist vielleicht überhaupt kein „Lesetyp". Für ihn wäre vielleicht ein Gespräch mit dem Ausbilder oder das Ausprobieren an einem praktischen Fall motivierender gewesen.

Bei einer Schulung von mehreren Auszubildenden sollte der Ausbilder darauf achten, dass er möglichst unterschiedliche Lehrmethoden einsetzt, die auf verschiedene Eingangskanäle abzielen. Dadurch wird sichergestellt, dass jeder Lerntyp angesprochen wird. Neuere Konzeptionen, so genannte „Blended-learning-Lehrgänge" berücksichtigen bei der Vermittlung des Lehrstoffes mit unterschiedlichen Methoden und Vorgehensweisen.

2.2.6 Biorhythmus

Biorhythmus

Wie beim „Behaltensgrad des Lernens" gibt es auch eine typische biologische Leistungskurve des Menschen. Da viele Menschen morgens zwischen 6:00 und 7:00 Uhr aufstehen und abends zwischen 22:00 und 0:00 zu Bett gehen, ergibt sich die in der Abbildung aufgeführte Biorhythmus-Kurve.

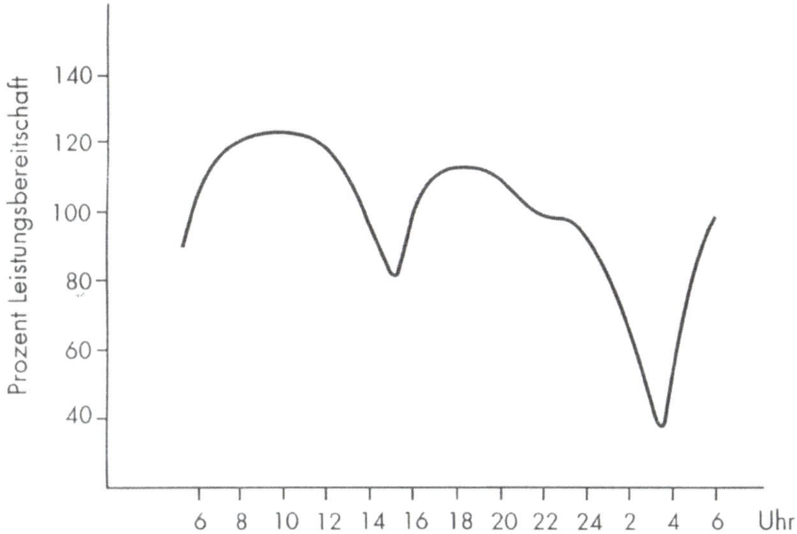

Schwankungen der physiologischen Leistungsbereitschaft über 24 Stunden (nach O. Graf)

Abbildung 5: Biorhythmus-Kurve

Dabei ergibt sich ein Leistungshoch des Menschen in der Zeit zwischen 10:00 und 12:00 Uhr. Nach einer Mittagspause und dem Absinken der Leistungsfähigkeit steigt zwischen 15:00 und 17:00 die Leistungsfähigkeit ein weiteres Mal an. Ein Ausbilder sollte diese Erkenntnisse bei der Planung der Ausbildung für eine größere Gruppe von Personen beachten. In der Mittagszeit macht es wenig Sinn, neuen Stoff zu vermitteln. In dieser Zeit sollten Wiederholungen und praktische Übungen im Vordergrund der Ausbildung stehen.

Aus Beobachtungen am Arbeitsplatz ist bekannt, dass einige Mitarbeiter am frühen Morgen unmittelbar mit schwierigen oder konzeptionellen Tätigkeiten beginnen und nachmittags nur noch Routineaufgaben erledigen. Andere Personen laufen jedoch erst am Nachmittag so richtig zur „Höchstform" auf.

Ähnlich wie beim Lerntyp gilt auch beim Biorhythmus, dass es Personen gibt, deren individuelle Leistungskurve deutlich von der durchschnittlichen Leistungskurve abweicht. Wann immer es die betrieblichen Arbeitsabläufe ermöglichen, sollte sich der Ausbilder am Arbeitsplatz auf die Leistungskurve des Auszubildenden einstellen. So könnte ein Ausbildungstag bei einem „Abendmenschen" so gestaltet werden, dass morgens das Tagesgeschäft, also Routineaufgaben, gemeinsam bearbeitet wird und erst am Nachmittag neue Inhalte vermittelt werden.

2.2.7 Didaktische Reduktion

Der Ausbilder hat bei der Vermittlung der Inhalte nicht nur die Stärken und Schwächen, den Lerntyp und den Intellekt des Auszubildenden zu berücksichtigen. Er sollte zudem sein Sprachniveau und das Tempo der Vermittlung dem jeweiligen Auszubildenden anpassen.

Während der Ausbilder bei einem sehr guten Auszubildenden deutlich mehr vermitteln kann, als im Ausbildungsrahmenplan vorgeschrieben ist, muss er sich bei einem anderen Auszubildenden auf die so genannten Mindestinhalte beschränken. Aufgrund des Intellekts und der Lernfähigkeit des Auszubildenden muss das jeweilige Pensum dann reduziert und u. U. in sehr kleinen Lernschritten vermittelt werden. Dabei ist zwingend zu beachten, dass mindestens der prüfungsrelevante Stoff in der vorgesehenen Ausbildungszeit (i. d. R. drei Jahre) vermittelt wird.

didaktische Reduktion

Die Reduktion des Lernstoffs auf das Niveau bzw. Auffassungsgabe des Auszubildenden wird als didaktische Reduktion bezeichnet. Der Ausbilder hat die Fachinhalte so aufzubereiten, dass sie für den Auszubildenden verständlich werden.

3. Lernziele

Mit der Formulierung von Lernzielen wird ein beobachtbares Endverhalten definiert. Viele kennen den Ausspruch: *„Wer nicht weiß wohin er will, muss sich nicht wundern, wenn er ganz woanders ankommt."*

beobachtbares Endverhalten

Da eine gute Ausbildung planmäßig erfolgen muss, ist es notwendig, Lernziele zu formulieren. In der „Verordnung über die Berufsausbildung zum Kaufmann für Versicherungen und Finanzen / zur Kauffrau für Versicherungen und Finanzen" vom 17.5.2006 ist im § 3 die Zielsetzung der Berufsausbildung beschrieben: *„Die in der Verordnung genannten Fertigkeiten, Kenntnisse und Fähigkeiten sollen so vermittelt werden, dass die Auszubildenden zur Ausübung einer qualifizierten beruflichen Tätigkeit im Sinne des § 1 Abs. 3 des Berufsbildungsgesetz befähigt werden, die insbesondere selbstständiges Planen, Durchführen und Kontrollieren einschließt."*

Diese Zielsetzung ist sehr allgemein gefasst und muss weiter konkretisiert werden. Dieses erfolgt im Ausbildungsrahmenplan (§ 5 der gleichen Verordnung). Im Ausbildungsrahmenplan sind die Mindestinhalte in Form von so genannten Richtlernzielen formuliert.

Ausbildungsrahmenplan, Mindestinhalte

3.1 Lernzielhierarchie

Ausgehend von der Ausbildungsordnung bis zur jeweiligen Ausbildungseinheit werden die Lernziele hierarchisch gegliedert, wodurch ein unterschiedliches Niveau in der Eindeutigkeit erreicht wird. Dabei wird zwischen Richt-, Grob- und Feinlernzielen unterschieden.

Im Ausbildungsrahmenplan heißt es z. B. im Abschnitt I unter der laufenden Nummer 4 (Versicherungs- und Finanzprodukte), Buchstabe f: *„Bedeutung der gesetzlichen und betrieblichen Altersvorsorge für den Kunden erläutern".* Hieraus werden nun die Lernziele für die Ausbildungseinheit formuliert.

- *Richtlernziel:*

  Der Auszubildende soll die Bedeutung der gesetzlichen und betrieblichen Altersvorsorge für den Kunden erläutern.

  Richtlernziel

  Für die Vermittlung dieses Richtlernziels wird ein Zeitraum von beispielsweise einem Monat angesetzt. Innerhalb dieses Zeitraums wird der Ausbilder auf die verschiedenen Durchführungswege der betrieblichen Altersvorsorge eingehen. Daher wird für diesen Ausbildungsabschnitt ein Groblernziel formuliert.
- *Groblernziel:*

  Der Auszubildende soll die fünf Durchführungswege der betrieblichen Altersvorsorge kennenlernen.

  Groblernziel

  Für die an einem bestimmten Tag stattfindende Ausbildungseinheit werden allerdings nur die rechtlichen Grundlagen der Direktversicherung thematisiert.

4

- *Feinlernziel:*

Feinlernziel

Der Auszubildende soll die steuerrechtlichen Regelungen gemäß § 3, Nr. 63 EStG für eine Direktversicherung erläutern.

Feinlernziele werden im Folgenden noch weiter ausdifferenziert.

3.2 Lernbereiche und Kompetenzen

Das Ziel der Ausbildung zum „Kaufmann für Versicherungen und Finanzen" ist eine umfassende berufliche Handlungskompetenz. Dazu werden nicht nur theoretisches Wissen, sondern auch praktische Fertigkeiten vermittelt. Der Auszubildende wird zudem dazu angeleitet, selbstständig zu planen, auszu führen und zu kontrollieren.

Lernbereiche

Feinlernziele können nach Lernbereichen oder Kompetenzen gegliedert werden. In der Lerntheorie werden drei Lernbereiche unterschieden:

kognitiv

- *kognitiver Lernbereich* (Wissensbereich), der auf Wissen und Verstehen ausgerichtet ist

sozial-affektiv

- *(sozial-)affektiver Lernbereich* (Verhaltensbereich), der auf Veränderungen von Einstellungen und Werthaltungen abzielt

psycho-motorisch

- *psycho-motorischer Lernbereich* (Fertigkeitsbereich), der manuelle Tätigkeiten beschreibt

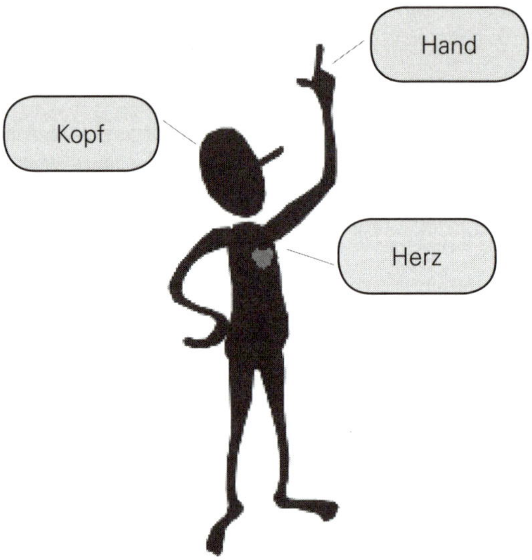

Abbildung 6: Der Auszubildende mit Kopf, Herz und Hand (eigene Darstellung)

Bei der Formulierung der Feinlernziele werden die Lernbereiche entsprechend berücksichtigt.

Beispiele

- *Kognitives Feinlernziel:*
  Der Auszubildende soll den Wert 1914 bei einem Mehrfamilienhaus nach der Methode „Kubikmeter umbauter Raum" ermitteln können.
- *Sozial-affektives Feinlernziel:*
  Der Auszubildende soll bei der Antragsaufnahme in der privaten Krankenversicherung vertrauensvoll mit den Gesundheitsangaben umgehen.
- *Psycho-motorisches Feinlernziel:*
  Der Auszubildende soll die Druckerpatronen bei einem Farbdrucker wechseln können.

In der Regel werden in einer Ausbildungseinheit mehrere Lernbereiche angesprochen und jeweils mehrere Feinlernziele vermittelt.

Kompetenzbereiche

Neben der traditionellen Möglichkeit, die Feinlernziele nach Lernbereichen aufzuteilen, gibt es auch die Möglichkeit, diese nach Kompetenzbereichen, also nach Fach-, Methoden- und Sozialkompetenz, zu gliedern.

Beispiele

Fachkompetenz

- *Fachkompetenz:*
  Der Auszubildende soll die Grundzüge der privaten Rentenversicherung nach dem Altersvermögensgesetz (AVmG) kennen und bei der Berechnung des Eigenbeitrags die Zulagen, den gesetzlichen Sockelbeitrag sowie den Höchstbeitrag berücksichtigen.

Sozialkompetenz

- *Sozialkompetenz:*
  Der Auszubildende soll bei Beratungsgesprächen kundengerechte Formulierungen wählen und den Kunden respektvoll und freundlich beraten.

Methodenkompetenz

- *Methodenkompetenz:*
  Der Auszubildende soll einen komplexen Leistungsfall (Schaden) regulieren und dabei seine Tätigkeiten selbstständig planen, durchführen und kontrollieren.

3.3 Lernzieltaxonomie

Die Taxonomie von Lernzielen beschreibt deren Wertigkeit (den Schwierigkeitsgrad) bzw. stellt klar, in welchem Umfang die geforderten Inhalte umzusetzen sind.

Lernzieltaxonomie

Bezogen auf die oben beschriebenen Lernbereiche wird häufig die in den 1950er Jahren von Benjamin S. Bloom entwickelte Bloom'sche Taxonomie eingesetzt. Bloom unterteilte Lernziele in sechs Stufen, wobei i. d. R. nur die ersten fünf Stufen im Bereich der Aus- und Weiterbildung verwendet wurden. Die von Bloom entwickelte Taxonomie ist hauptsächlich auf den kognitiven Lernbereich bezogen:

1. Wissen
2. Verstehen
3. Anwenden
4. Analyse
5. Synthese
6. Evaluation

4

Beispiele

1. Der Lernende nennt (Wissen) drei unterschiedliche Formen von Lebensversicherungen.
2. Der Lernende beschreibt (Verstehen) den Unterschied zwischen einer Risiko- und einer Sterbegeldversicherung.
3. Der Lernende erläutert (Anwenden) die unterschiedlichen Kostenanteile bei einer Kapitallebensversicherung.
4. Der Lernende analysiert (Analyse) eine komplexe Kundensituation und erstellt dazu ein bedarfsgerechtes Angebot.
5. Der Lernende stellt nach der Analyse fest, dass kein „Standardangebot" möglich ist. Er entwickelt (Synthese) aus verschiedenen Produktvariationen ein vollkommen individuelles Vertragsangebot.
6. Der Lernende überprüft und bewertet (Evaluation) nach einer bestimmten Zeit, ob das angebotene Produkt tatsächlich den größten Nutzen für den Kunden hatte und leitet ggf. Veränderungen ein.

Für Auszubildende wird das Lernniveau überwiegend auf den Stufen 2 und 3 angesiedelt. Die Lernziele bei Fachwirten bewegen sich überwiegend in den Taxonomiestufen 3 und 4. Die höheren Taxonomiestufen finden bei Spezialistenstudiengängen (z. B. Technischer Underwriter (DVA), Haftpflicht Underwriter (DVA)) und dem Studium zum „Bachelor of Insurance Management" Anwendung.

Anwendungstaxonomie

Im Zuge der handlungsorientierten Aus- und Weiterbildung wird heute überwiegend eine dreiteilige Anwendungstaxonomie verwendet (vgl. auch den Rahmenplan für die Verordnung zum Geprüften Fachwirt für Versicherungen und Finanzen).

Anwendungstaxonomie

- *Wissen (Kenntnisse)*
  beschreibt den Erwerb von Kenntnissen (Daten, Fakten, Sachverhalte), die notwendig sind, um Zusammenhänge zu verstehen.
- *Verstehen (Zusammenhänge)*
  beschreibt das Erkennen und Verinnerlichen von Zusammenhängen, um komplexe Aufgabenstellungen und Problemfälle zu lösen.
- *Anwenden (Handlungen)*
  beschreibt die aus dem Verstehen der Zusammenhänge resultierende Fähigkeit zu sach- und fachgerechtem Handeln.

3.4 Operationalisierung von Lernzielen

Damit ein Lernziel überprüfbar wird, ist es notwendig, dieses zu präzisieren. Nach Mager sind Lernziele operationalisiert, wenn sie folgenden Kriterien genügen:

1. Es handelt sich um ein beobachtbares Endverhalten. Daher ist es notwendig, die Lernziele mit eindeutigen Tätigkeitswörtern zu beschreiben.

Beispiele

- Nennen Sie den Invaliditätsgrad beim Verlust der Sehkraft auf einem Auge in der Unfallversicherung.
- Berechnen Sie den Eigenbeitrag für einen „Riester-Vertrag".

2. Die Bedingungen, unter denen das Lernziel erfüllt werden soll, sind anzugeben.

Beispiele

- Die Hilfsmittel, die verwendet werden dürfen, sind angegeben (Proximus Bedingungswerk, Notebook, Taschenrechner).
- Der Auszubildende soll die Aufgabe alleine oder mit einem Partner bearbeiten.

3. Der Beurteilungsmaßstab ist angegeben.

Beispiele

- Erläutern Sie fünf versicherte Gefahren in der Hausratversicherung (wenn der Auszubildende fünf der sieben versicherten Gefahren erläutert, hat er das Lernziel erreicht).
- Nennen Sie alle Merkmale, die eine qualifizierte Mahnung nach VVG enthalten muss (hier muss der Auszubildende zwingend alle kennen, da ansonsten die Mahnung unwirksam wäre).

4

4. Inhalt

Lerninhalte

Die oben beschriebenen Lernziele werden im Ausbildungsprozess mit Inhalten gefüllt.

Das Lernziel „den Nutzen von Versicherungsprodukten für Privatkunden darstellen" (KVF-Ausbildungsordnung, § 4 Abs. 1, Nr. 4c) kann nun mit unterschiedlichen Versicherungssparten vermittelt werden. Die für die Ausbildung zum „Kaufmann für Versicherungen und Finanzen" zu vermittelnden Produkte ergeben sich aus der Tabelle.

Liste der zu vermittelnden Produkte	
Spartenbereiche	**Produkte**
1. Lebensversicherungen	▪ Kapitalbildende Lebensversicherung ▪ Risikolebensversicherung ▪ Private Renten-Versicherung ▪ Zusatzversicherung ▪ Selbstständige Berufsunfähigkeitsversicherung
2. Unfallversicherungen	▪ Einzelunfall-Versicherung ▪ Kinderunfall-Versicherung ▪ Seniorenunfall-Versicherung
3. Krankenversicherungen	▪ Krankheitskostenvoll-Versicherung ▪ Krankentagegeld-Versicherung ▪ Krankenhaustagegeld-Versicherung ▪ Zusatzversicherungen ▪ Pflegekosten-Versicherung ▪ Pflegekostenzusatz-Versicherung
4. Haftpflichtversicherung	▪ Privathaftpflicht-Versicherung ▪ Tierhalter-Haftpflicht-Versicherung
5. Rechtsschutzversicherungen	▪ Privat-, Berufs- und Verkehrsrechtsschutz für Nichtselbstständige ▪ Verkehrsrechtsschutz
6. Kraftfahrtversicherungen	▪ Kraftfahrt-Haftpflicht-Versicherung ▪ Fahrzeugteil- und Fahrzeugvollversicherung ▪ Verkehrsservice-Versicherung
7. Sachversicherungen	▪ Verbundene Hausrat-Versicherung und Haushaltglas-Versicherung ▪ Verbundene Wohngebäudeversicherung
8. Finanzprodukte	▪ Kreditkarten, ec-Karten ▪ Giro-, Festgeld-, Sparkonto ▪ Onlinebanking ▪ Investmentfonds ▪ Wertpapiere ▪ Konsumentenkredit

Tabelle 1: Liste der zu vermittelnden Produkte
(Anlage 1 der KVF-Ausbildungsordnung, zitiert nach KVF-Erläuterungen, S. 47)

Durch die Besonderheiten der Versicherungssparten können verschiedene Ausbildungsmethoden mit unterschiedlichen Hilfsmitteln/Medien zum Einsatz kommen.

Damit das Lernen zielgerichtet erfolgt, ist es die Aufgabe des Ausbilders, thematische Ausbildungsreihen zu gestalten. Dabei sollen die einzelnen Inhalte in einem engen Zusammenhang stehen, damit der Auszubildende Inhalte bzw. Wissen verknüpfen kann.

Ausbildungsreihe

Eine Ausbildungsreihe im Bereich der Wohngebäudeversicherung könnte wie folgt gestaltet werden:

- Gefahren und Schäden in der Verbundenen Wohngebäudeversicherung
- Ermittlung der Versicherungssumme 1914 mithilfe des Summenermittlungsbogens
- Ermittlung der Versicherungssumme 1914 anhand der Berechnung des umbauten Raumes
- Ermittlung der Versicherungssumme 1914 durch Umrechnung des Neubaupreises
- Beitragsberechnung in der Wohngebäudeversicherung
- Anwendung des Erlernten in Form von Kundenberatungsgesprächen

4

5. Methodik

Als Methodik wird der Weg bzw. die Vorgehens- oder Verfahrensweise bezeichnet, die einen Lehrvorgang planvoll beeinflusst.

Für einen Ausbilder ist es wichtig, möglichst viele verschiedene Methoden zu beherrschen, um je nach der Disposition des Auszubildenden (Stärken-Schwächen-Profil, Vorkenntnisse), dem entsprechenden Inhalt und der aktuellen Situation die geeignete Methode auszuwählen.

Es gibt eine Vielzahl von Ausbildungsmethoden. Um diese zu ordnen, werden Methoden häufig in unterschiedliche Gruppen eingeteilt. Dabei existieren verschiedene Möglichkeiten, Methoden einzuteilen.

aktive / passive Methode

Es gibt eine Einteilung nach aktiven und passiven Methoden. Hier wird darauf geachtet, ob der Auszubildende eher aktiv – wie z. B. beim Rollenspiel – oder passiv ist – wie z. B. beim Zuhören eines Vortrags. In diesem Sinn differenzieren Alef/Stein (2000, S. 83) Methoden mit unmittelbarer Führung und ohne unmittelbare Führung des Ausbilders:

Mit unmittelbarer Führung des Ausbilders:

darbietend

- darbietende (vortragende, vorführende, vormachende) Methode

entwickelnd

- entwickelnde (fragende, impulsgebende, besprechende) Methode

Ohne unmittelbare Führung des Ausbilders:

- aufgebend erarbeitende (einfache oder komplexe Arbeiten) Methode
- verarbeitende (wiederholende, übende, übertragende Arbeiten) Methode

Entsprechend dieser Einteilung ordnen Alef/Stein einzelne Methoden den Unterweisungsformen zu.

darbietend	entwickelnd	aufgebend-erarbeitend	verarbeitend
Vortrag	Lehrgespräch	Leittext-Methode	Lernstatt
Demonstration	Rollenspiel	Projekt-Methode	Übungsfirma
Unterricht	Diskussion	Fall-Methode	Juniorenfirma
Vier-Stufen-Methode	Pinnwand-Methode	Planspiel	
	Brainstorming	Computer-Based-Training	

Tabelle 2: Ausbildungsmethoden (vgl. Alef/Stein 2000, S. 83)

Im Folgenden soll zwischen den s ogenannten konventionellen und den handlungsorientierten Ausbildungsmethoden unterschieden werden.

5.1 Konventionelle Methoden

Bei den konventionellen (auch traditionellen oder klassischen) Ausbildungsmethoden leitet der Ausbilder die Auszubildenden an. Der Ausbilder bestimmt die Lernschritte und führt die Auszubildenden durch den Lernprozess.

5.1.1 Fragend-entwickelndes Lehrgespräch

Lehrgespräch

Beim fragend-entwickelnden Lehrgespräch steuert der Ausbilder durch ständige Impulse und möglichst offene Fragen ein Gespräch mit dem Auszubildenden. Hierdurch wird gemeinsam ein Sachverhalt erarbeitet und immer weiter durchdrungen. Durch die Antworten des Auszubildenden erkennt der Ausbilder unmittelbar, ob der Auszubildende den Sachverhalt verstanden hat. Dadurch kann der Stoff immer weiter vertieft werden. Gleichzeitig merkt der Ausbilder sehr schnell, ob der Auszubildende alles verstanden hat und kann bei Bedarf zusätzliche Lernschleifen einbauen. Das Gespräch bietet zudem die Vorteile, dass die kommunikativen Fähigkeiten des Auszubildenden trainiert werden und eine kollegiale Beziehung zwischen Ausbilder und Auszubildenden gefördert wird. Ein fragend-entwickelndes Lehrgespräch kann jederzeit am Arbeitsplatz durchgeführt werden.

Das Lehrgespräch entwickelt sich in drei Schritten:

- Einstieg bzw. Einleitung
- Erarbeitung
- Zusammenfassung

Anschließend sollte der Auszubildende eine Aufgabe erhalten, die einen ganz engen Bezug zu dem erarbeiteten Inhalt hat.

Einstieg

problemorientiert

Der Einstieg sollte nach Möglichkeit problemorientiert erfolgen. Der Ausbilder konfrontiert den Auszubildenden mit einem konkreten Fall – also einem Problem – welches am Ende des Gesprächs durch den Auszubildenden gelöst werden soll. Hierdurch wird beim Auszubildenden Spannung bzw. Neugier und damit Motivation erzeugt. Die Konfrontation löst beim Auszubildenden Assoziationen aus, also Verknüpfungen zu eigenen Erfahrungen mit ähnlichen Fällen, wodurch das Lernen angeregt wird.

Beispiel

Der Ausbilder konfrontiert den Auszubildenden mit einem Kundenbrief, in dem der Kunde der Proximus Versicherung mitteilt, dass er beabsichtigt, von Erfurt nach Dortmund umzuziehen. Der Kunde bittet um Informationen bzgl. seines Versicherungsschutzes während des Umzugs und in der neuen Wohnung.

Erarbeitung

Durch Fragen des Ausbilders wird nun der Stoff erarbeitet. Dabei sollte zunächst der Kundenspiegel aufgerufen werden, der Auszubildende erläutert dann den derzeitigen Vertragsstand des Kunden. Anschließend könnte das Thema Obliegenheiten (hier: § 13 VVG Wohnungs- und Namensänderung) angesprochen werden. Themen wie Versicherungssumme (Anschaffung oder Aufgabe von Hausrat), Unterversicherungsverzichtsklausel (Änderung der Wohnfläche), Tarifzonenwechsel, Versicherungsschutz in der alten und in der neuen Wohnung, Versicherungsschutz während des Umzugs, Auswirkungen auf andere Versicherungssparten könnten folgen. Zum Ende soll der Auszubildende mit eigenen Worten den erarbeiteten Sachverhalt zusammenfassen.

Zusammenfassung

Nach der gemeinsamen Erarbeitung erhält der Auszubildende den Auftrag, mit einem Brief dem Kunden zu antworten. Ähnliche Fälle sollten im Anschluss bearbeitet werden. Ein simuliertes Kundenberatungsgespräch (Rollenspiel) könnte zur weiteren Festigung des Lernstoffs erfolgen. Anschließend könnten Themen wie „Beseitigung einer Überversicherung" oder „Mehrfachversicherung" bearbeitet werden.

5.1.2 Vortrag, Referat

Bei einem Vortrag oder einem Referat wird ein ausgewähltes Thema vorgestellt, um möglichst vielen Personen in relativ kurzer Zeit Informationen zu übermitteln. Eine klare Abgrenzung zwischen beiden Methoden gibt es nicht, allerdings wird bei einem eher allgemeinen Thema von einem Vortrag gesprochen, während ein sehr spezifisches Fachthema als Referat bezeichnet wird. Ein guter Vortrag wird durch Schaubilder, Tabellen, Grafiken etc. visuell unterstützt (siehe Abschnitt 2.2.5 zum Behaltensgrad des Lernens und das Kap. 6, 1. „Präsentationen").

Im Rahmen der Ausbildung dienen Vorträge bzw. Referate dazu, in ein Themengebiet einzuführen um das Interesse bzw. die Neugier der Teilnehmer zu wecken. Ein Vortrag sollte zwischen 15 und 30 Minuten, auf keinen Fall aber länger als 60 Minuten dauern, da die Konzentrationsfähigkeit der Teilnehmer i. d. R. begrenzt ist.

5.1.3 Vier-Stufen-Methode

Vier-Stufen-Methode

Die Vier-Stufen-Methode wird in erster Linie in der gewerblich-technischen Ausbildung, also bei der Vermittlung von psycho-motorischen Lernzielen angewendet. In vier aufeinander abgestimmten Lernschritten werden dem Auszubildenden Fertigkeiten (überwiegend Handgriffe) vermittelt. Bei der Vier-Stufen-Methode wird der Auszubildende zunächst bewusst sehr eng geführt. Dabei nimmt die Aktivität des Auszubildenden von Stufe zu Stufe zu, die Aktivität des Ausbilders in gleichem Umfang ab.

Die Vier-Stufen-Methode ist beispielsweise immer dann zwingend erforderlich, wenn es sich um gefahrgeneigte Tätigkeiten handelt. Das Sägen mit einer Kreissäge, Arbeiten an strom- oder gasführenden Aggregaten, Arbeiten mit Säuren in einem Chemielabor oder die Bedienung von sehr teuren Maschinen sind Beispiele dafür, wann die Vier-Stufen-Methode zum Einsatz kommt. Darüber hinaus werden gerade im handwerklichen Bereich Handgriffe am besten durch Zeigen bzw. Vormachen vermittelt. Folgende vier Stufen werden in der Unterweisung durchlaufen:

1. Stufe: Vorbereitung des Auszubildenden und des Ausbilders
2. Stufe: Vormachen und Erklären durch den Ausbilder
3. Stufe: Nachmachen und Erklären lassen durch den Auszubildenden
4. Stufe: Selbstständiges Ausführen, Üben

- **Stufe 1: Vorbereitung des Auszubildenden und des Ausbilders**

Vorbereitung

In der Stufe der Vorbereitung hat der Ausbilder dafür Sorge zu tragen, dass alle für die Unterweisung erforderlichen Hilfsmittel und Materialien bereitliegen.

Der Ausbilder versucht den Auszubildenden zu motivieren, indem er das Ziel der Unterweisung und den Nutzen für den Auszubildenden herausstellt. Das Interesse kann z. B. dadurch geweckt werden, dass der Ausbilder ein fertiges Werkstück (Endprodukt) zeigt. Gleichzeitig ist es in dem einleitenden Gespräch notwendig, die Vorkenntnisse des Auszubildenden von der geplanten Unterweisung festzustellen, um das richtige Ausbildungsniveau zu treffen.

Der Ausbilder hat darauf zu achten, dass er den Auszubildenden richtig positioniert. Das heißt, wenn der Ausbilder Rechtshänder ist, sollte der Auszubildende links neben ihm stehen (sitzen), weil hierdurch die besten Sichtverhältnisse (kein Verdecken durch den Arm) gewährleistet sind. Bevor mit der eigentlichen Ausbildung begonnen wird, ist es zwingend erforderlich, dass der Ausbilder den Auszubildenden über die notwendigen Unfallverhütungsvorschriften aufklärt und in die Bedienung von neuen und gefährlichen Werkzeugen einweist.

- **Stufe 2: Vormachen und Erklären durch den Ausbilder**

Vormachen und Erklären

In der 2. Stufe beginnt der Ausbilder in überschaubaren Abschnitten die zu erlernende Fertigkeit vorzumachen. Wichtig ist dabei, dass der Ausbilder sein Tun präzise erläutert (Was – Wie – Warum). Um die Aufmerksamkeit zu erhöhen, sollte er Verständnisfragen an den Auszubildenden richten.

In der folgenden Übersicht werden am Beispiel des „Innengewindeschneiden von Hand" für den Beruf eines Mechanikers einzelne Lernschritte der 2. Stufe dargestellt.

Lernschritte		
Wie?	**Was?**	**Warum**
Vorbereitetes Werkstück einspannen.	Werkstück zwischen beiden Schraubstockbacken fest und gerade einspannen.	Um genauer arbeiten zu können und sicheren Halt zu haben (Abrutschgefahr).
Windeisen auf dem Vierkant des Gewindebohrers aufsetzen.	Weindeisen aufdrehen, Gewindebohrer einlegen und festziehen.	Um sicheren Halt des Gewindebohrers zu gewährleisten.
Gewindebohrer rechtwinklig ansetzen; Gewinde schneiden.	Mit beiden Händen Druck auf das Windeisen ausüben, rechtsherum drehen.	Damit sich der Gewindebohrer in das Material schneidet; jedoch nicht zu viel Druck, da Abrutschgefahr.
Gewindebohrer mit Schneidöl bespritzen.	Mit der Spritzölkanne.	Geringerer Kraftaufwand; Schonung des Werkzeuges; saueres Gewinde.

4

Lernschritte		
Wie?	**Was?**	**Warum**
Nach zwei Umdrehungen Gewindebohrer etwas zurückdrehen.	Windeisen linksrum drehen; keinen Druck ausüben.	Damit der Span gebrochen wird, um ein sauberes Gewinde zu bekommen; Schonung des Werkzeuges.
Gewindebohrer nach dem ersten Anschnitt auf Rechtwinkligkeit prüfen.	Windeisen linksrum drehen; keinen Druck ausüben.	Damit Gewinde gerade geschnitten wird.
Gewinde weiterschneiden.	Windeisen wieder befestigen.	Um das Gewinde im ersten Gang (bis ca. 5 mm) fertig zu schneiden.
usw.	usw.	usw.

Tabelle 3: Stufe 2 der Vier-Stufen-Methode bei der Vermittlung von „Innengewindeschneiden per Hand" (vgl. Ausbildungsrahmenplan Gießereimechaniker/Gießereimechanikerin 1997, „Manuelles Spahnen")

- **Stufe 3: Nachmachen und Erklären lassen**

Nachmachen und Erklären lassen

Nachdem der Ausbilder in der 2. Stufe die Arbeitsschritte vorgemacht hat, wiederholt der Auszubildende in der 3. Stufe die einzelnen Vorgänge. Dabei soll er genau erklären, warum er was, wie und warum macht. Der Ausbilder beobachtet den Auszubildenden, lobt diesen für richtige Arbeitsschritte, weist auf mögliche Fehler hin und gibt Hilfestellungen. Falls Gefahren drohen, greift er aktiv ein (Unfallverhütung).

Sollte der Auszubildende einzelne Schritte noch nicht verstanden haben, macht der Ausbilder diese noch einmal vor. Das heißt, dass ein Wechsel zwischen den Stufen 3 und 2 stattfinden kann.

Wenn der Ausbilder feststellt, dass der Auszubildende den Vorgang beherrscht, erfolgt ein Wechsel zur 4. Stufe.

- **Stufe 4: Selbstständiges Arbeiten und Üben**

Selbstständiges Arbeiten und Üben

In der abschließenden Stufe erhält der Auszubildende die Gelegenheit, den vorher gelernten Arbeitsgang selbstständig auszuführen bzw. zu üben. Der Ausbilder arbeitet in der Nähe und steht bei Bedarf für Hilfestellung zur Verfügung. Der Ausbilder kontrolliert die Arbeitsergebnisse und führt den Auszubildenden dahin, dass dieser immer stärker zu einer Eigenkontrolle gelangt. Der Ausbilder lobt den Auszubildenden für seine geleistete Arbeit. Nach und nach wird der Auszubildende in die tatsächliche Produktion eingebunden.

Im Rahmen der Ausbildung zum „Kaufmann für Versicherungen und Finanzen" wird die Vier-Stufen-Methode eher selten zum Einsatz kommen. Denkbar ist der Einsatz dieser Methode, wenn „Kleinreparaturen" an Bürogeräten (z. B. die Beseitigung eines Papierstaus in einem Drucker/Kopierer oder der Wechsel von Farbpatronen) gezeigt wird.

5.2 Handlungsorientierte Methoden

Entsprechend der Ausbildungsordnung für Kaufleute für Versicherungen und Finanzen sollen die Auszubildenden in die Lage versetzt werden, sich Fertigkeiten, Kenntnisse und Fähigkeiten selbstständig und eigenverantwortlich anzueignen.

„Ein Kern der beruflichen Handlungsfähigkeit wird demzufolge sein, spezielle berufliche Fähigkeiten und Kenntnisse zu erarbeiten, miteinander zu verknüpfen, selbstständig und flexibel eigene Handlungskonzepte zu entwickeln und adäquate Lösungen zu finden" (vgl. KVF-Erläuterungen, S. 83).

Die berufliche Handlungskompetenz wird in Fach-, Methoden- und Sozialkompetenz sowie die persönliche Wertekompetenz gegliedert. Die folgende Abbildung gibt einen Überblick über die Teilbereiche der Handlungskompetenz:

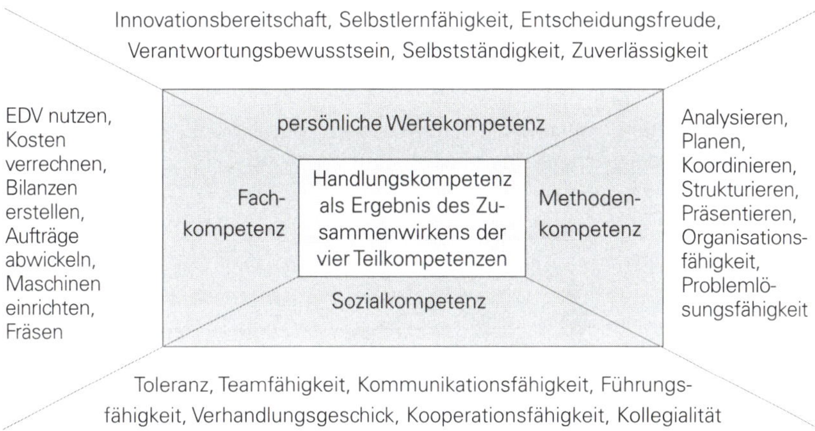

Abbildung 7: Aufbau der Handlungskompetenz (Erdmann 2006, S. 159)

Die handlungsorientierten Methoden unterstützen die Auszubildenden darin, die berufliche Handlungskompetenz zu erlangen. Sie zeichnen sich durch selbstständiges Planen, Durchführen und Kontrollieren aus. Die Methoden sind daher auf den Auszubildenden zentriert. Der Ausbilder initiiert Lernprozesse und übernimmt die Rolle eines Lernberaters. In der Versicherungswirtschaft hat sich der Einsatz der folgenden handlungsorientierten Methoden bewährt:

- Erkundung
- Fallstudie
- Leittext-/Leitfragenmethode
- Postkorb
- Projekt
- Rollenspiel

4

!

Definition

Handlungsorientierte Methoden weisen die folgenden Merkmale auf:

- Die Themen sind nur grob strukturiert.
- Die Themen sind durch die Auszubildenden zu präsentieren.
- Die Aufgabenstellung ist der Praxis entnommen und durch eine praxisgerechte Bearbeitung und Lösung gekennzeichnet.
- Die Aufgaben verbinden den bisherigen Kenntnisstand der Auszubildenden mit den neuen Lerninhalten.
- Der Lösungsweg für die Aufgaben ist nicht vorgegeben.
- Die Lösungsstrategie für die Aufgaben finden die Auszubildenden selbstständig.
- Die Materialbeschaffung liegt in der Verantwortung der Auszubildenden; das Zurechtfinden in der betrieblichen Umwelt liegt in ihrem Verantwortungsbereich.
- Fragen kommen nicht von den Ausbildern, sondern von den Auszubildenden.
- Fragen werden durch Interviews mit Praktikern geklärt.
- Fehler, Probleme und Konflikte sind unvermeidlich und sollen durch die Auszubildenden nach Möglichkeit selbst gelöst werden.

(vgl. KVF-Erläuterungen, S. 83)

Modell der vollständigen Handlung

Der Ablauf der handlungsorientierten Methoden entspricht in seinem „idealtypischen" Verlauf dem Modell der vollständigen Handlung.

Rolle des Ausbilders

Abbildung 8: Modell der vollständigen Handlung (Höpfner 1991, S. 55)

- *Information:*
  In der ersten Phase übergibt der Ausbilder dem Auszubildenden die Aufgabe. Der Auszubildende stellt durch Rückfragen sicher, ob er die Aufgabe verstanden hat oder ob er noch weitere Informationen benötigt.

- *Planung:*

  In der Planungsphase erfolgt eine tiefere Einarbeitung in die Aufgabenstellung. Der Auszubildende beschafft sich weitere Informationen zur Aufgabe. In dieser Phase plant er seine Vorgehensweise. Er überlegt, inwieweit er auf frühere Handlungspläne zurückgreifen kann. Dabei sind ein Zeit- und ein Budgetplan zu erstellen; bei einer Teamarbeit werden Teilaufgaben auf einzelne Teammitglieder übertragen. Im Rahmen der Planung sollte der Auszubildende alternative Vorgehensweisen prüfen.

  Der Ausbilder hält sich in dieser Phase zurück. In der Planungsphase wird überwiegend die Methodenkompetenz des Auszubildenden gefördert.

- *Entscheidung:*

  In einer Entscheidungsphase stellt der Auszubildende dem Ausbilder seine Planung vor. Dabei soll der Auszubildende seine Überlegungen inklusive der Handlungsalternativen begründen. Der Auszubildende soll nun selbstständig entscheiden, welchen Weg er zur Lösung der Aufgabe einschlägt.

  Der Ausbilder greift lediglich dann ein, wenn er Gefahren für Personen oder Schaden für das Unternehmen (z. B. deutliche Überschreitung eines Budgets) erkennt. Hat der Auszubildende bislang wenige Erfahrungen mit derartigen Aufgabenstellungen gesammelt, so muss der Ausbilder situativ zwischen zwei Möglichkeiten entscheiden. Einem wenig erfahrenen Auszubildenden kann er aus Gründen der Motivation weitere Impulse geben und diesen noch einmal in die Planungsphase zurückschicken. Bei einem „alten Hasen" kann er es ggf. verantworten (sofern kein Schaden in Verzug ist), den Auszubildenden erst einmal ausprobieren zu lassen, da bekanntlich sehr viel aus eigenen Fehlern gelernt wird.

- *Ausführung:*

  Der Auszubildende erarbeitet nun selbständig den Auftrag.

  Der Ausbilder „beobachtet" den Auszubildenden, damit er in der Auswertungs- bzw. Analysephase dem Auszubildenden eine qualifizierte Rückmeldung geben kann.

- *Kontrolle:*

  In dieser Phase kontrolliert der Auszubildende selbstständig sein Ergebnis. Dieses kann durch im Vorfeld oder in der Planungsphase festgelegte Kriterien oder durch so genannte Kontrollroutinen erfolgen. Bei einigen handlungsorientierten Methoden (z. B. Fallstudie, Leittextmethode) sind Lösungshinweise bzw. Musterlösungen vorhanden.

- *Auswertung/Analyse:*

  In der Auswertungsphase analysieren Ausbilder und Auszubildender gemeinsam die verschiedenen Kompetenzbereiche (Fach-, Methoden-, Sozialkompetenz). Das fachliche Ergebnis, die Planung bzw. Vorgehensweise und die Kundenorientierung werden besprochen. Bei einer Teamarbeit wird zudem die Zusammenarbeit thematisiert. Wichtig ist hierbei, dass das Gespräch in einer konstruktiven Atmosphäre verläuft. In der Auswertungsphase erfolgt auch eine Bewertung der Leistung.

Im Anschluss wird die weitere Vorgehensweise besprochen. In der Regel wird das Erlernte nun weiter vertieft oder es wird mit einem ähnlichen Thema die Ausbildungsreihe fortgesetzt. Bei einem unbefriedigenden Ergebnis wird der Kreislauf mit der gleichen Aufgabenstellung noch einmal durchlaufen.

5.2.1 Erkundung

Bei einer Erkundung geht es um die Erarbeitung von komplexen Sachverhalten, es werden Informationen gesammelt und Zusammenhänge recherchiert. Dabei verlassen die Auszubildenden i. d. R. ihren Arbeitsplatz, ggf. sogar die Betriebsstätte, „um sich zu erkundigen".

Mit der Erkundung werden in gleichem Maße die Fach-, Methoden- und die Sozialkompetenz gefördert. Der Auszubildende lernt schnell, auf andere zuzugehen und zu kommunizieren. Geeignet ist die Erkundung bereits am ersten Arbeitstag der Ausbildung. Dann ist es allerdings sinnvoll, die Erkundung mindestens als Partnerarbeit durchzuführen. So führen einige Versicherungsgesellschaften in den ersten Tagen der Ausbildung eine „Hausrallye" zum Kennenlernen der Betriebsstätte durch. Dies ist bereits eine erste Form einer Erkundung.

Damit tatsächlich die berufliche Handlungskompetenz gefördert wird, ist es notwendig, den Erkundungsauftrag möglichst offen zu gestalten. Nur so sind alternative Handlungsmöglichkeiten gegeben und es kann überhaupt eine Planungs- bzw. Organisationsphase stattfinden.

Arbeitsauftrag und Erkundung

Der Auftrag „Gehen Sie bitte in die Abteilung *‚Außenorganisation' und erkundigen sich über die unterschiedlichen Vertragsformen für Außendienstpartner!"* ist zwar sinnvoll, erfüllt allerdings nicht die Kriterien des selbstständigen Planens, Durchführens und Kontrollierens. Hier sollte eher von einem Arbeitsauftrag gesprochen werden.

Ein Beispiel für einen „echten" Erkundungsauftrag aus der Abteilung „Sachversicherungen" könnte lauten: *„Erkundigen Sie sich über unterschiedliche Sicherungseinrichtungen für private und gewerbliche Risiken und stellen Sie anschließend Ihre Ergebnisse vor."*

Der Auszubildende kann nun planen, wie er an geeignete Informationen kommt. Möglicherweise beginnt er mit einer Internetrecherche. Es gibt auch die Möglichkeit, sich in einem speziellen Fachgeschäft oder einem Baumarkt zu erkundigen. In vielen großen Städten gibt es zudem bei der Kriminalpolizei Ausstellungen zur Prävention von Einbruch- Diebstahlschäden. Auch die Form der Ergebnispräsentation ist offen. Der Auszubildende könnte eine Präsentation anfertigen und dem Ausbilder und anderen Auszubildenden zeigen; er könnte aber auch einen Flyer mit seinen Ergebnissen zusammenstellen.

Ein Erkundungsauftrag zur Förderung der Kunden- und Serviceorientierung könnte lauten: *„Wie findet Kundenorientierung bei anderen Unternehmen statt?"*

Bei diesem Auftrag ist es wichtig, dass die Auszubildenden bereits in der Planungsphase Beobachtungs- und Bewertungskriterien für Kunden- und Serviceorientierung formulieren.

5.2.2 Fallstudie

Bei der Fallstudie handelt es sich um einen komplexen, bereits abgeschlossenen Fall. Demnach steht das Ergebnis bereits fest. Die Auszubildenden sollen lernen, die Problem- bzw. Ausgangssituation zu erfassen, um sich anschließend die für eine Entscheidungsfindung erforderlichen Informationen zu beschaffen. Dabei ist es notwendig, dass alternative Lösungsmöglichkeiten bewertet werden, um eine sachlich fundierte Lösung zu finden.

Ursprünglich kommt die Fallstudie aus dem Jurastudium. Studenten wurde eine unklare Rechtslage vorgestellt und sie mussten nun anhand von Recherchen ein mögliches Urteil ausarbeiten. Dabei war es notwendig, durch Auswertung von Zeugenaussagen, vorliegenden Gutachten oder bereits an anderer Stelle verfassten Gerichtsurteilen Sachverhalte zu prüfen und zu bewerten.

Bei der Fallstudie erhält der Lernende nicht die gesamten Unterlagen mit der Aufgabenstellung ausgehändigt, sondern er soll sich die notwendigen Informationen aus den Quellen (Zeugenaussagen, Gutachten, ...) selbstständig erschließen und dabei auf weitere Quellen kommen. Es ist quasi wie ein Puzzlespiel. Nur der Teilnehmer, der alle notwendigen Quellen (= Puzzleteile) gefunden hat und diese auch richtig interpretiert, wird das gleiche oder ein sehr ähnliches Ergebnis erzielen, wie in der ursprünglichen Lösung vorgesehen. Durch diese Vorgehensweise wird überwiegend Fach- und Methodenkompetenz vermittelt. Der Auszubildende soll das Erlernte auf andere Fälle in der Praxis transferieren können.

Gerade in der Versicherungswirtschaft ist der Einsatz von Fallstudien eine geeignete Methode, z. B. in den Schaden- und Leistungsabteilungen, aber auch bei jeder erschwerten Risikobewertung im Antragsbereich. Ein Auszubildender verweilt gemäß Ausbildungsrahmenplan durchschnittlich drei Monate in den verschiedenen Fachabteilungen. Die Bearbeitung von komplexen und schwierigen Schaden- bzw. Leistungsfällen dauert häufig deutlich länger. So dauert die Regulierung eines Verkehrsunfalls mit strittiger Rechtslage in der Kraftfahrtversicherung mehrere Monate. Ähnliches ist aus dem Leistungsbereich der Unfallversicherung zu berichten. Gemäß den AUB wird ein Jahr nach dem Unfallereignis der Invaliditätsgrad endgültig festgelegt. Eine Vorinvalidität oder eine Mitwirkung aufgrund einer Erkrankung (z. B. beeinträchtigt Diabetes den Heilungsprozess) machen die Regulierung zu einem komplexen Fall. Ein Auszubildender, der lediglich drei Monate in der Abteilung eingesetzt wird, hätte nicht die Gelegenheit, einen solch komplexen Fall in Gänze kennenzulernen. Zudem dauert die zu führende Korrespondenz (Arztberichte, Gutachter, Rechtsanwälte) häufig mehrere Wochen. Durch die Bearbeitung eines solchen Falles, in Form einer Fallstudie, kann so ein komplexer Sachverhalt handlungsorientiert vermittelt werden. Nachdem der Auszubildende den Fall bearbeitet hat, wird das Ergebnis mit der tatsächlich vorgenommenen Regulierung verglichen. In der Analysephase bespricht der Ausbilder mit dem Auszubildenden, warum es ggf. zu einem abweichenden Ergebnis gekommen ist.

Bei der Bearbeitung der Fallstudie sind die folgenden Schritte relevant:

- Konfrontation mit dem Fall – was ist passiert?
- Informationsbeschaffung – welche Informationen werden benötigt und woher bekommen wir diese Informationen?
- Denken in Alternativen – welche möglichen Lösungen sind denkbar?
- Entscheidungsfindung – welche Entscheidung treffen wir und welche Konsequenzen hat diese Entscheidung?
- Ausarbeitung der Entscheidung – Pro und Contra werden dargestellt
- Vergleich – Vergleich der ausgearbeiteten Entscheidung mit der tatsächlich vorher in der Realität getroffenen Entscheidung
- Analyse – an welchen Stellen gab es Abweichungen und wie lassen sich diese Abweichungen in der Zukunft vermeiden?

Die Auswahl der Fallstudien in der betrieblichen Ausbildung orientiert sich weniger an Fachwissenschaften, sondern an berufsbedeutsamen und komplexen Problem-, Handlungs- und Entscheidungssituationen, mit denen ein Mitarbeiter in der Versicherungswirtschaft unmittelbar konfrontiert wird.

5.2.3 Leittext-/Leitfragenmethode

Die Leittextmethode kann als schriftliche Anleitung zum selbstständigen Lernen verstanden werden. Der Auszubildende erhält eine Art Bedienungsanleitung (Leittext) mit einer Checkliste und gestaltet danach seinen Lernvorgang. Der Auszubildende ist dabei für seine Vorgehensweise, die Beschaffung der benötigten Hilfsmittel und seine Kontrolle verantwortlich. Im gewerblich-technischen Bereich könnte die Bauanleitung für ein technisches Gerät als Leittext gestaltet werden.

Leitfragenmethode

Im Bereich der Ausbildung zum „Kaufmann für Versicherungen und Finanzen" kommt eher die Variante der Leitfragenmethode zum Einsatz.

Wie auch bei den anderen Methoden wird der Auszubildende mit einer Problemstellung, einem Praxisfall, konfrontiert. Zusätzlich erhält der Auszubildende einen Katalog von Leitfragen. Mithilfe dieser Leitfragen erarbeitet der Auszubildende eigenverantwortlich den Sachverhalt, um anschließend mit dem erworbenen Wissen den Fall zu lösen. Im Sinne der Handlungsorientierung sollte am Ende immer eine Handlung, z. B. ein Antwortschreiben an einen Kunden, die Schadenregulierung, eine Angebotserstellung oder Ähnliches erfolgen.

Beispiel

Problemstellung/Fall

Der 20-jährige Student Simon Tewes hat sich ein Auto gekauft. Vom Autohändler hat er nun erfahren, dass er für die Anmeldung des Fahrzeugs beim Straßenverkehrsamt den Nachweis einer Kraftfahrzeugversicherung benötigt. Da seine Eltern bereits bei der Proximus Versicherung Kunden sind, bittet er in einem Brief um Erläuterung des Sachverhalts und um ein schriftliches Angebot. Eine genaue Beschreibung des Fahrzeugs bzw. die Fahrzeugdaten hat er in Kopie beigefügt.

Ausschnitt von möglichen Leitfragen

1. Welche gesetzliche Bestimmung regelt, dass ein Nachweis einer Versicherung notwendig ist?
2. Für wen findet dieses Gesetz keine Anwendung?
3. Welches sind die Hintergründe, die zum Erlass dieses Gesetzes geführt haben?
4. Welcher Versicherungsschutz muss mindestens abgeschlossen werden?
5. Wodurch weist der Kunde bei der Zulassung seinen Versicherungsschutz nach?
6. Erläutern Sie den Inhalt und das Vertragswesen der „vorläufigen Deckungszusage".
7. Welche Deckung wird dabei konkret erteilt?
8. Gibt es Unterschiede zum Deckungsumfang bei den Produkten der Proximus Versicherung?
9. Welchen zusätzlichen Versicherungsschutz empfehlen Sie dem Kunden?
10. bis 19. (...)
20. Auftrag an Auszubildenden: Stufen Sie dieses Fahrzeug in eine Schadenfreiheitsklasse ein und erstellen Sie für den oben genannten Kunden ein konkretes Angebot.

Nachdem der Auszubildende die Leitfragen beantwortet hat (Phase der Durchführung), erhält er vom Ausbilder eine „Musterlösung". Nun kann der Auszubildende in Form einer Selbstkontrolle seine Lösung überprüfen.

Die Leitfragen sollten so aufgebaut werden, dass sie den pädagogischen Prinzipien vom „Leichten zum Schweren" bzw. „vom Allgemeinen zum Speziellen" genügen. Gleichzeitig muss darauf geachtet werden, dass in Folgefragen nicht Antworten auf Vorgängerfragen gegeben werden. Beispiel: In Frage Nr. 3 wird nach unterschiedlichen Leistungsarten in der Kraftfahrtversicherung gefragt und in der Frage Nr. 6 heißt es dann: Erklären Sie den Versicherungsumfang der Fahrzeugteil-Versicherung (Teilkasko). Aus der Frage Nr. 6 kann ein Teil der Antwort zu 3. erschlossen werden.

Die Leitfragenmethode eignet sich sehr gut als Einzelarbeit. Mit der Leitfragenmethode wird insbesondere Fachkompetenz vermittelt.

5.2.4 Postkorb

Während der Ausbildung soll der Auszubildende an der täglichen Arbeit teilnehmen und natürlich auch bei der Bearbeitung der Tagespost eingebunden werden. Dieses entspricht selbstverständlich der Zielsetzung der Ausbildung und sollte weitestgehend gefördert werden.

fiktiver Postkorb

Die Ausbildungsmethode „Postkorb" ist an die normale Postbearbeitung angelehnt. Allerdings stellt der Ausbilder einen fiktiven Postkorb lernzielorientiert zusammen. Dabei können die Poststücke aus der „normalen" Eingangspost entnommen sein. Ähnlich wie bei der Fallstudie können so Vorgänge bearbeitet werden, die in der Tagespost nur selten vorkommen, zudem wird bei der Postkorbmethode neben der Fachkompetenz hauptsächlich Methodenkompetenz vermittelt.

Bei der Postkorbmethode werden dem Auszubildenden ca.12 bis 15 fiktive, allerdings realitätsnahe Poststücke ausgehändigt, die dieser in einer bestimmten Zeit zu bearbeiten hat. Die Poststücke werden so ausgewählt, dass einzelne Poststücke miteinander verknüpft sind und bestimmte Poststücke eine höhere Priorität besitzen als andere. Gegebenenfalls sind auch Poststücke dabei, die überhaupt nicht bearbeitet werden müssen. In den Postkorb können auch solche Poststücke eingepflegt werden, die durch Besonderheiten von der normalen Routine abweichen. Dadurch werden die Konzentrationsfähigkeit und die Aufmerksamkeit des Auszubildenden erhöht, da er darauf achten muss, ob Besonderheiten vorliegen.

Der Auszubildende lernt mit dieser Methode, Zusammenhänge zu erkennen und seine Arbeitsökonomie zu steigern. Zudem lernt er Prioritäten zu setzen und zu delegieren. Mit der Methode wird der schriftliche Ausdruck des Auszubildenden verbessert und das Verfassen von kundenorientierten Briefen trainiert.

+

Beispiel

Der Auszubildende soll sich in die Rolle des Ausbildungsleiters der Proximus Versicherung AG versetzen.

Es ist der 30.9.2012. Nach zweitägiger Abwesenheit (z. B. Seminar) kommt der Ausbildungsleiter morgens an seinen Arbeitsplatz. Dort findet er die Eingangspost der letzten Tage. Am Nachmittag hat er einen wichtigen Besprechungstermin und am morgigen Tag leitet er wieder eine Schulung. Daher muss die Post sofort und zügig bearbeitet werden.

1

IHK zu Dortmund 30.09.2012
Obere Kieferstr. 13
44141 Dortmund

Proximus Versicherungen
Postfach

44101 Dortmund

Ärztliche Untersuchung

Sehr geehrte Damen und Herren,

für einige Ihrer Auszubildenden fehlen uns noch die ärztlichen Bescheinigungen.
Bitte reichen Sie uns diese bis zum 18.10.2012 ein.

Mit freundlichen Grüßen

i. A. Seliger

2

Durch den steigenden Wettbewerb ist Ihr Unternehmen aus dem Arbeitgeberverband ausgetreten. Mit allen Mitarbeitern soll vereinbart werden, dass es pro Kalenderjahr nur noch 28 Urlaubstage gibt.

Ihr Mitarbeiter hat nun für die drei Auszubildenden Ihres Unternehmens die entsprechenden Vereinbarungen vorbereitet und Ihnen zur Unterschrift vorgelegt.

Zwischen der Proximus Versicherung und Herrn Franz Meyer, geb. 17.09.1996, wird folgende Vereinbarung getroffen:

Der für das Kalenderjahr zu gewährende Erholungsurlaub beträgt rückwirkend ab dem 01.01.2012
28 Werktage.

Proximus Versicherung-AG   Franz Meyer

Zwischen der Proximus Versicherung und Frau Iris Kuhnert, geb. 19.10.1992, wird folgende Vereinbarung getroffen:

Der für das Kalenderjahr zu gewährende Erholungsurlaub beträgt rückwirkend ab dem 01.01.2012
28 Werktage.

Proximus Versicherung-AG   Iris Kuhnert

Zwischen der Proximus Versicherung und Frau Claudia Wehr, geb. 04.09.1995, wird folgende Vereinbarung getroffen:

Der für das Kalenderjahr zu gewährende Erholungsurlaub beträgt rückwirkend ab dem 01.01.2012
28 Werktage.

Proximus Versicherung-AG   Claudia Wehr

4

3

Hubert Holthausen 30.09.2012
Kurze Straße 11
44139 Dortmund

Proximus Versicherungen
Postfach

44101 Dortmund

Ferienarbeit

Sehr geehrte Damen und Herren,

das von mir in Ihrem Haus im Frühjahr durchgeführte Schülerpraktikum (Klasse 8 c der Geschwister-Scholl-Realschule) hat mir sehr gut gefallen. Inzwischen bin ich 15 Jahre alt und würde gerne in den Herbstferien für zwei Wochen eine Ferienarbeit übernehmen, um mein Taschengeld aufzubessern. Von einem Mitarbeiter Ihres Unternehmens habe ich erfahren, dass Sie in der Hausdruckerei Aushilfen für Sortier- und Lagerarbeiten benötigen.

Bitte teilen Sie mir mit, ob ich bei Ihnen arbeiten kann.

Mit freundlichen Grüßen

4

Ihre Auszubildenden besuchen an zwei Tagen in der Woche die Berufsschule. Das Unternehmen gestattet den Auszubildenden an einem Tag nachmittags frei zu nehmen. An dem anderen Berufsschultag müssen sie im Betrieb arbeiten. Aufgrund von Rückständen im Leistungsbereich bittet der zuständige Abteilungsleiter darum, dass die auslernende Iris Kuhnert ab sofort an beiden Berufsschultagen nachmittags arbeitet.

Bitte klären Sie den Sachverhalt.

5

Personalabteilung

Herrn Schmidt

Sehr geehrter Herr Schmidt,

der Kostendruck in unserem Unternehmen nimmt weiter zu. Gerade im Bereich der Erstausbildung fallen immer höhere Kosten an. Wir beobachten, dass viele Auszubildende nach Beendigung der Ausbildung nicht wie ursprünglich vorgesehen in den Außendienst wechseln und das Unternehmen verlassen. Daher bitten wir Sie, zukünftig folgenden Passus in den Ausbildungsvertrag aufzunehmen:

§ 11 Die zukünftige Verwendung nach der Berufsausbildung erfolgt im Außendienst. Sollte der Auszubildende nach seiner Ausbildung nicht in den Außendienst der Südstern Versicherung wechseln, so verpflichtet er sich, die während der Ausbildungszeit vom Unternehmen erhaltenen Sonderzahlungen (Urlaubs- bzw. Weihnachtsgeld) zurückzuzahlen.

Bitte prüfen Sie diesen Vorschlag.

Mit freundlichen Grüßen

Abteilung Controlling
Schulze-Havixbeck

6

Franz Meyer
Schulstraße 17
44143 Dortmund

30.09.2012

Proximus Versicherungen
Postfach

44101 Dortmund

Kündigung meines Ausbildungsvertrages

Sehr geehrter Herr Schmidt,

nach reiflicher Überlegung kündige ich meinen Ausbildungsvertrag mit sofortiger Wirkung.

Meine Eltern wollten, dass ich Versicherungskaufmann lerne, und haben für mich den Ausbildungsvertrag geschlossen. Nach nun fast zwei Monaten Ausbildung glaube ich, dass mir eine spätere Tätigkeit im Außendienst nicht liegt.

Bitte haben Sie Verständnis für meine Entscheidung.

Mit freundlichen Grüßen

7

Sehr geehrter Herr Schmidt,

wie Sie aus der beigefügten Quittung ersehen, habe ich für meinen Berufsschulunterricht das Buch „Feuerversicherung und Nebenzweige", für 44,90 Euro gekauft. Bitte erstatten Sie mir das Geld zurück.

Mit freundlichen Grüßen

Claudia Wehr

8

> Ihr Versicherungsunternehmen hat eine Hausdruckerei. Die Mitarbeiter der Druckerei arbeiten montags bis donnerstags von 06.30 Uhr bis 15.00 Uhr und freitags von 06.30 Uhr bis 13.30 Uhr. Von 11.45 Uhr bis 12.15 Uhr ist Mittagspause. Da in der Druckerei einige Mitarbeiter nur in den Herbstferien ihren Urlaub nehmen können, gibt es in dieser Zeit häufig einen Personalengpass.
>
> Der Bereich fordert bereits jetzt eine Aushilfe für diese Zeit an.
>
> Bitte kümmern Sie sich um dieses Problem.

Abbildung 9: Postkorb

Ausgewählte Lösungshinweise:

- Beim Poststück Nr. 6 handelt es sich um eine Kündigung eines Auszubildenden. Dieser Brief erhält die oberste Priorität.
- Zwischen den Poststücken Nr. 1, 3 und 6 gibt es Zusammenhänge. Diese sollten bei der Bearbeitung erkannt werden.
- Bei den Poststücken Nr. 3 und 8 ist die Zuständigkeit zu prüfen. Gegebenfalls handelt es sich hierbei um Irrläufer oder sie können delegiert werden.

5.2.5 Projektmethode

Die Projektmethode kann von einem Auszubildenden allein durchgeführt werden, sollte aber nach Möglichkeit als Teamaufgabe erfolgen. Bei der Projektmethode geht es darum, dass die Auszubildenden den Auftrag erhalten, etwas „Neues" zu entwickeln oder etwas „Vorhandenes" zu verbessern. Damit wird das Ziel der Aufgabe definiert. Es gibt also keine festgeschriebene Lösung und das Ergebnis kann vollkommen offen sein. Die Kreativität der Auszubildenden wird gefördert, die Auszubildenden lernen im Team zu arbeiten, sich selbstständig zu organisieren und sie steigern gleichzeitig ihr Fachwissen. Alle Kompetenzbereiche werden in hohem Umfang durch die Projektmethode gefördert.

Beispiel

Die Auszubildenden in einer größeren Agentur erhalten den Auftrag, für eine Zielgruppe ihrer Wahl eine Verkaufsaktion zu organisieren.

Besonders der Planungsphase kommt bei einer Projektarbeit eine zentrale Bedeutung zu. Hier müssen möglichst viele Informationen beschafft und vielfältige Fragestellungen bedacht werden.

- Was für Verkaufsaktionen wurden bereits in der Vergangenheit durchgeführt? Wie erfolgreich waren diese?
- Welche Zielgruppe soll angesprochen werden?
- Welche Produkte bieten sich an? Wie grenzen wir uns von Marktbegleitern ab?
- Wie hoch ist das zur Verfügung stehende Budget?

- In welchem Zeitraum soll die Aktion starten?
- Wer macht was, mit wem, bis wann?
- Soll ein eigener Flyer entwickelt werden? Soll die Aktion durch Werbung in der Zeitung oder durch Plakatwerbung unterstützt werden?
- Gibt es Unterstützung durch die Direktion?

Weitere Fragen sind zu klären und ein Organisationsplan ist zu erstellen.

Aus den Informationen der Planungsphase werden nun alternative Lösungswege erarbeitet. In der Entscheidungsphase wird die Strategie der Verkaufsaktion endgültig beschlossen und die Durchführung kann beginnen.

Anhand dieses Beispiels wird deutlich, dass das Ergebnis offen ist. Die Aktion könnte sowohl für junge Leute, für Familien, für Hausbesitzer, „Best Agers", Autofahrer oder weitere Zielgruppen stattfinden. Es kann sich um eine Kranken-, Unfall-, Lebens-, Sachversicherung oder eine andere Sparte handeln. Die Auszubildenden können Werbebriefe an selektierte Bestandskunden versenden, sie können mit Anzeigen arbeiten oder in der Agentur einen Tag der offenen Tür planen. Sie können die Aktion mit Werbepräsenten oder einem Preisausschreiben begleiten.

Bei der Durchführung von Projektarbeiten ist es wichtig, dass die Ergebnisse in der Praxis tatsächlich verwertbar sind. Nichts ist für Auszubildende demotivierender, als wenn nach großen Anstrengungen die Ergebnisse nicht beachtet werden. Mindestens Teilbereiche sollten vom Unternehmen verwertet werden. Zur Vorbereitung auf eine Projektarbeit bietet sich die Methode „Erkundung" an.

5.2.6 Rollenspiel

Die Methode Rollenspiel zielt insbesondere auf Verhaltensänderungen ab. Hier können Alltagssituationen wie z. B. Kundenberatungsgespräche geübt werden.

Blinder Fleck

Indem der Auszubildende verschiedene Rollen einnimmt, lernt er, wie andere Personen denken und fühlen. Durch das Rollenspiel können Vorurteile über Personen und ihr Verhalten abgebaut werden. Der Auszubildende lernt sensibel mit anderen Personen umzugehen. Gleichzeitig erhält er eine Rückmeldung, wie er auf andere Personen wirkt (vgl. Kap. 5, 4.2.2 zum „Blinden Fleck" im Johari-Fenster) und welche Reaktion bei anderen Menschen durch sein Verhalten ausgelöst wird. Bei der Rückmeldung sollten die Feedback-Regeln (siehe Kap. 5, 4.2.1) eingehalten werden. Durch den Vergleich von Selbstbild und Fremdbild wird überhaupt erst eine Verhaltensänderung möglich.

Feedback-Regeln

Neben der Förderung der Sozialkompetenz lernt der Auszubildende auch, Gespräche strukturiert zu führen und verhandlungssicher auf Äußerungen des Gesprächspartners zu reagieren. In einem Rollenspiel wird direkt keine Fachkompetenz vermittelt. Der Auszubildende wendet das vorhandene Fachwissen im Gespräch an.

Die Methode Rollenspiel kann spontan am Arbeitsplatz angewendet werden. Nach jeder fachlichen Ausbildungseinheit könnte zur Vertiefung und zur Lernerfolgskontrolle ein Rollenspiel in Form eines Kundenberatungsgesprächs folgen.

Rollenspiele können auch in Gruppen durchgeführt werden. Dabei ist zu beachten, dass im Rollenspiel durchgeführte „spielerische" Konflikte nicht auf die Gruppe übertragen werden. Auch besteht die Gefahr, dass Teilnehmer stigmatisiert werden, d. h., dass sie z. B. mit einer negativen Rolle oder Einstellung belegt werden.

Beispiel

Eine Gruppe von Auszubildenden übt schwierige Kundengespräche. Nach ersten einfachen Gesprächsrunden erhält nun eine Teilnehmerin die Aufgabe (Rolle), eine aufgebrachte und aggressive Kundin zu spielen. Die Auszubildende spielt diese Rolle so gut, dass der Gesprächspartner im Gespräch hilflos „unterliegt". Da die Teilnehmerin diese Rolle so gut gespielt hat, bittet der Ausbilder sie, ein weiteres Mal in diese Rolle zu schlüpfen. Auch diesmal hat der Gesprächspartner keine Chance gegen die aufgebrachte Kundin anzukommen.

Stigmata

Nach den Übungssequenzen behält die Auszubildende in den Augen der Mitauszubildenden dieses Verhalten bei. Sie wird nun immer als die aggressive, launische Kollegin gesehen, sie hat also die Stigmata „launisch" und „aggressiv" erhalten.

Hier hätte der Ausbilder durch ständigen Rollentausch zwingend eingreifen müssen. Nach der negativ belegten Rolle hätte die Teilnehmerin im Anschluss eine positive oder neutrale Rolle erhalten müssen.

5.3 Lern- und Arbeitstechniken

Lern- und Arbeitstechniken lassen sich nicht eindeutig voneinander abgrenzen, denn Lernen und Arbeiten bedingen einander. Oftmals werden die gleichen Techniken angewendet, einmal beim Wissenserwerb und zum anderen bei der Gestaltung von Arbeitsprozessen.

Lern- und Arbeitstechniken stehen in enger Verbindung mit dem oben bereits beschriebenen Lerntyp des Auszubildenden. Der Auszubildende sollte zunächst angeleitet werden, seinen individuellen Lerntyp zu bestimmen. Entsprechend des Lerntyps können ganz unterschiedliche Lern- und Arbeitstechniken zum Erfolg führen.

Für den visuellen Lerntyp bietet es sich an, möglichst viele Informationen in „Bilder" zu übersetzen. Vielleicht kann der Auszubildende sich Bilder zum Lernstoff heraussuchen oder selbst anfertigen.

4

Arm im Schultergelenk	70 %
Arm bis oberhalb des Ellenbogengelenks	65 %
Arm unterhalb des Ellenbogengelenks	60 %
Hand im Handgelenk	55 %
Daumen	20 %
Zeigefinger	10 %
anderer Finger	5 %
Bein über der Mitte des Oberschenkels	70 %
Bein bis zur Mitte des Oberschenkels	60 %
Bein bis unterhalb des Knies	50 %
Bein bis zur Mitte des Unterschenkels	45 %
Fuß	40 %
große Zehe	5 %
andere Zehe	2 %
Auge	50 %
Gehör auf einem Ohr	30 %
Geruchssinn	10 %
Geschmackssinn	5 %
Bei Teilverlust oder teilweiser Funktionsbeeinträchtigung gilt der entsprechende Teil des jeweiligen Prozentsatzes.	

Tabelle 4: Gliedertaxe in der Unfallversicherung (Proximus 2, S. 100)

Die Gliedertaxe in der Unfallversicherung kann durch den Bedingungstext (AUB 2008, 2.1.2.2.1, Proximus) erlernt werden oder wie in der beigefügten Abbildung aus einem Schaubild.

Das Sprichwort: „Ein Bild sagt mehr als tausend Worte" findet hier seine Anwendung. Auch Graphiken und Tabellen helfen dem visuellen Lerntyp.

Gliedertaxe

bei Verlust oder Funktionsunfähigkeit

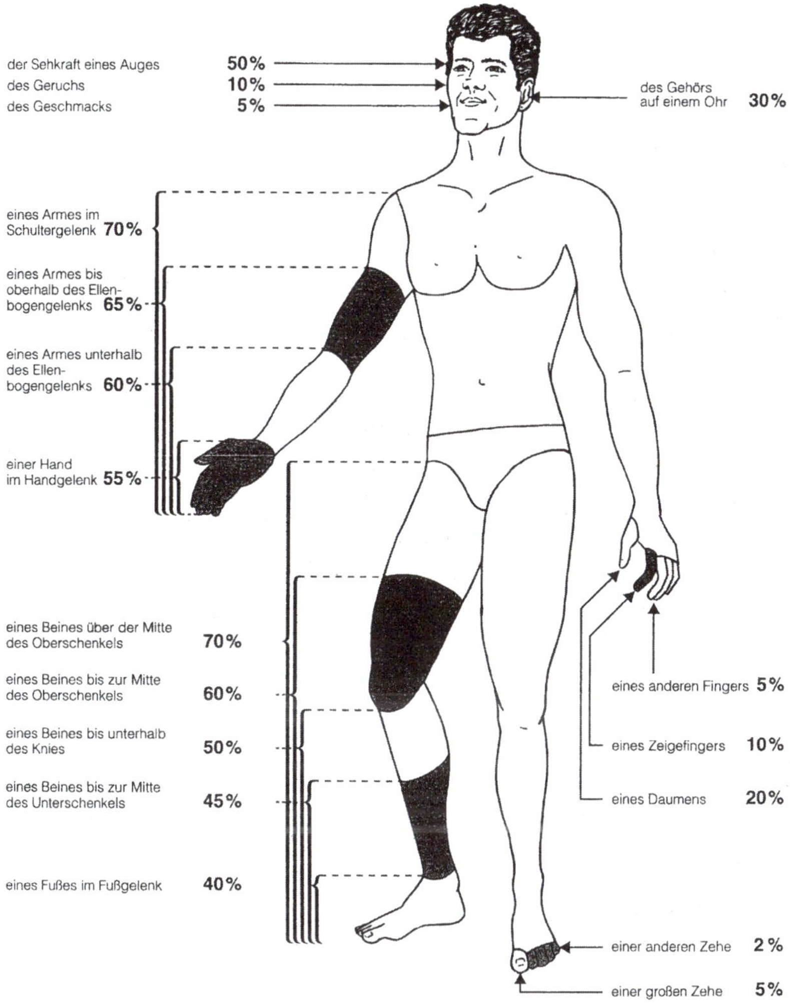

Abbildung 10: Gliedertaxe in der Unfallversicherung (Holthausen 2008, S. 35)

Eine sehr gute Lern- und Arbeitstechnik ist das Anfertigen einer Gliederung. Dies kann durch eine hierarchische Darstellung erfolgen. Komplexe Sachverhalte können allerdings auch mit so genannten Mind-Maps erschlossen werden. Mit dieser Methode können Ideen geordnet und leicht Zusammenhänge und Verknüpfungen dargestellt werden.

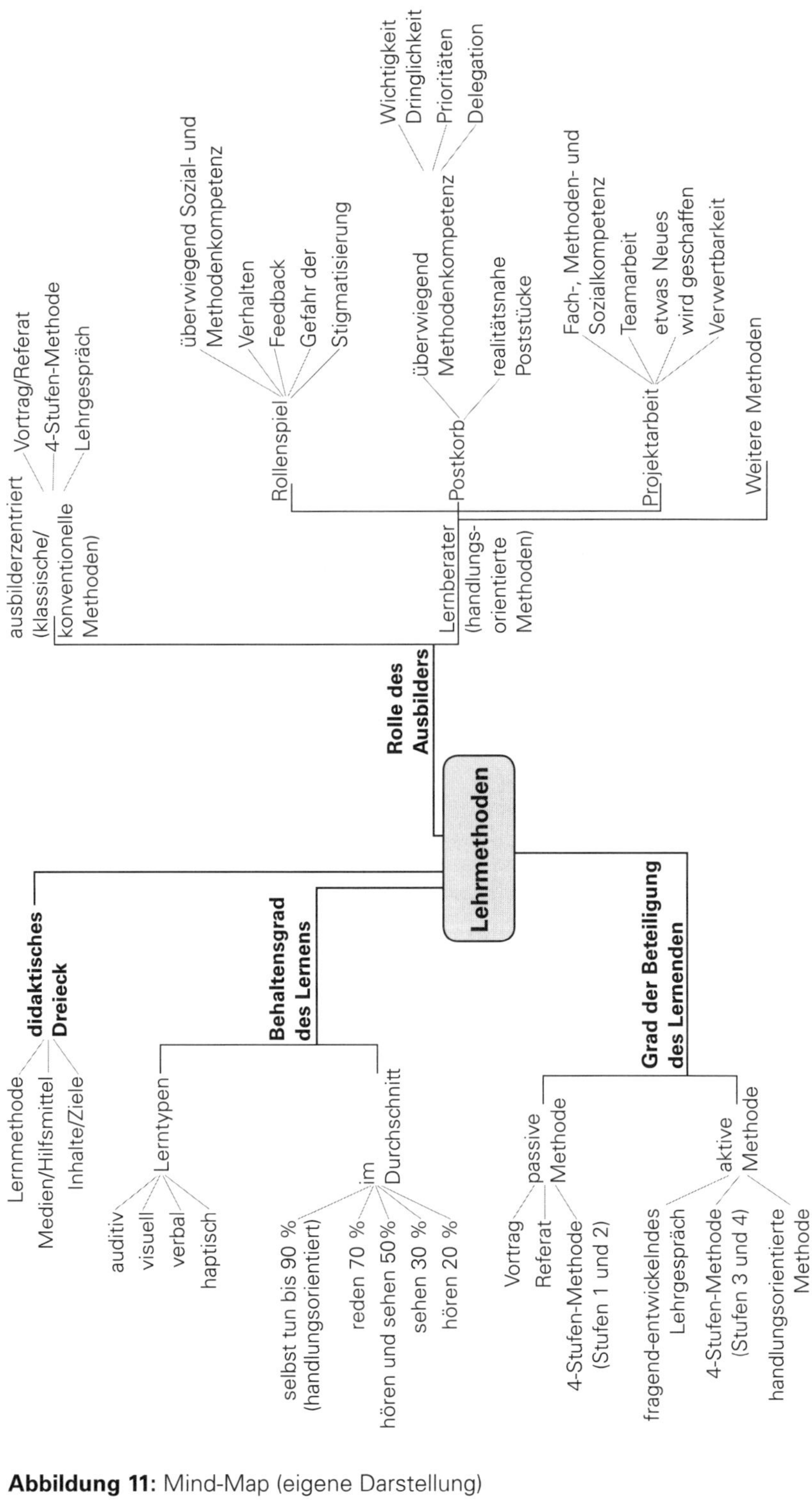

Abbildung 11: Mind-Map (eigene Darstellung)

Lernkartei

Eine andere Lernhilfe ist das Anfertigen einer so genannten Lernkartei. Gerade Faktenwissen kann hierdurch relativ schnell erlernt werden. Bei einer Lernkartei werden Karteikarten so angefertigt, dass auf der Vorderseite ein Stichwort steht und auf der Rückseite die entsprechende Erklärung hierzu. Allein das Anfertigen der Kartei bedeutet eine Erarbeitung bzw. Wiederholung des Stoffes. Hat man nun einige Lernkarten geschrieben, werden diese in einen speziellen Karteikasten einsortiert. Dieser Karteikasten hat fünf verschiedene Fächer. Es wird wie folgt gelernt:

Im ersten Fach stehen alle neuen bzw. noch zu lernenden Karteikarten. Der Lernende nimmt sich nun die erste Karte und schaut auf den Begriff. Kann er den Inhalt (Rückseite) richtig wiedergeben, dann wandert diese Karte in das zweite Fach. Wird die Karte nicht oder nur unvollständig erläutert, so kommt die Karte an das Ende des Faches Nr. 1. Hierdurch werden immer nur die noch nicht gelernten Karteikarten angeschaut. Nach wenigen Tagen nimmt sich der Lernende die Karten des Faches Nr. 2 vor. Alle Karten, die er beherrscht, wandern in Fach 3, die bis dahin wieder vergessen wurden, gehen zurück in das Fach 1. So wird nun mit allen Fächern verfahren. Der Inhalt einer Karte, welche im Fach Nr. 5 gelandet ist, und auch dort richtig wieder gegeben wurde, ist im Langzeitgedächtnis abgespeichert.

Durch die Lernkartei wird die Arbeitsökonomie erheblich verbessert. Der Lernende beschäftigt sich immer nur mit wenigen Karten. Durch die Lernkartei werden sehr schnell Erfolgserlebnisse vermittelt. Durch das Intervall-Lernen, also das ständige Wiederholen, festigt sich der Lernstoff. Karteikarten können leicht mitgenommen werden, um z. B. Wartezeiten (Pausen, Busfahrt etc.) ökonomisch zu überbrücken. Allerdings eignen sich Lernkarteien nur für das Abspeichern von Faktenwissen; praktische Anwendungen oder das Verständnis von Verknüpfungen werden nicht gefördert.

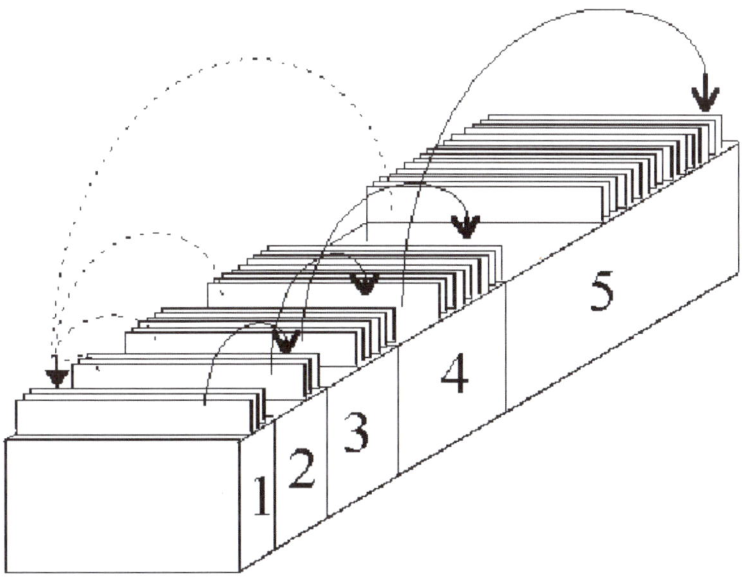

Abbildung 12: Lernkartei (in Anlehnung an Leitner 1995)

4

Lerngruppe

Für viele Lernende bietet sich die Gründung einer Lerngruppe an. Durch das Gespräch mit anderen wird der Stoff vertieft, indem auftauchende Fragen bzw. Problemstellungen gemeinsam gelöst werden. Durch den Austausch untereinander haben die Teilnehmer auch die Chance, Lern- bzw. Arbeitstechniken, die andere Mitglieder anwenden, zu übernehmen. Die Mitglieder einer Lerngruppe können sich gegenseitig motivieren bzw. anspornen und dafür sorgen, dass alle Gruppenmitglieder tatsächlich den verabredeten Lernstoff zu festgelegten Terminen präsent haben. Zudem wirkt der Kontakt zu anderen einer Isolierung des Lernenden entgegen.

Bei der Gründung von Lerngruppen sollten allerdings einige wichtige Aspekte bedacht werden. Die Mitglieder sollten darauf achten, dass die Arbeitsgruppe vom Leistungsvermögen homogen ist. Ansonsten kommt es schnell zu Frustrationen hinsichtlich Über- und Unterforderung. Eine handlungsfähige Lerngruppe sollte aus drei bis maximal fünf Personen bestehen. Zu Beginn sollten die Teilnehmer ganz klar ihre Ziele und Erwartungen austauschen. Während es dem einen Teilnehmer vor allem um soziale Kontakte geht, möchten andere Teilnehmer zielgerichtet fachlich arbeiten. Zudem sollten die Teilnehmer einen gemeinsamen, realistischen Zeitplan entwickeln und für jedes Treffen ein Thema festlegen.

Modell der vollständigen Handlung

Für alle Lernenden ist die Verinnerlichung des Modells der vollständigen Handlung von besonderer Bedeutung beim Lernen und Arbeiten. Wie bereits oben verdeutlicht, durchlaufen Mitarbeiter bei jeder neuen Aufgabe bewusst oder unbewusst diesen idealtypischen Handlungsweg. Das Bewusstmachen dieses Handlungswegs führt dazu, dass die Auszubildenden lernen, Aufgabenstellungen zunächst gründlich zu analysieren, Informationen zu sammeln und alternative Lösungsstrategien zu entwickeln. Erst danach wird mit der tatsächlichen Umsetzung begonnen. Eine Lern- und Arbeitsstrategie ist hierbei, dass die Auszubildenden während des gesamten Prozesses ihre Arbeitsschritte dokumentieren. Die spätere Analyse soll dann dazu führen, dass die Auszubildenden Checklisten erstellen, um diese dann bei späteren Aufgabenstellungen anzuwenden.

6. Medien

Medien sind Hilfsmittel, die dazu beitragen, das selbstständige Handeln der Auszubildenden zu unterstützen oder die Unterweisung anschaulich und interessant zu gestalten. Wie bereits erläutert, steigt der Behaltensgrad des Lernens, je anschaulicher der Stoff vermittelt wird.

Die Ausbildung am Arbeitsplatz sollte nach Möglichkeit fallbezogen stattfinden. Ein wichtiger Grundsatz lautet hier:

Praxis VOR Theorie!

! *fallbezogene Unterweisung*

Der Ausbilder sollte immer eine Unterweisung damit beginnen, dass er dem Auszubildenden einen praktischen Fall vorstellt und dann anhand dieses Falls das Wissen vermittelt. Dazu gehören als weitere Hilfsmittel: Kundenspiegel, Vertragsbilder, Bedingungen etc.

Bei Schadenfällen könnten Schadenbilder beigelegt sein, bei der Berechnung des Werts 1914 in der Wohngebäudeversicherung ein Bild von dem zu versichernden Haus, bei der Besprechung der Progressionen in der Unfallversicherung entsprechende Grafiken (Kurven).

Je mehr Sinne (sehen, hören, fühlen) bei der Vermittlung angesprochen werden, desto besser wird der Lernende den Stoff aufnehmen. Allerdings sollte darauf geachtet werden, dass kein „Medienzirkus" stattfindet. Medien müssen sinnvoll eingesetzt werden. Ein Zuviel an Medien lenkt vom eigentlichen Lernen ab. Medien dienen zur Unterstützung der Vermittlung und erfüllen keinen Selbstzweck.

Lernspiele

Wenig verbreitet ist bislang der Einsatz von Lernspielen. Einer Gruppe von Auszubildenden, die Schwierigkeiten im Bereich des betrieblichen Rechnungswesens (KVF-Ausbildungsrahmenplan lfd. Nr. 2.4 Buchstabe b „Auswirkungen von Geschäftsfällen auf den Betriebserfolg darstellen") haben, könnten gemeinsam in leicht modifizierter Form das Gesellschaftsspiel „Monopoly" spielen. Bei jedem Spielzug müssten dann die entsprechenden Buchungssätze gebildet werden. Wenn ein Spieler über Los kommt, so erhält er eine Gehaltszahlung, es werden Mieten fällig, und über die Ereigniskarten werden Steuern, Abgaben, Sonderzahlungen und ähnliche Geschäftsvorgänge fällig. Auch andere Spiele wie „Tabu", „Trivial pursuit" oder „Wer wird Millionär?" lassen sich leicht versicherungsspezifisch modifizieren und für die Vermittlung einsetzen.

Finden während der Ausbildung Seminare oder Betriebsunterrichtseinheiten statt, so sollten bei diesen Veranstaltungen unterstützende Medien wie Tageslichtprojektor, Pinnwände (vgl. Moderationsmethode), Flipcharts, PCs mit Beamer-Projektion oder auch Filmsequenzen eingebaut werden.

Grundsätzlich sollte der Ausbilder alle von ihm eingesetzten Materialien und Medien beherrschen. Zwei Gefahren sollten beim Einsatz von technischen Hilfsmitteln immer bedacht werden: Erstens, durch einen zu starken Einsatz von Medien kann der Ausbilder schnell den Bezug zu den Teilnehmern verlieren. Zweitens, viele Ausbilder sind hilflos, wenn aufgrund einer technischen Störung das entsprechende Gerät nicht funktioniert.

Lernprogramm

Es können auch computergestützte Lernprogramme, so genannte Web-based-Trainings, zum Einsatz kommen (siehe auch Kap. 2, 3.2.3, Fernunterricht). Gerade im Bereich der Ausbildung zum Versicherungsfachmann IHK, in der ein Teil der Sachkundeprüfung mit programmierten Aufgaben am PC stattfindet, sind solche Lernprogramme sehr verbreitet. Weitere Unterstützung kann durch betreute Internetforen stattfinden. Durch den Einsatz von virtuellen Klassenzimmern (Virtual Classroom), bei denen sich ein Tutor mit einer Gruppe von Lernenden zu Lernsequenzen im Internet verabredet, wird das Lernen orts- und zeitunabhängiger. Die Teilnehmer müssen neben einem PC mit Headset (Kopfhörer, Mikrofon und ggf. Kamera) ausgestattet sein.

7. Didaktische Begründung

Die endgültige Festlegung des Lernprozesses basiert auf den Erkenntnissen der didaktischen Analyse.

Lernausgangslage

Der erste Schritt ist die Betrachtung der Lernausgangslage, der Stärken bzw. Schwächen des Auszubildenden. Wie bereits beschrieben, soll der Ausbilder die Stärken des Auszubildenden fördern, damit dieser Erfolgserlebnisse erhält und für die weitere Ausbildung motiviert wird. Zudem muss der Ausbilder zwingend versuchen, die Schwächen des Auszubildenden zu beheben. Gemäß diesen Vorgaben bestimmt der Ausbilder die Auswahl der Methode.

Methodenwahl

So bietet sich z. B. für einen fachlich schwachen Auszubildenden die Leitfragenmethode, die Fallstudie oder das fragend-entwickelnde Lehrgespräch an. Ein fachlich starker, aber eher introvertierter Auszubildender könnte im Rahmen einer Projektarbeit mit anderen Auszubildenden zusammenarbeiten und ein Teilergebnis gemeinsam mit anderen präsentieren. Ein Auszubildender, der noch unstrukturiert arbeitet, wird mit Postkorbübungen an das methodische Arbeiten herangeführt. Mit einem sprachlich weniger geübten Auszubildenden sollte der Ausbilder häufig Kundenberatungsgespräche in Form von Rollenspielen üben. Bei einem Auszubildenden, der eher ein Einzelgänger ist, sollte der Ausbilder versuchen, diesen zunächst über Partnerarbeit und dann über Gruppenarbeiten in das Team zu integrieren.

Methodenmix

Zusätzlich ist bei der Auswahl der Methode darauf zu achten, dass die Methoden abwechselnd verwendet werden. Immer nur z. B. Leittexte oder Fallstudien bearbeiten wird für den Auszubildenden langweilig. Der Ausbilder sollte einen ausgewogenen Methodenmix bei der Planung von Ausbildungsreihen berücksichtigen. Oft bietet sich eine bestimmte Reihenfolge von Methoden an. Nach einer Erkundung kann aus den gewonnenen Erkenntnissen eine Projektarbeit initiiert werden. Nach der Durchführung einer Fallstudie, einer Leitfragenmethode oder eines fragend-entwickelnden Lehrgesprächs bietet sich fast immer ein Rollenspiel an. Gleichzeitig ist zu beachten, dass der Auszubildende selbstständig und eigenverantwortlich arbeiten soll. Dies wird durch den Einsatz von handlungsorientierten Ausbildungsmethoden gefördert. Damit der Auszubildende den engen Bezug zum Ausbilder nicht verliert, sollte nach dem Einsatz einer selbstständig zu erledigenden Aufgabe auch wieder eine Sequenz mit dem Ausbilder, z. B. ein Lehrgespräch, folgen.

Die ausgewählten Methoden sollten sowohl dem Ausbilder als auch dem Auszubildenden liegen. Selbstverständlich steht hierbei der Auszubildende im Vordergrund, viele kennen ja das Sprichwort: „Der Wurm muss dem Fisch schmecken und nicht dem Angler." Wenn der Ausbilder allerdings eine Methode nicht beherrscht oder gedanklich nicht hinter dieser steht, wird es vermutlich zu keiner guten Anleitung kommen.

Bei den Überlegungen ist auch die Auswahl der Inhalte einzubeziehen. Die oben beschriebenen pädagogischen Prinzipien, wie z. B. „vom Allgemeinen zum Speziellen" oder „vom Leichten zum Schweren", sind zu berücksichtigen. Da die Ausbildung zielgerichtet und planvoll verlaufen soll, sollten die Inhalte aufeinander aufbauen. Bevor mit einem Auszubildenden z. B. über unterschiedliche Progressionsstaffeln in der Unfallversicherung gesprochen wird, sollte er vorher die Gliedertaxe kennengelernt haben.

Inhalt, Methode und Medium

Für einige Inhalte oder Methoden müssen entsprechende Medien vorhanden sein. Ohne Tageslichtprojektor, Beamer, Flipchartständer oder Moderationswand kann keine Präsentation durchgeführt werden. Je praxisorientierter und anschaulicher (mit medialer Unterstützung) ein Inhalt vermittelt wird, desto höher ist der Behaltensgrad beim Auszubildenden.

8. Lernerfolgskontrolle

Zu jeder Ausbildungseinheit gehört eine Lernerfolgskontrolle. Mit der Lernerfolgskontrolle wird festgestellt, ob und in welcher Qualität die Lernziele erreicht wurden.

Rückmeldung zu Leistungsstand

Für den Auszubildenden ist die Rückmeldung über seinen Leistungsstand wichtig. Bei guten Leistungen sind damit auch Lob und Anerkennung verbunden, wodurch Motivation und Ansporn für weitere Aufgaben erzeugt wird. Zudem vergleichen sich viele Auszubildende untereinander. Auch durch diesen „Wettbewerb" wird weitere Motivation erzeugt. Jede Lernerfolgskontrolle beinhaltet auch eine Rückmeldung über vorhandene Defizite. Dem Auszubildenden wird somit verdeutlicht, welche Schwachstellen er noch zu beheben hat.

Gleichzeitig beinhaltet die Lernerfolgskontrolle wichtige Informationen für den Ausbilder. Bei guten Leistungen, kann er dem Auszubildenden immer mehr eigenverantwortliche Aufgaben und damit auch Kompetenzen übertragen. Auch hierdurch wird das Selbstwertgefühl des Auszubildenden immer weiter gestärkt. Zudem erhält der Ausbilder das Signal, dass er nun mit neuen, schwierigeren oder komplexeren Inhalten die Ausbildung fortsetzen kann.

Reflexion des Ausbilders

Bei schlechten Leistungen des Auszubildenden muss der Ausbilder Maßnahmen einleiten, die den Auszubildenden dabei unterstützen, die aufgezeigten Defizite zu beheben. Gemeinsam mit dem Auszubildenden sollte analysiert werden, worin die Gründe für die Nichterreichung des Ausbildungsziels liegen. Diese Gründe müssen nicht nur beim Auszubildenden liegen. Der Ausbilder sollte so selbstkritisch sein, dass er auch sein methodisches Vorgehen hinterfragt. Hat er bei der didaktischen Analyse alle Faktoren bedacht? Ist er tatsächlich vom richtigen Leistungsstand des Auszubildenden (Vorkenntnisse) ausgegangen oder hat er den Auszubildenden überfordert? Hat er eine angemessene Lehrmethode gewählt? War das Lernumfeld geeignet oder gab es möglicherweise betriebliche Störungen die dazu geführt haben, dass der Ausbilder für den Auszubildenden nicht genügend Zeit investieren konnte? Die Klärung dieser Fragestellungen sollte bei den weiteren didaktischen und methodischen Überlegungen einfließen.

Die Lernerfolgskontrolle sollte zudem zeitnah nach der jeweiligen Ausbildungseinheit durchgeführt werden. Nur so erfährt der Auszubildende eine unmittelbare Rückmeldung und Bestätigung seiner Leistung bzw. ist es möglich, rechtzeitig Maßnahmen bei entsprechenden Defiziten einzuleiten. Eine weitere Lernerfolgskontrolle sollte nach ca. zwei bis drei Tagen erfolgen um sicherzustellen, dass sich das Erlernte gefestigt hat.

Lernerfolgskontrolle durch den Auszubildenden

Unter Berücksichtigung des obersten Ausbildungsziels, den Auszubildenden zu selbstständigem Planen, Durchführen und Kontrollieren zu befähigen, sollte auch die Lernerfolgskontrolle nach und nach in die Verantwortlichkeit des Auszubildenden übertragen werden. Der Auszubildende muss lernen, sich anhand von Checklisten oder Musterlösungen selbst zu kontrollieren. Der Ausbilder übernimmt auch hier mit zunehmendem Reifegrad (siehe Kap. 1, 4.3.2 „Reifegrad-

Modell") des Auszubildenden die Rolle des Lernberaters. Da die endgültige Verantwortung beim Ausbilder liegt, muss dieser auch bei einer hohen Reife des Auszubildenden stichprobenartige Kontrollen durchführen.

Methoden

Die Lernerfolgskontrolle kann mit unterschiedlichen Methoden durchgeführt werden. Bei fast allen Aufgaben bietet es sich an, dem Auszubildenden praktische Fälle zu übertragen und die sachlich richtige Lösung (Fachkompetenz), die methodische Vorgehensweise (Methodenkompetenz) und die Kunden- bzw. Serviceorientierung (Sozialkompetenz) zu bewerten. Auch simulierte Kundenberatungsgespräche (Rollenspiele) bieten sich als Lernerfolgskontrolle an.

Allerdings sollte der Ausbilder auch hier im Vorfeld seine Beurteilungskriterien festgelegt haben. Welche Aspekte muss der Auszubildende im Gespräch zwingend angesprochen haben und welche wären zusätzlich bei einer guten Lösung der Aufgabe wünschenswert? Beim Rollenspiel sollte der Ausbilder zusätzlich auf die Gesprächsführung (Gesprächsverhalten und Gesprächsstruktur) achten.

Der Auszubildende kann auch den Auftrag bekommen, eine schriftliche Ausarbeitung zum Thema zu erstellen. Hierbei kann gleichzeitig das Schreiben eines Reports für das fallbezogene Fachgespräch (mündlicher Prüfungsteil im Rahmen der Prüfung „Kaufmann für Versicherungen und Finanzen") trainiert werden. Auch Präsentationen oder kleine schriftliche Tests bieten sich als Lernerfolgskontrolle an.

Eine Besonderheit stellt das Lernen mit computerunterstützten Lernprogrammen dar. Hier erfolgt die Rückmeldung an den Lernenden direkt vom System. Häufig sind die Programme so konzipiert, dass auch der Ausbilder eine Rückmeldung über den Lernstand des Auszubildenden erhält. Der Ausbilder sollte regelmäßig den Lernstand abfragen.

Am Ende der Lernerfolgskontrolle muss der Auszubildende eine Rückmeldung zu seinem Lernstand erhalten. Hier muss mindestens zurückgemeldet werden, ob die Ausbildungsziele erreicht wurden oder nicht. Eine gute Lernerfolgskontrolle gibt darüber hinaus eine differenzierte Rückmeldung zum Leistungsstand: Entsprachen die Ergebnisse einer so genannten Normalleistung, waren sie über- oder unterdurchschnittlich? (zum Thema „Beurteilung" siehe auch den Band „Steuerung und Führung im Unternehmen", Kap. 2, Funktionsbereiche und Instrumente der Personalwirtschaft")

9. Umgang mit Lernschwierigkeiten

In der Ausbildung kann es immer wieder zu Lernschwierigkeiten kommen. Auszubildender und Ausbilder sollten gemeinsam versuchen, die Ursachen dafür zu finden.

Über- und Unterforderung

Ein Grund für Lernschwierigkeiten kann sein, dass die Vermittlung der Ausbildungsinhalte nicht dem Lerntyp oder dem Vorwissen bzw. den intellektuellen Fähigkeiten des Auszubildenden entspricht. Hier kann ein Wechsel der Ausbildungsmethoden bereits Abhilfe schaffen. Weiterhin kann der Ausbilder versuchen, dem Auszubildenden Hilfestellungen bzw. Tipps zu geeigneten Lern- und Arbeitstechniken zu geben. Anleitungen bzw. Checklisten, die dem Auszubildenden dabei helfen sollen, planvoll und zielorientiert zu arbeiten, können zum Einsatz kommen. Neben der Überforderung kann es auch zu Unterforderung kommen. Wenn Auszubildende immer nur für Hilfsarbeiten herangezogen werden und keine eigenverantwortlichen Aufgaben übertragen bekommen, können sie mit der Zeit frustriert sein.

persönliche Konflikte

Möglicherweise ist es auch zu Konflikten mit anderen Auszubildenden oder mit Mitarbeitern aus dem Fachbereich gekommen. Hier sollten klärende Gespräche stattfinden, ggf. besteht die Möglichkeit, den betrieblichen Einsatzplan zu verändern und den Auszubildenden vorübergehend woanders einzusetzen.

Neben diesen eher in der direkten Ausbildung begründeten Störungen können auch andere Einflüsse die Ausbildung negativ beeinflussen. Einige Beispiele sind hier aufgeführt:

- Der Auszubildende hat private bzw. familiäre Probleme.
- Der Auszubildende oder ein naher Angehöriger hat gesundheitliche Probleme.
- Es werden Suchtprobleme beobachtet (Alkohol, Drogen, Spielsucht).
- Der Auszubildende hat finanzielle Sorgen.
- Es treten Sprachschwierigkeiten aufgrund eines Migrationshintergrundes auf.
- Der Auszubildende betreibt Leistungssport und ist häufig unausgeschlafen.
- Der Auszubildende lebt aufgrund der Ausbildung von seiner Familie getrennt und hat „Heimweh".

Von einem Ausbilder kann und darf nicht verlangt werden, dass er versucht einen Auszubildenden zu „therapieren". Ein Ausbilder sollte je nach Situation sensibel und vor allem diskret reagieren. Er kann lediglich als Ansprechpartner zur Verfügung stehen. Der Ausbilder sollte dem Auszubildenden dabei helfen, professionelle Hilfe zu finden.

4

Zusammenfassung

Bevor ein Ausbilder Lernprozesse unter didaktischen und methodischen Aspekten anleiten kann, muss er zunächst eine didaktische Analyse durchführen. Entsprechend der im Didaktischen Dreieck aufgestellten Beziehungen bedingen die Ziele bzw. Inhalte, die Ausbildungsmethode und die hierzu benötigten Hilfsmittel einander. Für bestimmte Lernziele, eignen sich spezielle Methoden besonders gut; bestimmte Methoden setzen das Vorhandensein von Hilfsmitteln voraus.

Bei allen Betrachtungen steht der Auszubildende bzw. die Lerngruppe im Mittelpunkt. Jeder Mensch lernt unter anderen Bedingungen. Es gibt unterschiedliche Lerntypen, die zu beachten sind; die Auszubildenden verfügen über unterschiedliche Vorkenntnisse. Es gibt Personen, die lieber alleine arbeiten und wiederum andere, die die Teamarbeit bevorzugen. Im Verlauf der Ausbildung haben sich bei einem Auszubildenden Stärken und Schwächen herausgebildet. Der Ausbilder muss bei der Planung des Lernprozesses auf die intellektuellen Fähigkeiten des Auszubildenden eingehen und diesen weder über- noch unterfordern.

Zudem muss er geeignete Methoden bestimmen. Methoden lassen sich in aktive und passive oder in konventionelle und handlungsorientierte Methoden gliedern. Hinsichtlich des Behaltensgrades des Lernens eignen sich aktive Methoden besser als passive. Um die berufliche Handlungsfähigkeit des Auszubildenden zu fördern, sollten handlungsorientierte Methoden zum Einsatz kommen. Diese Methoden fördern das selbstständige und eigenverantwortliche Planen, Durchführen und Kontrollieren. Die handlungsorientierten Methoden laufen idealtypisch nach dem Modell der vollständigen Handlung ab.

Zum Ende einer Ausbildungseinheit sollte eine Lernerfolgskontrolle erfolgen. Mit dieser Lernerfolgskontrolle wird überprüft, ob die vorher festgelegten Lernziele erreicht wurden oder ob die Ausbildungseinheit wiederholt werden sollte. Der Ausbilder sollte die positiven Ergebnisse zum Anlass nehmen, den Auszubildenden zu loben und ihn mit eigenverantwortlichen Aufgaben zu betrauen. Mit zunehmendem Reifegrad des Auszubildenden gelangt der Ausbilder immer stärker in die Rolle eines Lernberaters.

Bei Lernschwierigkeiten sollten Ausbilder und Auszubildende gemeinsam analysieren, worauf diese Schwierigkeiten zurückzuführen sind. Gegebenenfalls muss die Art und Weise der Vermittlung (Methode) verändert werden. Lernschwierigkeiten können aber auch in noch nicht ausgereiften Lern- und Arbeitstechniken begründet sein. Bei schwerwiegenden persönlichen Problemen des Auszubildenden sollte der Ausbilder dafür sorgen, dass der Auszubildende professionelle Beratung erfährt.

Der Prozess von der Planung einer Ausbildungseinheit unter Berücksichtigung der Didaktischen Analyse über die Durchführung bis zur Lernerfolgskontrolle ist in der folgenden Abbildung noch einmal zusammengefasst:

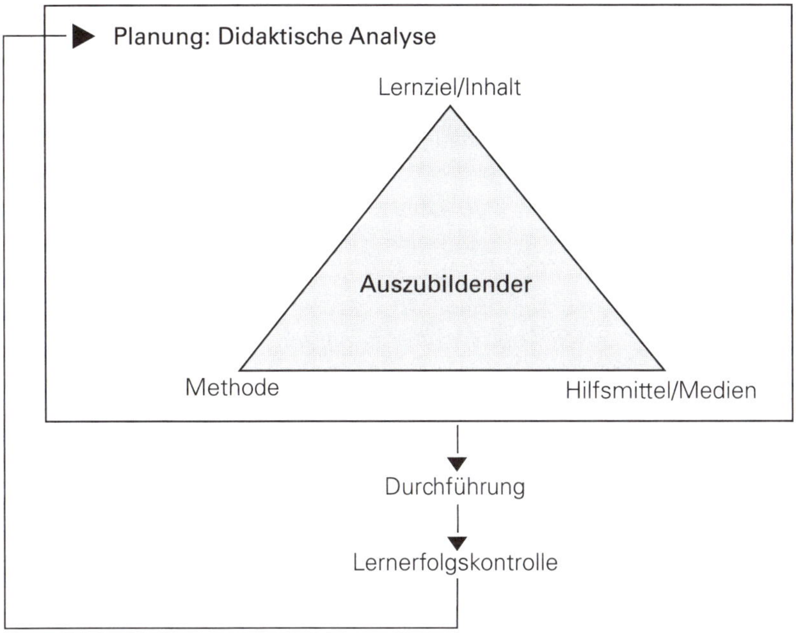

Abbildung 13: Didaktische Analyse (eigene Darstellung)

- *Planung:*

  Didaktische Analyse

  - Lernausgangslage (Stärken, Schwächen, Vorkenntnisse, Intellekt, Lerntyp, u. a.) des Auszubildenden sind zu berücksichtigen.
  - Lernziel festlegen und einen fachlichen Inhalt bestimmen (Beispiel: „Der Auszubildende soll die Schaden-/Leistungsbearbeitung erlernen"; Inhalt: „Hausratversicherung" oder „Unfallversicherung".
  - Entsprechend der Lernausgangslage und der Ziele ist eine Methode zu bestimmen.
  - Hilfsmittel bzw. Medien entsprechend der Methode, des Inhalts und des Lerntyps bestimmen.
  - *Durchführung:*

    Die Ausbildungseinheit wird durchgeführt.

- *Lernerfolgskontrolle:*
  - Überprüfung, ob der Auszubildende die Lernziele erreicht hat.
  - Rückmeldung, positives bzw. konstruktives Feedback an den Auszubildenden.
  - Einleitung von weiteren Maßnahmen anhand der Ergebnisse.
  - Die Analyse der Ergebnisse der Lernerfolgskontrolle fließt in die Planung der folgenden Unterrichtseinheiten mit ein.

4

Handlungssituation

Sie sind Mitarbeiter in einer Generalagentur der Proximus Versicherung. Seit ca. zwei Wochen gehört es zu Ihren Aufgaben, einen 20-jährigen Auszubildenden, der sich im 1. Ausbildungsjahr befindet, zu betreuen. Da in Ihrer Stadt gerade ein größeres Neubaugebiet entsteht, plant Ihre Agentur eine Werbekampagne im Bereich der Wohngebäudeversicherung. Sie nehmen dies zum Anlass, den Auszubildenden in den nächsten Wochen verstärkt in der Sachversicherung auszubilden.

In einem Gespräch mit dem Auszubildenden versuchen Sie zunächst herauszufinden, ob er schon Vorkenntnisse im Bereich der Wohngebäudeversicherung hat. Er könnte ja bereits in der Berufsschule oder beim Zuhören von einem Kundenberatungsgespräch etwas davon gehört haben. Im Verlauf des Gesprächs befragen Sie auch den Auszubildenden darüber, wie er aus seiner Sicht in der Vergangenheit am besten gelernt hat. Anhand dieser Eindrücke überlegen Sie, welche Methode und welche Vorgehensweise bei dieser Unterrichtsreihe sinnvoll sind.

Da der Auszubildende noch bei seinen Eltern wohnt und diese ein eigenes Haus besitzen, bitten Sie den Auszubildenden für den nächsten Tag, ein Foto vom Haus seiner Eltern mitzubringen. Hierzu geben Sie ihm eine in der Agentur vorhandene Digitalkamera mit. Am nächsten Tag besprechen Sie mit dem Auszubildenden die Gefahren, die dem Gebäude der Eltern drohen und berechnen anhand eines Wertermittlungsbogens den Wert 1914. Durch den unmittelbaren Bezug zum eigenen privaten Umfeld erfährt der Auszubildende, wie wichtig die Absicherung durch Versicherungen ist.

Im Anschluss an das Gespräch soll der Auszubildende anhand von zwei aktuell vorliegenden Kundenanfragen den Wert 1914 berechnen. Am nächsten Tag wird die Ausbildungsreihe mit der Berechnung der Prämie für das Elternhaus fortgesetzt. Anschließend werden weitere Berechnungsmethoden (Wert 1914) erarbeitet. Hierzu haben Sie einen Leitfragenkatalog vorbereitet.

Aufgaben zur Selbstüberprüfung

1. Erläutern Sie einige didaktische Prinzipien im Rahmen der Ausbildung.
2. Worauf sollte der Ausbilder beim Umgang mit dem Auszubildenden achten, um seinem Entwicklungsstand während der Ausbildung gerecht zu werden?
3. Erklären Sie die Begriffe „Didaktik", „didaktische Analyse" und „didaktische Reduktion".
4. Beschreiben Sie die Aufgaben des Ausbilders bei der Vermittlung des Lernstoffes.
5. Erläutern Sie, wie sich die Rolle des Ausbilders bei den konventionellen Methoden im Gegensatz zu den handlungsorientierten Methoden unterscheidet.
6. Beschreiben Sie verschiedene Lern- und Arbeitstechniken.
7. Erläutern Sie, was beim Einsatz von Medien zu beachten ist.
8. Nennen Sie Möglichkeiten der Lernerfolgskontrolle.
9. Beschreiben Sie die Ziele von Lernerfolgskontrollen.
10. Beschreiben Sie, durch welche Faktoren die Ausbildung negativ beeinflusst werden kann.

Teil 3
Kommunikation

Kapitel 5

Mitarbeiterbesprechungen, Personalauswahl-, Beurteilungs-, Förder-, Zielvereinbarungs- und Kritikgespräche planen, durchführen und nachbereiten

Annette L. Dernick

Nachzuweisende Befähigung

Die angehenden Fachwirte/Fachwirtinnen für Versicherungen und Finanzen sollen imstande sein, Mitarbeiterbesprechungen, Personalauswahl-, Beurteilungs-, Förder-, Zielvereinbarungs- und Kritikgespräche zu planen, durchzuführen und nachzubereiten sowie Sachverhalte adressatenorientiert zu kommunizieren (gemäß Erläuterungsbroschüre, Qualifikationsinhalte und Handlungssituationen, 3.1 und 3.7).

Qualifikationsinhalte des Kapitels

Die Absolventen können im Einzelnen:

- Gesprächsplanung durchführen (3.1.1) und dabei Kommunikationsmodelle berücksichtigen
- Gespräche (3.1.2) unter Berücksichtigung des Kommunikationsverhaltens und Kommunikationsstile durchführen und die Besonderheiten beim Telefonieren verstehen
- Gesprächsnachbereitung analysieren (3.1.3) und Feedback geben
- Kommunikation durchführen (3.7.1) und dabei den Nutzen und Ziele der offenen Kommunikation herausstellen sowie Zielgruppen berücksichtigen und Formen der Informationsweitergabe und Informationskaskaden erläutern

1. Einleitung

In diesem Kapitel liegt der Schwerpunkt auf der Kommunikation am Arbeitsplatz. Zum einen werden die Grundlagen von Kommunikationsprozessen dargestellt, zum anderen wird auf bestimmte Gesprächsarten eingegangen. Vieles, was wir über Kommunikation wissen sollten, ist grundlegender Art. Im Arbeitsalltag gibt es regelmäßig besondere Gesprächssituationen, die ein Fachwirt für Versicherungen und Finanzen beherrschen sollte. Hierzu gehören insbesondere Zielvereinbarungs-, Konflikt- und Kritikgespräche.

Bei der Behandlung von Gesprächen wird grundsätzlich unterschieden zwischen Planung, Durchführung und Nachbereitung. Der Abschnitt Gesprächsplanung nimmt dabei den größten Teil ein – nicht nur, weil hier grundlegendes Wissen zum Thema Kommunikation vermittelt wird. Es wird ausführlich erörtert, wie wichtige Gespräche mit einem entsprechenden Zeitbudget sorgfältig vorbereitet werden sollten. Die unterschiedenen Gesprächsarten werden im Lernabschnitt 1.1 zum Gesprächsinhalt dargestellt.

Um selbst ein Gespräch erfolgreich vorzubereiten und durchzuführen, empfiehlt es sich zunächst, diesen ersten Teil komplett durchzulesen, um anschließend mit der eigentlichen Gesprächsvorbereitung unter Berücksichtigung der vorgeschlagenen Vorgehensweisen zu beginnen.

5

Lernziele

Die Lernenden können Mitarbeiterbesprechungen, Personalauswahl-, Beurteilungs-, Förder-, Zielvereinbarungs-, Kritikgespräche planen, durchführen und nachbereiten.

Sie lernen, wie man Gespräche plant und durchführt und wie Gespräche analysiert und nachbereitet werden.

Handlungssituation

Die Proximus-Mitarbeiter sprechen mit Kollegen, Vorgesetzten, Mitarbeitern, Lieferanten, Kunden, Freunden, der Familie und vielen Personen, denen sie im Laufe eines Tages begegnen. Es ist für sie wichtig, die unterschiedlichen Kommunikationsprozesse zu reflektieren und sich auf verschiedene Gesprächssituationen optimal vorzubereiten.

Vorab ein Überblick, was bei der Vorbereitung, Durchführung und Nachbereitung von Gesprächen wichtig ist:

Gesprächsvorbereitung/-planung

Vorbereitung

Hier unterscheiden wir folgende Aspekte:

1. Klären der Situation z. B. mithilfe dieser Fragen:
   - Wie würden Sie die Situation beschreiben?
   - Wer ist genau beteiligt?
   - Was ist mein eigener Anteil bzw. was sind meine eigenen Interessen?
2. Gespräch durchdenken
   - Was ist meine Maximal- bzw. Minimalzielsetzung für dieses Gespräch?
   - Welche Informationen möchte ich geben bzw. erhalten?
   - Welche Fragen möchte ich stellen?
   - Welche Vorgehensweise will ich ggf. vorschlagen?
3. Rahmenbedingungen
   - Wann ist ein guter Zeitpunkt für das Gespräch?
   - Wie viel Zeit plane ich dafür ein?
   - Wo kann es ungestört stattfinden?
   - Welche Unterlagen benötige ich?
4. Gesprächseinladung
   - Wann und wie nehme ich Kontakt zum Gesprächspartner auf?
   - Wie formuliere ich den Gesprächsanlass?

Diese Vorüberlegungen können unterschiedlich viel Zeit in Anspruch nehmen. Einfache Gespräche sind recht schnell vorbereitet. Mehr Zeit für die Vorbereitung wird benötigt und sollte eingeplant werden, wenn

- Gespräche selten durchgeführt werden,
- sie als kompliziert empfunden werden,
- ihr Ergebnis für den Gesprächsführenden von großer Bedeutung ist.

Durchführung

Durchführung

Die grundsätzlichen drei Teile bei der Durchführung von Gesprächen – Einleitung, Hauptteil, Schluss – können noch etwas genauer in fünf Gesprächsphasen unterteilt werden:

1. Kontaktphase (Small Talk, freundliche Atmosphäre schaffen)
2. Themen klären (Anlass nennen, ggf. auch Gesprächsziel)
3. Themen bearbeiten

   Zur Themenbearbeitung bietet es sich an, folgende Punkte im Blick zu haben:
   - Problemanalyse durch Soll-Ist-Vergleich
   - Lösungsalternativen sammeln
   - Alternativen bewerten
   - Entscheidungen treffen
   - Konkrete Maßnahmen vereinbaren
4. Zusammenfassen der Ergebnisse (klären, wer wann das Protokoll erhält und evtl. neuen Gesprächstermin vereinbaren)
5. Positives Gesprächsende (bedanken, freundliche Verabschiedung)

Nachbereitung

Nachbereitung

In der Nachbereitung wird Folgendes als unterstützend empfunden:

- Dokumentation des Gesprächs in Form eines Ergebnisprotokolls
- Aktivitäten zeitnah umsetzen und sich an gegebene Zusagen halten
- sich durch Nachfragen beim Gesprächspartner versichern, dass dieser sich an Zusagen hält
- nachfragen, ob es bei der Umsetzung Probleme gibt und ggf. Unterstützung anbieten

Je mehr Gespräche jemand führt, umso sinnvoller ist es, ein System zu schaffen, das einen dabei unterstützt, Gesprächspunkte und Verabredungen abrufbar zu haben.

2. Gesprächsplanung

In diesem Abschnitt steht die Planung von Gesprächen im Vordergrund. Die Lernenden erhalten einen Überblick, welche Punkte wichtig sind, um ein Gespräch gut zu planen und vorzubereiten.

Hierbei wird zunächst auf die unterschiedlichen Gesprächsarten eingegangen, die auch in der Kapitelüberschrift genannt werden. Ergänzt wird dies durch Ausführungen zur Gesprächsstrategie, insbesondere zum Thema „Argumente". Anschließend werden gängige Kommunikationsmodelle vorgestellt, typisches Kommunikationsverhalten erläutert und Kommunikationsstörungen thematisiert. Konflikte und ihre Lösungsmöglichkeiten werden anhand des Eisbergmodells der Kommunikation von Watzlawick erläutert. Auch die Annahmen der Transaktionsanalyse liefern wichtige Hinweise für die Kommunikation am Arbeitsplatz. Die sich daran anschließenden „Grundhaltungen nach Harris" (ich bin o.k., du bist o.k., etc.) sind eine wichtige Voraussetzung gerade für das Führen schwieriger Gespräche. In der Themenzentrierten Interaktion geht es dann um Möglichkeiten, Gesprächssituationen im Team positiv zu gestalten. Dies ist auch Thema des in diesem Teil abschließenden Kapitels „Metakommunikation".

Handlungssituation

Frau Müller, eine Sachbearbeiterin der Proximus, kommt zu ihrem Vorgesetzten, Herrn Meier, weil sie aus privaten Gründen gerne ihre Stundenzahl von 30 auf 16 Stunden reduzieren möchte. Herr Meier, der in der Zeit vor dem Gespräch viel auf Reisen gewesen ist, ist davon überrascht und stellt im Verlauf des Gespräches fest, dass er noch nicht einmal weiß, ob es diese Möglichkeit der Reduzierung überhaupt gibt. Ziemlich unbefriedigt geht er aus diesem Gespräch und nimmt sich vor, seine nächsten Gespräche besser vorzubereiten. Am selben Tag noch setzt er sich hin, um zu durchdenken, wie er ein weiteres Gespräch mit Frau Meier besser vorbereiten kann.

Gesprächsphasen

Herr Meier bedenkt bei der Planung zunächst, dass jedes Gespräch grundsätzlich in drei Phasen verläuft:

- Einleitung
- Hauptteil
- Abschluss

äußere Rahmenbedingungen

Es ist wichtig, für jede dieser Phasen die wichtigsten Punkte zu beachten und sich auch um die äußeren Rahmenbedingungen zu kümmern. Hier zieht Herr Meier seine Liste vom letzten Seminar zum Thema Gesprächsvorbereitung (siehe Tabelle 1) aus seiner Mappe und geht diese Punkt für Punkt durch. Zunächst betrachtet er die äußeren Rahmenbedingungen:

- Raum
- Uhrzeit
- Dauer
- Bereitstellung von Getränken etc.

Für das nächste Gespräch mit Frau Müller plant er 30 Minuten ein, vormittags gegen 10 Uhr. Dann haben sie beide schon einen Teil der wichtigsten Korrespondenz des Tages erledigt und sind noch fit genug, um konzentriert ein Gespräch zu führen. Er reserviert auch den kleinen Besprechungsraum, da sich vor seinem Bürofenster gerade eine Baustelle befindet und es daher ziemlich laut ist. Seinem Assistenten schickt er eine Mail, dass er doch bitte für frischen Kaffee und kalte Getränke in diesem Raum sorgen soll.

Die äußeren Bedingungen für ein gutes ruhiges Gespräch hat er nun geschaffen. Er bereitet sich jetzt inhaltlich auf das Gespräch vor. Seine Pläne für Frau Müller sind ganz andere gewesen. Sie hat im letzten Projekt gezeigt, dass sie nicht nur über hervorragende Kenntnisse auf ihrem Sachgebiet verfügt, sondern auch gut Situationen analysieren kann und zudem ein gutes Gespür dafür hat, wer im Team für welche Aufgabe geeignet ist. Er ist sicher, dass sie im Team bereits Aufgaben delegiert hätte, wenn sie eine andere Stelle gehabt hätte. Insofern hatte er sich vorgenommen, ihr demnächst die stellvertretende Gruppenleiterstelle von Herrn Kosikowski anzubieten, der zum Ende des Jahres in Rente geht.

Auf seiner Liste aus dem letzten Seminar liest er die Punkte:

- Zu welchem Thema führen wir das Gespräch?
- Welche Ziele habe ich?
- Welche Interessen verfolge ich?
- Was muss/kann erreicht werden (Minimal-/Maximal-Lösung)?
- Welches sind meine wichtigsten Argumente?
- Welche Informationen fehlen mir? Woher bekomme ich sie?
- Was soll der Gesprächspartner aus dem Gespräch mitnehmen?
- Wer ist mein/e Gesprächspartner/in?
- Welche Ziele, Wünsche hat er/sie? Wie stehe ich zu diesen?
- Welche Fragen müssen wir klären?
- Mit welchen Fragen, Widerständen, Gegenargumenten, Ängsten muss ich rechnen?
- Wie viel Zeit muss ich einplanen?
- Ist der Raum bzw. die Ausstattung organisiert?
- Sind alle nötigen Unterlagen vorhanden und im Vorfeld verteilt worden?
- Welche Störungen können auftreten? Wie können wir sie vermeiden?

Tabelle 1: Checkliste Gesprächsvorbereitung (vgl. Lorenz/Rohrschneider 2004, S. 8)

Gesprächsvorbereitung

Er geht die Liste zur Gesprächsvorbereitung noch einmal durch. Er hatte ein Gespräch zum Thema „Beförderung" führen wollen, Frau Müller dagegen zum Thema „Stundenreduzierung". Er beschließt, im nächsten Gespräch Frau Müller genauer nach ihren Gründen zu fragen, sich aber gleichzeitig auch darauf vorzubereiten, ihr die frei werdende Stelle anzubieten. Insofern konzentriert er sich jetzt sehr auf sein Gesprächsziel, aber auch auf das Anliegen von Frau Müller.

Er ruft in der Personalabteilung an, um die ihm noch fehlenden Informationen und Unterlagen zu besorgen und begibt sich dann genauer an die Planung seines Gesprächs. Er überlegt sich Fragen und Argumente für das bevorstehende Gespräch.

Das in der Checkliste enthaltene Thema „Argumente" wird in Lernabschnitt 2.2 behandelt, das Thema „Fragen" in Lernabschnitt 3.2.2, auf die verschiedenen Gesprächsanlässe und -inhalte wird im direkt folgenden Lernabschnitt eingegangen.

5

2.1 Gesprächsanlass und Gesprächsinhalte

Gesprächsarten

Wie im obigen Beispiel gezeigt, gibt es verschiedene Anlässe, ein Gespräch mit einem Mitarbeiter bzw. einer Mitarbeiterin zu führen. Für alle Gespräche ist es wichtig, die Grundlagen der Kommunikation zu kennen, auf die in den Lernabschnitten unter 2.3 eingegangen wird. Im Folgenden werden erst einmal genauer die möglichen – auch im Titel des Hauptkapitels benannten – Gesprächsarten mit Anlass und Inhalt beschrieben:

- Mitarbeiterbesprechungen
- Personalauswahlgespräch
- Beurteilungsgespräch
- Fördergespräch
- Zielvereinbarungsgespräch
- Kritikgespräch

Zunächst wird unterschieden in Mitarbeiterbesprechungen und Gespräche mit Mitarbeitern. Mitarbeiterbesprechungen finden in einem größeren Personenkreis statt, z. B. Besprechungen, in denen es um die Verkaufszahlen einer gesamten Vertriebsorganisation des letzten Quartals geht. Mitarbeitergespräche finden unter vier Augen statt, z. B. zwischen dem Vorgesetzten und seinem Mitarbeiter, in dem es um die Besprechung der Verkaufserfolge oder -defizite dieses Mitarbeiters geht.

Mitarbeiterbesprechungen

Mitarbeiterbesprechung

„Mitarbeiterbesprechungen" ist ein Oberbegriff, unter dem die Kommunikationssituationen zusammengefasst sind, in denen mehrere Mitarbeiter zusammenkommen, um gemeinsam und untereinander Informationen auszutauschen, neue Ideen zu entwickeln etc. Sowohl für diese Besprechungen als auch für die Gespräche unter vier Augen ist es wichtig, die Grundlagen der Kommunikation zu kennen, da Missverständnisse oft dann entstehen, wenn nicht sorgfältig kommuniziert wird, man z. B. in Eile ist und einer anderen Person nur schnell etwas sagen will. Für große Besprechungen im Team, in denen gemeinsam eine Lösung gefunden werden soll, gibt es spezielle Techniken, diese Mitarbeiterbesprechung zu strukturieren, z. B. die Moderationstechnik. Sie wird in Kap. 6, 3. ausführlich beschrieben und erläutert.

Im Folgenden wird nun genauer auf die in diesem Buch erwähnten Gespräche mit Mitarbeiterinnen und Mitarbeitern eingegangen.

Sigmar Saul unterscheidet in „kleine" und „große" Mitarbeitergespräche:

„kleine" und „große" Mitarbeitergespräche

Kleine Mitarbeitergespräche	Große Mitarbeitergespräche
▪ werden vorwiegend für Routineangelegenheiten eingesetzt ▪ werden in erster Linie spontan geführt ▪ finden häufig am Arbeitsplatz des Mitarbeiters statt ▪ sind von kurzer Dauer ▪ sind nicht formalisiert	▪ werden in besonderen Führungssituationen eingesetzt ▪ werden im Regelfall nicht spontan geführt ▪ finden meist im Büro des Vorgesetzten statt ▪ sind von längerer Dauer ▪ sind weitgehend formalisiert und haben einen formellen Anlass

Tabelle 2: Kleine und große Mitarbeitergespräche (Saul 1995, S. 17)

Einige Arten von „großen" Mitarbeitergesprächen, z. B. Fördergespräche, werden auf den nächsten Seiten erläutert. Die grundsätzliche Kenntnis von Kommunikationsabläufen erleichtert aber jede zwischenmenschliche Kommunikation, jedes Gespräch. Diese Grundlagen der Kommunikation werden ab Abschnitt 2.3 ausführlich erläutert und sollten vor der eigentlichen Gesprächsplanung sorgfältig durchgearbeitet werden.

Grundsätzlich sollte jedes Gespräch aus den drei Bestandteilen Einleitung, Hauptteil und Schluss bestehen, doch gerade bei „kleinen" Mitarbeitergesprächen, wenn z. B. nur eine Arbeitsanweisung erteilt werden soll, kann dies langwierig sein. Um „große" Mitarbeitergespräche zu führen, ist es förderlich, sich an diese Dreiteilung halten und sich vorab auch schon Gedanken zu machen, inwieweit durch Visualisierung Sachverhalte veranschaulicht werden können.

Unter den jeweiligen Gesprächsarten finden sich bereits Vorschläge, wie diese Gespräche ablaufen können, immer in diese drei Teile aufgegliedert. Dies mag in einem Kapitel mit der Überschrift „Gesprächsplanung" erstaunlich sein, doch ist eine sorgfältige Planung Voraussetzung für ein gutes Gelingen gerade schwieriger Gespräche. Von daher ist es auch schon in der Planungsphase wichtig, sich über den künftigen Gesprächsablauf Gedanken zu machen, quasi das Gespräch vorweg schon einmal zu „durchdenken". Aus diesem Grund werden diese Vorschläge bei den jeweiligen Gesprächsarten direkt vorgestellt.

Personalauswahlgespräch

Personalauswahlgespräch

Das Personalauswahlgespräch findet statt, wenn eine Stelle neu besetzt werden soll. Dabei kann es sich sowohl um eine bestehende Stelle handeln, für die ein neuer Mitarbeiter gefunden werden soll, oder um eine neue Stelle, die erstmalig „besetzt" werden soll.

Für eine bestehende Position gibt es meist schon eine Stellenbeschreibung (vgl.: Dernick, u. a.: Steuerung und Führung im Unternehmen; Kap. 2, 3.2.1). Der Vorteil einer Stellenbeschreibung ist, dass die Aufgaben darin schon recht klar beschrieben sind. Der Nachteil kann sein, dass die formale Stellenbeschreibung faktisch nur eine geringe Aussagekraft hat, da die neu einzustellende Person möglicherweise vorrangig an der Arbeitsleistung des Vorgängers gemessen werden wird.

Wird eine Stelle zum ersten Mal besetzt, kann es sein, dass die Aufgaben noch nicht klar umrissen sind. Um Schwierigkeiten zu vermeiden, müssen diese Gespräche in Zusammenarbeit mit der Personalabteilung sehr gut vorbereitet werden. Vor der Stellenausschreibung ist zunächst ein Anforderungsprofil zu definieren. Darin könnten Angaben enthalten sein zu den Bereichen:

- *Fachliche Kompetenz:*
  Vorausbildung, Abschlüsse, Sprachkenntnisse, PC-Kenntnisse etc.
- *Berufserfahrung/Vorkenntnisse:*
  Es ist festzulegen, ob man dies an einer bestimmten Stelle festmacht, die der Bewerber schon inne gehabt haben sollte
- *Methodische Kompetenz:*
  Gesprächsführung, Präsentationstechnik, Kreativitätstechniken etc.
- *Führungskompetenz:*
  Je nach ausgeschriebener Stelle
- *Soziale Kompetenz:*
  Teamfähigkeit, Teambereitschaft, Kommunikationsfähigkeit, Eigeninitiative, Anpassungsbereitschaft, Kontaktfähigkeit, Durchsetzungsvermögen, Lernbereitschaft
- *Persönliche Fähigkeiten/Eigenschaften:*
  Flexibilität, Belastbarkeit, Durchsetzungsvermögen etc.
- *Sinnvolles Lebensalter:*
  Je nach Stelle; sollte ein Bewerber viel Erfahrung mitbringen, so ist ein höheres Lebensalter zu bevorzugen; soll er in ein junges Team passen, kann es gut sein, einen weiteren jungen Mitarbeiter einzustellen.

Das Personalauswahlgespräch selbst, in dem geklärt werden soll, inwieweit eine Person das in der Stellenausschreibung formulierte Anforderungsprofil erfüllt, kann nach folgendem Schema ablaufen:

1. Begrüßung, Small Talk
2. Fragen nach Lebenslauf, beruflichem Werdegang und vorher ausgeübter Beschäftigung
3. Informationen über die neue berufliche Aufgabe vermitteln bzw. Vorstellungen dazu abfragen
4. Fragen nach Qualifikationen, die im Anforderungsprofil festgelegt wurden – alternativ ist auch denkbar, ergänzende Auswahlverfahren durchzuführen, um zu erkennen, in welchem Maße der Bewerber über diese Qualifikationen verfügt
5. Anhand von im Unternehmen vorkommenden Fallbeispielen, Aufgabenstellungen und konkreten Situationen sollen Bewerber zeigen, ob sie Lösungen erarbeiten können
6. Fragen des Bewerbers abrufen und beantworten
7. Erläutern, welche nächsten Schritte im Bewerbungsverfahren erfolgen
8. Gesprächsabschluss

Tabelle 3: Durchführung von Personalgesprächen

Von den hier beschriebenen Gesprächsarten ist das Personalauswahlgespräch eines der wenigen Gespräche, in dem mehr als zwei Personen anwesend sein können. Personalauswahlgespräche werden meist von jemanden aus der Personalabteilung zusammen mit dem künftigen Vorgesetzten des Bewerbers durchgeführt.

Wichtig:

Alle anderen im Folgenden aufgeführten Gespräche sollten nur zwischen zwei Personen stattfinden: dem Vorgesetzten und dem Mitarbeiter.

Vier-Augen-Gespräche

Beurteilungsgespräch

Beurteilungsgespräch

Beurteilungsgespräche finden in vielen Firmen regelmäßig statt. Sie haben verschiedene Namen, z. B. „Wertschätzungsgespräche". Beurteilungsgespräche dienen dem Mitarbeiter als Orientierung, wo er seine eigene Leistung ansiedeln kann. Daher ist es in diesen Gesprächen sehr wichtig, dass die Mitarbeiter die Beurteilung verstehen, akzeptieren und nachvollziehen können. Gemeinsam sollten Führungskraft und Mitarbeiter an einer Leistungsstabilisierung und -verbesserung arbeiten. Beurteilungsgespräche können dazu dienen,

Ziele von Beurteilungsgesprächen

- den Austausch der Bewertungen hinsichtlich Leistungsergebnis und Leistungsverhalten zu ermöglichen,
- Aufgaben, Ziele und Arbeitsergebnisse durchzusprechen und gemeinsame Schlüsse daraus zu ziehen,
- die Akzeptanz der Beurteilung durch den Beurteilten zu erreichen,
- Leistungssteigerungen und Verhaltensänderungen zu bewirken,
- die weitere Entwicklung des Mitarbeiters zu fördern,
- die Transparenz und Nachvollziehbarkeit des Beurteilungsverfahrens zu erhöhen,
- Diskrepanzen zu diskutieren und evtl. zu korrigieren,
- Mitarbeitern den Bewertungsmaßstab und die Erwartungen des Vorgesetzten zu vermitteln.

(vgl. Lorenz, Rohrschneider 2004, S. 180)

Für Beurteilungsgespräche ist es wichtig, dass der Vorgesetzte sich regelmäßig ein Bild über die von ihm empfundene Leistung seiner Mitarbeiter macht. Basis der Beurteilung ist die zu erfüllende Aufgabe. Der Vorgesetzte sollte sich in regelmäßigen Abständen Notizen dazu machen und besondere Vorkommnisse im Negativen wie im Positiven ebenfalls notieren. Dies kann er dann als Basis für ein Beurteilungsgespräch heranziehen, mit dem Vorteil, dass er dabei nicht von seiner momentanen Einschätzung oder aktuellen Ereignissen (z. B. die Tatsache, dass er sich am Tag vorher über den Mitarbeiter geärgert hat) beeinflusst wird (vgl. Dernick, u.a.: Steuerung und Führung im Unternehmen; Kap. 2, 5.3.2 „Beurteilungsfehler").

Er kann eine Checkliste (Tabelle 4) durchgehen und auch seinem Mitarbeiter vor dem Gespräch eine Liste zur Verfügung stellen, um dann im Beurteilungs-

5

Einleitung

gespräch diese beiden Stellen miteinander zu vergleichen. Bei einem idealtypischen Verlauf eines Beurteilungsgesprächs sollte der Vorgesetzte

- vor dem Gespräch einen ansprechenden Raum wählen,
- eine angenehme Atmosphäre schaffen,
- Gesprächsziele, Vorgehensweise und Zeitrahmen abklären,

Hauptteil

- klären, ob Vorgesetzter und Mitarbeiter ein einheitliches Verständnis der einzelnen Beurteilungsstufen besitzen (was verstehen beide unter „gut"?),
- Beurteilungsprozess erläutern und Fragen des Mitarbeiters beantworten,
- sich über Arbeitsergebnisse des Mitarbeiters austauschen,
- eine Einschätzung des Mitarbeiters erfragen,
- die eigene Einschätzung erläutern,
- sich über Differenzen austauschen (Wo liegen sie? Wie werden sie jeweils begründet?),
- versuchen, dem Mitarbeiter die eigene Einschätzung seiner Leistung anhand von Beispielen nachvollziehbar zu machen,
- die Beurteilung nur in Bezug zur Leistung formulieren und nicht die Persönlichkeit des Mitarbeiters angreifen,
- Wertschätzung und Anerkennung für die erbrachte Leistung aussprechen
- dem Mitarbeiter die Möglichkeit geben, Wünsche, Anregungen, Kritik etc. zu formulieren und als Führungskraft eigene Fehler eingestehen,
- Denkanstöße, Wünsche, Vorschläge des Mitarbeiters ernst nehmen,
- kritische Punkte klar und eindeutig ansprechen und gemeinsam mit dem Mitarbeiter nach Lösungen und Verbesserungsmöglichkeiten suchen,
- Maßnahmen zur gewünschten Leistungsverbesserung sowie Förder- und Qualifizierungsbedarf besprechen und entsprechende Maßnahmen festlegen,

Schluss

- Termine vereinbaren, wann besprochene Maßnahmen eingeleitet, umgesetzt und kontrolliert werden sollen,
- Ergebnisse dokumentieren (beide unterschreiben den Bogen),
- einen positiv motivierenden Gesprächsabschluss suchen.

(vgl. Lorenz/Rohrschneider 2004, S. 187)

Fragen zur Mitarbeiterbeurteilung

1) Klärung der Anforderungen an den Mitarbeiter

- Welche Aufgaben umfasst die Stelle?
- Was genau tut der Mitarbeiter?
- Welche Verantwortung umfasst die Stelle?
- Welche Kompetenzen benötigt der Mitarbeiter für seine Tätigkeit bzw. welche sind weniger erforderlich?
- Wie stark müssen die einzelnen Kompetenzen ausgeprägt sein, um die Anforderungen zu erfüllen?
- Welche Anforderungen stelle ich für die Aufgabenerfüllung an den Mitarbeiter?
- Was erwarte ich für eine gute Aufgabenwahrnehmung von dem Mitarbeiter?
- Welches Verhalten erfüllt die Anforderungen in vollem Umfang?
- Mit welchem Verhalten übertrifft der Mitarbeiter die Anforderungen?
- Mit welchem Verhalten sind die Anforderungen nicht immer erfüllt?

2) Konkrete Beispiele für die Erfüllung bzw. Nichterfüllung der Anforderung

- Habe ich regelmäßig und fortlaufend beobachtet?
- Kann ich meine Bewertung mit einer ausreichenden Anzahl von Beispielen aus dem Alltag begründen?
- Kann ich meine Beurteilung durch sachliche, stichhaltige und abgesicherte Daten und Fakten begründen, die aus eigener Beobachtung stammen?
- Kann ich Beurteilungsfehler weitgehend ausschließen?
- Habe ich dem Mitarbeiter zwischendurch ausreichend Feedback zu seinem Verhalten und seinen Leistungen gegeben?
- Weiß der Mitarbeiter aus der bisherigen Zusammenarbeit, wie ich ihn einschätze, oder wird meine Beurteilung überraschend für ihn sein?
- Habe ich dem Mitarbeiter genügend Zeit gegeben, um sich seinerseits auf das Gespräch vorzubereiten?
- Welches sind die wichtigsten Punkte der Beurteilung und wie sollen sie im Gespräch angesprochen werden?
- Mit welchen Einwänden ist im Gespräch zu rechnen?
- Welche Ziele will ich mit der Beurteilung erreichen?

Tabelle 4: Fragen vor und zur Mitarbeiterbeurteilung (in Anlehnung an Lorenz/Rohrschneider 2004, S. 186)

Unterschied Beurteilungs-/ Fördergespräch

Am Ende eines Beurteilungsgespräches sollte der Mitarbeiter sowohl eine klare Vorstellung davon haben, wie sein Vorgesetzter seine Arbeit einschätzt als auch Ideen haben, wo und wie er seine Leistung weiter verbessern kann. Der Unterschied zwischen Beurteilungs- und Fördergespräch ist der, dass es im Beurteilungsgespräch mehr um eine Rückmeldung des Vorgesetzten zur Leistung des Mitarbeiters geht, im Fördergespräch mehr um konkrete Maßnahmen zur weiteren Karriereplanung und -entwicklung. Eines der oben genannten Ziele von Beurteilungsgesprächen lautet: „Die weitere Entwicklung des Mitarbeiters fördern". Dies ist der Übergang vom Beurteilungs- zum Fördergespräch. Ein weiterer besteht darin, dass es mittlerweile in vielen Firmen üblich ist, dass regelmäßig Beurteilungsgespräche stattfinden, Fördergespräche eher in unregelmäßigen Abständen.

Fördergespräch

Fördergespräch

Bei Fördergesprächen kann der Gesprächswunsch sowohl vom Mitarbeiter als auch vom Vorgesetzten geäußert werden. Hier geht es hauptsächlich darum, Mitarbeiter für weitere Aufgaben und/oder Positionen zu qualifizieren und ihnen Perspektiven für ihren weiteren beruflichen Werdegang aufzuzeigen. In diesen Gesprächen kann es auch um bestimmte Vollmachten, z. B. Prokura, gehen, sodass es auch hier wichtig ist, vorab in der Personalabteilung Rücksprache zu halten, welche Entwicklungsmöglichkeiten es überhaupt für den Mitarbeiter gibt, mit dem das Fördergespräch geführt wird.

Somit dient das Fördergespräch der Förderung der fachlichen, sozialen und persönlichen Kompetenzen des Mitarbeiters. Auch wenn es sich hierbei nicht um ein Beurteilungsgespräch handelt, so fließt doch die Beurteilung der Leistung des Mitarbeiters mit ein, wenn es darum geht, für welche Aufgaben und weiteren (Karriere)Schritte der Mitarbeiter qualifiziert ist. Ein Fördergespräch kann grundsätzlich einem ähnlichen Gesprächsablauf folgen wie ein Beurteilungsgespräch. Im Gegensatz zu diesem sollte aber die Weiterentwicklung des Mitarbeiters weit mehr im Vordergrund stehen als die Beurteilung seiner Leistung.

Schwierigkeiten bei Fördergesprächen

Manchmal sind Fördergespräche nicht so leicht zu führen, da es sein kann, dass „zwei Herzen" in der Brust des Vorgesetzten schlagen. Einigen Vorgesetzten fällt es schwer, besonders kompetente und erfahrene Mitarbeiter „ziehen" zu lassen, doch den meisten ist mehr an der persönlichen Entwicklung von Mitarbeitern gelegen. Vorgesetzte sollten sich gut auf diese Gespräche vorbereiten, indem sie auf der einen Seite die Potenziale des Mitarbeiters betrachten, auf der anderen Seite die Möglichkeiten, die es im Unternehmen zur Weiterentwicklung gibt.

Fördergespräche können in vielerlei Hinsicht als heikel empfunden werden: Kommt ein Mitarbeiter zu seinem Chef und erklärt, dass er gerne Führungskraft werden möchte, so kann es sein, dass der Chef das Gefühl hat, es würde „an seinem Stuhl gesägt". Hier ist es wichtig, dass der Mitarbeiter seinerseits auch Fingerspitzengefühl beweist. Andererseits wird auch der Mitarbeiter genau beobachten, wie der Chef auf sein Ansinnen reagiert. Wenn z. B. der Chef das Anliegen seines Mitarbeiters zu schroff ablehnt, könnte es sein, dass sich dies negativ auf die Motivation des Mitarbeiters auswirkt.

Als Ausgangspunkt für ein Fördergespräch dient oft eine Stärken-Schwächen-Analyse des Mitarbeiters, die auf die verschiedenen Kompetenzen des Mitarbeiters eingeht. Diese Stärken-Schwächen-Analyse kann dazu dienen, dem Mitarbeiter generell Entwicklungsmöglichkeiten aufzuzeigen oder diese Entwicklungsperspektiven mit den für die angestrebte Stelle verbundenen Kompetenzen abzugleichen (vgl. Dernick, u. a.: „Steuerung und Führung im Unternehmen", Kap. 2, 5. „Personalentwicklung").

Haben sich beide Parteien über ihre Vorstellungen ausgetauscht, sollte ein Aktions- bzw. „Entwicklungsplan" erstellt werden: Vorgesetzter und Mitarbeiter vereinbaren, durch welche Weiterbildungen, Seminare etc. der Mitarbeiter die angestrebte Qualifikation erreichen kann. Am Ende eines jeden Fördergesprächs sollte ein konkreter Förder- bzw. Maßnahmenplan mit allen vereinbarten Schritten, Terminen etc. stehen.

konkreter Plan zur Förderung

Zielvereinbarungsgespräch

Zielvereinbarungsgespräche sind in den meisten Unternehmen Bestandteil von Management by Objectives (siehe Kap. 1, 5.1), können aber auch unabhängig von dieser Führungstechnik stattfinden. Ziele sind Grundlage jeder Planung und dienen der Orientierung. In Soll-Ist-Vergleichen kann regelmäßig überprüft werden, ob die betreffenden Mitarbeiter diese Ziele auch erreichen.

Zielvereinbarungsgespräch

5

Die Formulierung von Unternehmenszielen vollzieht sich vorwiegend zunächst von oben nach unten (top-down) und wird danach von unten nach oben (bottom-up) rückgekoppelt. Das heißt: Zunächst legt die Unternehmensführung die Ziele für das nächste Geschäftsjahr fest. Diese werden abteilungsweise „heruntergebrochen" und dienen dann als Grundlage für die Zielvereinbarungsgespräche jedes Gruppenleiters mit seinen Mitarbeitern. In diesen Zielvereinbarungsgesprächen gibt es meist einige Freiheitsgrade. Das heißt, unter der Maßgabe, dass die von der Unternehmensleitung verabschiedeten Ziele fester Bestandteil der Planung sind, ist es oft möglich, das „Wie" mit dem eigenen Team zu planen und in einigen Fällen auch noch zu einem kleinen Prozentsatz individuelle Ziele mit den Mitarbeitern zu vereinbaren. Je größer die Identifikation des Mitarbeiters mit den geplanten Zielen ist, umso höher wird voraussichtlich seine Motivation sein.

Unternehmensziele

Gerade für die Motivation der Mitarbeiter ist es auch wichtig, nicht nur die von oben kommenden Ziele zu vereinbaren, sondern auch solche Ziele aufzunehmen, die Ideen der Mitarbeiter sind. Einige Firmen haben dafür einen besonderen Ideen-Management-Kreislauf eingerichtet. In anderen Firmen läuft es so ab, dass die Mitarbeiter Ziele nennen dürfen, die in die grundsätzliche Zielrichtung passen, aber von der Konzernleitung nicht konkret ausformuliert wurden. Diese Ziele werden in die Zielvereinbarungen mit aufgenommen, dann nach oben weiter gegeben, damit sie für die Auswertung der Arbeitsergebnisse des gesamten Unternehmens berücksichtigt werden können.

So könnte es sein, dass mit Herrn Krüger vereinbart wird, seine Umsätze in der Sparte „Sach" um 5 Prozent im Vergleich zum Vorjahr im Laufe des kommenden Geschäftsjahres zu steigern. Herr Krüger kann von sich aus z. B. vorschlagen, dass seine Firma die Gelegenheit wahrnimmt, das ganze Unternehmen auf einer örtlichen Ausstellung insgesamt bekannter zu machen und dort die verschiedenen Sachversicherungen zu präsentieren, die von Proximus angeboten werden. Er könnte den Ausstellungsbesuchern Vorschläge zur Prävention von Einbrüchen machen, um zu zeigen, dass sich Versicherungen nicht nur mit Schäden befassen, sondern ihren Kunden auch Unterstützung bieten, wie diese Risiken reduziert bzw. minimiert werden (auch hier wird das Ziel SMART formuliert, siehe Kap. 1, 5.1). Beide Ziele würden in die Zielvereinbarungen aufgenommen werden und die Beurteilung am Ende des Jahres auch nach diesen beiden Zielen erfolgen. Mit einem Mitarbeiter aus der Abteilung Marketing könnte vereinbart werden, dass er für die Sparte Sachversicherung eine überarbeitete Folderreihe für die neue Tarifgeneration bis zum 31.12. des Jahres entwickelt. Der Mitarbeiter seinerseits schlägt vor, sich für den Bereich „Öffentlichkeitsarbeit" eine Aktion zu überlegen, die den Bekanntheitsgrad des Unternehmens erhöht.

Bei Zielvereinbarungsgesprächen ist es also nichts Ungewöhnliches, wenn diese in mehreren Stufen stattfinden, weil sich der Vorgesetzte oft wiederum bei seinen Vorgesetzten vergewissern muss, dass die vom Mitarbeiter vorgeschlagenen Ziele auch in die Unternehmensstrategie passen.

Identifikation der Führungskraft mit den Zielen

Wichtige Voraussetzung für das Führen von Zielvereinbarungsgesprächen ist, dass die Führungskraft die Ziele des Unternehmens und deren Sinn und Zweck verstanden hat und auch hinter diesen Zielen steht.

Auch wenn dies den Zielvereinbarungsprozess in der Firma nur teilweise betrifft, so ist es für Mitarbeiter aller Ebenen wichtig, sich selbst über die eigenen Ziele im Klaren zu sein und zwar nicht nur beruflich, sondern sowohl in Bezug auf Menschen, die einem wichtig sind, als auch für einen selbst.

Zielkonflikte intrapersonell

Zielkonflikte können verschiedene Ursachen haben, sie können auch in der handelnden Person selbst liegen und dann auch nur von ihr gelöst werden.

Zielkonflikte im Unternehmen

Zielkonflikte können aber auch in einem Unternehmen selbst entstehen, wenn z. B. ein Abteilungsleiter andere Prioritäten für ein Team setzt als dessen Teamleiter. Auch aus diesem Grund ist es so wichtig, Ziele konkret und schriftlich zu planen (vgl. Dernick, u.a.: Steuerung und Führung im Unternehmen; Kap. 2, 5.3.4., Ziele sollten SMART sein). Eine Formulierung „weniger Überstunden" wird wenig hilfreich sein, hier muss konkret festgelegt werden, um wie viel Überstunden reduziert werden soll. Grundsätzlich empfiehlt sich auch, Ziele *positiv* zu formulieren, also „um 17 Uhr Feierabend" anstatt „weniger Überstunden".

Sind alle Vorbereitungen für ein Zielvereinbarungsgespräch getroffen, kann ein solches folgendermaßen ablaufen:

Der Vorgesetzte sollte

Einleitung

- als Voraussetzung eine angenehme und ungestörte Gesprächsatmosphäre schaffen,
- zu Beginn Vereinbarungen treffen über Gesprächsziele, Vorgehensweisen und Zeitrahmen (die Führungskraft sollte sich ihrer steuernden Rolle in diesem Gespräch bewusst sein),
- einzusetzende Formulare erläutern,

Hauptteil

- ggf. die Zielerreichung der letzten Periode besprechen,
- Unternehmensziele für den Zielvereinbarungszeitraum erläutern,
- den Mitarbeiter nach seinen Zielen fragen,
- dem Mitarbeiter erklären, welche Ziele die Führungskraft gerne mit ihm vereinbaren möchte,

- die Aussprache über eventuelle unterschiedliche Einschätzungen suchen,
- gemeinsam Ziele für den Planungszeitraum festlegen,
- ggf. unterstützende Maßnahmen zur Zielerreichung erarbeiten,
- Ergebnisse schriftlich zusammenfassen, den Zielvereinbarungsbogen gemeinsam mit dem Mitarbeiter unterschreiben,
- Termine für Zwischengespräche und -bilanzen vereinbaren, *Schluss*
- einen positiven Gesprächsabschluss anstreben.

In den meisten Firmen, die Zielvereinbarungsgespräche durchführen, ist es üblich, am Ende dieses Gespräches bzw. des gesamten Zielvereinbarungsprozesses einen Zielvereinbarungsbogen auszufüllen und von beiden Personen unterschreiben zu lassen. Ebenso sind in vielen Firmen Intervalle vorgegeben, in denen der aktuelle Stand der Erfüllung der vereinbarten Ziele in weiteren Gesprächen besprochen wird (z. B. quartalsweise). Auch sind diese Zielvereinbarungen oft Grundlage für die Auszahlung variabler Gehaltsbestandteile. Dies wird meist direkt im Zielvereinbarungsgespräch festgelegt.

Verdient Frau Meschuck z. B. im Jahr 50.000 Euro brutto und werden 10 Prozent davon als variabler Bestandteil betrachtet, so erhält sie im laufenden Jahr pro Monat brutto 3.750 Euro, die restlichen 5.000 Euro erhält sie am Jahresende, wenn sie ihre Ziele zu 100 Prozent erreicht hat. Bei einer Zielerreichung von 80 Prozent kann festgelegt sein, dass ihr Bonus dann nur 3.500 Euro beträgt, ebenso ein Bonus von 8.000 Euro für den Fall, dass sie 110 Prozent erreicht. Diese Vereinbarungen sind oft von Unternehmen zu Unternehmen sehr unterschiedlich und oft wird ein prozentual höherer Bonus für eine „Übererfüllung" vereinbart, um die Erreichung dieses Zieles noch attraktiver zu machen.

Die dann in regelmäßigen Abständen stattfindenden Gespräche dienen zum Abgleich dessen, was sowohl aus Sicht des Vorgesetzten als auch aus Mitarbeitersicht im Hinblick auf die Zielerreichung schon gut gelungen ist und woran noch gearbeitet werden muss. Dies kann den Charakter eines Beurteilungsgesprächs haben. In Fällen eines krassen Auseinanderklaffens der Leistung eines Mitarbeiters mit den vereinbarten Zielen kann es auch vorkommen, dass ein Kritikgespräch geführt werden muss, denn ein möglicher Inhalt eines Kritikgesprächs ist eine mangelhafte Leistung.

Kritikgespräch

Kritikgespräch

Kritikgespräche gehen i. d. R. vom Vorgesetzten aus, da hier ein Gespräch geführt werden muss über eine Verhaltensweise des Mitarbeiters, mit der er gegen eine festgelegte Vereinbarung verstoßen hat. Den meisten Führungskräften fällt es schwer, diese Gespräche zu führen, denn hier kann es besonders leicht passieren, dass sich auch eine gewisser Ärger oder Enttäuschung der Führungskraft einschleicht, die von dieser – unbewusst – in das Gespräch transportiert wird. Wie weiter unten gezeigt wird, ist es gerade bei solch schwierigen Gesprächen von Bedeutung, zwischen Sach- und Beziehungsebene zu trennen (siehe Eisbergmodell, Lernabschnitt 1.3.2)

Kritikpunkte können z. B. unzureichende Leistungen sein, aber auch anderes Fehlverhalten, wie z. B. häufiges Zu-spät-Kommen. Die Zielsetzung eines Vorgesetzten im Kritikgespräch sollte sein:

- konkrete Missstände anzusprechen
- Verständnis für die nicht ausreichende oder fehlerhafte Leistung sowie für Fehlverhalten bei dem Mitarbeiter zu erzeugen
- Motivation zur Verbesserung des aktuellen Zustandes zu erreichen,
- eine Aussprache über unterschiedliche Wertvorstellungen und eine Klärung zu ermöglichen
- die Beziehung zu verbessern

(vgl. Lorenz, Rohrschneider 2004, S. 90)

Bei der Vorbereitung ist es wichtig, zunächst einmal vom eventuell vorhandenen eigenen Ärger Abstand zu nehmen und das zu kritisierende Verhalten oder die unzureichende Leistung genau zu benennen, z. B. „Frau Icks, ich habe festgestellt, dass Sie in der letzten Woche dreimal nach unserem spätesten Arbeitsbeginn um 9 Uhr an Ihrem Arbeitsplatz waren". Als nächstes ist es wichtig, auch zu sagen, warum dieses Verhalten kritisiert wird und was es in der Führungskraft auslöst, z. B. „Ich bin enttäuscht, wenn Sie erst nach 9 Uhr an Ihrem Arbeitsplatz mit der Arbeit beginnen. Ich möchte nicht, dass sie erst nach 9 Uhr beginnen, denn wenn Sie erst später mit Ihrer Arbeit anfangen, so kann dies zu Unzufriedenheit bei unseren Kunden führen, weil diese sich darauf verlassen, dass unsere Telefone spätestens ab 9 Uhr besetzt sind." Und als drittes sollte die Frage kommen: „Worauf ist das zurückzuführen?" Hier sollte der Vorgesetzte dann erst einmal ganz genau zuhören und sachlich bleiben, auch wenn ihm einer der genannten Gründe „nicht triftig genug" erscheint. Das Kritikgespräch sollte ungefähr folgenden Ablauf haben.

Der Vorgesetzte sollte

Einleitung
- eine positive Gesprächsatmosphäre schaffen,
- Grund und Anlass für dieses Gespräch nennen,

Hauptteil
- den kritisierten Sachverhalt möglichst treffend beschreiben,
- den Gesprächspartner nach dem Grund für das Fehlverhalten fragen,
- den Gesprächspartner Lösungsvorschläge unterbreiten lassen,
- akzeptable Lösungsvorschläge annehmen,
- deutlich machen, an welchen Stellen Lösungsvorschläge nicht akzeptiert werden können und hierfür eigene Vorschläge unterbreiten,
- sich mit dem Gesprächspartner auf eine Lösung einigen,

Schluss
- die gemeinsame Lösung (schriftlich) festhalten,
- einen positiven Gesprächsabschluss anstreben.

Gerade bei Kritikgesprächen ist es sowohl am Anfang als auch am Ende wichtig, eine gute Beziehung herzustellen. Für den Einstieg in das Gespräch kann es hilfreich sein, sich zu überlegen, welche Punkte der Arbeit man an seinem Mitarbeiter besonders schätzt. Diese sollte die Führungskraft zu Beginn lobend erwähnen. Das hat den Effekt, dass man sich direkt über positive Aspekte Gedanken macht und nicht nur die negativen Punkte betrachtet. Wenn dann der

5

Problemlösungsprozess während des Gesprächs konstruktiv und positiv verläuft, sollte am Ende bereits eine recht gute Stimmung bestehen. Für den Fall, dass eine Einigung nicht in diesem Gespräch erzielt werden kann, ist es enorm wichtig, sich noch einmal klar zu machen, dass der Konflikt auf der Sachebene besteht und auch aus diesem Grunde das Gespräch mit einer positiven Stimmung auf der Beziehungsebene beenden. Falls festgestellt wird, dass ernsthafte Probleme auf der Beziehungsebene bestehen, sollten besser die Methoden zur konstruktiven Konfliktlösung angewendet werden (siehe Lernabschnitt 1.3.2 Eisbergmodell).

Diese unterschiedlichen Gesprächsanlässe bedingen, dass auch bei der Planung der Inhalte andere Schwerpunkte gesetzt werden sollten. Am besten ist es, sich schon einige Zeit vor dem Termin zum einen Gedanken zu machen und sich zum anderen rechtzeitig um die benötigten Unterlagen zu kümmern. Am besten ist es, direkt bei der Vereinbarung des Gesprächstermins mit dem Mitarbeiter schon die Grundzüge des Gespräches zu planen.

2.2 Gesprächsstrategie

Gesprächsziel

Ausgangspunkt zur Planung der Gesprächsstrategie ist das Gesprächsziel. Auch wenn kaum Zeit zur Vorbereitung von Gesprächen nach oben erläuterter Checkliste bleibt, so ist es von enormer Bedeutung, sich über das Ziel des zu führendes Gespräches im Klaren zu sein. Je genauer jemand sein Gesprächsziel kennt, desto besser weiß er auch, in welche Richtung das Gespräch gehen soll. Und das wiederum ist bedeutsam für die Strategie, die ein Gesprächspartner hat.

zielgerichtete Argumente

Zur Vorbereitung einer Strategie gehört nach der Zielbestimmung als nächstes die Frage, wie man dieses Ziel erreichen möchte. Man sollte sich Argumente überlegen und wissen, an welcher Stelle man welches Argument „bringt".

Argumente können mehr oder weniger überzeugend sein. Jedes Argument besteht aus einem so genannten Standpunkt, auch Konklusion genannt, und einer Begründung, auch Prämisse genannt. Eine Konklusion kann auch von mehreren Prämissen gestützt werden.

Definition

Argument

	Konklusion	(Standpunkt, der unterstützt werden soll)
+	Prämisse(n)	(Grund/Gründe, die den Standpunkt unterstützen)
=	Argument	

Signalwörter für Konklusionen sind beispielsweise:

- folglich
- daher
- deshalb
- darum
- daraus folgt, dass
- daraus kann man schließen, dass

und solche für Prämissen sind beispielsweise:

- da
- denn
- weil
- nämlich

In dem Satz: „Herr Meyer hat ein Betriebsgeheimnis verraten, denn nur er hatte Zugang zu den fraglichen Daten", ist der Teil „Herr Meyer hat ein Betriebsgeheimnis verraten" die Konklusion und „denn nur hatte Zugang zu den fraglichen Daten" die Prämisse.

Inwieweit die vorgebrachten Argumente aber zugkräftig sind, hängt von mehreren Faktoren ab, zu einem großen Teil davon, inwieweit die Prämissen die Konklusion stützen. Hier wird unterschieden nach

- Full-Power-Argumenten,
- High-Power-Argumenten,
- Low-Power-Argumenten und
- No-Power-Argumenten.

(vgl. z. B. Edmüller/Wilhelm 2005)

Full-Power-Argumente

- *Full-Power-Argumente*
  sind logische Beweise. Wenn die Prämissen die Konklusion hundertprozentig stützen, dann folgt die Konklusion aus den Prämissen absolut zwingend. **Beispiel:** 1. Prämisse: Alle Menschen sind sterblich. 2. Prämisse: Herr Mortus ist ein Mensch. Konklusion: Herr Mortus ist sterblich.

High-Power-Argumente

- *High-Power-Argumente*
  sind starke Erfahrungsargumente. Die Prämissen stützen die Konklusion mit einem gewissen Grad an Wahrscheinlichkeit. Hierzu gehören z. B. statistische Verallgemeinerungen. Prämisse 1: X Prozent der untersuchten Fälle haben die Eigenschaft g. Konklusion: X Prozent der F haben die Eigenschaft g. **Beispiel:** 70 Prozent der bei einer Studie befragten Unternehmen in Deutschland sind für die Abschaffung der Gewerbesteuer. Daher: 70 Prozent der Unternehmen in Deutschland sind für eine Abschaffung der Gewerbesteuer.

Low-Power-Argumente

- *Low-Power-Argumente*
  sind Plausibilitätsargumente. Die Prämisse stützt die Konklusion nur schwach. In Low-Power-Argumenten machen die Prämissen die Konklusion zumindest so lange plausibel, wie es keine Gegenbeweise gibt. Die meisten der von uns im Alltag verwendeten Argumente sind Low-Power-Argumente. 1. Prämisse: Sachverhalt A wird beobachtet. 2. Prämisse: Sachverhalt A ist normalerweise ein Zeichen für Sachverhalt B. Konklusion: Daher: B ist wahr. **Beispiel:** Die Polizei fährt mit Blaulicht. Wenn die Polizei mit Blaulicht fährt, dann ist das ein Zeichen, dass irgendwo etwas passiert ist. Daher: Vermutlich ist irgendwo etwas passiert.

No-Power-Argumente

- *No-Power-Argumente*
  sind solche, bei denen die Prämisse überhaupt keine Stütze für die Konklusion (0 Prozent) darstellt. Dabei handelt es sich um Fehlschlüsse oder Argumentationstaktiken. **Beispiel:** Wir haben seit der Gründung unseres Unternehmens kein solches Konzept gebraucht. Und es hat auch so funktioniert, oder?

Ganz abgesehen davon, dass es sich bei der Frage am Ende des letzten Beispiels um eine Suggestivfrage (siehe Lernabschnitt 3.2.2) handelt, zeigt der letzte Satz, dass der Sprecher nicht mehr weiter diskutieren will. Viele solcher Sätze – auch Killerphrasen genannt – zielen darauf ab, ein Gespräch auf ebendiese Art zu beenden.

Andere Killerphrasen sind z. B. „Das haben wir schon immer so gemacht." „Dafür haben wir keine Zeit" etc. Für den Umgang mit Killerphrasen ist es zunächst wichtig, diese als solche wahrzunehmen und auch zu merken, dass diese gar nicht auf der Sach-, sondern auf der Beziehungsebene gesendet werden (siehe Eisbergmodell im Lernabschnitt 2.3.3). Für den Umgang mit solchen Killerphrasen empfiehlt sich, die Techniken der Einwandbehandlung zu kennen (siehe Lernabschnitt 3.2.3).

2.3 Kommunikationsmodelle

Handlungssituation

Sie sind Verkaufsleiter in einer Filialdirektion und betreuen 15 Außendienstpartner. Ihnen ist es wichtig, Informationen zu Änderungen und Neuerungen schnell weiterzugeben und sich mit ihren Mitarbeitern regelmäßig und offen auszutauschen. Im nächsten Monat wird ihr Team um zwei neue Mitarbeiter erweitert, die von einer anderen Gesellschaft kommen. Um diese Mitarbeiter möglichst schnell einzuarbeiten, überlegen Sie, wie der Informationsaustausch gestaltet werden kann.

Kommunikation ist mehr und mehr zum Schlüsselbegriff des modernen Lebens geworden. Niemals zuvor waren Menschen in der Lage, Informationen in Form von Sprache, Texten, Bildern und Daten in solch hoher Geschwindigkeit einander mitzuteilen. Es gibt Kommunikationsnetze, die es ermöglichen, zu jeder Zeit und an jedem Ort zu kommunizieren. Der technische Fortschritt eröffnet immer neue und höher entwickelte Möglichkeiten.

Informationsweitergabe und -austausch sowie Kommunikation über elektronische Netze (Internet-Intranet-Extranet) gehören zum beruflichen Alltag und erfordern, die Informationsflut in angemessener Zeit zu bewältigen. Die individuelle Leistung soll bei gleichzeitiger Zeit und Kostenersparnis gesteigert werden. Viele Mitarbeiter sind in ihrem privaten und beruflichen Umfeld vernetzt und kommunizieren so über elektronische Medien. Folglich befinden wir uns in einem permanenten Kommunikationsprozess.

Bevor in den nachfolgenden Abschnitten die gängigsten Kommunikationsmodelle vorgestellt werden, stellt sich die Frage: Was bedeutet „Kommunikation" überhaupt?

Bedeutung des Wortes Kommunikation

Das Wort „Kommunikation" hat seinen Ursprung in der lateinischen Sprache, es stammt vom Wort „communicare" ab und heißt übersetzt: „etwas gemeinsam machen". Das Wort „communio" ist hierin enthalten, was „Gemeinschaft" bedeutet. Kommunikation bedeutet, dass sie zwischen mindestens zwei Parteien stattfindet. Im Sender-Empfänger-Modell wird diese Beziehung zwischen zwei Parteien deutlich.

2.3.1 Sender-Empfänger-Modell

Das Sender-Empfänger-Modell bildet den Kommunikationsprozess in einfacher Weise ab:

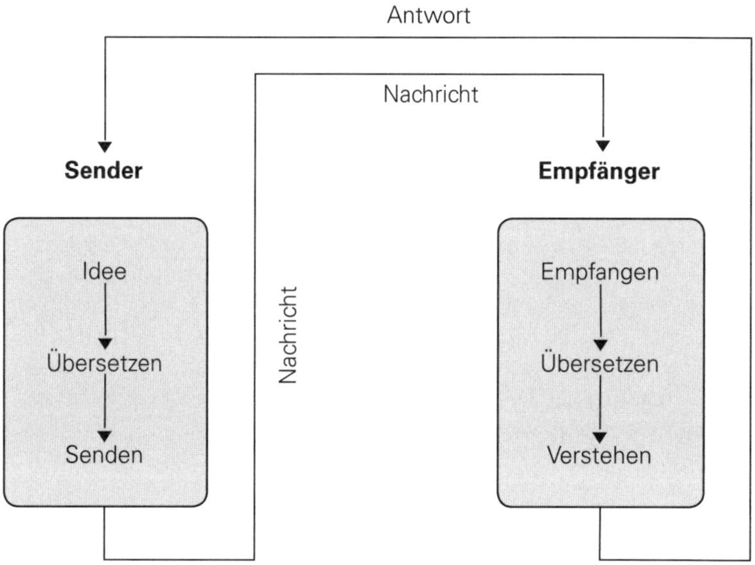

Abbildung 1: Sender-Empfänger-Modell (Conrads 2003, S. 6)

Der Sender (z. B. die Vorgesetzte) überlegt sich im Kopf, was er sagen, welche „Nachricht" er oder sie (z. B. seinem Mitarbeiter) „senden" möchte. Diese Gedanken übersetzt er in seine „Sprache", d. h. in die Worte, von denen er glaubt, dass der Empfänger sie versteht. In dem Moment, in dem er sie ausspricht, sendet er sie ab, und sobald der Empfänger sie gehört hat, sind sie bei diesem angekommen und der Empfänger „entschlüsselt" die Nachricht, indem er sie in die ihm zur Verfügung stehende Sprache „übersetzt". Hier ist wichtig zu bedenken, dass ein und dasselbe Wort bei jedem eine etwas andere Bedeutung haben kann.

Kanäle der Kommunikation

Beim „Senden" der Nachricht werden aber nicht nur die Worte gesendet, die eine Person sagt, sondern auch weitere „Botschaften" mitgeschickt. Wir kommunizieren über verbale, paraverbale und nonverbale Kanäle:

- *Verbal* ist das gesprochene Wort.
- *Paraverbal* ist alles, was mit der Stimme zusammenhängt: Tonlage, Tonfall, Dialekt, Lautstärke, aber auch Pausen, Stimmmelodie etc.
- *Nonverbal* ist alles andere, das von einem Empfänger ausgeht: Gestik, Mimik, aber auch Aussehen, Frisur, Duft und auch der Abstand zum Gesprächspartner spielen eine Rolle beim Senden einer Botschaft.

Distanzzonen

Die Distanzzonen, also der Abstand zwischen *Gesprächspartnern*, sind auf der unbewussten Ebene von großer Bedeutung. Die meisten werden das Gefühl kennen, dass einem jemand zu sehr „auf die Pelle" rückt, also zu nah kommt.

In diesem Fall hat eine fremde Person die so genannte Intimzone überschritten. Wie aus Abbildung 2 ersichtlich, gibt es verschiedene Zonen. Kommt jemand einer anderen Person zu „nahe", fühlt sich diese unwohl, ohne genau zu wissen warum. Diese Person wird dann auch das Gespräch unabhängig von seinem Inhalt als negativ empfinden. Die meisten Gespräche unter vier Augen finden in der persönlichen Distanz statt. In Deutschland entspricht dies ungefähr der Länge eines etwas schräg ausgestreckten Armes, in asiatischen Ländern ist die Distanz oft größer (ausgestreckte Armlänge), in z. B. lateinamerikanischen Ländern entspricht sie der eines angewinkelten Ellenbogens.

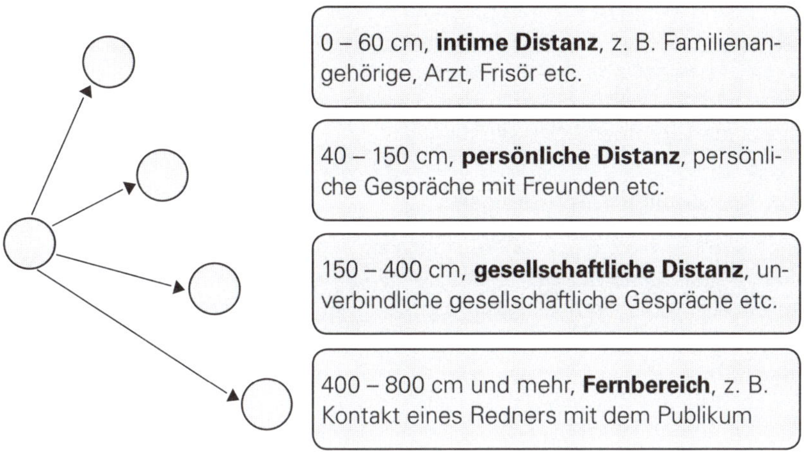

Abbildung 2: Distanzzonen nach E. T. Hall (eigene Darstellung)

Anteile der Kommunikation: 7 % verbal, 38 % paraverbal, 55 % non-verbal

In einer Untersuchung wollte Albert Mehrabian, ein US-amerikanischer Psychologe, Ende der 1960er Jahre herausfinden, inwieweit das gesprochene Wort für eine Kommunikation von Wichtigkeit ist. In einem nicht ganz unumstrittenen Experiment stellte er fest, dass auf die verbale 7 Prozent, die paraverbale 38 Prozent und auf die nonverbale Kommunikation 55 Prozent entfallen. Gegenüber Kritikern dieses Experimentes betonte Mehrabian, dass es ihm hauptsächlich darum ging zu zeigen, dass neben dem gesprochenen Wort alle anderen „mitgesendeten" Botschaften eine große Rolle spielen, also Aussehen, Geruch, Abstand, Wortwahl, Dialekt etc.

inkongruente Nachrichten erzeugen Unsicherheit

Zudem wies er darauf hin, dass eine Botschaft umso glaubwürdiger beim Gesprächspartner ankommt, je besser Körpersprache und sprachliche Nachricht übereinstimmen. Erzählt jemand z. B. von einem lustigen Ereignis mit einem traurigen Gesichtsausdruck, so sprechen wir von einer inkongruenten Nachricht, d. h., das gesprochene Wort und der Gesichtsausdruck stimmen nicht überein. Das Problem mit inkongruenten Nachrichten ist, dass der Empfänger nicht weiß, welchen Teil der Botschaft er glauben soll, den sprachlichen oder den körpersprachlichen. Insofern ist es für eine Unterhaltung wichtig, dass der „Sender" hinter dem Gesagten steht und kongruente Nachrichten sendet. Kongruente Nachrichten sind solche, in denen die gesprochenen Worte übereinstimmen mit der Körpersprache, also z. B. eine freudige Nachricht mit einem strahlenden Lächeln überbracht wird.

kongruente Nachrichten unterstreichen das Gesagte

Schon Paul Watzlawick, einer der „Väter" der modernen Kommunikationsforschung, sagte: „Man kann nicht nicht kommunizieren", womit er ausdrücken wollte, dass wir die ganze Zeit mit unserer Umwelt kommunizieren, auch wenn wir nichts sagen. In diesem Fall interpretieren die Personen, denen wir begegnen, unsere Gesichtsausdrücke, was zu unterschiedlichen Ergebnissen führen kann. Führen wir uns noch einmal das eingangs geschilderte Gespräch zwischen Herrn Meier und Frau Müller vor Augen: Wenn z. B. Herr Meier Frau Müller eine Stunde nach dem Gespräch mit hängenden Schultern auf dem Flur trifft, so könnte er denken, dass sie über das Gespräch unglücklich oder verärgert ist, genauso gut kann es aber auch sein, dass Frau Müller Kopfschmerzen hat oder einen unangenehmen Anruf erhalten hat. Über ihre Körpersprache „kommuniziert" sie, doch ist es für den Empfänger oft schwierig, zu „enträtseln", was dort gerade gesendet wird. Bevor im weiteren Verlauf das Eisbergmodell von Watzlawick dargestellt und erläutert wird, zunächst eine Übersicht über die häufig auftretenden Kommunikationsstörungen.

2.3.2 Kommunikationsstörungen

Damit Kommunikation zwischen Menschen funktionieren kann, müssen von beiden Seiten das Bedürfnis und der Wille vorhanden sein, Informationen mitzuteilen und aufzunehmen. Wenn das nicht der Fall ist, kommt es besonders häufig zu Kommunikationsstörungen (siehe auch Abschnitt 2.3.4, „Vier Seiten einer Nachricht").

In einem Kommunikationsprozess lauern demnach viele „Kommunikationsstörungen". Der österreichische Verhaltensforscher und Nobelpreisträger Konrad Lorenz hat einmal gesagt:

„Gedacht ist nicht gesagt.
Gesagt ist nicht gehört.
Gehört ist nicht verstanden.
Verstanden ist nicht gewollt.
Gewollt ist nicht gekonnt.
Gekonnt und gewollt ist nicht getan.
Getan ist nicht beibehalten."

Unter „Kommunikationsstörung" versteht man die Unfähigkeit oder Beeinträchtigung, mit anderen Menschen zu sprechen oder eine emotionale Beziehung zu pflegen.

Störungen können bei unterschiedlicher Sprache, Übersetzungsfehlern, Mehrdeutigkeit, kulturellen Unterschieden, mangelnder Aufmerksamkeit, eingegrenzter Wahrnehmung, unterschiedlichen Wahrnehmungskanälen, übertönendem Lärm oder sonstigen Einflüssen auftreten.

Erika Regnet (2009) unterscheidet vier Hauptursachen von Kommunikationsstörungen:

1. Senderfehler
2. Empfängerfehler
3. Diskrepanz zwischen „Was" und „Wie"
4. Kommunikationsmangel

5

Hauptursachen von Kommunikationsstörungen

Zu 1. Senderfehler

Jede Mitteilung wird zunächst vom Sender in Sprache übersetzt. Kommunikationsstörungen können daraus resultieren, dass die Mitteilung nicht empfängergerecht kommuniziert wird. Das kann daran liegen, dass Fachtermini, Fremdwörter etc. verwendet werden, die der Gesprächspartner nicht kennt. Weitere Kommunikationsstörungen entstehen dadurch, dass man vorschnelle Urteile abgibt, dass man auf die Probleme des anderen nicht genügend eingeht oder sie herunterspielt. Es kann sein, dass man lange Vorträge hält, vorschnelle und undurchdachte Lösungen anbietet oder sich gar nicht auf das Gespräch konzentriert, weil man gleichzeitig mit anderen Dingen beschäftigt ist. Killerargumente („Das haben wir noch nie gemacht!", „Das kann man nicht bezahlen!", „Das ist alles graue Theorie!", „Das geht nicht!") können Informationsaustausch und offenen Meinungsaustausch zunichtemachen.

Zu 2. Empfängerfehler

Wir nehmen selektiv wahr. Empfängerfehler entstehen dadurch, dass man in einem Gespräch nur bestimmte Dinge und Reizwörter hört bzw. wahrnimmt oder vielleicht unkonzentriert ist. Es kann sein, dass der Empfänger abgelenkt ist, z. B. durch sein Handy, oder sich nicht ausreichend vorbereitet hat. Beim Spiel „Stille Post" kann man erkennen, wie Menschen dazu neigen, empfangene Informationen zu vereinfachen, zu verdichten, vermeintliche Lücken aufzufüllen und an das Gewohnte anzupassen oder auch zu interpretieren.

Beispiel „Stille Post"

+

Einer Person wird eine Geschichte vorgelesen mit der Aufgabe, sich die Geschichte einzuprägen und sie anschließend aus dem Gedächtnis einer zweiten Person zu erzählen, ohne dass ihr der Text noch vorliegt. Die zweite Person erzählt einer dritten Person die Geschichte weiter. Das wird noch weitere Male wiederholt.

Bei jedem Erzählvorgang gehen Fakten oder Details verloren oder kommen hinzu, so dass bei der letzten Person oft völlig andere Informationen ankommen, als die, die von der ersten Person in der Kette weitergegeben wurden.

Zu 3. Diskrepanz zwischen „Was" und „Wie"

Schwierig wird es in der Kommunikation, insbesondere beim Empfänger, wenn der Inhalt des Gesagten und die Art und Weise, wie es gesagt wird, nicht zusammenpassen. Das ist beispielsweise der Fall, wenn eine Führungskraft gegenüber ihrem Mitarbeiter verbal beteuert, „Sie können offen mit mir sprechen. Ich bin offen für jede Kritik", und dabei den Mitarbeiter böse anschaut oder in anderen Unterlagen blättert bzw. seine Post unterschreibt. Bei solch widersprüchlichen Informationen richtet man sich stärker nach dem „Wie" der Übermittlung als nach dem „Was" (dem sachlichen Inhalt), siehe „inkongruente Nachrichten".

Zu 4. Kommunikationsmangel

Eine wichtige Ursache für Störungen in der Kommunikation liegt häufig darin begründet, dass sich die Beteiligten zu wenig austauschen. Konfliktträchtige

5

Themen werden vermieden. Probleme werden nicht angesprochen oder umgangen. Probleme können dadurch nicht gelöst werden.

Erfolgreiche Kommunikation zwischen Menschen erfordert deshalb offene Kommunikation. Offene Kommunikation gestaltet man u. a. mit der Führung von Dialogen.

Offene Kommunikation

! *Dialog*

Definition

Ein Dialog (altgriech. „dialégesthai": „sich unterhalten", „sich unterreden"; „dialogein": einander zurechnen) ist eine mündlich oder schriftlich zwischen zwei oder mehreren Personen geführte Rede und Gegenrede. Sein Gegensatz ist der Monolog, das Gespräch einer Person mit oder vor sich alleine (vor allem im Drama). Eine etwas andere Sinngebung entsteht aus der griechischen Wortwurzel „δια" („dia") ([hin]durch) und „λόγος" („logos") (Wort, Sinn, Bedeutung). Dialogos = Fließen von Worten.

Am MIT (Massachusetts Institute of Technology) in Boston wurde der Dialog nach David Bohm von u. a. Peter Senge, Freeman Dhority und Peter Garrett weiterentwickelt und mit dem Ziel, eine „lernende Organisation" zu schaffen, in Unternehmen und Organisationen angewandt. Das Dialog-Verfahren, in Form von Gruppengesprächen, die mit bestimmten Spielregeln geführt werden, wird etwa bei Veränderungsprozessen, strategischen Entscheidungen oder Führungsgesprächen eingesetzt. Mittlerweile wurde der Ansatz auch in politische und pädagogische Bereiche übertragen.

(vgl. http://de.wikipedia.org/wiki/Dialog)

Informationsaustausch dient dem menschlichen Grundbedürfnis nach Verstehen der Zusammenhänge. Er fördert Motivation, Identifikation und Zugehörigkeitsgefühl. Verständliche und schnelle Informationsweitergabe ermöglicht auch effektivere Entscheidungen und einen einheitlichen Informationsstand aller Beteiligten. Der Wettbewerb um Kunden sowie gesellschaftliche Akzeptanz verlagert sich zusehends von der Sachebene auf die Kommunikationsebene. Das bedeutet, dass gestern der Sachverstand besonders wichtig schien, es aber heute zusätzlich immer mehr darauf ankommt, dass Spezialwissen auch gut vermittelt und weitergegeben werden kann. Kommunikation wird zur Kernkompetenz.

Nur der ständige Dialog mit den unterschiedlichen Zielgruppen im Arbeitsumfeld macht eine optimale Versorgung mit aktuellen Informationen für Mitarbeiter, Kollegen, Kunden etc. möglich.

Wir unterscheiden zwischen dem Austausch von Informationen in einem persönlichen Gespräch oder Telefonat und dem Austausch von Informationen über schriftliche und elektronische Medien wie Briefe, Kundenzeitschriften, Mailings etc. Unabhängig vom genutzten Medium ist es wichtig, sich immer und überall nach den Kommunikationsregeln auszutauschen.

2.3.3 Eisberg-Modell

Eine weitere These von Paul Watzlawick zur Kommunikation lautet: „Jede Kommunikation hat einen Inhalts- und einen Beziehungsaspekt, wobei Letzterer den Ersteren bestimmt."

Sach- und Beziehungsebene

Jede Kommunikation enthält über die reine Sachinformation (Inhaltsaspekt) hinaus einen Hinweis, wie der Sender seine Botschaft verstanden haben will und wie er seine Beziehung zum Empfänger sieht (Beziehungsaspekt). Der Inhaltsaspekt stellt das „Was" einer Mitteilung dar, der Beziehungsaspekt sagt etwas darüber aus, „Wie" der Sender diese Mitteilung vom Empfänger verstanden haben möchte. Der Beziehungsaspekt zeigt, welche emotionale Beziehung von einem Kommunikationspartner gesetzt wird. Daraus folgt, dass der Beziehungsaspekt bestimmt, wie der Inhalt zu interpretieren ist. Die Art der Beziehung zwischen zwei Kommunikationspartnern ist für das gegenseitige Verständnis von grundlegender Bedeutung.

Kommunikation gelingt, wenn auf beiden Ebenen und bei beiden Kommunikationspartnern Einigkeit über den Inhalts- und Beziehungsaspekt herrscht. Sie misslingt, wenn ein Kommunikationspartner unterschiedliche oder gegensätzliche Botschaften sendet, oder wenn der andere Kommunikationspartner einen der beiden Aspekte anders interpretiert.

Im umgangssprachlichen Kontext wird dies als das „Eisbergmodell der Kommunikation" bezeichnet. Auf der Sachebene wird der Text gesendet. Das entspricht in ungefähr dem, was im Zusammenhang mit den Kommunikationskanälen mit „gesprochenem" Wort gemeint ist. Ein großer Teil der Nachricht wird auf der Beziehungsebene gesendet. Dabei spielt auch schon z. B. die Lautstärke eine Rolle, ein zu leiser oder zu lauter Satz wird eher negativ wirken als einer, der in normaler Lautstärke gesprochen wird. Auch die Beziehung, in der die beiden Personen zueinander stehen, ist hier sehr wichtig. Ist die andere Person sympathisch oder nicht, wird die Stimme, Ausstrahlung, Duft, Frisur etc. als angenehm empfunden oder nicht? All dies spielt sich auf der Beziehungsebene ab und beeinflusst damit, wie die Nachricht, die auf der Sachebene gesendet wird, aufgenommen wird. Bei ironischen Sätzen stellt sich die Frage, inwieweit diese überhaupt noch auf der Sachebene gesendet werden.

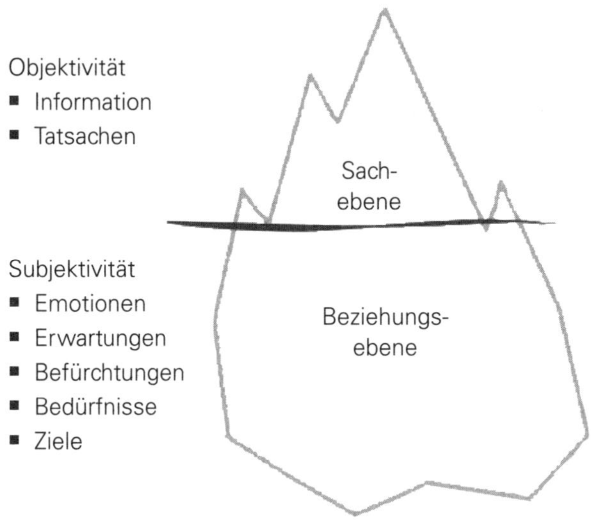

Abbildung 3: Das Eisberg-Modell nach Watzlawick (eigene Darstellung)
Aus: Anja K. Haftmann: Mitarbeitergespräche souverän führen. CD-ROM, managerSeminare, Bonn 2011

Man sagt, dass ca. ein Siebtel des Eisberges – also die Sachebene – oberhalb der Wasseroberfläche liegt, der Rest liegt darunter. Und das ist genau das Problem in der zwischenmenschlichen Kommunikation. Viele merken, dass „etwas nicht stimmt", ohne es genau benennen zu können. Das kann z. B. sein, dass einem eine andere Person zu nahe gekommen ist (siehe Distanzzonen) und man einfach nur dieses Unwohlsein fühlt, weil der körperliche Abstand zu gering ist. Oder ein Gesprächspartner hat einen Duft, den man nicht besonders mag. All dies spielt sich auf der Ebene unterhalb der Wasseroberfläche ab, d. h., die andere Person nimmt nicht wahr, dass sich hier die beiden unter der Wasseroberfläche liegenden Teile ins Gehege kommen. In den unter der Wasseroberfläche liegenden Teil fließen unser ganzes Leben lang Informationen ein, aus denen wir unsere Einstellungen, Normen etc. entwickeln. All dies ist „abgespeichert" und beeinflusst unsere Beziehung zu unserem Gesprächspartner.

Konflikte

Im schlimmsten Fall kann dies zu Konflikten führen, wenn diese beiden Teile aneinanderstoßen. Dabei passiert dann Folgendes: Eine Person kommt mit ihren Voreinstellungen, Normen etc. mit einer anderen Person zusammen, ohne die Voreinstellungen, Normen etc. der anderen Person zu kennen. Und so kollidieren die beiden unter der Wasseroberfläche liegenden Teile miteinander, d. h., die Beziehungsebene wird durch etwas, z. B. eine unsympathische Erscheinung, getrübt. Dies kann schon durch eine zu forsche Begrüßung ausgelöst werden oder andere Kleinigkeiten, die die andere Person negativ empfindet. Findet dies hauptsächlich auf der Sachebene statt, so sprechen wir von einer Meinungsverschiedenheit. Hier ist die Grundhaltung noch: Ich bin o.k., du bist o.k. (siehe Lernabschnitt 2.3.5).

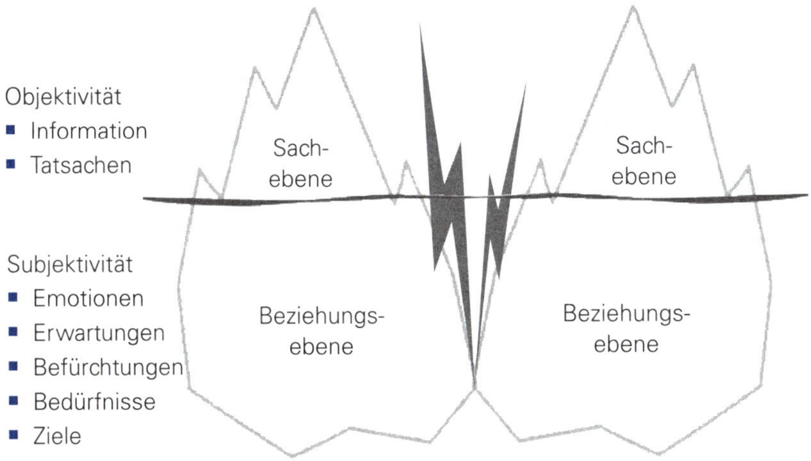

Abbildung 4: Konflikte (Abdruck mit freundlicher Genehmigung der Dr. Anja K. Haftmann Personal- und Organisationsentwicklung)

Ein Beispiel für eine „Kollision" unter der Wasseroberfläche kann auch ein achtlos dahin gesagter Satz sein.

Herr Schmitz unterhält sich mit Frau Seibold, die gerade erst neu in der Firma angefangen hat, und macht sich in ihrer Anwesenheit über einen Brauch in einer Gegend von Deutschland lustig, ohne zu wissen, dass Frau Seibold genau aus dieser Gegend stammt.

Zu einem Konflikt kann es sich dann entwickeln, wenn es zwischen beiden Parteien zu einer Spannungssituation kommt, in der sich beide dieses Spannungsverhältnisses bewusst sind und sich als Gegner empfinden. Wie sich so ein Konflikt „aufschaukeln" kann, zeigt die folgende Abbildung:

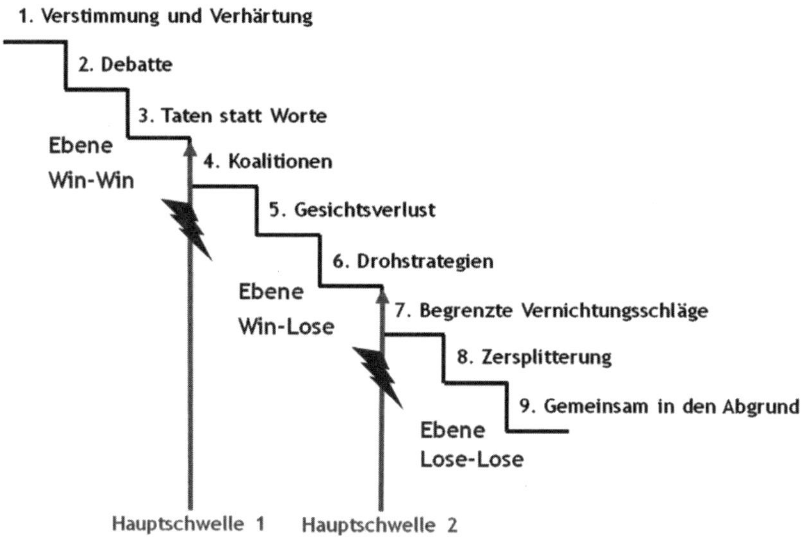

Abbildung 5: Konfliktstufen nach Glasl (Abdruck mit freundlicher Genehmigung der Dr. Anja K. Haftmann Personal- und Organisationsentwicklung)

Woran erkennt man nun einen Konflikt, was führt zu seiner Entstehung?

Neben den Anzeichen im Vorstadium von Konflikten (Konfliktanzeichen zur Frühwarnung) lassen sich bereits ausgebrochene Konflikte anhand einiger charakteristischer Merkmale erkennen. So sind Konflikte fast immer emotional und gefühlsbeladen und dies gilt umso stärker, je höher die Betroffenheit, der Leidensdruck und die Kontroversen der Konfliktparteien sind.

Die Emotionalität von Konflikten lässt sich bei den Beteiligten dann an Angespanntheit, Gereiztheit oder auch indirekt ausgedrückter Angst ablesen.

Konflikte sind typischerweise störend, d. h. sie unterbrechen den normalen Handlungsablauf, behindern die Abwicklung definierter Prozesse und verzögern oder verhindern die Erzielung gewünschter Resultate. Dies gilt für Einzelpersonen, für Teams, für ganze Abteilungen und letztlich sogar zwischen Unternehmen und Institutionen.

Konflikte haben den unvermeidbaren Drang zur Eskalation, wenn sie nicht rechtzeitig behandelt, sprich in irgendeiner Form gelöst werden. Hier geht es um das berühmte „überlaufende Fass". In der Regel nimmt die Intensität von Konflikten nie von allein ab, es sei denn Rahmenbedingungen verschieben sich durch externe Faktoren. In den meisten Fällen steigt neben der Intensität des Konflikts dessen Emotionalität und der Kreis der Betroffenen wächst, weil die Konfliktparteien nach und nach Verbündete suchen und Koalitionen schmieden.

Konflikte erzeugen mit zunehmender Eskalation Druck, genauer Leidens- und Handlungsdruck. Aufgrund ihrer zunehmend störenden und hemmenden Wirkung wird die Notwendigkeit zu reagieren immer größer, spätestens wenn das Ausmaß der Eskalation die Beteiligten und deren organisationellen Rahmen im Sinne ihrer normalen Aktivitäten handlungsunfähig macht.

(vgl.: Woran erkennen Sie Konflikte? soft-skills.com)

Eine Konfliktlösung nach dem Modell von Glasl (siehe Abbildung 5) ist auf den ersten drei Stufen noch soweit möglich, dass beide Parteien aus dieser Situation herausgehen und das Gefühl haben, eine Lösung gefunden zu haben, die beide als gut empfinden (Win-win-Situation). Je größer die empfundene Gegnerschaft wird, desto mehr wünscht man dem Gesprächspartner „die Pest an den Hals" und desto größer ist die Wahrscheinlichkeit, dass es zu sehr emotionsgeladenen Auseinandersetzungen kommt, aus denen mindestens eine Person beschadet hinausgeht. Von daher empfiehlt es sich, Konflikte bereits im Anfangsstadium zu lösen.

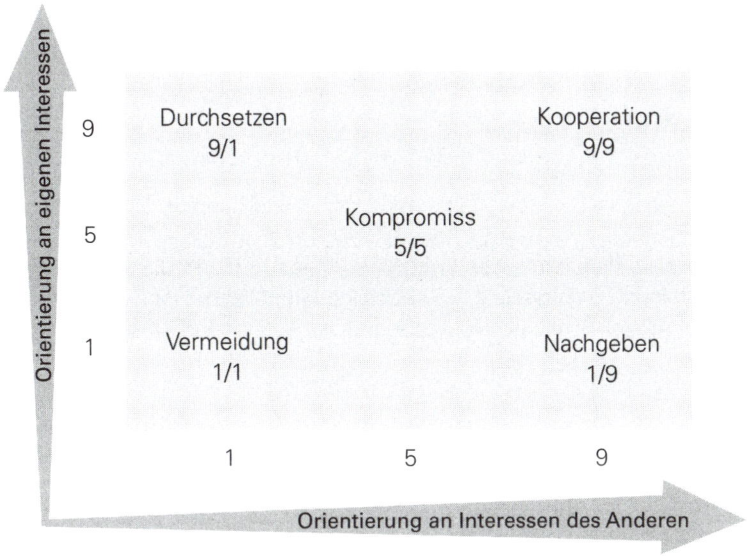

Abbildung 6: Konfliktlösungsstrategien (Abdruck mit freundlicher Genehmigung der Dr. Anja K. Haftmann Personal- und Organisationsentwicklung)

Es gibt verschiedene Strategien Konflikte zu lösen. Da Konflikte, wie oben beschrieben, die Tendenz haben, sich immer wieder zu zeigen, bis sie gelöst wurden, spricht vieles dafür, sie kooperativ zu lösen. Betrachtet man die Tatsache, dass auch Konflikte positive Funktionen haben (siehe Abbildung 7), so kann dies ein Ansporn dazu sein, sich konstruktiv mit Konflikten auseinanderzusetzen, nach dem Motto: Konflikte sind notwendige Durchgangsstadien von Veränderung.

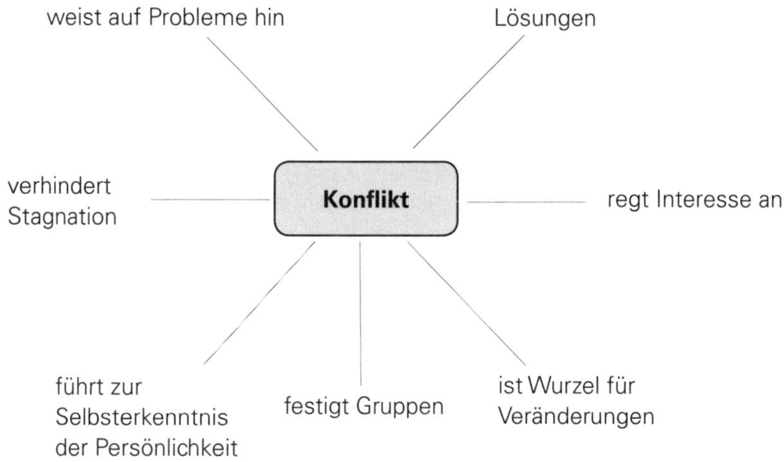

Abbildung 7: Positive Funktionen von Konflikten (Lang/Conrads 2003, S. 84)

Doch wie sollte die Lösung eines Konfliktes voranschreiten? Die Phasen sind optisch in Abbildung 8 dargestellt, im nachfolgenden Schema ist zudem aufgeführt, was in welcher Phase passiert bzw. was zur Lösung führen kann.

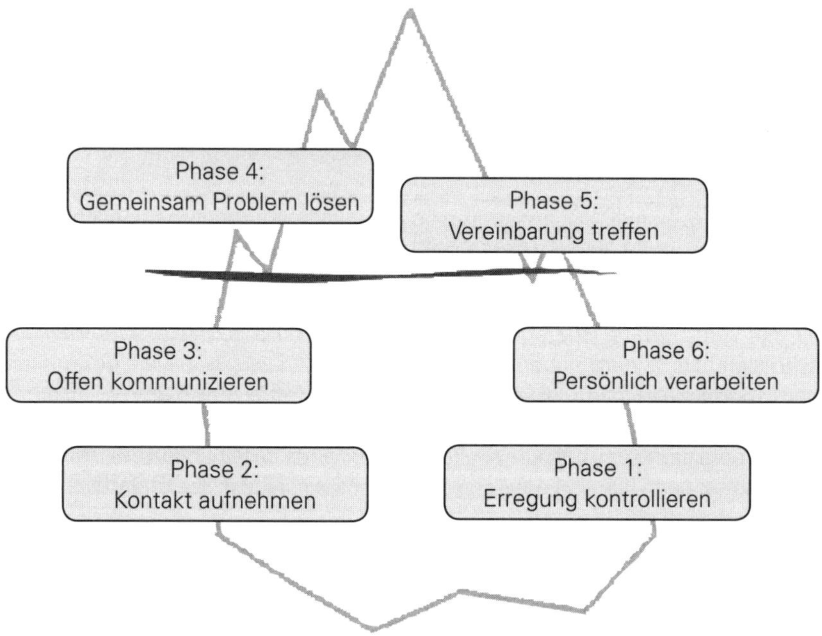

Abbildung 8: Phasenmodell kooperative Konfliktbewältigung (eigene Darstellung)

Phase	Was passiert in dieser Phase?
Kontrolle der eigenen Erregung	Der Konflikt beginnt in der Person. Sie nimmt wahr, dass sie behindert oder beeinträchtigt wird. Menschen reagieren darauf mit erhöhter Erregung. Die erste Aufgabe ist, die eigene Erregung unter Kontrolle zu bringen.
Kontakt aufnehmen	Zum Konfliktpartner muss eine Beziehung aufgebaut werden, die die Grundlage für eine gemeinsame Suche nach der besten Lösung abgeben kann. Die Bereitschaft, sich auf ein solches Vorgehen einzulassen, setzt Vertrauen voraus. Vertrauensbildende Maßnahmen sind hier also der nächste Schritt. Vertrauen wird aufgebaut, wenn eine Person sich selbst offenbart, Betroffenheit, Hoffnungen und Befürchtungen angesichts des Konflikts äußert, und wenn eine Person alles unterlässt, was den anderen provozieren oder verletzten könnte.
Offen kommunizieren	Vertrauen im Prozess der Konfliktbewältigung bedarf der offenen Kommunikation. Offene Kommunikation ist beschreibend und nicht bewertend, problemorientiert und nicht kontrollierend, spontan und nicht strategisch, einfühlend und nicht neutral, partnerschaftlich und nicht überlegen, vorläufig und nicht endgültig.
Gemeinsam Problem lösen	Jetzt wird das Thema des Konflikts aufgegriffen. Das Problem sollte definiert werden. Der eigene Ärger sollte in Wünsche umformuliert werden. Ein erster Schritt zur Lösung kann sein, sich darauf zu einigen, dass beide Seiten an einer Lösung interessiert sind. Danach folgen die Suche nach gemeinsamen Lösungen und die Entscheidung für die passende Lösung.
Vereinbarung treffen	Die Lösung, auf die sich die Parteien einigen, muss abgesichert werden, weil sonst das Vertrauen überstrapaziert würde. Niemand ist dagegen gefeit, in ihn gesetztes Vertrauen auch einmal zu missbrauchen. Normen und Regeln entlasten von solchen Versuchungen. Die normative Festlegung oder Vereinbarung schließt die Lösungssuche ab.
Persönlich verarbeiten	Der Konflikt ist auf der sozialen Ebene beendet, die bei jeder Partei ausgelöste Betroffenheit aber noch nicht aufgelöst. Die auf der zwischenmenschlichen Ebene getroffene Vereinbarung muss innerlich von jeder Seite akzeptiert werden. Die Konfliktbewältigung ist deshalb nur abgeschlossen, wenn jede Partei sie innerlich verarbeitet hat.

Tabelle 5: Konfliktphasen (Lang/Conrads 2003, S. 89f.)

Hierbei ist zu beachten, dass eine Konfliktlösung umso schwieriger und umso länger dauern wird, je weiter der Konflikt eskaliert ist, sich also nach der Definition von Glasl schon auf einer höheren Stufe befindet. Es hat sich gezeigt, dass es den schnellen Weg zurück nicht gibt. Jede Stufe, die in Richtung Eskalation gegangen wurde, muss genauso in Richtung Entspannung auch wieder zurückgegangen werden. Von daher empfiehlt es sich dringend, sich immer wieder die positive Funktion von Konflikten vor Augen zu halten und frühzeitig zu handeln.

5

2.3.4 Vier Seiten einer Nachricht

Ein weiteres bekanntes Modell zur Kommunikation stammt von Friedemann Schulz von Thun (1981). Er ist der Meinung, dass jede Kommunikation nicht nur aus der Sach- und Beziehungsebene besteht, sondern dass es in jedem kommunikativen Austausch auch noch die Selbstoffenbarungs- und die Appell-Ebene gibt.

Vier-Ohren-Modell

Sein Modell ist auch als so genanntes Vier-Ohren-Modell bekannt geworden, weil er schreibt, dass wir auf diesen vier Kanälen senden und dies auch auf verschiedene Weise – auf vier Ohren – beim Empfänger ankommt.

Als „klassisches" Beispiel führt er die Situation an, in der eine Frau am Steuer eines Autos sitzt, ein Mann daneben. Während der Fahrt sagt er zu ihr: „Du, da vorne ist grün." In nachfolgender Abbildung ist wiedergegeben, welche vier Aussagen bei diesem Satz gesendet werden könnten:

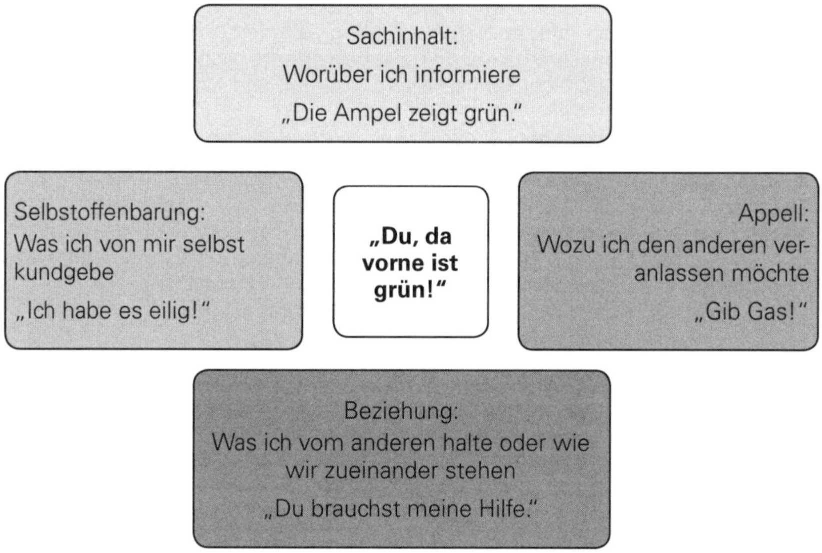

Abbildung 9: Die vier Seiten einer Nachricht aus Sicht des Senders (nach F. Schulz von Thun (1981), Abdruck mit freundlicher Genehmigung der Dr. Anja K. Haftmann, Personal- und Organisationsentwicklung)

Welche Seite er genau meint, könnte die Frau nur durch Rückfragen ergründen. Doch die meisten Menschen fragen nicht zurück, wie eine Aussage gemeint ist (mehr darüber im Lernabschnitt 2.4, „Metakommunikation"), sondern reagieren auf die Weise, in der sie den Satz des Gesprächspartners verstehen. Im Beispiel von Schulz von Thun sind folgende Möglichkeiten aufgeführt, wie die Frau das Gesagte versteht:

Der vierohrige Empfänger

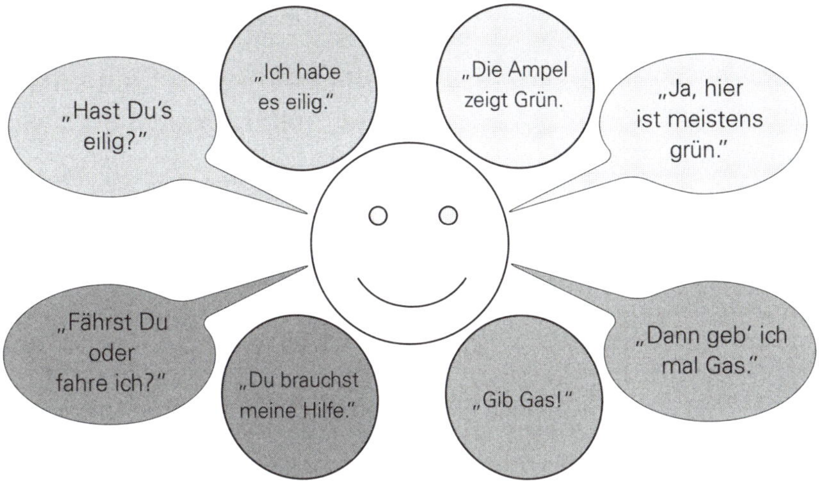

Abbildung 10: Die vier Seiten einer Nachricht aus Sicht des Senders und Empfängers (nach F. Schulz von Thun (1981), Abdruck mit freundlicher Genehmigung der Dr. Anja K. Haftmann, Personal- und Organisationsentwicklung)

Genau dies führt gelegentlich zu Schwierigkeiten in der Kommunikation. Wenn z. B. der Chef sagt: „Jetzt haben wir schon wieder Post bekommen, die nicht für unsere Abteilung bestimmt ist", könnte eine eifrige Mitarbeiterin direkt anbieten, diese dem richtigen Empfänger zu bringen. Das wiederum könnte zu Irritationen beim Chef führen, weil er seiner Mitarbeiterin eher seinen Ärger (die Selbstoffenbarung) mitteilen wollte und ganz erstaunt ist, dass sie direkt dienstbeflissen aufspringt. Diese vier Seiten einer Nachricht gelten sowohl für verbale Kommunikation als auch für nonverbale Kommunikation.

In nachfolgender Abbildung ist ein Beispiel nonverbaler Kommunikation angeführt. Hier ist es hilfreich, noch ein Bild der schweigenden Person zur Verfügung zu haben, aus dem der Gesichtsausdruck und die Körperhaltung ersichtlich ist, um besser einschätzen zu können, was in dieser Person gerade vor sich geht.

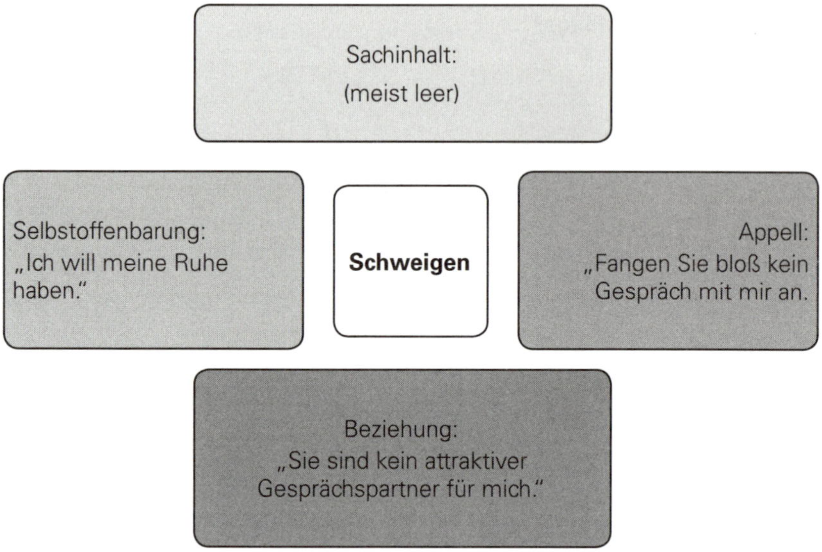

Abbildung 11: Die vier Seiten einer Nachricht bei nonverbaler Kommunikation (nach F. Schulz von Thun (1981), Abdruck mit freundlicher Genehmigung der Dr. Anja K. Haftmann, Personal- und Organisationsentwicklung)

Alle hier vorgestellten Modelle liefern Ideen zum besseren Verständnis, was möglicherweise in einer Person vorgeht, wenn sie kommuniziert. Um dies tatsächlich herauszufinden, ist es notwendig, sich in Ruhe zusammen zu setzen, um mittels Metakommunikation die gemeinsame Kommunikation zu reflektieren (siehe Abschnitt 2.4).

Kommunikationsmodelle sollen Kommunikationsprozesse transparenter machen und erklären. Gelegentlich kommt es vor, dass dieses Wissen auch dazu benutzt wird, andere zu manipulieren (siehe weiter unten unter „gesprächshindernde Verhaltensweisen"). So könnte jemand, der weiß, dass seine Mitarbeiterin auf dem „Appell-Ohr" besonders empfänglich ist, einfach eine leere Kaffeekanne hochheben, sie in Richtung dieser Mitarbeiterin halten und darauf vertrauen, dass diese dann schon aufspringt, um neuen Kaffee zu holen. Dies drückt jedoch keine Wertschätzung für die andere Person aus und sollte daher unterbleiben.

2.3.5 Transaktionsanalyse

Grundlage der Transaktionsanalyse ist die Annahme von Eric Berne, dass unser Denken, Fühlen und Handeln und die Art zu kommunizieren aus drei Quellen stammt, und zwar aus:

- beobachteten Erfahrungen von Eltern, Erziehern, Lehrern, Verwandten, etc.
- bewussten, rationalen Erfahrungen
- unseren Erfahrungen als Kind

Diese drei Erfahrungsquellen bezeichnet Berne als unterschiedliche Ich-Zustände:

drei Ich-Zustände

1. Eltern-Ich (EL)
2. Erwachsenen-Ich (ER)
3. Kind-Ich (K)

Die Kenntnis der Transaktionsanalyse hilft, verschiedene Situationen besser zu verstehen. Erfolgreiche Kommunikation hängt von den beiden Gesprächspartnern ab und von den einzelnen Ich-Zuständen, die jeder in sich trägt und die jedes unserer Gespräche beeinflussen.

Zu 1. *Eltern-Ich (EL)*:
Hierunter fallen Botschaften, Verhaltensweisen der Eltern, Geschwister, Verwandten, Freunde, Lehrer sowie Regeln, Gebote und Normen, wie man sich in bestimmten Situationen zu verhalten hat, wie man sich kleidet, Denk- und Gefühlsmuster etc. Es werden hier noch einmal zwei verschiedene Eltern-Ichs unterschieden, da auch Eltern mal fürsorglich, mal streng sind:

- das kritisierende Eltern-Ich und
- das wohlwollende/fürsorgliche Eltern-Ich

Das *kritisierende Eltern-Ich* ist die „strenge" Instanz in einem Menschen. Verbale Äußerungen des kritisierenden Eltern-Ich sind z. B.:

kritisierendes Eltern-Ich

- „Wie du wieder rumläufst ...!"
- „Wie kannst du nur ...?"

Nonverbale Äußerungen des kritisierenden Eltern-Ich können sein:

- Nase rümpfen
- gehobener Zeigefinger

Oft ist es so, dass diese elterlichen Äußerungen mehr oder weniger bewusst in einer Person wirken, dass man z. B. seine innere Stimme sagen hört: „Wenn du unbedingt Deinen Kopf durchsetzen willst, dann wirst du schon sehen, was du davon hast!"

Dahingegen ist das *wohlwollende/fürsorgliche Eltern-Ich* der Teil, der es „gut meint". Verbale Äußerungen des wohlwollenden Eltern-Ich sind z. B.:

wohlwollendes Eltern-Ich

- „Du schaffst das schon!"
- „Hast du prima gemacht!"
- „Ruh dich doch mal aus!"

Nonverbale Äußerungen des wohlwollenden Eltern-Ich können sein:

- Hand auf die Schulter legen
- besorgter Gesichtsausdruck

Die Wirkung eines wohlwollenden Eltern-Ich könnte der innere Satz sein: „Jetzt hast du dir aber eine Pause (bzw. Belohnung) verdient!"

Erwachsenen-Ich

Wer sich mit der gegenwärtigen Realität auseinandersetzt, Tatsachen sammelt und sie objektiv verarbeitet, befindet sich in seinem *Erwachsenen-Ich (ER)*-Zustand. Dies ist der rationale Teil der Persönlichkeit. Verbale Äußerungen des Erwachsenen-Ich sind z. B.:

- „Wie viel Uhr ist es?"
- „Ich denke ..."
- „Kann ich die Unterlagen bis morgen haben?"

Nonverbale Äußerungen des Erwachsenen-Ich können sein:

- Konzentration
- ein interessierter und offener Gesichtsausdruck
- Ein innerer Dialog findet dann z. B. in der Form statt: „Bearbeite ich besser zuerst die Eingangspost oder schreibe ich meinen Bericht fertig?"

5

Beim *Kind-Ich (K)* werden drei verschiedene Zustände unterschieden:

- spontanes Kind-Ich
- angepasstes Kind-Ich
- trotziges Kind-Ich

spontanes oder natürliches Kind-Ich

Im *spontanen Kind-Ich* geht man natürlich und unbefangen an Dinge heran, ohne auf die Konsequenzen zu achten. Das Kind-Ich ist der Teil in uns, der ausgelassen, fröhlich, oder spontan ist und Gefühle zeigt: Verbale Äußerungen des spontanen Kind-Ich sind z. B.:

- „Find ich toll!"
- „Ich mag dich!"

Nonverbale Äußerungen des spontanen Kind-Ich können sein:

- kichern
- neugierig sein
- hüpfen

Ein innerer Satz für spontanes Kind-Ich-Denken könnte sein: „Super, heute gibt es wieder diesen leckeren Vanillepudding in der Kantine."

angepasstes Kind-Ich

Dahingegen sind im *angepassten Kind-Ich* eher Erfahrungen abgespeichert, die man als „gute Ratschläge" mitbekam:

- „Ich soll meine neue Hose nicht schmutzig machen."
- „Ich möchte..., darf ich?"
- „Es wird auch nicht wieder vorkommen ..."

Nonverbale Äußerungen des angepassten Kind-Ich sind z. B.:

- hängende Schultern
- zu Boden gerichteter Blick

trotziges Kind-Ich

Als drittes gibt es noch das Kind-Ich, das auf die oben gehörten Verbote und Anweisungen rebellisch reagiert. Verbale Äußerungen des *trotzigen Kind-Ich* sind z. B.:

- „Machs doch selber!"
- „Dazu hab ich jetzt wirklich keine Lust!"

Nonverbale Äußerungen des trotzigen Kind-Ich können sein:

- Wutausbruch, weinen, schmollen
- Grimassen schneiden

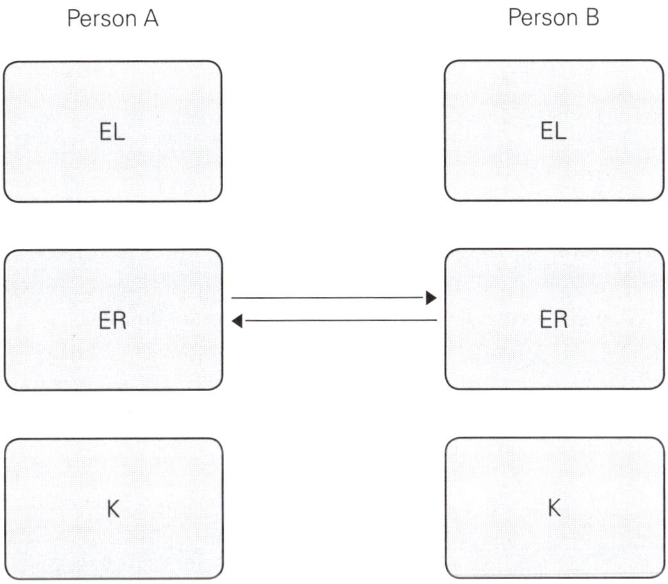

Kommunikationsbeispiel:

Person A zu Person B: Wie spät ist es?

Antwort von Person B zu Person A: Es ist 10 vor 12.

Abbildung 12: Parallele Transaktion 1
(Abb. 12-14 eigene Darstellung nach Berne 1967)

Solange Sender und Empfänger entweder auf derselben Ebene senden bzw. die Transaktionen parallel verlaufen, stört nichts den Kommunikationsprozess. Parallele Transaktionen sind konfliktfrei, da aus dem jeweils angesprochenen Ich-Zustand geantwortet wird, und sich die Gesprächspartner in ihrer Rolle akzeptieren.

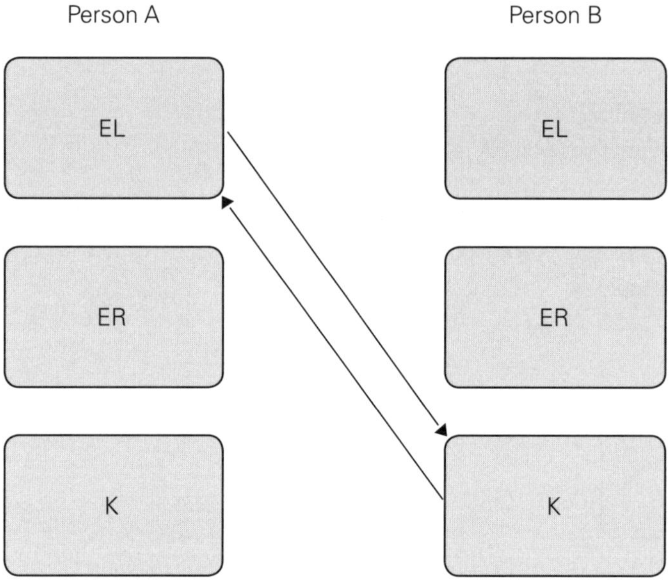

Kommunikationsbeispiel:

Person A (Chef): „Wie sieht denn Ihr Schreibtisch schon wieder aus!"

Person B (Mitarbeiter) zu Person A: „Ich räum gleich auf, Chef!"

Abbildung 13: Parallele Transaktion 2

Es kann allerdings problematisch werden, wenn Chef/in und Mitarbeiter/in ständig von der Eltern-zur-Kind-Ebene kommunizieren, weil sie sich dann nicht auf gleicher Augenhöhe befinden und sich dann auf Dauer ein unterschwelliges Eltern-Kind-Verhältnis einschleichen kann, das der Zusammenarbeit am Arbeitsplatz nicht förderlich ist. Im Arbeitsleben ist grundsätzlich eine Kommunikation auf der Erwachsenenebene anzustreben (siehe auch weiter unten „Ich bin o.k., du bist o.k."). Trotzdem ist es schön, wenn es auch z. B. Momente auf der Ebene des spontanen Kind-Ich gibt, wenn sich beide ausgelassen über einen Erfolg freuen.

Im obigen Beispiel deutet der Antwortsatz eher auf einen angepassten Mitarbeiter hin, im Berufsleben ist es günstig, handlungskompetente Mitarbeiter zu haben, die Aufgaben eigenverantwortlich erledigen.

Eine andere Reaktion von Person B könnte lauten: „Das geht Sie gar nichts an!" Dieser Satz könnte eher aus einem trotzigen Kind-Ich geäußert werden. Auch dieser Satz spricht nicht für ein vertrauensvolles Verhältnis, hier besteht eine sehr hohe Gefahr, dass sich daraus ein Konflikt entwickeln kann.

Schwierig wird es, wenn Transaktionen gekreuzt verlaufen (siehe Abbildung 14). Überkreuzte Transaktionen führen zu Störungen in der Kommunikation. Sollen diese behoben werden, muss einer oder müssen beide Gesprächspartner den

Ich-Zustand wechseln. Vorsicht ist geboten, wenn Überkreuztransaktionen länger andauern.

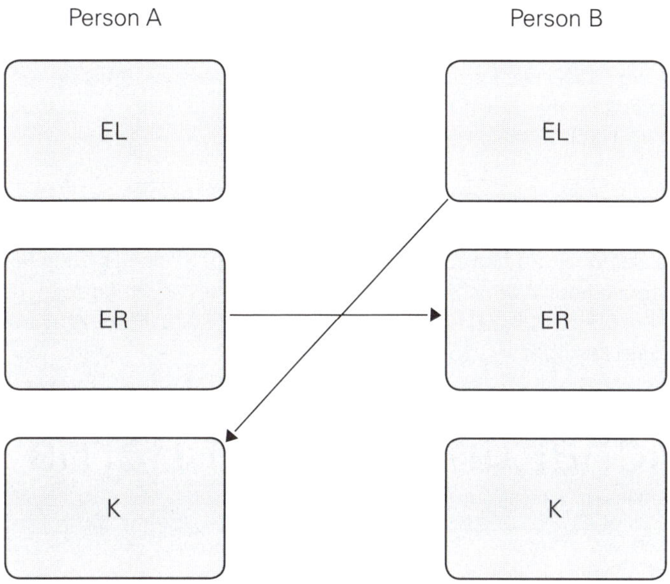

Kommunikationsbeispiel:
Person A zu Person B: „Wie spät ist es?"
Person B zu Person A: „Haben Sie keine Uhr?"

Abbildung 14: Überkreuzte Transaktion

Grundsätzlich gibt es keinen guten oder schlechten Ich-Zustand. Jeder Ich-Zustand hat seine besondere Funktion. Auch während des Gesprächs ist ein Wechsel der Ich-Zustände möglich, sogar bei überkreuzten Transaktionen. Aber bei diesen ist die Rückkehr zum Erwachsenen-Ich wichtig.

als Führungskraft kritisches Eltern-Ich vermeiden

Kritisches Eltern-Ich sollte man als Führungskraft vermeiden, da es passieren kann, dass der Gesprächspartner sich dadurch in die Kinderrolle gedrängt fühlt, was wiederum zu Aggressionen führen kann bzw. dazu, dass der Mitarbeiter den Eindruck hat, bevormundet zu werden.

Sammeln von gefühlsmäßigen „Rabattmarken"

Autoren, die die Erkenntnisse von Eric Berne aufnahmen, wiesen in ihren Schriften zur Transaktionsanalyse noch auf ein weiteres Phänomen hin, dass sie das „Sammeln von Rabattmarken" nannten, so z. B. Rüdiger Rogoll („Nimm dich, wie du bist: Mit sich selber einig werden", 2008). Er hatte dabei die Hefte im Kopf, in die man immer wieder Marken klebt und diese dann einlöst, sobald sie voll sind. Dieses Sammeln verglich er mit dem Verhalten von Menschen, die an Stellen, an denen sie eigentlich ihren Unmut äußern wollen, lieber den Mund halten – egal aus welchen Gründen. Rogoll schreibt, dass jede dieser nicht gemachten Äußerungen, über die eine Person sich ärgert, einer Rabattmarke gleich kommt, die man in das Sammelheftchen klebt. Ist das Heftchen voll, wird es „eingelöst". Dies passiert oft dann in der Form, dass man der anderen Person „gründlich die Meinung sagt" und alles sagt, was man „schon immer mal sagen wollte". So ein Verhalten macht unberechenbar. Ein kooperativer Umgang sollte immer auch wieder Rückmeldungen im Sinne eines Feedback enthalten, um der anderen Person die Möglichkeit zu geben, die Verhaltensweise zu reflektieren, die eine andere Person stört. Ansonsten ist es für das ganze Umfeld schwierig, weil man nie weiß, wann „die nächste Bombe hochgeht".

Aufbauend auf den Untersuchungen von Eric Berne zur Transaktionsanalyse kam Thomas Harris (1969) zu der Erkenntnis, dass Gespräche dann gut ablaufen, wenn sich beide Personen im Erwachsenen-Ich befinden, d. h. eine Haltung haben, die von gegenseitiger Wertschätzung geprägt ist (zu Wertehaltungen mehr unter Lernabschnitt 3.2.5) Diese Grundhaltungen der Gesprächspartner zueinander nach Harris sind in Abbildung 15 dargestellt.

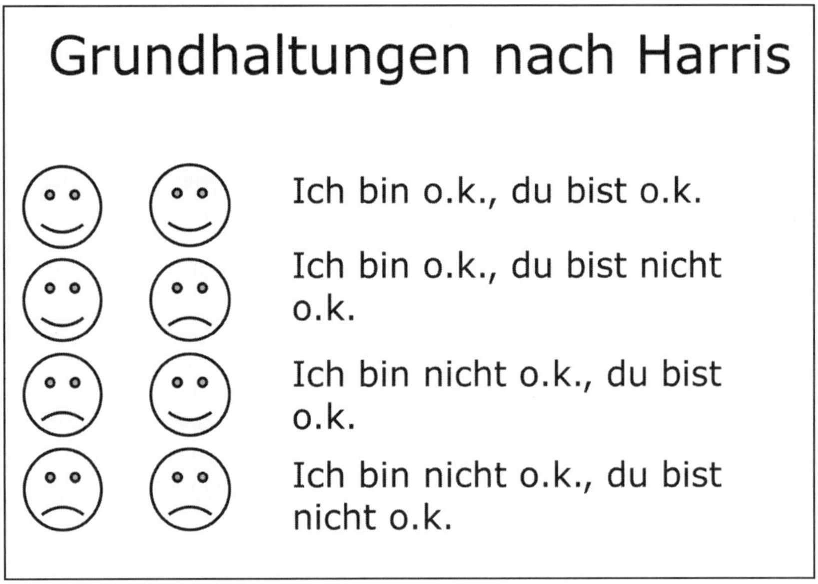

Abbildung 15: Grundhaltungen zueinander nach Harris (eigene Darstellung in Anlehnung an Conrads 2003, S. 30)

Ich bin o.k., du bist o.k.

Hinter der Haltung *„Ich bin o.k., du bist o.k."* steht Wertschätzung der eigenen Person gegenüber, man hat Selbstvertrauen und kann seine eigenen Stärken und Schwächen situationsgerecht und realistisch einschätzen, hält sich grundsätzlich für kompetent. Ebenso bringt man seinem Gesprächspartner grundsätzlich Wertschätzung für seine Person entgegen, auch wenn man anderer Meinung ist. Diese Grundhaltung ist eine gute und wichtige Voraussetzung für erfolgreiche Gespräche.

Bei der Grundhaltung *„Ich bin o.k., du bist nicht o.k."* bleibt es bei der eigenen Wertschätzung und dem eigenen Selbstvertrauen. Den Gesprächspartner hält man aber für wenig fähig und kompetent und sieht hauptsächlich seine Schwächen. Von dieser Grundhaltung ist abzuraten, da der Gesprächspartner (Du) dies als negativ und überheblich empfinden kann.

Ich bin o.k., du bist nicht o.k.

Dahingegen hält man sich bei der Grundhaltung *Ich bin nicht o.k., du bist o.k.* selbst nicht für kompetent, zweifelt am eigenen Wert, das eigene Selbstbewusstsein ist niedrig. Den Gesprächspartner hingegen schätzt man kompetent und fähig ein. Hier liegt die Gefahr, zum Ja-Sager zu werden.

Ich bin nicht o.k., du bist o.k.

Die letzte der möglichen Grundhaltungen, *Ich bin nicht o.k., du bist nicht o.k.* ist sehr problematisch, da sich keiner der beiden Gesprächspartner für kompetent und fähig hält und man gegenseitig vorrangig die Schwächen des anderen sieht. In solchen Situationen ist es hilfreich, dass diese Personen erst mal auseinandergehen und das Gespräch fortsetzen, wenn sie gegenseitig wieder eine wertschätzende Grundhaltung aufgebaut und eingenommen haben.

Ich bin nicht o.k., du bist nicht o.k.

5

2.3.6 Themenzentrierte Interaktion

Auch für die Zusammenarbeit in Gruppen gibt es ein Modell, das die Gruppenprozesse in eine übersichtliche Form bringt: die themenzentrierte Interaktion (TZI). Dieses Modell von Ruth Cohn besagt, dass es um ein Zusammenspiel geht von „Ich", d. h. jedem einzelnen Individuum, „Wir", d. h. der Interaktion von Menschen untereinander, und „Es", gleichbedeutend wie Sache, Arbeitsauftrag, Thema. Ruth Cohn sagt, dass dieses Dreieck der Interaktion in einen Kreis (Globe) eingebettet ist, der für die ganzen äußeren Umstände steht.

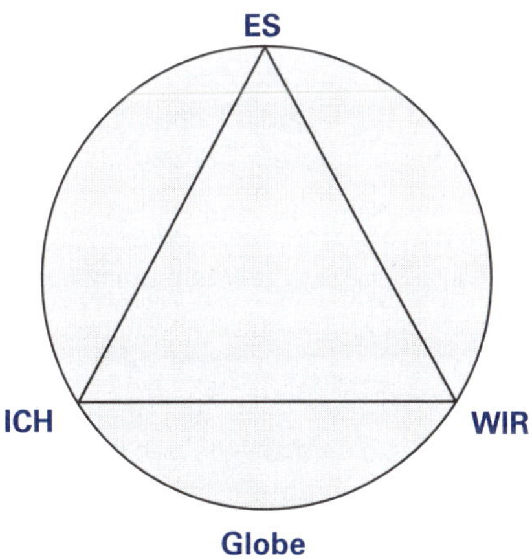

Das Thema „Es" sollte sich im Gleichgewicht mit der handelnden Person „Ich" und dem Team „Wir" befinden, alles zusammen ist in den Gesamtzusammenhang, den „Globe" eingebettet.

Abbildung 16: „The Globe" von Ruth Cohn (eigene Darstellung)

Ruth Cohn, eine Psychoanalytikerin, die viel Erfahrung in der Arbeit mit Gruppen sammelte, stellte fest, dass Gruppenarbeit dann am besten gelingt, wenn dieses Dreieck im Gleichgewicht ist. Hierfür ist es ihrer Meinung nach wichtig, jeden Punkt sowohl einzeln als auch im Zusammenhang zu betrachten. Ihre grundlegenden Postulate sind:

1. Postulat: Sei dein eigener Chairman

1. *Sei dein eigener Chairman:*

   Damit ist gemeint, dass jede Person auch auf die eigene Befindlichkeit achten soll. Wenn jemand mehr mit seinem knurrenden Magen beschäftigt ist als mit dem Thema, dann ist es besser, um eine kurze Pause zu bitten. Die Arbeitsfähigkeit eines jeden Teammitgliedes ist wichtig, damit das ganze Team gut zusammenarbeiten kann. Leider wird dieser Aspekt häufig nicht so beachtet, entweder sagt sich diese Person selbst, „ist doch nicht so wichtig", oder der Kommentar kommt von anderen Teammitgliedern, „so schlimm kann es doch noch nicht sein", oder, „stell dich nicht so an." Zu einer Verbesserung des Klimas im Team wird dies nicht führen. Hier sollte jede Person für sich ein gesundes Maß finden, in dem sie Bedürfnisse anmeldet, sodass die eigene Arbeitsfähigkeit erhalten bleibt und das Team gleichzeitig nicht zu oft aus der Arbeitsphase herausgerissen wird.

2. Postulat: Störungen haben Vorrang

2. *Störungen haben Vorrang:*

   Wichtig ist es wahrzunehmen, wenn eine Gruppe z. B. laut wird oder Nebengespräche geführt werden. An solchen Stellen am Thema weiter zu arbeiten heißt, Unmut in der Gruppe zu unterdrücken, der sich dann oft an einer anderen Stelle „Luft" verschafft. Auch hier ist es wichtig, nicht jedem kleinen Getuschel sofort seine komplette Aufmerksamkeit zu schenken, sondern eine Gespür dafür zu haben, wann die Arbeitsatmosphäre so gestört ist, dass zur weiteren vertrauensvollen Zusammenarbeit erst diese Störung „bearbeitet" werden muss.

TZI-Hilfsregeln

Darüber hinaus formulierte sie noch so genannte TZI-Hilfsregeln. Diese Regeln sind Kommunikationshilfen und Interventionstechniken, die den Umgang mit den Axiomen (gültige Wahrheit, die keines Beweises bedarf) und Postulaten unterstützen bzw. sie praktisch handhabbar machen sollen. Sie verdeutlichen ebenfalls den ganzheitlichen Charakter des TZI-Modells und fußen auf dem Menschenbild der humanistischen Psychologie. Sie sind keine dogmatischen Verhaltensregeln, sondern sollen hilfreiche Möglichkeiten anbieten, um in Gruppensituationen bewusst zu handeln.

- *„Sei zurückhaltend mit Verallgemeinerungen."*

  Verallgemeinernde Aussagen haben potenziell die Eigenschaft, den Gruppenprozess zu unterbrechen und auf eine Ebene zu führen, die nichts mehr mit den Teilnehmern selbst zu tun hat.
- *„Wenn du eine Frage stellst, sage, warum du fragst und was deine Frage für dich bedeutet. Sprich für dich selbst und vermeide das Interview."*

  Fragen, die kein Verlangen nach Information ausdrücken und mehr Interview-Form haben sind unecht und können dazu dienen Machtkämpfe zu fördern.

- *„Sei authentisch und selektiv in deiner Kommunikation. Mache dir bewusst, was du denkst, fühlst und glaubst, und überdenke vorher, was du sagst und tust."*

  Wenn ich alles ungefiltert sage, beachte ich nicht die Vertrauensbereitschaft und Verständnisfähigkeit der Menschen. Wenn ich lüge oder manipuliere, verhindere ich Annäherung und Kooperation. Wenn ich selektiv und authentisch bin, begünstige ich Vertrauen und Verständnis. Wenn erst einmal Vertrauen geschaffen ist, wird die Filterung zunehmend überflüssig.

  An anderer Stelle sagt Ruth Cohn, „nicht alles, was echt ist, will ich sagen, doch was ich sage, soll echt sein", was es eventuell noch besser ausdrückt.
- *„Halte dich mit Interpretationen von anderen so lange wie möglich zurück. Sprich stattdessen deine persönlichen Reaktionen aus."*

  Begründung: Nicht-interpretative, direkte persönliche Reaktionen auf das Verhalten anderer führen zu spontaner Interaktion. Wenn sie taktvoll ausgesprochen werden, fördern sie ein authentisches Miteinander. Manchmal kommt es in Gruppen vor, dass z. B. Frau Meier etwas gesagt hat, das nicht alle verstanden haben. Anstatt an dieser Stelle Frau Meier selbst zu bitten, es noch einmal zu erklären, gibt es oft in Teams eine Person, die sagt: „Frau Meier wollte sagen ..." Dies führt zu Konfusion an mehreren Stellen, denn Frau Meier steht auf einmal vor der Herausforderung, zum einen das Gesagte noch einmal zu erläutern und sich zum anderen damit auseinanderzusetzen, was ihr diese andere Person „in den Mund gelegt" hat.
- *„Beachte Signale aus deiner Körpersphäre, und beachte diese auch bei anderen Teilnehmern."*

  Begründung: Die Körpersprache sagt viel über bewusste und unbewusste Gefühle aus. Das Nonverbale ist oft eindrucksvoller als das gesprochene Wort.
- *„Vertritt dich selbst in deinen Aussagen."*

  Grundsätzlich sollte man in der direkten Rede per „ich" sprechen und nicht als „man" oder „wir".

(formuliert in Anlehnung an die TZI-Hilfsregeln unter www.feliz.de)

2.4 Metakommunikation

In Lernabschnitt 2.3.4 wurde das Modell der vier Seiten einer Nachricht vorgestellt. Hier wurde auch erwähnt, dass man durch Metakommunikation herausfinden kann, welche der vier Seiten der Sender meint.

Metakommunikation („meta" ist das griechische Wort für „über") bedeutet, sich über die Art und Weise der gemeinsamen Kommunikation zu unterhalten. Gerade in Fällen, in denen sich jemand nicht sicher ist, wie der Sender eine Botschaft gemeint hat, kann der Empfänger – anstatt eine Antwort zu geben – zurückfragen, was der Sender mitteilen wollte. Angenommen, der Chef würde zu seiner Mitarbeiterin, Frau Schnell, sagen: „Frau Müller hat ihren Bericht noch nicht fertig." Bei diesem Satz kann es für den Empfänger verschiedene Möglichkeiten geben, diesen Satz zu verstehen. Der Sender könnte die Empfängerin einfach von der Tatsache in Kenntnis setzen wollen, dass der Bericht noch nicht fertig ist und Frau Schnell deshalb nicht mehr mit ihrer Arbeit weiterkommt. Es könnte aber auch sein, dass er den Empfänger dazu veranlassen will, bei Frau Müller nachzufragen, wann sie den Bericht fertig stellen wird. Wenn es öfter passiert, dass der Empfänger Schwierigkeiten hat, die gemeinte Botschaft zu verstehen, sollte man seinen Chef oder Kollegen um ein Gespräch bitten, um darüber zu sprechen, wie diese Kommunikation empfunden wird.

wann Metakommunikation?

Grundsätzlich bezieht sich Metakommunikation immer auf die Reflexion über das eigene Kommunikationsverhalten oder das einer anderen Person. Wichtig ist hierbei, dass Sender und Empfänger wissen, dass sie die „normale" Kommunikationsebene verlassen und sich auf die Metakommunikationsebene begeben. Die Reflexion über Kommunikation könnte z. B. bedeuten, einer anderen Person mitzuteilen, dass man aufgrund eines spöttischen Gesichtsausdrucks oft den Eindruck habe, bestimmte Äußerungen seien ironisch und nicht ernst gemeint.

Unterschied Feedback -Metakommunikation

Im Gegensatz zum Feedback (siehe Lernabschnitt 4.2), bei dem der Empfänger dem Sender nur die Rückmeldung gibt, dass das Feedback des Senders angekommen ist, geht es bei der Metakommunikation darum, Lösungen zu finden, wie die beiden Gesprächspartner künftig „besser" miteinander kommunizieren.

Wenn z. B. Herr Meier jedes Mal, wenn Frau Müller ihm einen fertigen Bericht auf den Tisch legt, gütig lächelt, so kann es sein, dass sich Frau Müller in ihrem Kind-Ich wiederfindet und etwas unterwürfig darauf reagiert. Hier kann sie ihren Chef bitten, einmal darüber zu sprechen, dass sie sich dann in ihrer Rolle nicht mehr ernst genommen fühlt und sich mehr Anerkennung wünscht. In dieser Metakommunikation kann sich dann aber auch herausstellen, dass Herr Meier sein Lächeln nicht gütig, sondern „einfach nur nett" meint. Hier könnte dann das Ergebnis der Metakommunikation sein, dass Herr Meier künftig weiß, dass er aufpassen sollte, sich nicht zu „väterlich" zu verhalten, weil dies bei Frau Müller schnell dazu führt, dass sie sich auf der Kind-Ebene fühlt. Ebenso kann die Metakommunikation Frau Müller helfen, sich der Tatsache bewusst zu werden, dass ein freundliches Lächeln bei ihr schnell ein Kind-Gefühl auslöst, ihr Chef aber nicht ihr Vater ist und sich eigentlich auch nicht väterlich verhalten will. Im eingangs geschilderten Beispiel könnte der Empfänger den Sender bitten klarer zu kommunizieren, z. B. „Ich möchte Sie darüber informieren, dass Frau Müller ihren Bericht noch nicht fertig hat." Oder „Bitte fragen Sie bei Frau Müller nach, wann sie ihren Bericht voraussichtlich fertig gestellt haben wird."

Das Schwierige an solchen Situationen ist, dass vieles unbewusst abläuft, so wie in dem Beispiel mit dem Lächeln geschildert. Das heißt, Frau Müller geht immer mit einem komischen Gefühl aus dem Büro, weiß aber nicht warum, und Herr Meier wundert sich, warum Frau Meier so merkwürdig reagiert, nachdem er ihr – seiner Meinung nach – ein anerkennendes Lächeln geschenkt hat. Sobald dies jemandem bewusst wird, ist es gut, darüber zu sprechen. Es kann aber auch schon ausreichen, sich einmal zu zweit zusammenzusetzen und einfach in einer Metakommunikation zu erzählen, was welche Gefühle im Gegenüber auslöst, um gemeinsam eine Lösung für eventuelle Missverständnisse finden zu können. Dabei kann auch eine neutrale Person, z. B. ein Coach, helfen.

Eine Herausforderung hierbei ist, dass das meiste unbewusst abläuft, daher ist es von großer Wichtigkeit, dass beide Gesprächspartner die entsprechenden Modelle kennen. Wenn z. B. ein Mitarbeiter, der gerade etwas über Transaktionsanalyse gelesen hat, zu seinem Chef geht und ihm sagt: „Das habe ich als eine Äußerung aus Ihrem Eltern-Ich heraus empfunden", so wird der Chef eventuell sehr verdutzt reagieren, weil er sich nun absolut nicht als Vater des Mitarbeiters fühlt. Er kann aber durch seine Äußerung bei diesem das Gefühl einer Vater-Kind-Kommunikation hervorgerufen haben.

Zusammenfassung

In diesem Kapitel ging es sowohl um grundlegende Arten von Gesprächen und Besprechungen als auch Grundlagen der Kommunikation. Die verschiedenen Arten

- Mitarbeiterbesprechungen,
- Personalauswahl-,
- Beurteilungs-,
- Förder-,
- Zielvereinbarungs-,
- Kritikgespräche

wurden vorgestellt und erläutert. Die Lernenden erhielten einen Überblick, was in den jeweiligen Gesprächen von besonderer Bedeutung ist. Checklisten für die unterschiedlichen Gespräche erleichtern die künftige Vorbereitung. Anschließend wurden im Teil „Gesprächsstrategie" Argumenttypen vorgestellt und erklärt, wann und warum Argumente überzeugen – oder auch Gespräche „abtöten" können.

Im anschließenden Teil der Kommunikationsmodelle wurden

- das Eisbergmodell,
- die „Vier Seiten einer Nachricht",
- die Transaktionsanalyse und die
- themenzentrierte Aktion
- vorgestellt und anhand von Beispielen erklärt.

Besondere Beachtung fand das Thema Konflikte und wie diese gelöst werden können, auch dies wurde anhand des Eisbergmodells erklärt. Aus der Darstellung der Transaktionsanalyse wurden die vier Grundhaltungen nach Harris hergeleitet und aufgezeigt, warum es so wichtig ist, gerade in schwierigen Gesprächen die Grundhaltung „ich bin o.k., du bist o.k." einzunehmen.

Im Teil der Themenzentrierten Aktion wurde näher auf Verhaltensweisen eingegangen, die besonders bei der Zusammenarbeit in Gruppen zu einem guten Gelingen beitragen können, ebenso wie Metakommunikation.

3. Gesprächsdurchführung

Lernziele

In diesem Kapitel steht die zielorientierte Durchführung von Gesprächen im Vordergrund. Aufbauend auf den Kommunikationsmodellen des 2. Kapitels wird konkreter erläutert, was in Gesprächen wichtig ist. Dazu gehören so genannte Ich-Botschaften, bei denen der Sender die eigenen Empfindungen und Wünsche zum Ausdruck bringt. Beim aktiven Zuhören geht es darum, dem Gesprächspartner besser zu vermitteln, dass die Selbstoffenbarungsseite seiner Nachricht beim Empfänger angekommen ist. Mit Fragen kann weiteres Verständnis hergestellt werden, hier gibt es unterschiedliche Arten von Fragen. Insgesamt geht es um wertschätzende Kommunikation, bei der auch im Falle eines Einwandes wichtig ist, dass die Gesprächspartner stets die Belange der anderen Person ernst nehmen. Anschließend werden in diesem Kapitel unterschiedliche Kommunikationsstile erläutert. Den Abschluss bildet ein Exkurs zum Thema „Telefonieren".

Handlungssituation

Herr Meier befindet sich im Gespräch mit Frau Müller. Gemeinsam wollen Sie eine Lösung finden, mit der beide einverstanden sind. Herr Meier hört Frau Müller gut zu, fragt gelegentlich nach und gibt ihr immer wieder das Gefühl, ihr Anliegen ernst und wichtig zu nehmen. So erarbeiten Sie zusammen eine Lösung, mit der sie zufrieden sind.

Wie bereits erläutert, findet ein Gespräch grundsätzlich in drei Phasen statt:

- Einleitung
- Haupt(gesprächs)teil
- Abschluss

Einleitung

Das Gespräch beginnt schon kurz vor dem eigentlichen Anfang, nämlich an der Stelle, an der beide Gesprächspartner sich zunächst mental auf die andere Person einstellen und sich noch einmal ihre Grundhaltungen – „Ich bin o.k., du bist o.k." – klar machen. Das Gespräch beginnt mit der Begrüßung, während der man seinen Gesprächspartner möglichst mit dem Tagesgruß und seinem Namen begrüßen sollte, also „Guten Morgen, Frau Meier" und nicht nur mit „Guten Tag". Auch wenn es in vielen deutschen Firmen mittlerweile üblich ist, direkt „mit der Tür ins Haus zu fallen" – was in anderen Kulturen, die viel Wert auf Beziehungen legen, undenkbar wäre – sollte doch zunächst eine positive Gesprächsatmosphäre geschaffen werden, bevor im Einleitungsblock wichtige strukturelle Punkte geklärt werden. Teile der Einleitung können sein:

- Small Talk
- Angebot von Getränken
- Klärung der Gesprächsdauer

- Mitteilung, dass man Störungen ausgeschlossen hat
- Vereinbarung, wer sich welche Stichworte notiert und/oder ein Protokoll anfertigt

Im Hauptteil wird dann das eigentliche Anliegen besprochen, hier hilft eine gute argumentative Vorbereitung.

Im letzten Teil, dem Abschluss werden dann die wichtigen Punkte des Gesprächs noch einmal zusammengefasst und evtl. ein neuer Termin vereinbart. Ein paar nette Sätze zum Gesprächsausklang und die Verabschiedung vom Gesprächspartner beenden das Gespräch.

Die im folgenden aufgeführten Kommunikationstechniken können an jeder Stelle im Gespräch eingesetzt werden. Wie bei anderen Techniken auch ist es ratsam, diese Techniken einzuüben, um sie dann in schwierigen Gesprächssituationen sicher anzuwenden und zu wissen, welche Kommunikationstechnik für welche Herausforderung im Gespräch geeignet ist.

3.1 Kommunikationsprozess

Wichtig ist, sich noch einmal darüber klar zu werden, dass es sich wirklich um einen „Prozess" handeln sollte. Es gibt Vorgesetzte, die meinen, dass es am besten ist, erst einmal alle ihre Punkte zu „bringen" – als Monolog – bevor die andere Person überhaupt zu Wort kommt. Hier gibt es unterschiedliche Meinungen, ab wann eine bestimmte Rededauer als unhöflich empfunden wird bzw. der Gesprächspartner abschaltet. Einige Autoren (z. B. Lorenz/Rohrschneider, S. 24) sagen, dass dies bereits bei 50 Sekunden Redezeit beginnt. Nun gilt es bei uns in Deutschland als höflich, die andere Person, natürlich besonders den Chef, ausreden zu lassen. Der Chef sollte sich deshalb vor Beginn des Gesprächs klar machen, dass ein gelungener Kommunikationsprozess davon abhängt, dass beide Seiten zu Wort kommen und die Gelegenheit haben, sich in gewisser Weise die „Bälle gegenseitig zuzuwerfen". Die Person, die das Gespräch beginnt, sollte sich vor dem Gespräch zudem überlegen, welches Thema sich für einen kleinen Small Talk eignet, was sie die andere Person fragen kann, das einerseits nicht zu persönlich ist, andererseits aber auch Interesse für die andere Person signalisiert.

Small Talk

Bei diesem Small Talk kann bereits eine angenehme Atmosphäre geschaffen werden. Wenn man die Person näher kennt, ist es auch schon mal erlaubt, sich nach etwas persönlicheren Dingen, wie z. B. Hobbys, zu erkundigen. Hier sollte man aber beachten, dass das ganze Gespräch nicht so weit ausschweift, dass man nachher Probleme hat, zum eigentlichen Thema zurückzukommen. Grundsätzlich ist das Wetter immer ein Thema, das sich als Gesprächseinstieg eignet. Es gibt Autoren, die schreiben, dass man z. B. Sport nicht als Small Talk-Thema nehmen sollte, und wenn, dann nur in allgemeiner Form. Die Frage „Haben Sie gestern auch das Fußballspiel gesehen?" wäre demnach unproblematisch. Bei der Frage „Haben Sie gestern auch den Sieg von Mannschaft XY gefeiert?" wäre dagegen Fingerspitzengefühl angebracht, wenn man nicht genau weiß, für welchen Fußballclub sich sein Gegenüber begeistert.

3.2 Kommunikationsverhalten und Gesprächsführung

„Führung" eines Gesprächs

Wer fragt, der führt. Dieser Satz fällt häufig im Zusammenhang mit dem Thema Gesprächsführung. Ein Vorgesetzter sollte sich stets in der Form auf ein Gespräch vorbereiten, dass er seine Mitarbeiter auch führen kann (siehe Kap. 1 zu Führungsstilen). Hierfür sind Fragen ein gutes Mittel. Steven Covey schreibt in seinem Buch „Sieben Wege zur Effektivität" (2004), dass man zunächst versuchen sollte, seinen Gesprächspartner zu verstehen, um dann sein eigenes Anliegen verständlich zu machen. In jedem Fall ist es sinnvoll, den Gesprächspartner dort „abzuholen", wo er steht. Das bedeutet, dass die gesprächsführende Person am Anfang erst einmal versucht herauszufinden, was der anderen Person im Moment gerade durch den Kopf geht. Und das geht am besten durch Fragen (siehe Lernabschnitt 3.2.2).

Zuhören-Können

Und an dieser Stelle kommt eine weitere wichtige Anforderung an eine Führungskraft ins Spiel: das *Zuhören-Können.* Durch die Antworten, die der Gesprächsführende auf seine Frage(n) bekommt, kann er schon viele Informationen über sein Gegenüber gewinnen. Auch wenn ein Vorgesetzter der Meinung ist, dass er als Sender einer anderen Person etwas mitzuteilen hat, so ist es für ihn wichtig zu erkennen, inwieweit sein Gesprächspartner aktuell auch in der Lage ist, seine Nachricht zu „empfangen". Zu den so genannten Rückkopplungstechniken gehört das „aktive Zuhören" ebenso wie das gezielte Fragen.

Durch diese „Techniken" hat der Gesprächsführende die Möglichkeit, mehr über seinen Gesprächspartner zu erfahren. Wichtig ist hier, zu sehen, dass es sich nicht in erster Linie um eine formale „Technik" handelt, sondern um Werkzeuge, die bei der Gesprächsführung unterstützen können und sollen. Die wichtigste Voraussetzung für eine gute Gesprächsführung – eine *wertschätzende Haltung* (siehe Lernabschnitt 2.3.5) – ist durch keine Technik zu erlernen. Dies hat mehr mit der Persönlichkeit des Gesprächsführenden zu tun.

Ein anderer wichtiger Punkt, der zum Gelingen von Gesprächen beiträgt, ist der Unterschied von Ich- und Du-Botschaften. Es macht einen Unterschied, ob ein Chef zu seinem Mitarbeiter sagt, „Sie müssen sich mehr anstrengen", oder „aus meiner Sicht empfehle ich Ihnen, Ihre Fehlerquote zu senken." Natürlich gibt es Situationen, in denen es keinen Verhandlungsspielraum gibt, z. B., wenn am Arbeitsplatz Alkohol verboten ist. Dann muss ein Chef sagen: „Sie dürfen keinen Alkohol am Arbeitsplatz trinken."

Ich- und Du-Botschaften

- *Du-Botschaften:*
  Ich teile dem anderen mit, was ich von ihm halte und was er tun soll. Beispiel: Sie sollten ein Kommunikationstraining besuchen.
- *Ich-Botschaften:*
  Ich teile dem anderen mit, was in mir vorgeht. Beispiel: „Ich finde es schade, dass ich oft nicht verstehe, was Sie mir sagen möchten, weil es aus meiner Sicht unseren Arbeitsprozess verlangsamt. Ich möchte mit Ihnen gemeinsam Lösungen erarbeiten."

Du-Botschaften belasten die Beziehung zum Empfänger weil er:

Du-Botschaften können belasten

- Schuldgefühle bekommt,
- sich kritisiert fühlt,
- die Ablehnung des anderen spürt,
- sich belehrt und bevormundet fühlt,
- spürt, dass der andere ihn ändern will.

Vorteile der Ich-Botschaften:

Ich-Botschaften lassen dem Gesprächspartner Spielraum

- Sie sind weniger bedrohlich und provozieren dadurch weniger Abwehr.
- Sie sind als subjektive Äußerungen gekennzeichnet, dadurch ermöglichen sie eine leichtere Verständigung.
- Sie führen zu mehr Vertrauen.
- Der Sender teilt mit, dass er einen Teil des Problems bei sich sieht.
- Der Empfänger merkt, dass ein Bedürfnis des Senders nicht erfüllt wird.
- Der Empfänger kann nachempfinden, wie wichtig das Problem für den Sender ist, er kann sich mit dem Problem identifizieren.

Zu einer vollständigen Ich-Botschaft gehören drei Elemente:

Elemente der Ich-Botschaft

- Beschreibung des beobachteten Verhaltens, welches nicht akzeptiert wird. Beispiel: „Ich hatte mir 9:00 Uhr als Zeitpunkt für unser Treffen aufgeschrieben, auf meiner Uhr ist es 9:20 Uhr."
- Die ausgelösten Gefühle: „Ich bin verärgert."
- Die konkrete Wirkung (Konsequenz) des Verhaltens auf den Sender: „Ich musste sehr lange draußen warten. Ich friere."

ICH-BOTSCHAFT = VERHALTEN + GEFÜHLE + WIRKUNG

In den folgenden Abschnitten wird im Einzelnen erläutert, welches Wissen für die Durchführung von Gesprächen hilfreich sein kann.

3.2.1 Aktives Zuhören

aktives Zuhören

Zuhören ist eine der wichtigsten und manchmal auch schwierigsten Aufgaben im Gespräch. Wichtig ist es, mit den Gedanken bei dem zu sein, was der Gesprächspartner mitteilen möchte und nicht schon gedanklich an der eigenen Antwort „zu basteln".

Beim aktiven Zuhören geht es darum, dem Gesprächspartner immer wieder kurze Rückmeldungen zu geben, dass man ihm folgt. Dies kann zum einen durch einen offenen Gesichtsausdruck geschehen, aber auch durch ein gelegentliches Kopfnicken oder ein „Hm". Aktives Zuhören bedeutet auf keinen Fall, den Gesprächspartner zu unterbrechen und seinen Satz zu Ende zu führen, weil man ja der Meinung ist, man wüsste schon, was die andere Person sagen möchte. Beim aktiven Zuhören fragt man sich im Stillen:

- Was empfindet mein Gesprächspartner?
- Was ist ihm an dem, was er gerade äußert, so wichtig?
- Was beschäftigt ihn daran so sehr?

- Welches Interesse will er damit verfolgen?
- Wie ist ihm zumute?

paraphrasieren

Einige Autoren verstehen unter aktivem Zuhören das Wiederholen des Gesagten mit eigenen Worten, was von anderen Autoren wiederum als Paraphrasieren bezeichnet wird. Paraphrasieren wird oft eingeleitet durch Sätze wie: „Habe ich Sie richtig verstanden, dass ..."

Andere Autoren schreiben, dass sich aktives Zuhören auf die Selbstoffenbarungsseite des Senders bezieht. Diese Sätze beginnen dann eher mit „Ich habe dein Eindruck, dass ..."

Techniken wie das Paraphrasieren sind äußerst sinnvoll und zum Teil unverzichtbar, wenn die exakte Bestätigung der gesendeten Informationen von großer Bedeutung ist, z. B. bei der Übermittlung von Zahlen oder Nummern von Versicherungsverträgen. Generell sollte aber darauf geachtet werden, dass sich das Gespräch durch das aktive Zuhören nicht zu sehr in die Länge zieht und dann von allen Teilnehmern als schleppend erlebt wird.

3.2.2 Fragetechniken

Mit den „richtigen" Fragen kann ich eine Menge über den Gesprächspartner erfahren. Doch was sind die „richtigen" Fragen? In der Literatur gibt es eine Vielzahl von verschiedenen Fragen, hier eine Auswahl:

- geschlossene Frage
- offene Frage
- Alternativfrage
- Suggestivfrage
- rhetorische Frage

geschlossene Fragen

Geschlossene Fragen sind solche, auf die man nur mit „Ja" oder „Nein" antworten kann, z. B. „Haben sie den Bericht schon fertig?". Diese Art der Frage eignet sich gut, um schnell kurze Informationen zu erhalten.

offene Fragen

Offene Fragen beginnen mit einem Fragewort: Wie? Was? Wann? etc. Sie lassen dem Gefragten einen großen Spielraum bei der Beantwortung und sind daher gut geeignet für einen Gesprächsbeginn und immer dann gesprächsfördernd, wenn man umfassende Auskünfte wünscht. Mit der Frage „Wann wird der Bericht fertig sein?" eröffnet man dem Gesprächspartner viel mehr Antwortmöglichkeiten. Obwohl die Frage „Wer?" auch eine offene Frage ist, stellt sie eine Sonderform dar, weil hier auch ganz kurze Antworten möglich sind, z. B. Frage: Wer hat den Bericht angefertigt? Antwort: Frau Meier

Alternativfragen

Über *Alternativfragen* wie „Ist der Dienstag oder der Donnerstag für Sie günstiger?" gehen die Meinungen auseinander. Einige Autoren empfinden sie als Engführung. Wenn aber tatsächlich nicht mehr Alternativen zur Auswahl stehen, sind sie eine sehr gute Möglichkeit, die vorhandenen Beschränkungen direkt zu kommunizieren. Alternativfragen bieten dem Gesprächsführenden auch den Vorteil, dass er zu einem späteren Zeitpunkt des Gesprächsverlaufs mehr „auf den Punkt" kommen kann.

Bei einer *Suggestivfrage* legt der Fragende dem Gefragten die Antwort schon in den Mund: „Sie wollen doch auch, dass Ihre Familie gut abgesichert ist?" Suggestivfragen werden als Beeinflussung, manchmal auch schon als Manipulation empfunden, weshalb von diesen Fragen grundsätzlich abzuraten ist, da sie schon in Richtung „Ich bin o.k., du bist nicht o.k." gehen können.

Suggestivfragen

Rhetorische Fragen werden z. B. in Vorträgen gestellt. Dort soll mit einer rhetorischen Frage das Interesse des Publikums geweckt werden, der Redner will auf diese Frage nicht wirklich eine Antwort. So kann ein Redner sein Publikum am Anfang seiner Präsentation zu den Ergebnissen einer Kundenbefragung fragen: „Was glauben Sie, in welcher Sparte wir die zufriedensten Kunden haben?" Indem er sofort weiterspricht, weiß das Publikum, dass es sich um eine Frage handelt, auf die es im Laufe der Präsentation eine Antwort erhält und die vorab dazu dienen soll, sich mit dem Thema näher zu beschäftigen.

rhetorische Fragen

5

Welches wann die „richtige Frage" ist, hängt vom Ziel ab. Wenn jemand eine schnelle Information benötigt, ist es am besten, eine klare geschlossene Frage zu stellen, die der Antwortende mit „ja" oder „nein" beantworten kann. Dies kann auch hilfreich sein in Gesprächen, in denen eine Person besonders viel redet, denn es ermuntert nicht automatisch zu einer längeren Antwort. Im Gegensatz dazu sollten offene Fragen gerade dann gestellt werden, wenn es darum geht, ein Gespräch in Fluss zu bringen (z. B. beim Small Talk).

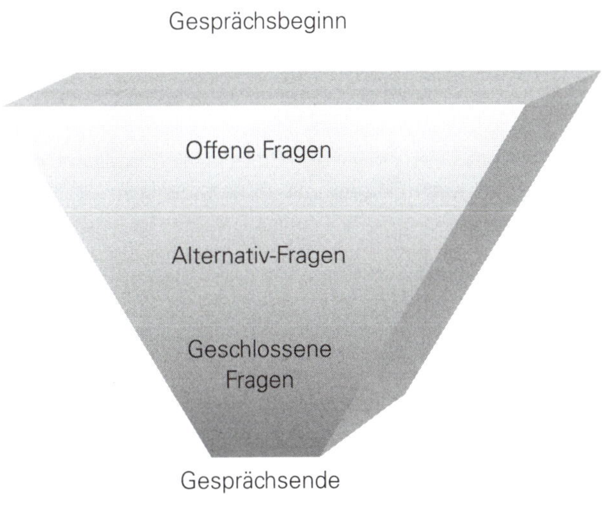

Abbildung 17: Fragetrichter (Abdruck mit freundlicher Genehmigung der Dr. Anja K. Haftmann, Personal- und Organisationsentwicklung)

Für das Durchführen von Verkaufsgesprächen kann der Fragetrichter hilfreiche Erkenntnisse bieten. Am Anfang ist es gut, mit offenen Fragen so viele Informationen wie möglich vom Interessenten zu bekommen, z. B. mit der Frage: „Wie sorgen Sie für Ihr Alter vor?" Im weiteren Verlauf sind Alternativfragen dann hilfreich, wenn es darum geht, das Besprochene einzugrenzen, z. B. mit der Frage:

Fragetrichter

5

„Möchten Sie später eher 800 oder 1000 Euro im Monat als Rente erhalten?" Und zum Abschluss wird die Frage gestellt: „Möchten Sie diese Versicherung so abschließen?"

3.2.3 Einwandbehandlung

Sicherlich ist es Ihnen in einem Gespräch auch schon passiert, dass Sie Ihre Ideen vorstellten und dann mit Sätzen konfrontiert wurden wie: „Ihren Vorschlag kann ich so nicht annehmen ..." Und wenn man Glück hat, kommt dann noch eine Begründung, wie z. B.: „... weil wir dafür nicht die Mittel haben." etc. Meistens wird es als lästig empfunden, wenn der Gesprächspartner nicht zustimmt, sondern einen Einwand bringt.

In jedem Fall haben Einwände auch eine gute Funktion, zeigen sie doch, dass der Gesprächspartner sich mit dem auseinandersetzt, was der Sprechende sagt. Wenn ein Gesprächspartner einen Einwand bringt, dann ist es besonders wichtig, ganz genau zuzuhören, denn hier kann man viel darüber erfahren, was eine Person nicht will – oder auch, was sie will.

Einwand oder Vorwand?

Das ist auch der Unterschied zwischen Ein- und Vorwand. Beim Vorwand ist es, als ob der Gesprächspartner eine „Wand" vor sich errichten würde. Handelt es sich um einen Einwand, so ist der Gesprächspartner grundsätzlich bereit, den Vorschlag anzunehmen, bringt an dieser Stelle aber seine Bedenken zum Ausdruck. Ein Einwand kann z. B. lauten: Was geschieht denn mit meiner Lebensversicherung, wenn ich arbeitslos werde und die Beiträge nicht mehr bezahlen kann? In diesem Beispiel setzt sich der Kunde bereits mit der Zukunft auseinander, indem er eine potenzielle Vertragsstörung anspricht, die auftreten kann, nachdem er die Versicherung bereits abgeschlossen hat. Er sucht jetzt nach Bestätigung, dass er auf der „sicheren" Seite ist und in diesem Fall keine Fehlentscheidung getroffen haben könnte, die er dann bereut.

Ein Vorwand könnte lauten: Ich habe bislang auch keine Unfallversicherung gebraucht. Mir ist noch nie etwas passiert. Mit diesem Satz versucht der Kunde das Thema „beiseite" zu schieben.

Es ist wichtig, diese Bedenken – oder Einwände – als das zu sehen, was sie sind: Vorbehalte des Gesprächspartners. Die andere Person bringt darin zum Ausdruck, was sie empfindet und meint. Das sollte man ernst nehmen bzw. dem Gesprächspartner seine Wertschätzung für seine Sicht entgegenbringen.

Im Folgenden werden „Techniken" vorgestellt, mit Einwänden umzugehen. Wichtiger ist es jedoch, mit der Aufmerksamkeit ganz beim Sprecher zu sein und sich nicht schon zu überlegen, welche „Einwandbehandlungstechnik" angewandt werden könnte.

Zunächst ist es wichtig, einen Einwand nicht direkt zu verwerfen. Oft passiert es an dieser Stelle, dass gesagt wird: „Das sehen Sie ganz falsch." Hier kann es passieren, dass sich die Person, die den Einwand gebracht hat, nicht mehr ernst genommen fühlt und sie den Eindruck hat, man würde ihr ihre Gefühle oder Sicht der Dinge absprechen (siehe gesprächsfördernde und -hindernde Verhaltensweisen in 3.2.5 und „Du-Botschaften" in 3.2).

Man sollte dem Sender signalisieren, dass dieser Einwand beim Empfänger angekommen ist und ernst genommen wird (z. B.: „Aus Ihrer Sicht kann ich gut verstehen ..."). Dann kann der Empfänger noch einmal seine Sicht dagegen stellen und Vorteile schildern, die sich für den Gesprächspartner, der den Einwand geäußert hat, ergeben, wenn er sich mit ihm auf die vorgeschlagene Lösung einigt. Auch für Vorgesetzte ist es wichtig, diese Einwände nicht direkt „vom Tisch zu fegen", sondern mit einem Mitarbeiter zu klären, welche Bedenken – denn das sind Einwände im Grunde genommen – er hat.

jeden Einwand ernst nehmen

Es gibt eine Reihe von Möglichkeiten, mit diesen geäußerten Bedenken umzugehen, die Techniken der Einwandbehandlung, die teilweise sehr unterschiedliche Namen haben, sich im Kern aber manchmal sehr ähneln:

Einen Einwand sollte man nie leugnen und besonders bei Einwänden des Kunden, die berechtigt sind, sollte man versuchen, den vom Kunden empfundenen Nachteil des Versicherungsprodukts auszugleichen, indem man die sich daraus ergebenden Vorteile und somit zusätzliche Verkaufsargumente aufzeigt, z. B. durch die Formulierung: „Der Nachteil dabei ist ..., der Vorteil hingegen überwiegt ..."

Vorteile-Nachteile-Methode

Die Methode der Schleifentechnik enthält folgende Schritte:

Schleifentechnik

1. Einwand aufnehmen
2. Einwand abfedern, indem man zunächst auf die Bedenken eingeht und den Gesprächspartner für seinen Einwand „lobt", z. B. durch die Formulierung: „Gut, dass Sie das ansprechen ..."
3. Eine Schleife zur eigenen Argumentation zurückziehen, z. B. mit dem Satz:„ Ich stimme Ihnen zu, die Kosten dürfen wir auf gar keinen Fall vernachlässigen. Sie sind der Dreh- und Angelpunkt, gerade deshalb wird Sie meine Kalkulation interessieren ..."

Auch bei der *„Ja, aber"-Methode* geht es darum, dem Gesprächspartner zunächst recht zu geben, um dann wieder ein eigenes Argument anzuführen. Beispiel: „Ihr Argument ist sehr gut. Haben Sie jedoch berücksichtigt ...?"

Ja, aber

Rhetorische Frage: Hierbei wird der Einwand in Frageform an den Gesprächspartner zurückgegeben, der Einwand wird für die eigenen Zwecke passend umformuliert und der Gesprächspartner durch eine Frage, die ihn in den Mittelpunkt rückt, motiviert. Am Ende gibt man sich selbst die Antwort auf die Frage: „ Sie möchten gerne sicher sein, dass ...? Dazu ..."

rhetorische Frage

Öffnung: Hier wird versucht, schrittweise Übereinstimmung zu erzielen, z. B. mit der Frage: „Wie beurteilen Sie diesen Vorschlag?"

Öffnung

Mit *„Ablenkung"* ist gemeint, dem Gesprächspartner einen neuen, für ihn besonders interessanten Gesichtspunkt anzubieten: „Andererseits sollten wir unbedingt folgende wichtige Gesichtspunkte beachten ..."

Ablenkung

Offenbarung: Hier wird eine recht grundsätzliche Frage gestellt, z. B. „Unter welchen Umständen sind Sie bereit ... zuzustimmen?"

Offenbarung

Rückfrage

Eine *Rückfrage* ist immer eine gute Möglichkeit, mehr über den Gesprächspartner und seine Beweggründe zu erfahren und sich mehr Klarheit zu verschaffen, z. B. mit den Formulierungen: „Aus welchen Gründen...?" oder „Wie meinen Sie das?"

Einen Einwand sollte man immer ernst nehmen und wenn das Produkt aus Sicht des Kunden einen Nachteil hat, dann sollte man das auch zugeben. Hier kann man dem Kunden Argumente liefern, die diesen Einwand *„kompensieren"*. Ein Beispiel: „Ja, diesen Nachteil kennen wir. Im Rahmen der Gesamtkalkulation haben wir ihn in Kauf genommen ..."

Eine weitere Möglichkeit ist das *Relativieren* von Einwänden. Hierbei wird der Einwand zu anderen Argumenten in Bezug gesetzt, z. B. mit der Formulierung: „Diesen Einwand kann ich aus Ihrer Sicht nachvollziehen. Bitte denken Sie aber auch an die Konsequenzen von ..."

Und auch für den Umgang mit Killerphrasen, Aussagen wie „zu teuer" oder „das haben wir schon immer/noch nie so gemacht ...", gibt es verschiedene Techniken.

Gegenfrage

Hier kann man ebenso zunächst einmal eine Frage stellen und z. B.

- nach dem Grund fragen: „Aus welchem Grund ...?"
- konkretisieren: „Welches, Wann, Wo ... genau?"
- weiterdenken: „Was müsste passieren damit ...?"

Isoliertechnik

Wendet man die so genannten Isoliertechnik an, so antwortet man mit Sätzen wie:

- „Einmal unabhängig von diesem Punkt ..."
- „Wenn es nicht so wäre ..."
- „Lassen wir ... einmal beiseite und ..."

Bumerang-Methode

Bei der Bumerang-Methode greift man schließlich den Gedanken noch einmal auf und versucht diesen ins Gegenteil zu verkehren:

- „Dafür haben wir kein Geld!" – „Gerade weil wir kein Geld haben ..."
- „Ihnen fehlt doch die Erfahrung!" – „Genau deshalb sehe ich die Sache ..."

3.2.4 Anerkennung und Kritik

Bei allen oben beschriebenen Gesprächsarten ist es wichtig, sich vor dem Gespräch Gedanken darüber zu machen, was man an seinem Gesprächspartner besonders schätzt (siehe hierzu auch Kap. 2, 5.4 „Führung über Vertrauen"). Dies hilft auch, zur wertschätzenden Grundhaltung vor einem Gespräch zu kommen. Und auch wenn man sich z. B. über die „Pingeligkeit" von Frau Bayer ärgert, so hat sie doch an den Stellen ihr Gutes, wo es um akribisch genaues Arbeiten geht. Vielleicht ist Frau Bayer ja gerade diejenige, der kein Fehler entgeht? Man sollte sich immer klar machen, dass es auch hier Ansichtssache ist: Für den einen ist eine Person, die viel redet „kommunikationsfreudig", für den anderen ein „Vielredner".

Besonders vor *Kritikgesprächen* ist es wichtig, nicht beim eigenen Ärger zu bleiben, sondern sich die positiven Seiten des Gesprächspartners vor Augen zu führen (die Durchführung eines Kritikgespräches ist in Lernabschnitt 2.1 beschrieben). *Kritikgespräch*

Zur Vorbereitung auf ein Kritikgespräch kann es zum einen helfen, sich an den vier Seiten einer Nachricht zu orientieren, zum anderen sich auch hier – ähnlich wie beim Konfliktgespräch – klar zu machen, wie wichtig es ist, dieses Gespräch auf der Beziehungsebene zu beginnen, damit die Person sich nicht grundsätzlich angegriffen fühlt, sondern merkt, dass nur ein bestimmtes Verhalten kritisiert wird (siehe Abbildung 18).

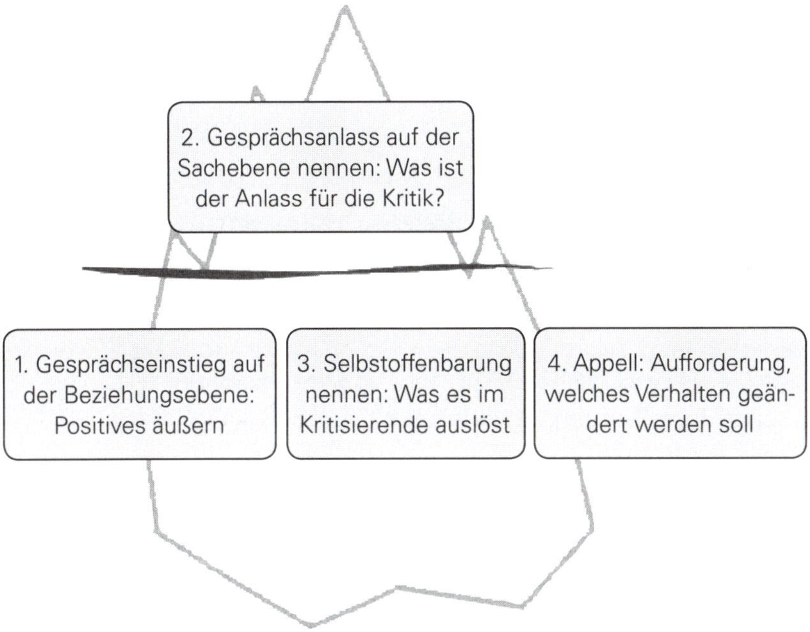

Abbildung 18: Kritikgespräch (eigene Darstellung)

Max Frisch empfiehlt: „Man sollte die Wahrheit dem anderen wie einen Mantel hinhalten, so dass er hineinschlüpfen kann, nicht wie ein nasses Tuch um den Kopf schlagen."

Für Worte der Anerkennung sollte immer Zeit da sein. Das kann ein kurzes Lob sein, aber auch eine detaillierte positive Rückmeldung im Rahmen eines Beurteilungsgesprächs. Abzuraten ist von der Haltung, dass schon alles in Ordnung ist, wenn ein Vorgesetzter keine Rückmeldung gibt und sagt, er würde sich schon melden, wenn er etwas zu kritisieren habe. Anerkennung und Kritik ist eine Führungsaufgabe, mit der sich jede Führungskraft beschäftigen sollte. Es ist wichtig, darauf zu achten, mindestens so viel Anerkennung wie Kritik auszusprechen.

5

3.2.5 Wertehaltungen

Die im Lernabschnitt 2.3.5 beschriebene Grundhaltung „Ich bin o.k., du bist o.k." ist Ausdruck einer Wertschätzung dem Gesprächspartner gegenüber. Bevor man in ein Gespräch geht, kann man sich kognitiv klar machen, dass man dem Gesprächspartner positiv gegenübertreten möchte. Doch nicht alles, was man sich im Kopf vornimmt, kommt auch beim Gesprächspartner so an. Grund ist, dass wir zu einem großen Teil „unter der Wasseroberfläche" (siehe Eisbergmodell) kommunizieren, dass also auch unsere Körperhaltung, Mimik und Gestik etc. wirkt. Hier unterscheiden wir gesprächsfördernde und gesprächshindernde Verhaltensweisen.

gesprächsfördernde Verhaltensweisen

Gesprächsfördernde Verhaltensweisen sind solche, die einem Gesprächspartner das Gefühl geben, dass man ihm folgt und sozusagen gefühlsmäßig bei ihm ist, z. B.:

- Blickkontakt
- offene Körperhaltung
- freundlicher Gesichtsausdruck
- gelegentliches Kopfnicken bzw. Bestätigungslaute wie („ja" etc.)
- sichtbare Hände etc.

gesprächshindernde Verhaltensweisen

Gesprächshindernd werden solche Verhaltensweisen empfunden, bei denen man den Eindruck hat, dass der Gesprächspartner ablehnend wirkt oder mit anderen Dingen beschäftigt ist. Hierzu gehören Verhaltensweisen wie:

- während des Gesprächs etwas anderes tun, z. B. in Akten kramen
- verschränkte Arme
- Hände unter dem Tisch oder in den Hosentaschen (das bedeutet von der Körpersprache her, dass diese Person etwas zu verbergen hat)
- kein Blickkontakt (wenn man z. B. längere Zeit zum Fenster hinaus oder zur Decke schaut)
- dauernde Unruhe (z. B. auf dem Stuhl hin- und herrutschen, „kippeln" etc.).

Verbal drückt sich eine positive Werthaltung durch offene Kommunikation aus. Dahingegen gehören Killerphrasen zu den gesprächshindernden Verhaltensweisen, ebenso wie Suggestivfragen und Manipulationstechniken. Es wird auch als gesprächshindernd empfunden, wenn der Gesprächspartner einfach das Thema wechselt bzw. ein Stichwort der einen Person dazu nutzt, seine eigene „Geschichte" zu erzählen („Wo Sie gerade die letzte Weihnachtsfeier erwähnen, ich habe ... erlebt").

Überzeugen contra Manipulieren

In einem Gespräch, das von gegenseitiger Wertschätzung geprägt ist, sollte das Ziel immer sein, die andere Person zu überzeugen und nicht zu manipulieren. In der folgenden Tabelle ist der Unterschied zwischen Überzeugen und Manipulieren übersichtlich dargestellt. Legt jemand die Werthaltung „Ich bin o.k., du bist o.k." an den Tag, dann ist der Gesprächspartner ein geschätztes Gegenüber. Manipulationstechniken finden eher auf der Ebene „Ich bin o.k., du bist nicht o.k." statt.

Manipulieren	Überzeugen
Das Anliegen ist verdeckt.	Das Anliegen ist klar.
Die Haltung gegenüber dem anderen ist starr: Er soll egozentrische Bedürfnisse erfüllen, ohne es zu merken.	Die Haltung gegenüber dem anderen ist respektvoll, empathisch und flexibel.
Aufrichtige Wahrnehmung wird verhindert. Die Kommunikation ist unecht.	Ehrliche Wahrnehmung und Rückmeldungen sind erwünscht.
Der Gesprächspartner wird zu etwas gezwungen.	Das Gegenüber hat Entscheidungsfreiheit.
Der Manipulierte wird ausgenutzt. Er muss etwas geben.	Der Überzeugte fühlt sich ernst genommen und wertgeschätzt. Er bekommt etwas.
An eingefahrenen Bahnen wird fest-gehalten.	Ideen, Veränderungen und Kreativität entstehen im lebendigen Austausch.
Die Beziehung wird langfristig zerstört.	Die Beziehung festigt sich.
Das Selbstbewusstsein des Manipulators ist im Kern schlecht, da persönliche Weiterentwicklung nur im Kontakt mit anderen möglich ist. Wer manipuliert, ist unfähig, neue Erfahrungen zu machen.	Das Selbstbewusstsein desjenigen, der überzeugt, ist gut. Er lernt auch von seinem Gegenüber etwas.

Tabelle 6: Manipulieren und Überzeugen (Hegmann 2002, S. 215)

3.3 Kommunikationsstile

Kommunikations- und Interaktionsstile

Friedemann Schulz von Thun unterscheidet acht verschiedene Kommunikationsstile. Bei diesen Kommunikations- und Interaktionsstilen handelt es sich „um bestimmte Arten und Weisen, mit anderen Menschen in Kontakt zu treten, zu sprechen und die Beziehung zu gestalten ... Diese Stile schließen einander nicht aus. Im Gegenteil: alles ist in jedem ..." (Schulz von Thun 2005, S. 57 ff.).

Auch wenn man sich nicht auf Anhieb in jedem Kommunikationsstil wiederfindet, so kann es doch interessant sein, die eigene Kommunikation daraufhin ein wenig genauer zu beobachten. Es ist zudem aufschlussreich, zu analysieren, welches Verhalten einer bestimmten Person oder Personengruppe entgegengebracht wird. Die idealtypischen Kommunikationsmuster Schulz von Thuns werden im Folgenden kurz paraphrasiert, zusammen mit den „seelischen Axiomen", die der Autor für jeden Kommunikationsstil definiert hat.

bedürftig-abhängiger Stil

1. *Der bedürftig-abhängige Stil*

   Axiom: Ich bin schwach und hilflos – allein bin ich dem Leben nicht gewachsen!

   Dieser Kommunikationsstil zielt – meist völlig unbewusst – darauf ab, einer anderen Person klar zu machen, wie hilflos man ohne sie ist. Da es viele Menschen gibt, die gerne helfen möchten, findet sich hier ein großer Empfängerkreis, der den von diesen Menschen geäußerten Wünschen nachkommt.

helfender Stil

2. *Der helfende Stil*

   Axiom: Für mich ist es eine Katastrophe, schwach (ratlos, traurig, verzweifelt) und bedürftig zu sein!

   Dieses Kommunikationsmuster dient eher dazu, von den Dingen, die der Sender eigentlich benötigt, abzulenken und die Aufmerksamkeit mehr auf den Empfänger und dessen Bedürfnisse zu richten. Dieser Stil passt zum bedürftig-abhängigen Stil wie der Schlüssel in ein Schloss: Der eine ist der Meinung, die Herausforderungen des Lebens nicht alle bewältigen zu können, der andere zieht seine Befriedigung aus dem für ihn guten Gefühl, „armen Menschen" geholfen zu haben.

selbstloser Stil

3. *Der selbstlose Stil*

   Axiom: Ich selbst bin unwichtig – nur im Einsatz für dich und andere kann ich zu etwas nütze sein!

   Personen mit diesem Stil halten sich oft zurück, weil sie der Meinung sind, dass sie z. B. in Diskussionen keine wichtigen und konstruktiven Beiträge leisten können. Sie bemühen sich um „angepasstes" Verhalten und halten Meinungsverschiedenheiten nur schwer aus. Ein wenig geht das Kommunikationsverhalten in Richtung eines Opportunisten: Man möchte es jedem und allen recht machen. Dies kann dann – ähnlich wie beim helfenden Stil – dazu führen, dass diese Personen sich oft überlastet fühlen, weil es ihnen schwer fällt „nein" zu sagen und die eigenen Bedürfnisse zu sehen und auch zu äußern.

aggressiv-entwertender Stil

4. *Der aggressiv-entwertende Stil*

   Axiom: Ich bin nicht in Ordnung, mache erbärmlich alles falsch. Wehe, jemand merkt es! Dann werde ich untergebuttert und gnadenlos verachtet!

   Der aggressiv-entwertende Stil ist in gewisser Weise komplementär zum selbstlosen Stil. In diesem Kommunikationsstil stehen die eigene Aufwertung und die Abwertung des anderen im Vordergrund. Indem man sich selbst als größer, bzw. „besser" ansieht als die andere Person, meint man das Recht zu haben, die andere Person „klein" zu machen, was sich oft durch Beschimpfungen und Verunglimpfungen ausdrückt. Diese Personen haben oft starke Minderwertigkeitsgefühle. Die Angst, dass ein anderer diese entdecken könnte, ist jedoch so groß, dass sie sich schon vorher als stark und überlegen „aufplustern", damit nicht deutlich wird, dass hinter der harten Schale oft ein weicher Kern steckt.

sich beweisender Stil

5. *Der sich beweisende Stil*

   Axiom: Ich selbst bin nicht (liebens)wert – nur in dem Maße, wie ich „gut" bin, verdiene ich Liebe und Anerkennung.

   Personen mit diesem Kommunikationsmuster sind ständig darum bemüht, ihre „Fassade" so gut wie möglich „glänzen" zu lassen. Sie sind einen großen Teil ihrer Zeit damit beschäftigt, nach außen ein „tolles Bild" abzugeben. Dabei setzen sie sich ständig unter Druck, sich nach außen vollkommener zu präsentieren als sie sich innerlich fühlen.

6. *Der bestimmend-kontrollierende Stil*

   bestimmend-kontrollierender Stil

   Axiom: Ich bin voll von chaotischen, sündhaften, unvernünftigen Impulsen – nur wenn ich mich an strenge Regeln halte, kann ich mich in der Gewalt haben und ein anständiger Mensch bleiben.

   Hier steht ein Kontrollbedürfnis sehr im Vordergrund, Mitmenschen und Dinge sollen möglichst gut unter Kontrolle gehalten werden. Prinzipien und Regeln spielen eine große Rolle, und spontanes Verhalten anderer kann diese Personen schon mal in äußerste Rage versetzen, weil sie dann nicht mehr das Gefühl haben, Herr der Lage zu sein.

7. *Der sich distanzierende Stil*

   sich distanzierender Stil

   Axiom: Wenn ich mich öffne und jemanden ganz an mich heranlasse, begebe ich mich in große Gefahr: Ich könnte in eine solche Abhängigkeit geraten, dass ich jeder Verletzung preisgegeben bin und mich selbst in der Gefangenschaft der Verschmelzung verliere.

   Diese Personen grenzen sich oft nicht nur seelisch, sondern auch körperlich ab, haben z. B. Angst vor Berührungen, und um diese zu vermeiden, bevorzugen sie eine distanzierte Kommunikation, z. B. schriftlich. Oft steckt die Angst vor Verletzung dahinter, der durch eine große Distanz vorgebeugt werden soll. Der Umwelt fällt es oft schwer zu erkennen, was in dieser Person grundsätzlich vor sich geht, da sie ja zu einem großen Teil damit beschäftigt ist, gerade ihre Emotionen gut vor anderen verborgen zu halten.

8. *Der mitteilungsfreudig-dramatisierende Stil*

   mitteilungsfreudig-dramatisierender Stil

   Axiom: Ich bin unwichtig. Wie mir wirklich zumute ist, interessiert niemanden. Nur wenn ich mich geschickt oder mit starken Mitteln in den Vordergrund spiele, werde ich beachtet.

   Anders als beim sich distanzierenden Stil genießen es Personen mit diesem Kommunikationsstil, im Mittelpunkt zu stehen und „Publikum" zu haben. Dann „drehen" sie „so richtig auf", wodurch es passieren kann, dass weitere beteiligte Personen das Gefühl bekommen, hier nur als „Beifall klatschendes Publikum" zu dienen.

Eine ausbalancierte Mischung aus allen acht Stilen wäre ein erstrebenswertes Ziel: Auf der einen Seite helfen, ohne sich selbst dabei aufzugeben; seine eigenen Wünsche klar äußern, ohne andere damit „platt" zu machen; sich zurückhalten können in Situationen, in denen andere Personen im Vordergrund stehen; andererseits aber auch z. B. bei einer Präsentation auf schauspielerische Weise die Aufmerksamkeit des Publikums wecken.

Authentizität

In der Forschung gibt es Diskussionen darüber, ob denn Führungskräfte sich die Blöße geben sollten, sich ihren Mitarbeitern in solch unterschiedlichen Stimmungen zu zeigen, das Stichwort ist hier „Authentizität". Während die einen meinen, jemand sei authentisch, wenn er sich jeder Stimmung hingibt und dies auch nach außen kundtut, so sind andere der Meinung, Authentizität sei dann gegeben, wenn sich jemand keine Masken aufsetzt, um Rollen zu spielen. Verschiedene Rollen gehören zum täglichen Leben dazu: Auf der einen Seite ist man Führungskraft, auf der anderen Seite aber Mitarbeiter eines höheren Chefs.

Sich dieser verschiedenen Rollen bewusst zu sein und dabei zu wissen, was von einem in der jeweiligen Rolle erwartet wird, ist von hoher Bedeutung. Wichtig ist aber auch eine gesunde Portion „Echtheit". Führungskräfte werden dadurch menschlicher und können dann sowohl effektiver und glaubwürdiger Menschen führen als auch Gespräche gestalten. Nach jedem Gespräch sollten sie sich selbstkritisch fragen, ob sie in der vorausgegangenen Kommunikation authentisch waren und mehr als nur eine Rolle gespielt haben. Diese Reflexion hat ihren Platz in der Gesprächsnachbereitung.

Bevor auf diesen Punkt der Gesprächsnachbereitung eingegangen wird, wird eine besondere Form der Kommunikation noch ausführlicher erläutert: das Telefonieren. Das Telefon ist wesentlicher Bestandteil unseres Berufsalltages und es erfolgt wichtige Kommunikation hierüber. Es lohnt sich also, diese spezielle Form des Informationsaustausches genauer zu betrachten.

Exkurs: Gespräche am Telefon

Das Telefon ist für uns ein wichtiger Bestandteil für unsere Kommunikation innerhalb und außerhalb des Unternehmens. Auch wenn heutzutage vieles, was früher am Telefon geklärt wurde, per E-Mail erledigt wird, bleiben Telefonate wichtiger Bestandteil in der Gestaltung von geschäftlichen Kontakten. Viele Unternehmen haben erkannt, dass dieser telefonische Kontakt wie eine Visitenkarte wirkt. Aus der Art und Weise, wie ein Unternehmen auf Anrufe eines Kunden reagiert, zieht dieser Rückschlüsse auf die Arbeit des Unternehmens. Gerade bei Versicherungsunternehmen, die ja Vertrauensgüter verkaufen, ist es an dieser Stelle besonders wichtig, dem Kunden ein Gefühl vom Kompetenz zu vermitteln, und die Sicherheit, dass er bei diesem Unternehmen gut aufgehoben ist.

In diesem Exkurs stehen drei Themen im Vordergrund:

1. grundsätzliches Verhalten am Telefon
2. Gesprächsleitfaden für Telefonate
3. Umgang mit schwierigen Gesprächspartnern

Grundsätzliches Verhalten am Telefon

grundsätzliches Verhalten am Telefon

Von den drei oben erwähnten Kommunikationskanälen stehen uns hauptsächlich der verbale und der paraverbale in Telefonaten zur Verfügung. An dieser Stelle zu glauben, die nonverbale Kommunikation sei komplett bedeutungslos, ist zu kurz gedacht: Der Gesprächspartner „spürt" bestimmte Dinge am Telefon. Je nachdem, was für ein Gesichtsausdruck die telefonierende Person hat, wird das Lächeln oder der vor Ärger verkniffene Mund mit der Sprache mitgeschickt. Aus diesem Grund raten Spezialisten für Telefontrainings dazu, bei einem Telefonat:

- nicht zu essen, zu trinken oder zu rauchen,
- möglichst ein freundliches Lächeln auf den Lippen zu haben, zumindest eine positive Einstellung,
- eine aufrechte Haltung einzunehmen,
- alle erforderlichen Unterlagen vorliegen zu haben.

Der unterste Punkt bezieht sich auf so genannte Outbound-Telefonate, also Telefonate, die Mitarbeiter aus dem Unternehmen mit dem Kunden führen. Als Inbound bezeichnet man hingegen eingehende Telefonate. Durch eine aufrechte Haltung bekommt die Stimme mehr Volumen, eine gekrümmte oder lässige Haltung spürt der Gesprächspartner als ebensolche. Viele Unternehmen stellen Ihren Mitarbeitern, die viel telefonieren, ein

Headset zur Verfügung, damit beide Hände frei sind, um etwas im Computer nachzusehen oder Aufzeichnungen zu machen. Auch ein Telefonat im Stehen kann hilfreich sein; geht man – insbesondere bei schwierigen Telefonaten – im Raum auf und ab, können durch diese Bewegung die Gedanken „in Fluss" kommen.

Vieles von dem, was in Teil 3 dieses Buches zu den Themen „Gesprächsstrategie, Ich- und Du-Botschaften, aktives Zuhören, Paraphrasieren, Einwandbehandlung, Fragetechniken, Kommunikationsmodellen" gesagt wird, gilt auch für Telefonate.

positiv formulieren

Wichtig sind positive Formulierungen. Anstatt „Frau Meier ist zurzeit leider nicht an ihrem Platz" ist es besser zu sagen: „Gerne informiere ich Frau Meier über Ihr Anliegen und notiere Ihre Telefonnummer, damit sie Sie baldmöglichst zurückrufen kann." Hier ist es ratsam, sich stets zu überlegen, wie ich als Dienstleister das Anliegen des Anrufers am kompetentesten entgegennehme.

In vielen Firmen gibt es konkrete Hinweise, wie sich die Mitarbeiter am Telefon melden sollen. Als praktisch hat sich für ausgehende Telefonate folgende Reihenfolge erwiesen:

„Guten Tag, hier ist die Proximus AG, mein Name ist Annette Dernick."

Und für eingehende Telefonate: „Guten Tag, (hier ist die) Proximus AG, Annette Dernick, was kann ich für Sie tun?"

primacy effect

Die Begrüßung zu Beginn mit dem Tagesgruß hat sich bewährt, weil es am Anfang von Telefonaten den so genannten „primacy effect" gibt: in den anfänglichen ca. 1,2 Sekunden ist der Gesprächspartner noch damit beschäftigt, genauer herauszuhören, mit wem er spricht, um welches Anliegen es sich handeln könnte und in welcher Stimmung die andere Person ist. Erst danach sollte man die wichtigen Informationen, wie z. B. Firmennamen und den eigenen Namen nennen.

Da der Stimme eine so zentrale Bedeutung zukommt, ist es wichtig, deutlich, möglichst Hochdeutsch, und nicht zu schnell zu sprechen. Im weiteren Gespräch ist es dann sinnvoll, sich mit dem Gesprächstempo dem Gesprächspartner anzupassen.

Gesprächsleitfaden

Grundsätzlich besteht auch ein Telefonat aus den drei Teilen

- Einleitung
- Hauptteil
- Abschluss

Je nachdem, um was für ein Telefonat es sich handelt, hat es sich als nützlich herausgestellt, den Hauptteil noch in verschiedene Abschnitte zu untergliedern. Nachfolgender Gesprächsleitfaden kann flexibel verwendet werden. Er ist sowohl für Terminvereinbarungen geeignet als auch für Anrufe, in denen man z. B. einem bestehenden Kunden erläutert, dass es gut ist, über seinen Versicherungsschutz oder Versicherungssummen noch einmal nachzudenken. Die Betonung auf „bestehender Kunde" rührt daher, dass in Deutschland die so genannte „Kaltakquise im B2C-Bereich" nicht erlaubt ist. „Kaltakquise" bedeutet, dass ich einen potenziellen Kunden anrufe, den ich bisher noch nicht kenne und von dem ich keine Einwilligung habe, dass ich ihn telefonisch kontaktieren darf. „B2C" meint vom Unternehmen (Business) zum (2 = to) Kunden (Customer).

Gesprächsleitfaden

Folgende Punkte sollten laut Gesprächsleitfaden vorbereitet werden:

1. Ziel des Anrufs festlegen
2. Aufmerksamkeitsgewinnung
3. Analyse des Bedarfs
4. Angebot/Aktion
5. Antworten auf Einwände
6. Abschluss

5

Gesprächsziel

So wie im persönlichen Gespräch ist es auch bei Telefonaten wichtig, sich über das Ziel des Anrufs klar zu werden. Möchte ich ein Angebot unterbreiten? Habe ich ein Thema, das ich besprechen möchte, wenn ja, welches und mit welchem Ziel?

Aufmerksamkeitsgewinnung

Als nächstes sollte man sich in der Vorbereitung überlegen, womit man die Aufmerksamkeit des Gesprächspartners wecken kann. Gibt es beispielsweise neue Angebote, von denen der Gesprächspartner profitieren kann? Was wird ihn vermutlich noch interessieren und dazu führen, dieses Telefonat mit Aufmerksamkeit und Interesse zu führen?

Analyse des Bedarfs

Indem man in der zweiten Phase aufmerksam zuhört, kann man feststellen, auf welche Themen der Gesprächspartner „anspringt", und hieraus wichtige Impulse für die dritte Phase heraushören, in der es darum geht, den Bedarf zu analysieren – und auch abzuklären, ob es beim Gesprächspartner Bedarf gibt.

Angebot/Aktion

Aus den vorbereiteten und den überhaupt im Gespräch erhaltenen Informationen lässt sich dann in der vierten Phase gut ein konkretes Angebot formulieren oder eine Aktion vorschlagen.

Antworten auf Einwände

In vielen Fällen äußert der Gesprächspartner dann seine Gedanken, manchmal sind es Einwände, manchmal werden sie als solche empfunden. Wie im Kapitel zur Einwandbehandlung dargestellt, ist es wichtig, wieder aufmerksam zuzuhören, was die andere Person an dieser Stelle zu ihren Gedanken und Einstellungen formuliert und dies in jedem Fall ernst zu nehmen. Je nach Situation können dann die Techniken der Einwandbehandlung angewendet werden.

Abschluss

Unabhängig davon, ob der Gesprächspartner das Angebot annimmt oder seine Zustimmung zu der vorgeschlagenen Aktion (z. B. Vereinbarung eines Termins) gibt, sollte das Telefonat in jedem Fall positiv beendet werden. Hierzu gehört

- eine kurze Zusammenfassung, insbesondere, wenn der Gesprächspartner das Angebot/die Aktion angenommen hat,
- der Dank für das Gespräch,
- der Abschiedsgruß, dem man evtl. noch einen Wunsch, z. B. für einen angenehmen Tag, anfügen kann.

Umgang mit schwierigen Gesprächspartnern

Viele Telefonate verlaufen in einem konstruktiven Dialog, in dem Fragen, Anliegen und Wünsche zügig und zur beiderseitigen Zufriedenheit geklärt werden. Daneben gibt es auch Telefonate, die als anstrengender empfunden werden. Hier unterscheidet man hauptsächlich drei verschiedene Typen von Gesprächspartnern, den:

a) Vielredner
b) Schweiger
c) Aggressiven

Vielredner

a) Der Vielredner

Ziele im Umgang mit einem solchen Gesprächspartner sollten sein:

- den Redefluss des Partners freundlich stoppen
- zum Kern des Themas zurückführen
- ein konstruktives, kooperatives Gespräch erreichen

Hier kann es hilfreich sein, den Gesprächspartner immer wieder mit seinem Namen anzusprechen – wenn es sein muss, auch in einer kurzen Pause, die der andere macht, um Luft zu holen – und auf ein gemeinsames Ziel zu verpflichten. Auch ist es zielführend, das Gespräch zu strukturieren und zwischendurch immer wieder durch eine Zusammenfassung „auf den Punkt" zu bringen. Geschlossene oder Alternativ-Fragen sind hier ratsam.

b) Der Schweiger

Schweiger

Einem Schweiger sollte man eher offene Fragen stellen.

Ziele sind:

- den Gesprächspartner aktivieren
- Informationen und Feedback bekommen
- den Dialog starten

Neben dem Stellen von offenen Fragen hat es sich bewährt, aktiv zuzuhören und zu signalisieren, dass es einem wichtig ist, was der andere sagt.

Eine weitere zielführende Art des Umgangs ist auch, Pausen des Gesprächspartners zu ertragen. Manchmal liegt der Grund einfach darin, dass die andere Person Zeit zum Nachdenken braucht oder zurzeit andere Gedanken im Kopf hat.

c) Der Aggressive

Aggressiven

Wichtigster – und auch oft schwerster – Punkt bei Aggressiven ist, sich an die Grundhaltung „ich bin o.k., du bist o.k." zu erinnern. Oft passiert es, dass die Grundhaltung „ich bin o.k., du bist nicht o.k." transportiert wird, was meist zu einer weiteren Eskalation führt.

Ziele in solchen Telefonaten sind:

- den Gesprächspartner beruhigen und Aggressionen abbauen
- Beleidigungen selbstbewusst abwehren
- eine sachliche Klärung herbeiführen

Hier kann es hilfreich sein, bewusst zu atmen und zu versuchen, sich von der Aggression innerlich zu distanzieren. In jedem Fall ist es wichtig, genau hinzuhören, um Hinweise zu bekommen, was die sachliche Ursache dieses Verhaltens ist. Meist ist das Zeigen von Verständnis hilfreich, vor allem dann, wenn er „nur" aggressiv und nicht beleidigend ist, was mit einer Formulierung erfolgen kann, wie z. B. „aus Ihrer Sicht kann ich Ihren Ärger gut nachvollziehen." Wenn alles nichts hilft, kann es eine mögliche Lösung sein, eine Ich-Botschaft zu senden, ähnlich wie: „Frau/Herr ..., es macht mich betroffen, welche Schärfe ich in Ihrer Stimme höre."

Zusammenfassung

In diesem 3. Abschnitt steht die Durchführung von konstruktiven und zielgerichteten Gesprächen im Vordergrund. Ich-Botschaften, aktives Zuhören, Fragetechniken wurden erläutert und mit Beispielen so dargestellt, dass sie auf konkrete Gesprächssituationen gut anwendbar sind. Das im Fragetrichter vorgestellte Vorgehen kann auch gut auf Verkaufssituationen angewendet werden. Bei der Einwandbehandlung geht es darum, Bedenken des Gesprächspartners aufzunehmen und möglichst so zu entkräften, dass der Gesprächspartner die Vorteile der vorgeschlagenen Lösung sieht. Hierbei ist es wichtig, den Unterschied zwischen „manipulieren" und „überzeugen" zu kennen, der ebenfalls erläutert wird. Die Kommunikationsstile nach Friedemann Schulz von Thun wurden erläutert. Abschließend wurde in einem Exkurs auf das Thema „Kommunikation am Telefon" eingegangen.

5

4. Gesprächsnachbereitung

Lernziele

In diesem 4. Abschnitt geht es darum, Gespräche zu analysieren, um daraus möglichst für künftige Gespräche zu lernen. Ein Feedback ist dabei sehr hilfreich, hier kann das Johari-Fenster wichtige Erkenntnisse liefern. In diesem Modell wird davon ausgegangen, dass jede/r so genannte „Blinde Flecken" hat, also Verhaltensweisen, die der Person selbst nicht bekannt sind, deren Kenntnis aber Unterstützung liefern kann, Verhaltensweise abzulegen, die nicht erwünscht sind. Feedback kann dabei unterstützen, diesen „Blinden Fleck" zu erhellen und durch diese Kenntnis wenig förderliche Verhaltensweisen abzulegen.

Handlungssituation

Nach seinem Gespräch mit Frau Müller geht Herr Meier wieder an seinen Arbeitsplatz zurück. Zum einen ist ihm vieles – auch über sich selbst – klarer geworden, zum anderen gibt es konkrete Aktionen, die er Frau Müller versprochen hat, um das Vereinbarte möglichst zügig in die Tat umzusetzen.

Protokoll
To-do-Liste

Zur Nachbereitung jedes Gesprächs gehören ein Protokoll und eine To-do-Liste zu Punkten und Aufgaben, die man gemeinsam besprochen und dann auch zuverlässig zu erledigen hat.

Weitere wichtige Punkte sind Gesprächsanalyse und Feedback. Während die Gesprächsanalyse aber etwas ist, das die Gesprächsführenden für sich selbst tun, also mehr in Richtung „Selbstbild" geht, geht es beim Feedback um Rückmeldungen der anderen Person, also um das Fremdbild.

4.1 Gesprächsanalyse

Selbstbild

In der eigenen Gesprächsanalyse ist es zunächst hilfreich, sich selbst z. B. folgende Fragen zu stellen:

- War ich mit dem Gespräch zufrieden?
- Habe ich mein Ziel erreicht?
- Was bedeutet dieses Ergebnis für mich?
- Was würde ich beim nächsten Gespräch anders machen?

Auch hier hilft es, die wichtigsten Punkte festzuhalten, um diese für das nächste Gespräch bereit zu haben.

4.2 Feedback

Fremdbild

Im Feedback geht es grundsätzlich darum, sich von einer anderen Person Rückmeldung dazu einzuholen, wie das eigene Verhalten bei dieser Person angekommen ist und wie es auf sie gewirkt hat. Ein Feedback ist jedoch nicht nur nach einem Gespräch sinnvoll, auch ein *Moderator, Redner* oder *Präsentator* sollte sich regelmäßig Feedbacks einholen.

Ein Feedback ist auch immer dann angebracht, wenn eine Person etwas am Verhalten der anderen Person stört. Wenn z. B. Herr Meier jedes Mal, wenn er mit Herrn Seibold spricht, seine mitgebrachte Kaffeetasse auf einen Stapel Papier stellt und diese dort einen braunen Ring hinterlässt, wenn Herr Meier geht, so sollte Herr Seibold Herrn Meier unbedingt darauf ansprechen, denn es ist gut möglich, dass dies Herrn Meier gar nicht bewusst ist (siehe dazu: „Johari-Fenster", Lernabschnitt 4.2.2). Bevor Herr Seibold Herrn Meier aber anspricht, sollte er sich noch einmal die Feedback-Regeln vor Augen führen:

5

4.2.1 Feedback-Regeln

Feedback ist grundsätzlich dazu gedacht, einer anderen Person die Möglichkeit zu geben, sich mit ihrem eigenen Verhalten kritisch auseinanderzusetzen. Hierzu gehört, dieser Person sowohl positives als auch negatives Verhalten rückzumelden. Unterschieden wird zwischen Feedback-Regeln für den Sender und für den Empfänger.

Definition

!

Feedback

Feedback ist

- eine Mitteilung an eine Person, wie sie von anderen wahrgenommen, verstanden und erlebt wird,
- eine Hilfe zur Orientierung und Regulierung von Verhalten.

Regeln für den Feedback-Geber

Feedback-Regeln

Das Feedback sollte

- beschreibend, nicht bewertend sein,
- auf konkretes Verhalten bezogen werden, nicht auf Eigenschaften,
- auf Beobachtungen bezogen werden,
- auf veränderbares Verhalten gerichtet sein,
- eigene Empfindungen und Reaktionen benennen,
- so bald wie möglich bzw. zur rechten Zeit sowie
- nur im eigenen Namen erfolgen.

Regeln für den Feedback-Empfänger

Der Feedback-Empfänger sollte

- zuhören, ggf. nachfragen,
- sich nicht rechtfertigen, verteidigen oder argumentieren,
- darüber nachdenken und die Rückmeldung nicht innerlich wegschieben,
- dem Geber deutlich machen, dass das Feedback angekommen ist, ggf. was es ausgelöst hat.

für den Sender

Derjenige, der das Feedback geben möchte, sollte den Empfänger zuerst fragen, ob er ein Feedback möchte und nicht einfach „mit der Tür ins Haus" fallen. Es könnte auch sein, dass der Empfänger gerade mit anderen Problemen vollends beschäftigt ist und nicht den „Kopf frei" hat für eine Rückmeldung. Auch hier ist die wertschätzende Grundhaltung von großer Bedeutung. Insofern sprechen einige Autoren von einem Feedback-Burger, d. h., dass man auch hier mit etwas Positivem anfängt, dann das beschreibt, was man rückmelden möchte, um dann zum Abschluss mit etwas Positivem das Gespräch zu beenden.

Sobald sich der Feedback-Geber vergewissert hat, dass der Feedback-Nehmer die Rückmeldung möchte, sollte der Feedback-Geber sein Feedback formulieren: Er sollte in der ersten Person Singular (ich) sprechen und darauf achten, dass er nur das Verhalten der anderen Person kritisiert und nicht deren Eigenschaften. Ebenso wichtig ist es darauf zu achten, dass es sich um eine Rückmeldung zu veränderbarem Verhalten handelt. Einer Person, bei der ich sehe, dass sie schielt, sollte ich nicht zurückmelden, dass sie mich nicht direkt ansieht. Die Rückmeldung sollte beschreibend und nicht bewertend sein, z. B. „Mir ist aufgefallen, dass die Kaffeetasse, die Sie in mein Büro mitbringen, einen dunklen Ring auf meinen Akten hinterlässt". Aussagen wie: „Stellen Sie ihre Kaffeetasse nicht so schlampig ab", sollten als bewertende Du-Botschaften vermieden werden. Da sich viele Leute nach längerer Zeit nicht mehr genau an Vorkommnisse erinnern können, ist es wichtig, seine Rückmeldung möglichst zeitnah zu geben und die eigenen Empfindungen dabei zu benennen. Unbedingt vermeiden sollte man Rückmeldungen, bei denen der Empfänger meint, man würde für andere Personen mitsprechen, z. B.: „Frau Sailer ist auch schon aufgefallen, dass ..."

Im obigem Beispiel sollte Herr Seibold Herrn Meier beim nächsten Treffen direkt ansprechen und fragen: „Herr Meier, mir ist etwas aufgefallen, zu dem ich Ihnen gerne eine Rückmeldung geben möchte, haben Sie dafür jetzt Zeit?" Wenn Herr Meier bejaht, könnte Herr Seibold fortfahren: „Ich freue mich immer, wenn wir in meinem Büro schwierige Fälle so konstruktiv besprechen. Wenn Sie dann gehen, fällt mir auf, dass die Kaffeetasse, die Sie mitbringen, meist einen dunklen Rand auf meinen Akten hinterlässt. Bitte stellen Sie Ihre Kaffeetasse bei Ihren künftigen Besuchen auf meinem Schreibtisch ab."

für den Empfänger

Die ideale Antwort von Herrn Meier sollte lauten: „Herr Seibold, vielen Dank für diese Rückmeldung. Ich werde versuchen, bei unserem nächsten Gespräch daran zu denken."

Damit hat sich Herr Meier an die Feedback-Regeln gehalten. Der Empfänger von Feedback sollte aufmerksam zuhören und nur nachfragen, wenn er etwas nicht verstanden hat. In keinem Fall sollte er anfangen zu diskutieren, sich zu rechtfertigen oder – noch schlimmer – die Sache herunterzuspielen, was Herr Meier dadurch tun könnte, indem er sagen würde: „Nun seien Sie mal nicht so pingelig, so schlimm ist das doch gar nicht." Solch ein Satz zählt schon zu den gesprächshindernden Verhaltensweisen, weil er Herrn Seibolds Empfindung als negativ bewertet und ihm die Berechtigung seiner Gefühle abspricht.

4.2.2 Johari-Fenster

In diesem Zusammenhang helfen die Erkenntnisse der beiden Amerikaner Joseph Luft und Harry Ingham. Ihr Modell von 1955 zeigt, dass es immer Verhaltensweisen gibt, die den Personen bekannt sind und solche, die unbekannt sind. Durch die Kommunikation mit Anderen erfahren wir auch, wie andere Personen uns wahrnehmen. Meist geschieht dies auf indirektem Weg, indem man das durch die Reaktion seiner Mitmenschen „erlebt". Diese Informationen tragen dazu bei, das eigene Selbstbild zu verändern, an den Stellen, an denen man das gern möchte. Immer wieder ist es wichtig, das Selbstbild, das man von sich hat, mit dem abzugleichen, wie man von anderen wahrgenommen wird. Dies geschieht, indem man sich mit dem Fremdbild aktiv auseinander setzt. Dieses Fremdbild ist im Johari-Fenster das, was anderen von mir bekannt ist.

So gibt es im Johari-Fenster die vier Quadranten (siehe Abbildung 19):

- *Quadrant A* – Öffentliche Person –, also ein Verhalten, das sowohl der Person selbst als auch anderen bekannt ist, könnte z. B. sein, dass diese Person viele Erläuterungen auf ein Flipchart zeichnet.
- *Quadrant B* – Privatperson, im englischen Original „the facade" genannt – bezieht sich auf das, was jeder von uns nur die engsten Vertrauten wissen lässt, z. B. wie lange ich mich auf meine Präsentation vorbereitet habe.
- *Quadrant C,* der so genannte „Blinde Fleck" ist Verhalten, das der Person selbst nicht bekannt ist, dafür aber den Zuschauern. Wenn sich z. B. der Vortragende ständig die Brille hochschiebt oder bei der Präsentation immer mit einem Stift auf Zuhörer zeigt, dann kann es sein, dass das dieser Person gar nicht bewusst ist, wohl aber den Zuhörern. Dieser Blinde Fleck ist das, worauf sich Feedback hauptsächlich bezieht: Verhalten, das einem selbst gar nicht (mehr) auffällt, wohl aber dem Umfeld.
- *Quadrant D,* das Unbekannte, kann nur in einer Psychotherapie oder -analyse zugänglich gemacht werden.

Das Johari-Fenster

		Meine Verhaltensbereiche – mir selbst	
		bekannt	unbekannt
Meine Verhaltensbereiche – anderen Personen	bekannt	A Öffentliche Person	C Blinder Fleck
	unbekannt	B Privatperson	D Unbekanntes

Abbildung 19: Johari-Fenster (nach Joe Luft und Harry Ingham, eigene Darstellung):

Wenn man noch einmal den Blinden Fleck betrachtet, so kann es sich dabei um Verhalten handeln, das man eigentlich gar nicht haben möchte, weil es z. B. nervös wirkt, sich ständig die Brille hochzuschieben. Hier ist es hilfreich, eine Rückmeldung zu bekommen, um dieses Verhalten künftig ändern zu können.

Wenn eine Person eine andere um ein Feedback bittet, so ist dies eine gute Möglichkeit, zum einen Selbst- und Fremdbild abzugleichen, zum anderen um den eigenen Blinden Fleck zu erhellen. Auf diese Weise wird klarer, welche Verhaltensweisen sich eventuell eingespielt haben, die man lieber ablegen möchte, z. B. nervöses Knipsen mit dem Kugelschreiber in Gesprächen.

Das Johari-Fenster ist auch eine gute Möglichkeit, sich auf Verkaufsgespräche vorzubereiten. Am Anfang eines Gesprächs ist der Blinde Fleck des Verkäufers in Bezug auf seinen Kunden recht groß. Hier ist es wichtig, sich im Vorfeld zu überlegen, mit welchen Fragen man mehr über den Kunden, seine Bedürfnisse und Motive erfahren kann. Mit diesen Fragen erhält der Verkäufer mehr Einblick in die „Privatperson" des Kunden und kann ihm somit ein Angebot unterbreiten, das seinen Bedürfnissen und Anforderungen entspricht. Bereits am Gesprächsanfang – während der Small-Talk-Phase – sollte man mit interessierten offenen Fragen den Kunden dazu einladen, in einen offenen Austausch zu gehen. Und dann sollte der Verkäufer einfach gut zuhören, um dem Kunden zu signalisieren, dass ihm dessen Wohl und die Erarbeitung einer Lösung, die dem Kunden einen möglichst hohen Nutzen stiftet, am Herzen liegt. Dies ist der erste Schritt in Richtung Kundenbegeisterung.

Zum Abschluss dieses Teils werden noch zwei Phänomene zwischenmenschlicher Kommunikation dargestellt. Kommunikationskaskaden und Herdenverhalten zeigen, wie menschliches Verhalten auch immer von dem abhängig ist, was an Kommunikation um einen herum geschieht. Dies kann sich sowohl auf verbale als auch auf nonverbale Nachrichten beziehen.

4.3 Informationskaskaden und Herdenverhalten

Unter Kaskade (franz.: „cascade", ital.: „cascata", dt.: „Wasserfall") versteht man:

- einen Wasserfall in Form von Stufen
- im übertragenen Sinne eine Verkettung von Ereignissen oder Prozessen, wobei alle Ereignisse auf die vorhergehenden aufbauen (Kaskadeneffekt)
- in der Regelungstechnik eine Verschaltung von Einzelreglern (Kaskadenregelung)

(vgl. http://de.wikipedia.org/wiki/Kaskade_(Wasserfall))

Definition

Eine Informationskaskade liegt vor, wenn alle Akteure bei rationalem Wahrscheinlichkeitskalkül unabhängig von ihrer privaten Information die gleiche Entscheidung treffen.

Informationskaskade

Informationskaskade

Als Informationskaskaden werden im übertragenen Sinn Verkettungen von Ereignissen und Prozessen und daraus resultierende sukzessiv stattfindende Entscheidungen von Personen bezeichnet, welche sich am Entscheidungsverhalten anderer Personen orientieren. Dabei kann es sein, dass alle Personen mit ihrer Entscheidung falsch liegen.

Voraussetzungen für Informationskaskaden sind sukzessive Entscheidungsfindungen, die nur auf beobachtbarem Verhalten beruhen und nicht auf bekannten Informationen.

Beispiel

Drei Personen A, B und C kommen nacheinander an eine Straßenkreuzung und stehen vor der Entscheidung, ob sie nach rechts oder links abbiegen sollen. Nach rechts wäre die richtige Entscheidung, da links die Straße nur nach wenigen Metern in einer Sackgasse endet. A ist als Erster an der Kreuzung (sein Navigationsgerät kennt die aktuelle Straßenführung nicht) und entscheidet sich für links und somit für die falsche Richtung.

Obwohl B die richtige Information über das Navigationsgerät angezeigt bekommt, folgt er A, welcher sich falsch entschieden hat. Dies liegt darin begründet, dass die Informationen aller Individuen gleich unsicher sind, aber aus dem Entscheidungsverhalten von A für B eine scheinbar sichere Information geworden ist („A hat ein einheimisches Kennzeichen. Er wird es sicher wissen"). C verfügt ebenfalls über die richtige Information rechts, wird sich aber ebenfalls an seinen Vorgängern orientieren, weil er z. B. die ihm vorliegende Information nicht abruft oder dem „Herdentrieb" folgt. Obwohl zwei von drei Personen über die richtige Information verfügten, haben sich alle drei falsch entschieden.

Eine Informationskaskade liegt also vor, wenn es für eine Person, die die Entscheidungen seiner Vorgänger bewertet, „optimal" ist, dem Vorgänger-verhalten zu folgen, ohne dass sie ihre eigenen Informationen betrachtet.
Informationskaskaden liefern deshalb eine mögliche Erklärung für rationales Herdenverhalten von Menschen „Rational Herding".

Der Begriff „Herdenverhalten" (Herding) wurde in der Finanzwelt geprägt. In einem Artikel aus der Frankfurter Allgemeinen Zeitung wird er mit folgenden Worten umschrieben:

„Am Ende sind Anleger auch nur Menschen. Und menschlich ist, dass sie nicht jede Entscheidung mit dem Kopf treffen, sondern dass sie auch mal dem Bauch folgen. Oder der Meute. Denn in bestimmten Situationen zeigen Anleger einen ausgeprägten Herdentrieb, und sie werfen – ganz instinktgesteuert – von einer Sekunde zur nächsten ihre bisherigen Ansichten über den Haufen."
(Oberhuber, FAZ, 3. 2. 2008)

Herdenverhalten

Nicht nur in der Finanzwelt treffen Menschen täglich viele Entscheidungen, bei denen sie sich an den Entscheidungen anderer orientieren. Sie versuchen auf diese Weise, ihr Entscheidungsverhalten zu verbessern. Oft wählt man z. B. ein Restaurant, eine Bar, eine Boutique auf der Basis einer Empfehlung von anderen aus oder auf Basis der Wahrnehmung, dass das Restaurant bei jedem Vorbeigehen ausgebucht ist oder in der Boutique immer viele Kunden zu sehen sind. Von Herdenverhalten spricht man demnach immer dann, wenn sich Entscheidungen von Menschen an den Entscheidungen anderer Menschen orientieren.

Beispiele für Herdenverhalten

- Käufe an Aktienmärkten, die dem Kurs-Ticker folgen
- Panikkäufe aufgrund von Unwettervorhersagen
- Ablehnung eines arbeitslosen Bewerbers für eine Stelle trotz guter Qualifikation und positivem Eignungstest, weil er schon bei vorangegangenen Bewerbungen nicht eingestellt wurde

Zusammenfassung

Um Gespräche erfolgreich zu führen, sind grundlegende Kenntnisse der Kommunikation und ihrer Vorgänge eine große Hilfe. Die zweite wichtige Voraussetzung gerade für das Gelingen schwieriger Gespräche ist eine gute Vorbereitung, die damit beginnt, sich selbst zu fragen, was das gewünschte Ergebnis sein soll, oder auch, was nach dem Gespräch anders sein als vorher. Eine Selbst- und/oder Fremdreflexion ist immer hilfreich, um sowohl im Beruf als auch persönlich zu wachsen.

Eine gute Kommunikation und Informationsweitergabe fördern das Verstehen von Zusammenhängen, Motivation und Identifikation. Sie verbessern den Informationsfluss untereinander und gewährleisten kosten- und zeitsparende Informationsweitergabe. Eine gute Gesprächsnachbereitung bietet hier wertvolle Unterstützung. Mit Hilfe des Johari-Fensters und des Feedbacks von anderen kann man um Rückmeldung zum eigenen Verhalten bitte, um z. B. gesprächsfördernde Verhaltensweisen regelmäßig zu nutzen und gesprächshindernde Verhaltensweisen abzubauen.

Durch eine gesteigerte Kommunikation und Wahrnehmung zwischen den Menschen kommt es zu einem intensiveren Informationsaustausch und auch zu einer Aggregation (lat.: „aggregatio", dt: „Anhäufung") von Informationen. Viele Informationen bieten eine gute Basis zur eigenen Meinungsbildung und können bei Entscheidungsprozessen unterstützen. Wenn Menschen jedoch das eigene Wissen ignorieren und nur aufgrund vorliegender Handlungen der Vorgänger entscheiden, so kommt es zu einer Vernachlässigung der Informationen in der Kaskade (vgl. Mewis 2001, S. 30).

Der Wettbewerb um Kunden und die Steigerung der Komplexität von Einflüssen und Entscheidungen verlagert sich zusehends von der Sachebene auf die Kommunikationsebene.

Diese Entwicklungen machen Kommunikation zur Kernkompetenz. Kommunikative Kompetenzen sind die schriftliche und mündliche Ausdrucksfähigkeit, partnerorientierte Kommunikation, Diskussions- und Dialogfähigkeit und die Beherrschung von Präsentationstechniken.

Aufgaben zur Selbstüberprüfung

1. Erläutern Sie sieben Aspekte, die bei einer guten Gesprächsvorbereitung beachtet werden sollen.
2. Erklären Sie drei Unterschiede zwischen „kleinen und großen Mitarbeitergesprächen“.
3. Stellen Sie dar, wie ein Personalauswahlgespräch optimal strukturiert sein sollte.
4. Grenzen Sie Beurteilungs- und Fördergespräch anhand von drei Kriterien voneinander ab.
5. Sie bereiten sich auf ein Beurteilungsgespräch vor. Erläutern Sie anhand einer Checkliste, welche Punkte insbesondere beachtet werden sollen.
6. Begründen Sie, wer die Ziele im Zielvereinbarungsgespräch festsetzt. Erklären Sie ein Zielvereinbarungsgespräch am Beispiel einer Mitarbeiterin im Kundencenter.
7. Stellen Sie dar, worauf ein Vorgesetzter im Kritikgespräch mit seinem Mitarbeiter besonders achten soll. Wie sollte er seine Kritik formulieren?
8. Erläutern Sie vier verschiedene Arten von Argumenten anhand je eines Beispiels.
9. Erläutern Sie den Begriff „Kommunikation“.
10. Begründen Sie, warum der räumliche Abstand zu einem Gesprächspartner in einem Gespräch eine Rolle spielt und erklären Sie die verschiedenen Distanzzonen.
11. Erläutern Sie vier Hauptursachen von Kommunikationsfehlern.
12. Erklären Sie den Unterschied zwischen dem Eisbergmodell von Paul Watzlawick und den „Vier Seiten einer Nachricht" von Friedemann Schulz von Thun. Nennen Sie einen Beispielsatz und erläutern Sie an diesem die „Vier Seiten einer Nachricht“.
13. Grenzen Sie die Begriffe Meinungsverschiedenheit und Konflikt voneinander ab und erklären Sie die Konfliktstufen nach Glasl.
14. Erläutern sie zwei Methoden, die Sie zur Konfliktlösung kennen und begründen Sie, wie man einen Konflikt optimal lösen sollte.
15. In der Transaktionsanalyse werden drei verschieden Zustände unterschieden. Erläutern Sie diese drei verschiedenen Zustände und begründen Sie, welche Erkenntnisse sich daraus für das Arbeitsleben ergeben.
16. Mit welcher Grundhaltung nach Harris sollte man in ein Gespräch gehen und welche Probleme ergeben sich aus den anderen Grundhaltungen?
17. Ruth Cohn stellte verschiedene „Regeln" für die Zusammenarbeit in Gruppen auf. Erläutern Sie diese.
18. Erläutern Sie die Elemente, die zu einer vollständigen Ich-Botschaft gehören und begründen Sie den Vorteil des Einsatzes von Ich-Botschaften.
19. Erläutern Sie, was ein Fragetrichter ist und wo bzw. wann er angewendet werden sollte. Welche Fragen sind im Fragetrichter nicht enthalten?
20. Erläutern sie drei „Techniken" der Einwandbehandlung.
21. Stellen Sie den Unterschied zwischen Manipulieren und Überzeugen heraus.
22. Das Johari-Fenster liefert Ansatzpunkte, um einer Person Rückmeldung zu geben. Erläutern Sie diese Ansatzpunkte und die Regeln, die bei einer Rückmeldung zu beachten sind.

Kapitel 6

Visualisieren und präsentieren

Rita Stein

Nachzuweisende Befähigung

Die angehenden Fachwirte/Fachwirtinnen für Versicherungen und Finanzen sollen imstande sein, Sachverhalte adressatenorientiert zu präsentieren (gemäß Erläuterungsbroschüre, Qualifikationsinhalte und Handlungssituationen, 3.7).

Qualifikationsinhalte des Kapitels

Die Absolventen können im Einzelnen:

- eine Präsentation erstellen (3.7.2) und beim Aufbau Regeln der Gestaltung und Visualisierungsregeln berücksichtigen. Zudem erlernen sie die persönliche Vorbereitung des Präsentierenden
- die Rolle des Präsentierenden berücksichtigen (3.7.3)

1. Präsentationen

1.1 Aufbau einer Präsentation

Lernziele

Sie lernen die Bedeutung der Visualisierung im Rahmen der Informationsvermittlung kennen. Visualisierungshilfsmittel und -regeln sollen Ihnen helfen, Ihre Präsentation optisch ansprechend, verständlich und einprägsam zu gestalten. Sie erfahren, wie Sie sich auf die Präsentation vorbereiten und wie Sie Ihre Rolle während der Präsentation gestalten können.

Handlungssituation

Sie sind Abteilungsleiter in der Abteilung Kraftfahrt-Schaden. Sie wollen Ihren Mitarbeitern regelmäßig aktuelle Informationen (z. B. geänderte Rechtsprechung, geänderte Annahmerichtlinien, neue Tarifbedingungen etc.) vermitteln und führen deshalb in periodischen Abständen Schulungen durch. Sie wollen gewährleisten, dass alle Mitarbeiter den gleichen Informationsstand haben.

Präsentation als Kommunikationsprozess

Die Präsentation ist ein spezieller Kommunikationsprozess, in dem zielgruppenorientiert bestimmte Inhalte mit visueller Unterstützung so dargestellt werden, dass durch wechselseitigen Informationsaustausch ein gewünschtes Ziel erreicht wird. Die Präsentation gilt als eine Form des Vortrags, bei dem Visualisierung verwendet wird.

Wahrnehmungskanäle

Wir verfügen über fünf Sinne, nehmen also auch über fünf klassische Wahrnehmungskanäle Informationen auf. Informationsaufnahme erfolgt über die sog. sensorischen Kanäle:

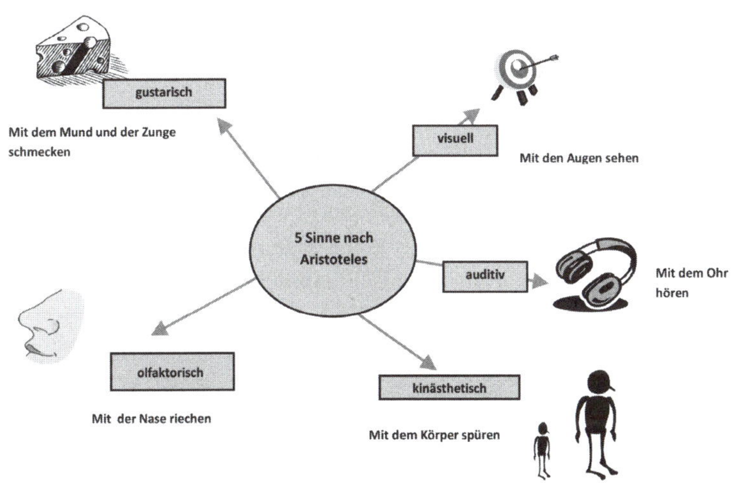

Abbildung 1: Sensorische Kanäle (eigene Darstellung)

Die fünf klassischen Sinne nach Aristoteles (abgekürzt VAKOG)

- **v**isuelle Wahrnehmung = sehen (Wahrnehmung von visuellen Reizen wie Farbe, Helligkeit, Kontrast, Linien, Formen und Gestalt)
- **a**uditive Wahrnehmung = hören (auch akustische Wahrnehmung; Wahrnehmung von Geräuschen, Tönen und Klängen
- **k**inästhetische Wahrnehmung = spüren (emotionale Empfindungen sowie Körpergefühle, alle Arten von körperlichen Eindrücken; dazu gehört auch die Gesamtheit aller Tast-, Wärme- und Kälterezeptoren – auch haptische Wahrnehmung genannt)
- **o**lfaktorische Wahrnehmung = riechen (Wahrnehmung von Riech- und Duftstoffen)
- **g**ustarische Wahrnehmung = schmecken (Wahrnehmung von Geschmack z. B. bei Nahrung)

In den meisten Kommunikationsprozessen nutzen wir jedoch meist nur einen Wahrnehmungskanal für die Informationsaufnahme: das Ohr. Dabei weist bereits das alte Sprichwort: „Ein Bild sagt mehr als tausend Worte" auf die Erkenntnis hin, dass Bilder in vielen Situationen Informationen umfassender, eindeutiger und zugespitzter weitervermitteln können als das gesprochene Wort.

Zudem haben wissenschaftliche Untersuchungen und Beobachtungen gezeigt, dass die Konzentration und Aufmerksamkeit über die optische Ansprache erheblich gesteigert wird. Darüber hinaus wird durch den Wahrnehmungskanal *Auge* die Merkfähigkeit gestärkt.

Frederic Vester beschreibt schon 1975 in seinem Standardwerk „Denken, Lernen und Vergessen unterschiedliche Grundmuster des Gehirns und stellt vier Lerntypen mit unterschiedlich bevorzugten Eingangskanälen vor:

Lerntypen nach Frederic Vester

Lerntyp	Wie lerne ich?
▪ visueller Lerntyp ▪ haptischer Lerntyp ▪ auditiver Lerntyp ▪ verbaler Lerntyp	▪ durch Sehen und Beobachten ▪ durch eigenes Tun und Probieren ▪ durch Zuhören ▪ abstraktes Begreifen durch Lesen und Hören, sich selbst vorsprechen

Tabelle 1: System der Denk- und Verhaltenspräferenzen (in Anlehnung an Vester 1975/2009, S. 49 ff)

Behaltensgrad des Lernens

Der durchschnittliche Mensch lernt jedoch nicht allein durch abstrakte oder visuelle Wahrnehmungen; es tragen vielmehr alle menschlichen Sinne zum Lernprozess bei (siehe auch Kap. 4, 2.2.5 „Lerntypen"). Aus zahlreichen Untersuchungen über die Aufnahmefähigkeit und Merkfähigkeit von Informationen hat sich Folgendes gezeigt:

- Durch Hören behält der Mensch 20 Prozent.
- Durch Sehen behält der Mensch 30 Prozent.
- Durch Sehen und Hören behält der Mensch 50 Prozent.
- Durch Sehen, Hören und eigenes Erarbeiten behält der Mensch 90 Prozent.

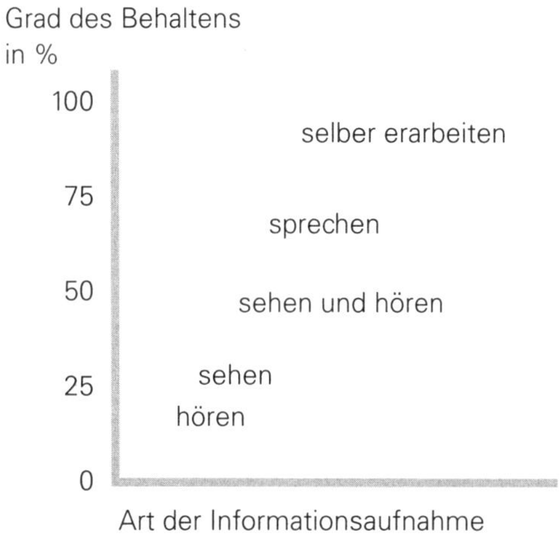

Abbildung 2: Informationsaufnahme und Behalten (eigene Darstellung)

Das gleichzeitig Gehörte und Gesehene bleibt also länger und besser im Gedächtnis haften als nur das Gehörte. Eine Präsentation, die optimalerweise aus gleichen Rede- und Visualisierungsanteilen besteht, erzielt somit eine höhere Merkfähigkeit gegenüber einem Vortrag mit einem überwiegenden Redeanteil.

Darüber hinaus gehört zu einer guten Präsentation eine Austauschphase, in der die aktive Beteiligung der Teilnehmer, z. B. durch eine Frage- oder Diskussionsrunde, gewährleistet ist. Dadurch wird die Merkfähigkeit noch einmal erhöht, da die Teilnehmer selbst aktiv werden.

Mit einer Präsentation kann demnach ein hoher Lernerfolg bei den Teilnehmern erzielt werden. Dies erfordert jedoch eine kreative und gut durchdachte Vorbereitung und Gestaltung. Dabei müssen die folgenden Kriterien beachtet werden:

- Ziele
- Zielgruppe
- Themen /Inhalte
- Visualisierung

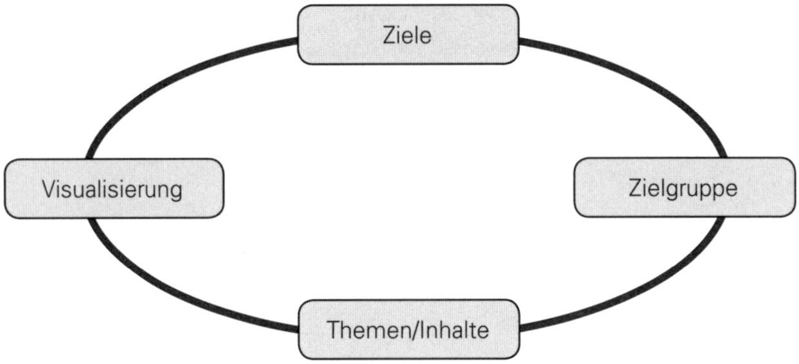

Abbildung 3: Präsentation: Definition und Anspruch (eigene Darstellung)

Präsentationen mit Papiermedien und PowerPoint-Folien – allgemein

Präsentation allgemein

Der Aufbau einer Präsentation ist grundsätzlich gleich, egal welches Medium eingesetzt wird. Beim Einsatz der unterschiedlichen Medien gibt es nur wenige Unterscheidungen, z. B. bei der Gestaltung der Folien oder dem Präsentationsablauf.

Präsentation – eine Form der Kommunikation

Die Präsentation ist eine spezifische Form der Kommunikation und deshalb gelten auch für sie die *vier Seiten einer Nachricht* (siehe auch Kap. 5, 2.3.3)

Jede Nachricht, die vom Sender zum Empfänger gesendet wird, und jedes Feedback (zum Sender zurückkommende Nachricht) enthalten eine Information mit einem Sachinhalt. Auch wenn es bei einer Präsentation oft „nur um die Sache geht", sind die Inhalte nicht immer frei von Emotionen, Selbstdarstellungseffekten oder auch Selbstrechtfertigungen. Die Sachinhalte werden durch die drei anderen Aspekte (Selbstoffenbarung, Beziehung und Appell) „unsachlicher". Das wird erkennbar u. a. im Grad der Verständlichkeit, mit dem Sachinhalte vermittelt werden.

Verständlichkeit wird erreicht durch:

- Einfachheit (kurze, klare Sätze, Vermeidung von Fremdwörtern und nur Wörter benutzen, die den Teilnehmern geläufig sind)
- nachvollziehbare Gliederung (logischer Aufbau)
- Beschränkung auf das Wesentliche
- veranschaulichende Visualisierung (unterstützt durch Farben, Formen und Beispiele)

Präsentationsphasen

Eine Präsentation unterteilt sich in vier Phasen:

- Planung
- Vorbereitung
- Durchführung
- Nachbereitung

1.1.1 Planung und Vorbereitung

Eine Präsentation muss sehr gut geplant und vorbereitet sein, denn davon hängt es zu einem sehr großen Teil ab, ob die Präsentation erfolgreich ist und das gesteckte Ziel erreicht wird. Planung und Vorbereitung sind deshalb sehr eng miteinander verbunden.

Eine Präsentation sollte immer zielgerichtet erfolgen, denn mit der Präsentation sollen Teilnehmer informiert und überzeugt werden. Das erreicht man durch konkret formulierte Ziele, die einer Präsentation eine eindeutige Ausrichtung geben.

Des Weiteren muss eine Adressatenanalyse erfolgen, aus der hervorgeht, wo die Interessen und Bedürfnisse der Teilnehmer liegen und auf was bei der Gestaltung der Präsentation eingegangen werden muss.

Wichtig ist es, im Vorfeld Informationen zur Zielgruppe zu bekommen. In einem Gespräch mit den Teilnehmern kann man vorab Erwartungen, Informationsstand und Einstellungen abklären.

Auch die Größe einer Teilnehmergruppe spielt eine wichtige Rolle. Es besteht ein großer Unterschied, ob die Präsentation vor 15 Personen oder vor 100 Personen gehalten wird. Bei kleinen Gruppen kann schneller eine Beziehung aufgebaut werden. Bei großen Gruppen ist der Kontakt zum einzelnen Teilnehmer viel anonymer, weil der Blickkontakt nicht so einfach herzustellen ist und auch nicht alle einzeln angesprochen werden können.

6

Checkliste

Zur organisatorischen Planung und Vorbereitung einer Präsentation empfiehlt es sich, eine Checkliste zu erstellen:

Vorbereitung einer Präsentation **Checkliste**		**Thema:** **bearbeitet von:** **Datum der Präsentation:** **Durchführungsort:**	
Was? (zu erledigende Aktivitäten)	**Wer? (durchzuführen von)**	**Bis wann zu erledigen?**	**Noch zu beachten**
Auf die Teilnehmer bezogen: ■ Einladung abstimmen ■ Einladung versenden ■ Bewirtung veranlassen ■ Namensschilder ■ Informationsmaterial ■ Schreibutensilien			
Auf den Raum bezogen: ■ Reservierung ■ Ausstattung ■ Sitzordnung ■ Raumaufteilung			
Auf Technik /Hilfsmittel bezogen: ■ Stromanschlüsse ■ Verlängerungskabel ■ Overheadprojektor/Ersatzbirne ■ PC und Beamer ■ Flipchart und Papier ■ Pinnwand und Zubehör			

Tabelle 2: Organisatorische Planung und Vorbereitung einer Präsentation

inhaltliche Vorbereitung

Ein wichtiger Teil der Vorbereitung ist die Aufbereitung des Inhalts, der präsentiert werden soll. Dabei ist stets das Präsentationsziel, die Zielgruppe und die zur Verfügung stehende Zeit zu beachten. Die „inhaltliche Vorbereitung" der Präsentation umfasst vier wesentliche Schritte:

Stoffsammlung, Selektion , Komprimierung, Visualisierung

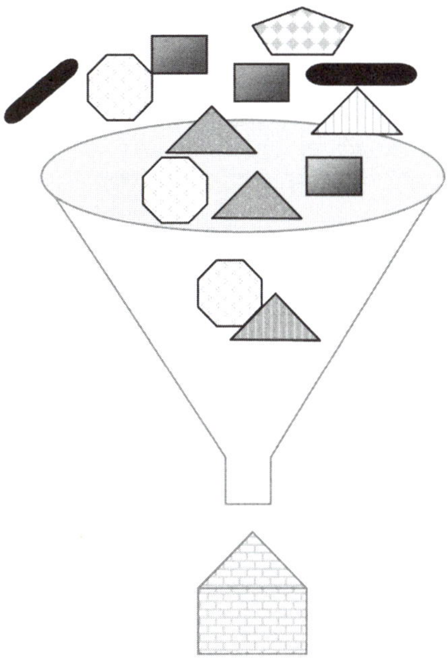

1. Schritt
Stoff sammeln für den Inhalt der Präsentation

2. Schritt
selektieren

3. Schritt
komprimieren, d. h. reduzieren auf das Wesentliche

4. Schritt
visualisieren: Darstellen der Inhalte für die Präsentation

Abbildung 4: Von der Stoffsammlung zur Visualisierung (in Anlehnung an Seifert 2003)

Stoffsammlung

Der erste Schritt beginnt mit der Sammlung möglichst vieler Informationen (Stoffsammlung). Das ist ein erster wichtiger kreativer Schritt. Dazu gehören Fakten, Artikel aus Fachzeitschriften, Fotos, Statistiken oder auch Geschichten und Anekdoten. Die wichtigsten und interessantesten Informationen, die zur Erreichung des formulierten Ziels führen, werden ausgewählt (Selektion). An dieser Stelle zählt erst einmal die Quantität.

Wenn die Stoffsammlung und Selektion beendet sind, werden die Inhalte komprimiert, d. h. auf das Wesentliche reduziert und strukturiert. Es erfolgt danach eine Gewichtung. Je nach Bedeutung unterscheiden sich Informationen nach Kernaussagen und Hintergrundinformationen (Qualität der Informationen).

1.1.2 Gestaltung und Visualisierung

Gestaltung, Visualisierung

Wenn der Prozess abgeschlossen ist, werden die Inhalte gestaltet und visualisiert. Zur Gestaltung gehört es, Aussagen und Argumente in eine Reihenfolge zu bringen, die ein optimales Verständnis erzielt und wirksam überzeugt, und eine Visualisierung zu wählen, die das Verständnis der Aussagen und die Wirksamkeit der Argumente unterstützt.

Nachdem die Materialien gesammelt, selektiert, strukturiert und visuell aufbereitet wurden, kommt es nun darauf an, die Durchführung bestmöglich in die Tat umzusetzen.

chronologischer Ablaufplan

Es empfiehlt sich, einen chronologischen Ablauf der Präsentation (Fahrplan oder Ablaufplan) zu erstellen. Bei längeren Präsentationen (mehr als 60 Minuten) sollte man eine Pause einplanen.

Hat ein Präsentator wenig oder keine Erfahrung, sollte er vor der eigentlichen Präsentation eine Generalprobe durchführen, um Erfahrungen mit Zeit und inhaltlicher Sicherheit zu sammeln. Im Theater gibt es auch keine Premiere ohne Generalprobe. Eine Generalprobe zeigt, ob noch Veränderungen vorgenommen werden müssen.

1.1.3 Durchführung der Präsentation

Die Durchführung einer Präsentation gliedert sich i. d. R. in drei aktive Abschnitte: Einleitung, Hauptteil und Schluss.

Zu Beginn der Veranstaltung werden die Teilnehmer begrüßt. Die Begrüßung muss freundlich und Sympathie erweckend sein. Teilnehmer und Präsentator stellen sich danach vor (falls nicht bekannt).

Einstieg in eine Präsentation

Der *Einleitungsteil* (ca. 15 % der Präsentationszeit) ist ausgesprochen wichtig, denn es entscheidet sich innerhalb weniger Minuten, ob es gelingt, die Aufmerksamkeit des Publikums zu gewinnen und zu behalten.

Hier gilt der Leitgedanke: Die Teilnehmer sollen ihre Aufmerksamkeit auf den Präsentator richten und sich mit ihm vertraut machen können.

Da i. d. R. am Anfang die Aufmerksamkeit sehr hoch ist, sollte man dieses nutzen und mit einem so genannten *Ohröffner* starten.

Aufmerksamkeit erreicht man z. B. mit:

- einer rhetorischen Frage: „Haben Sie sich nicht auch schon gewundert, dass wir ...?"
- der Darstellung eines Problems, welches am Ende der Präsentation aufgelöst wird
- einem Zitat: Erich Kästner hat einmal gesagt: „Es gibt nichts Gutes, außer man tut es!"
- spektakulären Fakten: „In den letzten sechs Monaten haben unsere Mitbewerber ..."
- einem Hinweis auf ein aktuelles Ereignis: „Heute morgen konnte man in der Zeitung lesen, dass ..."

Man kann auch mit einer Geschichte oder mit einer Schlagzeile anfangen. Eine einfache, aber immer passende Eröffnung kann auch so oder ähnlich lauten: „Guten Tag meine Damen und Herren. Ich begrüße Sie zu unserer heutigen Präsentation."

Für welchen Einstieg man sich auch entscheidet, er sollte zum Anlass der Präsentation, zur Zielgruppe / zum Publikum und zum Präsentator passen. Danach wird das Thema der Präsentation und der geplante Ablauf mit Zeitangaben und eventuellen Pausen vorgestellt.

Eine Inhalts- und Zeitstruktur bildet einen wichtigen „roten Faden", der die Aufnahme der Informationen erleichtert und die anschließende Behaltensleistung steigert.

Der Ablaufplan sollte so visualisiert sein, dass er am besten während der ganzen Veranstaltung sichtbar ist. Es empfiehlt sich hierfür die Visualisierung auf einem Flipchart-Blatt (besonders empfehlenswert bei Präsentationen mit Unterstützung durch einen Beamer).

Hauptteil einer Präsentation

Im *Hauptteil* (ca. 75 Prozent der Präsentationszeit) wird der größte Teil der Informations- und Überzeugungsarbeit geleistet. Die Argumentation sollte logisch so aufgebaut sein, dass die Zielgruppe die Argumentation nachvollziehen kann. Hier werden Sachverhalte dargelegt, berichtet und/oder Begründungen für dargebotene Theorien und Argumente geliefert. Die Teilnehmer sollen auch ggf. Hintergrundinformationen zum Thema erhalten, um die Argumentation zu verstehen (Adressatenanalyse). Aussagen und Argumente sind in einer logischen Reihenfolge und strukturiert zu präsentieren. Der Ablauf wird mit einem Spannungsbogen aufgebaut, um das Interesse der Zuhörer wach zu halten.

Zusammenfassung am Schluss

Im *Schlussteil* (ca. 10 Prozenz der Präsentationszeit) der Präsentation sollte noch einmal kurz der Inhalt zusammengefasst werden. Danach können sich Fragen, eine Diskussion, Gruppenarbeit oder ein Workshop anschließen.

Die Zusammenfassung soll erreichen, dass die Teilnehmer die wichtigsten Aussagen und Argumente noch einmal hören und nach der Präsentation besser im Gedächtnis behalten.

Es gibt auch andere Möglichkeiten, die Präsentation zu beenden z. B.:
- mit einem Resümee oder einer Schlussfolgerung
- mit einem Appell
- mit einer Ankündigung, die Veranstaltung fortzusetzen
- mit eine Prognose
- mit einer Absprache, welche Aufgaben und Aktivitäten folgen

Fortsetzung mit einer Diskussion

Folgt im Anschluss an die Präsentation eine Diskussion, muss diese auch vorbereitet werden. Damit man von den Argumenten und Einwänden der Teilnehmer nicht überrascht wird, ist es sinnvoll, sich vorab auf mögliche Fragen und Antworten einzustellen. Der Präsentator übernimmt in der Diskussion die Rolle des Diskussionsleiters.

Der Präsentator
- gibt den Zeitrahmen für die Diskussion vor,
- koordiniert Wortmeldungen,
- klärt Missverständnisse,
- fasst Diskussionsergebnisse zusammen.

1.1.4 Nachbereitung

Nachbereitung einer Präsentation

Am Ende einer Präsentation sollte man sich selbst kritisch die Frage stellen, ob die geplanten Ziele erreicht wurden. Bei aller Selbstkritik ist es aber auch wichtig, die positiven Dinge herauszustellen. Eine Präsentation nachbereiten kann auch heißen, dass Informationsunterlagen verschickt, Fotoprotokolle erstellt und Folgeveranstaltungen geplant werden müssen. Bei Präsentationen innerhalb von Projekten müssen die Präsentationsergebnisse in das laufende Projekt eingearbeitet werden.

1.2 Präsentationsmedien

Präsentationsmedien

In der Vorbereitungsphase muss die zeitliche Abfolge der unterschiedlichen Medieneinsätze geplant werden. Medien sind die „Träger" der Visualisierungen. Man unterscheidet unterschiedliche Präsentationsmedien:

- Beamer
- Flipchart
- Overheadprojektor
- Pinnwand/Stecktafel/Moderationstafel
- Schreibtafel/Whiteboard
- Visualizer (Document Camera)
- Film, Dia

Prinzipiell kann alles eingesetzt werden, was die Präsentation wirkungsvoll unterstützt. Im Folgenden werden vier der am häufigsten eingesetzten Medien beschrieben:

Beamer

Ein *Beamer* ist ein Gerät, das Bilder von PC-Bildschirmen auf eine Leinwand projizieren kann (to beam (engl.) = strahlen). Neben dem Beamer wird für die Präsentation auch ein Rechner/Laptop mit einer entsprechenden Präsentationssoftware benötigt. Eine Beamer-Präsentation eignet sich bei entsprechend großer Visualisierungsdarstellung und Projektion auch für größere Gruppen (bei entsprechender Technik ist die Gruppenstärke nach oben unbegrenzt).

Vorteile der Beamer-Präsentation sind:

- handliches Equipment
- vielseitige Darstellungsmöglichkeiten und Unterstützung durch Film und Fotoeinlagen
- Animationsmöglichkeiten

Als Nachteile sind in der Praxis häufig zu beobachten:

- Präsentation von zu vielen Folien mit zu viel Inhalt
- zu lange Dauer der Präsentation
- hohe vom Teilnehmer abverlangte Leseleistung
- keine Aufforderung zur aktiven Teilnahme

Flipchart

Das Flipchart besteht aus einem Flipchart-Ständer, auf dessen Arbeitsfläche das Flipchart-Papier aufgehängt werden kann. Auf diesem Papier kann mit Filzstiften in breiter und schmaler Strichstärke geschrieben werden. Die Papierfläche beträgt ca. 70 x 100 cm. Das Flipchart eignet sich gut, um Abläufe festzuhalten oder Ideen auf dem Papier zu skizzieren und zu entwickeln.

Vorteile des Flipcharts sind:

- Die Darstellung kann vorbereitet werden.
- Das Chart ist leicht transportierbar.
- Die visualisierten Informationen können durch Vor- und Zurückblättern sofort wieder aktualisiert werden.
- Wichtige und häufig eingesetzte Darstellungen können auf dem Flipchart-Blatt an die Wand gehängt werden.
- Visualisierungen eignen sich besonders für Kernaussagen, wichtige Übersichten, Inhaltsverzeichnisse, Ablaufdarstellungen sowie für das spontane Mitschreiben von Teilnehmerbeiträgen und -fragen.
- Die erarbeiteten Unterlagen können aufbewahrt werden, um sie bei Bedarf wieder einzusetzen.

Um eine gute Übersicht zu gewährleisten, sollte das Blatt mit max. 10 Zeilen beschrieben werden. Man sollte mit Stichworten oder knappen Sätzen arbeiten und unterschiedliche Farben einsetzen.

Overheadprojektor (Tageslichtprojektor)

Beim Overheadprojektor können beschriftete Durchsichtfolien auf eine belichtete Glasplatte gelegt und vergrößert auf eine Leinwand projiziert werden. Bei optimalen Licht- und Sichtverhältnissen ist der Overheadprojektor für eine Präsentation vor ca. 100 Teilnehmern einsetzbar.

Vorteile des Overheadprojektors sind:

- Die Visualisierungen können schnell und flexibel eingesetzt werden, z. B. durch das Übereinanderlegen von mehreren Folien, durch Abdecken einzelner Inhalte (Abdecktechnik) und das Wegnehmen von Folien.
- Folien können professionell gestaltet, farbig beschrieben, bedruckt oder kopiert werden.
- Folien lassen sich leicht auf Papier kopieren und so zur Protokollerstellung verwenden.
- In einer Schutzhülle können die Folien fast beliebig oft wieder verwendet werden.

Es ist darauf zu achten, dass die Folie nicht zu voll beschriftet ist (maximal sieben Stichpunkte) und die Schrift groß genug ist. Wenn eine Folie erläutert worden ist und eine weitere Folie sich nicht direkt anschließt, empfiehlt es sich, den Projektor auszuschalten. Der Einsatz von Overheadprojektoren hat in der heutigen Zeit an Bedeutung verloren, weil die technischen Möglichkeiten mit PC und Beamer zeitgemäßer sind.

Pinnwand/ Moderationswand

Die Pinnwand oder Moderationswand ist eine Weichfaserplatte im Format von ca. 125 x 150 cm, auf der mittels Stecknadeln Packpapierbögen und Karten in verschiedenen Formaten festgesteckt werden. Entsprechendes Packpapier dient zur Bespannung der Pinnwand. Sie eignet sich für Präsentationen in kleinen Gruppen (um 20 Teilnehmer). Die Pinnwand-Technik ermöglicht eine starke Einbeziehung der Teilnehmer in den Interaktionsprozess einer Präsentation. Deshalb werden dieses Medium und die dazugehörende Visualisierungstechnik häufig in Verbindungen mit Moderationsprozessen eingesetzt.

Vorteile der Pinnwand sind:

- Das schrittweise Abbilden und Entwickeln von Ideen, Strukturen, Abläufen (durch das schrittweise Anheften vorbereiteter Karten).
- Die anschauliche Darstellung durch unterschiedliche Formate.
- Entwicklungsdarstellungen auf der Pinnwand sind leicht veränderbar durch das Einfügen, Wegnehmen oder Neupositionieren von Karten.
- Die Darstellungsfläche lässt sich durch das Nebeneinanderstellen mehrerer Pinnwände vergrößern.

Man sollte beachten, dass Karten gleicher Formate und Farben nur für den gleichen Sinnzusammenhang eingesetzt werden. Großflächige Darstellungen mit vielen Karten müssen vorher „ausgemessen" werden.

Visualizer

Um die gestiegenen Ansprüche an Präsentation von Originaldokumenten, Zeichnungen, Pläne usw. zu befriedigen, wurde der Visualizer (auch Document Camera) entwickelt. Er ist eine Videokamera zur Aufnahme eines von einer Lichtquelle beleuchteten Dokuments oder Gegenstandes in einer Präsentation. Jede Art von Vorlagen können einfach und schnell aufgenommen und über Beamer oder interaktive Whiteboards wiedergegeben werden. Durch den Visualizer kann der Overheadprojektor ersetzt werden.

Einsatz von Medien

Techniken und Medien, die in einer Präsentation eingesetzt werden, sind visuelle Hilfsmittel, die die Rede unterstützen sollen; sie sollen aber nicht ablenken. Es ist wenig sinnvoll, einen bescheidenen Inhalt durch umfangreichen Medieneinsatz ausgleichen zu wollen (keine Visualisierungs- oder Medienschlacht).

Allgemeine Hinweise für den Einsatz von Medien

- Es sollte eine freie Sicht aller Teilnehmer auf das Medium gewährleistet sein.
- Der dargestellte Inhalt muss für alle lesbar und erkennbar sein.
- Die Teilnehmer benötigen genügend Zeit für das Wahrnehmen oder das Lesen der gezeigten Inhalte.
- Halten Sie während des Medieneinsatzes Blickkontakt zum Publikum.
- Führen Sie durch das Medium. Zeigen Sie mit der Hand auf die Stelle, über die Sie gerade sprechen. Vorsicht beim Einsatz eines Stifts, Zeigestocks oder Pointer: Bei nicht professioneller Handhabung lenkt man die Teilnehmer ab.
- Erläutern Sie nur das, was durch das Medium dargestellt wird.
- Prüfen Sie jedes Medium vor dem Einsatz auf technische Funktionstüchtigkeit und üben Sie den Einsatz und Gebrauch.
- Setzen Sie mehrere Medien ein, um für Abwechslung zu sorgen.
- Betreiben Sie keinen „Medienzirkus".
- Erinnern Sie sich an Murphys Gesetz: „Alles, was schief gehen kann, wird irgendwann schief gehen." Bereiten Sie sich darauf vor.

2. Visualisierungsgestaltung und -regeln

Aus den in der Einleitung beschriebenen Gründen ist die bildhafte Verpackung der Aussagen und Argumente in einer Präsentation ebenso wichtig wie die Inhalte selbst oder die Rede, mit der sie dargestellt werden. Die Vorbereitung der Visualisierung ist ein wichtiger Teil für die gesamte Präsentation.

Im Folgenden wird aufgezeigt:
- was Visualisieren heißt
- wie Visualisierung geplant wird
- welche Möglichkeiten der Gestaltung es gibt

6

Definition

Visualisieren heißt „etwas bildhaft darstellen" bzw. „Gedanken sichtbar machen".

Visualisieren

Visualisierungen haben zum Ziel:
- Informationen leichter und schneller erfassbar zu machen (unterschiedliche Lerntypen werden angesprochen)
- Wesentliches zu verdeutlichen (Selektion zwischen wesentlichen und unwesentlichen Informationen)
- den Redeaufwand zu verkürzen (Prägnanz)
- die Betrachter einzubeziehen
- das Behalten zu fördern
- die Identifizierung der Teilnehmer mit dem Ergebnis zu erzielen
- die Aufmerksamkeit der Teilnehmer zu konzentrieren
- dem Publikum Orientierungshilfen zu geben („Roter Faden")
- den Gruppenprozess zu optimieren (visualisierte Aussagen erleichtern eine einheitliche Interpretation)

Visualisierungen sollen grundsätzlich so gestaltet sein, dass sie von allen Teilnehmern verstanden werden können. Eine Visualisierung ersetzt nicht die präzise Erklärung, sondern ergänzt sie. Die inhaltlichen Aussagen sollen einfach, eindeutig und anschaulich wiedergegeben werden. Je besser visualisiert ist, desto flüssiger ist die Präsentation.

Eine gute Visualisierung setzt eine eingehende Beschäftigung mit den zu präsentierenden Inhalten voraus.

2.1 Visualisierungselemente

Visualisierungs-elemente

Bausteine für Visualisierung sind die Visualisierungselemente. Zu den Visualisierungselementen gehören Schrift und Schriftgröße, Farben und Formen, die Anordnung der Elemente, die optische Pointierung der Elemente sowie Bilder.

6

2.1.1 Schrift/Schriftgröße auf Plakaten oder Folien

Schrift und Schriftgröße

Beim Schreiben soll zuerst an den Leser gedacht werden. Die Schrift sollte ohne Anstrengung für alle Teilnehmer lesbar sein. Jede Anstrengung des Auges, um zu klein oder undeutlich Geschriebenes zu „entziffern", bedeutet für die Teilnehmer zusätzliche Mühe und lenkt von der Konzentration auf den Inhalt ab.

Im Folgenden wird eine Auflistung von einigen Regeln für eine gut lesbare Schrift gegeben:

Verwenden Sie zwei Schriftgrößen	*Für manuell erstellte Plakate:* ■ für Überschriften, Betonungen, Linien, Pfeile (Schriftgröße ca. 5 cm, z. B. Edding 800) ■ für sonstige Beschriftung (Schriftgröße ca. 2,5 cm, z. B. Edding 1) *Für PowerPoint-Folien:* ■ für Überschriften 28–36 pt (abhängig von Raum- und Gruppengröße) ■ für Fließtext 20–28 pt (angepasst an Überschriftengröße) ■ max. drei Schriftgrößen verwenden
Richtige Haltung des Filzstifts	Mit voller Breitseite schreiben ohne den Stift zu drehen
Groß- und Kleinbuchstaben verwenden	Das entspricht der Lesegewohnheit und das Auge kann sich schneller an der optischen Gliederung orientieren
Druckschrift schreiben	Druckbuchstaben sind besser lesbar. Die Aufteilung der Schrift auf Karten, Plakate und Folien ist einfacher vorzunehmen *Schriftarten für PowerPoint Folien:* ■ Antiqua (Times New Roman) und ■ Grotesk (Arial oder Verdana)
Größe Klein- und Großbuchstaben	Die Kleinbuchstaben sollten nicht halb so klein wie die Großbuchstaben sein, sondern im 2/3-Verhältnis zu den Großbuchstaben stehen. Das wirkt optisch blockartig und gibt ein klares, gut lesbares Schriftbild
Buchstaben eng aneinander schreiben	Für das Auge und das Gehirn ist enge (unverschnörkelte) Schrift einfacher zu erfassen als weit auseinandergezogene Wörter mit großen Zwischenräumen
Die richtige Schriftgröße	Zu große Schrift wirkt aufdringlich und erschlagend, zu kleine Schrift ist nicht gut lesbar und verliert so an Aussagekraft
Gliederungszeichen/ Absätze/Pointierung	Mit Gliederungszeichen, Absätzen und Pointierung erleichtert man dem Betrachter die Übersicht

Tabelle 3: Schriftgestaltung auf Plakaten und Folien

2.1.2 Farbe

„Grau, lieber Freund, ist alle Theorie und grün des Lebens goldener Baum."
(so Mephisto an den einfältigen Studenten Wagner in Goethes „Faust")

Johannes Itten (1888–1967) hat gesagt: „Farbe ist Leben, denn eine Welt ohne Farben erscheint uns wie tot."

Die heutige Wissenschaft beschäftigt sich damit, wie die in Auge und Gehirn gegebenen Bedingungen und die Beziehungen von Farbwirklichkeiten und Wirkungen den Menschen beeinflussen. Optische und psychische Merkmale der Farben sind in einer über Jahrhunderte gewachsenen Farbenlehre zusammengefasst.

Bedeutung und Wirkung von Farben

Es gibt drei klassische Unterscheidungsmerkmale:

- Farbton
- Farbhelligkeit (von Pastelltönen bis zu Dunkeltönen)
- Farbreinheit (aufgehellte und abgedunkelte Farben)

Goethe unterscheidet in seinem Farbkreis vor allem sechs Farbtöne: Gelb, Rot, Blau (reine Farben oder Primärfarben) und Grün, Orange und Violett (gemischte Farben oder Sekundärfarben).

Farbe ist Hauptbestandteil der Visualisierung. Sie kann die inhaltlichen Aussagen unterstützen und Wichtiges hervorheben. Für das Auge haben Farben starke Signal- und Gestaltwirkung. Sie sollten dezent und gezielt eingesetzt werden. Farbig heißt nicht bunt. Farben haben auch Symbolcharakter (Rot für Stopp, Grün für freie Fahrt, Orange und Rot für Gefühle, Grün und Blau für Weite (Wiese) und Tiefe (Meer), Gelb für Helligkeit (Sonne).

Um eindrucksvolle Farbwirkungen zu erreichen, sind Fakten, Ideen und Argumente, die zusammengehören, mit der gleichen Farbe zu gestalten. Die einzelnen Farbwirkungen und Einsatzgebiete werden in der nachfolgenden Tabelle zusammengefasst.

6

Farbe	Wirkung	Einsatz in der Präsentation
Gelb	freundlich, kommunikativ, kreativ, aktiv, hell, motivierend	▪ in der Phase der Ideenfindung ▪ in kreativen Phasen ▪ um Wissen darzustellen ▪ um Erfahrungen auszutauschen
Orange	reizend, gesellig, aktiv, stellt Du-Bezug her	▪ bei Themen und Arbeit auf der Beziehungsebene ▪ in einer Vertiefungsphase ▪ um Lösungsansätze zu suchen ▪ bei Gruppen- und Teamprozessen
Rot	stark aktivierend, leidenschaftlich, dynamisch, kraftvoll, spannungsvoll, erregend, stoppend	▪ um Konflikte aufzuzeigen oder zu erzeugen ▪ um Vereinbarungen zu treffen ▪ um Regeln aufzustellen ▪ im Rahmen von Pro-und-Contra-Diskussionen ▪ um Themen zu emotionalisieren ▪ um Maßnahmen zu definieren
Grün	ausgleichend, neutral beruhigend, sicher, stellt Gleichgewicht her	▪ um Konsens festzuhalten ▪ um Feedback zu geben ▪ um Erkenntnisse aus Konflikten zu visualisieren ▪ um Kompromisse zu finden ▪ für die Zusammenfassung ▪ für die Aufgabenverteilung
Blau	kalt, tief, wahr, leidenschaftslos, seriös	▪ um Fakten zu präsentieren ▪ um Tatsachen zu erläutern ▪ um Informationen weiterzugeben
Weiß	leer, avital, einfach, neu, klar	• um Organisation festzulegen • um offene Punkte darzustellen (z. B. offene Punkteliste)

Tabelle 4: Farbwirkung und Einsatzgebiete (in Anlehnung an Neuland 2003, S. 179)

Die Farben für die Gestaltung von Präsentationen am Computer sollten sein:

- Schwarz für Schrift, Kontur, Graphik, Zeichnung, Schraffur
- Weiß für Hintergrund
- Rot für Betonung, Hinweise, Pfeile, als Füllfarbe für Graphiken bei Diagrammen
- Grün für positive Betonung, als Füllfarbe für Graphiken
- Blau für Schrift, als Füllfarbe für Graphiken
- Gelb für Hintergrund, als Füllfarbe für Graphiken
- Orange als Füllfarbe für Graphiken
- Pastelltöne für Hintergrund

Achtung: Die Farbe, die bei Erstellung von Präsentationen am Bildschirm ausgewählt wird, kann in der Beamer-Präsentation anders aussehen.

Goethe hat nicht nur die Natur der Farben ergründet, sondern auch ihre Wirkung auf die Psyche der Menschen. In seiner Farbenlehre von 1810 schreibt er: „ Die Erfahrung lehrt uns, dass die einzelnen Farben besondere Gemütsstimmungen geben."

2.1.3 Formen/Elemente

Formen und Elemente

Die Art des Einsatzes von Formen/Elementen ist in der Visualisierung und Moderation nicht vollständig festgelegt. Überwiegend werden Rechteck-arten/Einrahmungen benutzt und die runden bzw. ovalen Karten/Einrahmungen, um eine gewisse Struktur in das optische Bild zu bringen.

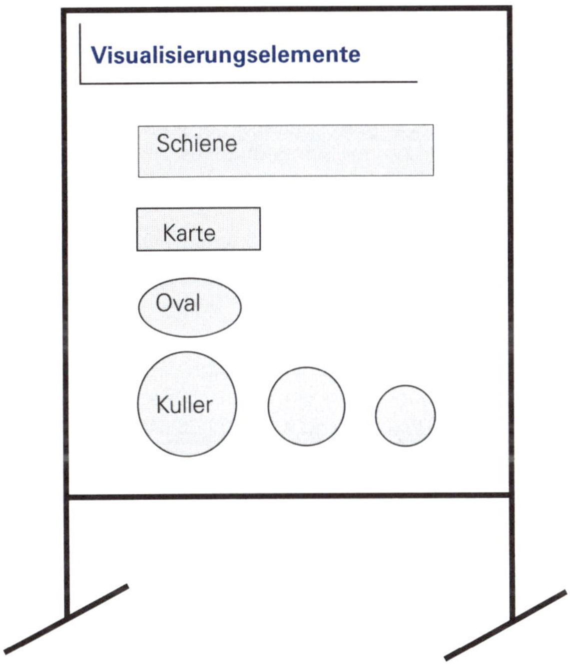

Abbildung 5: Formen und Elemente (eigene Darstellung)

Formen in der Visualisierung

Einsatz der einzelnen Formen bei den Visualisierungs-/Moderations-Karten

Form	Einsatzmöglichkeiten
Wolken (weiß mit roter Umrandung) oder **Eckwolken**	Visualisieren des Hauptthemas oder als Überschrift (bei emotionalen Themen)
Streifen (Schienen, Schlipse)	Visualisieren von Fragen und Thesen und als Überschriften innerhalb des Arbeitsprozesses (z. B. Arbeitsthema für Themenkatalog nach dem Clustern)
Rechteck-Karten (Kommunikationskarten)	bei Kartenabfragen, visualisierter Diskussion, Präsentation von Wissen und inhaltlicher Details
Ovale Karten (Ovale)	Bezeichnen von Achsen, Visualisierung von Überschriften beim Clustern, für emotionale Aussagen und als Aufmerksamkeitsmittel (Konfliktpfeil/Blitz)
kleine, mittlere und große runde Karten (Kuller)	*kleine Kuller:* für Nummerierung, Pointieren in Verbindung mit Schienen und Kommentieren einzelner Beiträge mit Sympathie-Herz, Konfliktpfeil und Fragezeichen *mittlere Kuller:* für Verbindungen und Umstrukturierungen *große Kuller:* für Umstrukturierungen und Überschriften bei Tabellen/Spalten
Rhombische Karten und Waben-Karten	inhaltliche Ergänzung, offene Punkte, Abbildungen von Strukturen und Abhängigkeit (gerne bei Projektplanung eingesetzt)
Sprechblasen	Visualisieren von subjektiven Kommentaren und Zitaten
Markierungspunkte/ Klebepunkte	Beantworten von Punktabfragen und Bewertungen (z. B. Blitzlicht)
Moderationspeople („Karten-Mensch")	Darstellen von Beziehungsaspekten
Symbolpunkte (Sympathieherz, Konfliktpfeil, Fragezeichen, Smiley etc.)	Auseinandersetzen mit Fremdaussagen und emotionalen Äußerungen

Tabelle 5: Formen und Einsatzmöglichkeiten (in Anlehnung an Neuland 2003)

Alle Elemente, d. h. Formen und Symbole, sollten sparsam verwendet werden. Hier gilt: Weniger ist mehr! Erst dadurch entsteht die Klarheit und Präzision des visualisierten Gedankens. Die vorgegebene Größe des Plakates oder der Folie zwingt zum „Wesentlichen".

2.1.4 Anordnung der Elemente

Lesegewohnheit beachten

Bei der Erstellung von Plakaten/Folien sollte für die Orientierung die Leserichtung von links nach rechts und von oben nach unten beachtet werden. Danach sollten sich auch Aufbau und Reihenfolge der Visualisierung auf Plakaten/Folien richten. *Lesegewohnheit*

Eine Frage, einen Sinnzusammenhang auf ein Plakat/eine Folie bringen

Ein Sinnzusammenhang oder eine Fragestellung soll möglichst nur auf ein Plakat/eine Folie gebracht werden, da es auch für die nachträglichen Veränderungen von Zusammenhängen zwischen einzelnen Plakaten/ Folien hilfreich ist. *Sinnzusammenhang*

Blöcke bilden und Abstände gliedern

Schriftblöcke sind vom Auge besser erfassbar und besser zuzuordnen. Überschriften oder Fragen werden als Block in die obere linke Ecke des Plakats/der Folie geschrieben. Die Zeilenlänge soll ein Drittel der Plakat-/ Folienbreite nicht überschreiten. *Gliederung*

6

Beispiele für Collage-Technik

+

Collage-Technik

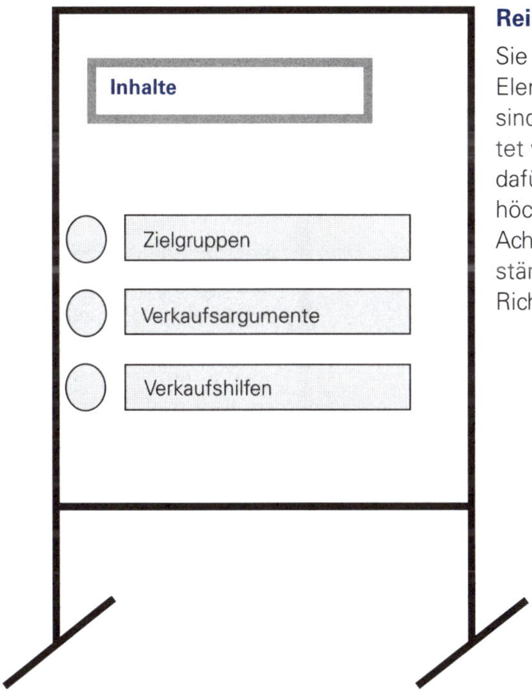

Reihung:

Sie dient zur Aufzählung von Elementen, die gleichrangig sind und noch nicht gewichtet wurden. Verwenden Sie dafür mindestens drei und höchstens zehn Elemente. Achten Sie auf gleiche Abstände und eine einheitliche Richtung.

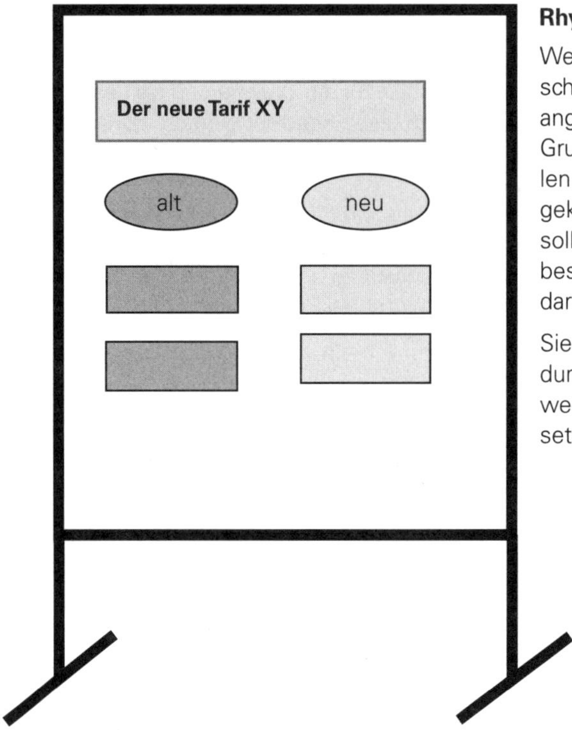

Rhythmus:

Wenn Aussagen unterschiedlicher Wertigkeit angeführt werden oder Gruppen von Merkmalen als zusammengehörig gekennzeichnet werden sollen, kann das in einem bestimmten Rhythmus dargestellt werden.

Sie erreichen Rhythmus durch Farb- bzw. Formwechsel oder durch versetzte Darstellung.

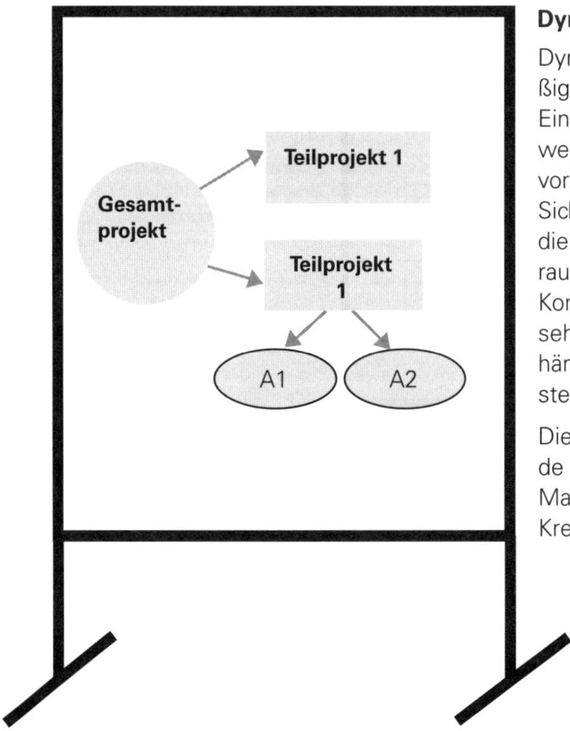

Dynamik:

Dynamik kann Regelmäßigkeit durchbrechen. Eine Struktur kann in „Bewegung" geraten. Sie ist vorzüglich geeignet, um Sichtweisen darzustellen, die provozieren oder herausfordern sollen. Auch Konfliktsituationen oder sehr unklare Zusammenhänge sind für diese Darstellung gut geeignet.

Die Darstellungsmethode ermöglicht, ein hohes Maß an Phantasie und Kreativität zu entwickeln.

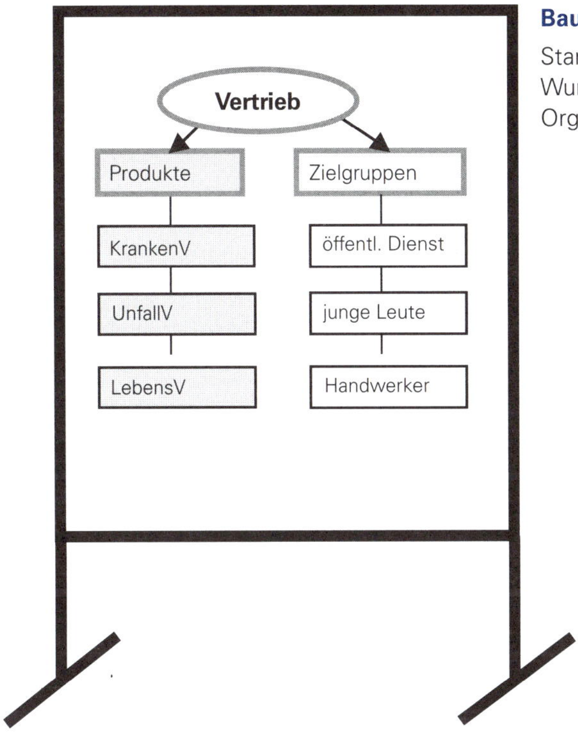

Baum:

Stamm-Verästelung-Wurzel-Darstellung eines Organigramms

Abbildung 6: Collagetechnik (eigene Darstellung)

Das Plakat sollte nach Fertigstellung aus einer größeren Distanz betrachtet werden, um zu sehen, ob die gewünschte Wirkung erreicht wird. Die Struktur der Visualisierung sollte an der Botschaft ausgerichtet werden. Die Mittel und Formen der Darstellung sollen jedoch immer dazu anregen, mitzumachen und weiterzudenken.

2.1.5 Elemente optisch pointieren

optische Pointierung

Überschriften und Wichtiges sind optisch hervorzuheben. Man nennt das „pointieren". Hervorhebung dient der gemeinsamen Konzentration auf einen Gedanken. Optische Pointierung zeigt den Anfang eines Prozesses und den Schwerpunkt eines Gedankens. Mittel zum Hervorheben können eine Wolke, Umrahmung, ein kleiner Kuller als Aufzählungszeichen, ein Bild u. v. m. sein.

Zur optischen Pointierung gehören auch Farben und Formen. Sie sind Bedeutungsträger und sollten deshalb bewusst und zielgerichtet eingesetzt werden. Es empfiehlt sich, immer nur einen Bedeutungsträger (entweder Farbe oder Form) zu verwenden.

Bilder, Symbole, Piktogramme

Beim Einsatz von Bildern, Symbolen und Piktogrammen ist zu beachten:

- Bilder und Symbole dienen als Orientierung oder Zusatzelement.
- Text kann man gut mit kleinen Symbolen (Piktogrammen) kombinieren.

- Bild und Foto lockern auf.
- Zu große und zu viele Bilder lenken ab.
- Keine komplizierten Bilder „malen", da sie verwirren können und zu viel Erklärung erfordern.
- Komplizierte Bilder wirken auf Menschen, die nicht malen können, abschreckend.
- Bilderrätsel sollten vermieden werden.

60/40-Regel

Auf dem Plakat oder der Folie sollte eine ausgewogene Einteilung von beschriebener und freier Fläche sein. Es gilt hier die Regel: 60 Prozent beschriebene und 40 Prozent freie Fläche. Die einzelnen Plakate und Folienseiten sind gleichmäßig zu füllen.

Bei Graphiken sind für größere Flächen helle Farben und für kleine Flächen dunklere Farben zu verwenden.

Folien und Flipcharts sollten nie eng bis an den Rand beschrieben, bei Darstellungen sollte immer ein Rand gelassen werden. Bilder haben einen Bilderrahmen.

Bilder kann man rechts oder links anordnen. Die Anordnung hängt davon ab, wohin man den Blick zuerst lenken möchte. Soll das Bild im Vordergrund der Betrachtung stehen, ordnet man es links entsprechend der Lesegewohnheit an. Dient das Bild zur Verstärkung, Erläuterung usw., dann wird es rechts angeordnet.

Zahlen-Zusammenhänge kann man gut verständlich in Diagrammen darstellen. Bei der Darstellung von Diagrammen muss klar erkennbar sein, was ausgesagt werden soll. Es gibt eine Reihe von unterschiedlichen Formen. Die am häufigsten verwendeten Diagrammformen sind Linien- oder Kurvendiagramm, Säulen- oder Balkendiagramm, Kreis- oder Tortendiagramm.

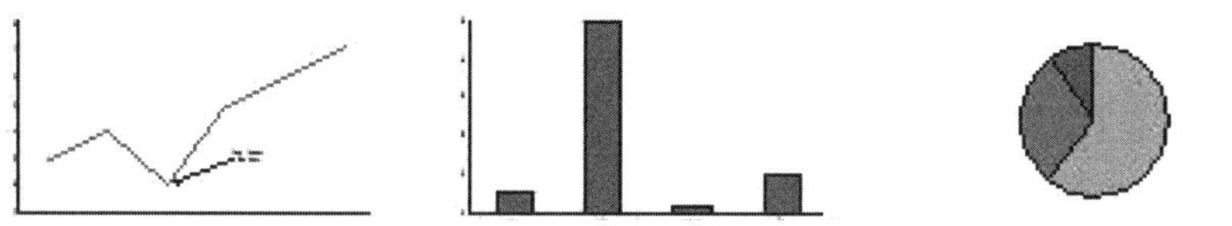

Liniendiagramm Balkendiagramm Tortendiagramm

Abbildung 7: Linien-, Balken- und Tortendiagramme (eigene Darstellung)

2.2 Besonderheiten bei der Visualisierung und Präsentation mit Laptop und Beamer

Folienschlacht

Vor einigen Jahren – im Zeitalter des Overheadprojektors – sprach man häufiger bei Präsentationen von „Folienschlacht". Unter Folienschlacht verstand man einen Folienvortrag z. B. mit einer Dauer von 30 Minuten und mit 50 bis 80 gezeigten Folien. Hat sich das im Zeitalter von Laptop, Beamer und PowerPoint geändert? Oft wird die alte Folienschlacht mit dem Overheadprojektor durch das neue elektronische Medium noch gesteigert.

Wie kann es zu diesem visuellen Overload kommen? Die Technik macht es möglich. Denn es ist so einfach, eine vorhandene Excel-Tabelle, ein Word-Dokument, ein Foto usw. problemlos zu importieren. Oder man schlägt bei der Erstellung einer PowerPoint-Präsentation gleich zwei Fliegen mit einer Klappe, indem die Präsentation auch gleichzeitig als Handout dient oder umgekehrt das Redekonzept zu einer Präsentation umgewandelt wird.

Und so kann es schnell zu einer Präsentation kommen, bei der niemand lange zuhört oder bei langweiligen mit viel Text gefüllten Folien abgelenkt wird.

Was beachtet man besonders beim Einsatz von PowerPoint-Folien?

Vieles, was bisher bereits generell zur Visualisierung und Präsentation gesagt wurde, trifft auch auf PowerPoint-Folien zu. Auf einige Dinge soll an dieser Stelle noch einmal besonders aufmerksam gemacht werden.

1. Erläutern Sie alles, was Sie visualisieren

   Egal ob Grafiken, Achsenbezeichnungen, Jahreszahlen, Umsatzzahlen oder Organigramme dargestellt werden; sie sollten immer erläutert werden.

2. Visualisieren Sie nicht alles, was Sie erläutern

   Einstiegsfolien wie „Guten Tag", „Herzlich Willkommen" oder Ausstiegsfolien wie „Vielen Dank für Ihre Aufmerksamkeit" gehören nicht in eine PowerPoint-Präsentation. Der Einstieg und Abschluss wird über persönliche Worte des Präsentators eingeleitet bzw. abgerundet. Die Darstellung sind Unterstützung, Ergänzung und Verstärkung dessen, was der Präsentator sagt und nicht Ersatz.

3. Visualisieren Sie nur das Wesentliche

   Gerade in einer Folie neigt man dazu, ab und zu noch unwesentliche Informationen aufzunehmen, nur um sie genannt zu haben. Das lenkt ab.

4. Text und Bild in einem ausgewogenem und aussagefähigem Verhältnis

   „Ein Bild sagt mehr als tausend Worte" (siehe Abschnitt 1.1 „Aufbau einer Präsentation")

   Bei Folien besteht die Gefahr, dass mit viel Bildern oder viel Text gearbeitet wird. Es muss in einem ausgewogenen Verhältnis stehen. Stichworte reichen überwiegend aus. Ergänzen Sie den Text mit gut erkennbaren Bildern, Zeichen und Symbolen (siehe „Elemente optisch pointieren").

5. Jede Präsentation benötigt ein Masterfolie

   Bevor eine Präsentation erstellt wird, sollte eine so genannte Masterfolie erstellt werden. Dadurch erhalten alle Folien das gleiche Layout. Die Masterfolie sollte einfach gestaltet sein.

6. Folien interessant gestalten

   Reine Textfolien sind langweilig. Die Teilnehmer werden schnell unkonzentriert. Fangen Sie Ihre Teilnehmer mit Bebilderung und dem dazugehörigen gesprochenen Text ein. Seien Sie kreativ!

7. Jede PowerPoint-Präsentation hat auch eine Dramaturgie

   Gerade bei einer PowerPoint-Präsentation ist es wichtig, im Laufe der Präsentation immer wieder die Konzentration der Teilnehmer durch einen Spannungsbogen anzuregen.

   Mit Hilfe von Präsentationssoftware eröffnen sich ganz andere Möglichkeiten als bei der klassischen Overheadpräsentation.

Die Animation kann an der an oder anderen Stelle ein gutes Mittel sein, um Spannung, Klarheit und Aufmerksamkeit in die Präsentation zu bringen. Sie sollte an der richtigen Stelle und mit dem richtigen Maß eingesetzt werden. Erscheinen Texte mal von links, mal von rechts, gedreht, blinkend, schnell, langsam bis hin zu elektronischem Feuerwerk, wird die Folie nicht spannend sondern verwirrt nur und lenkt ab. Damit erreicht man das Gegenteil.

Animation soll verstärken und positive Impulse bei dem Teilnehmer bewirken.

8. Jede Folie benötigt eine Überschrift

   Überschriften helfen den Teilnehmern sich zu orientieren. Der Folienmaster kann dabei unterstützen.

9. Weg mit dem Fliegendreck

   Informationen auf einer Folie, die so klein sind, dass die Teilnehmer sie schlecht oder gar nicht lesen können, bezeichnet man als Fliegendreck. Verzichten Sie darauf. (siehe „Visualisierungsregeln")

10. Fassen Sie am Ende zusammen

    Am Ende der Präsentation fassen Sie die Inhalte mit einer Stichwortfolie zusammen. Dabei kann als mögliche Animation ein Häkchen (✓) dienen. Um die Aufmerksamkeit zum Schluss der Präsentation noch einmal zu bündeln, bietet es sich an, auf die Einstiegsfolie zurückzugreifen.

    Wurden die Themenschwerpunkte zu Beginn auf einem Flipchart präsentiert, dann empfiehlt es sich, die Präsentation mit dem Einstiegschart zu beenden.

2.3 Gestaltungsbeispiele für PowerPoint-Folien

1. Pro Chart eine Überschrift

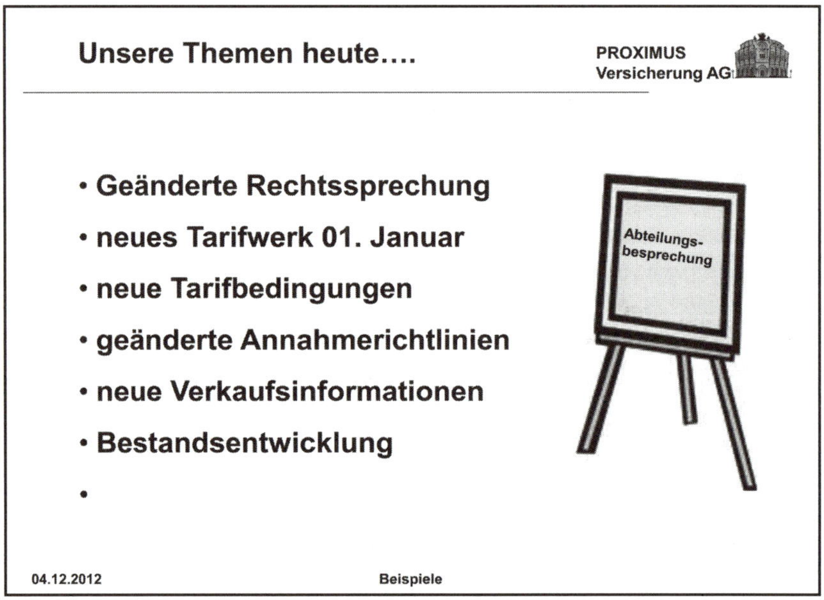

2. Einheitlichkeit bei mehreren Folien

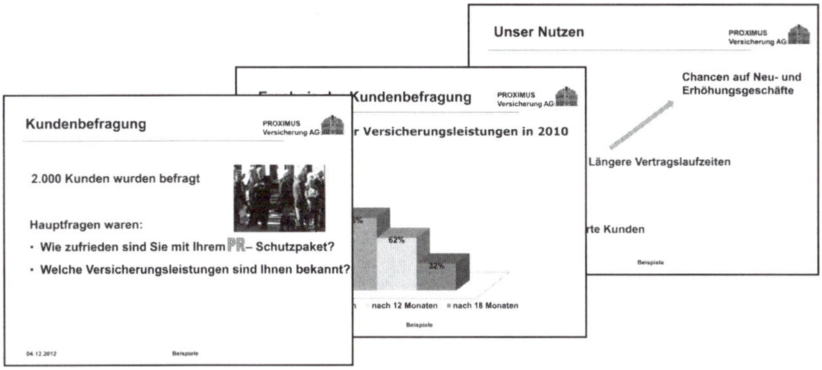

3. Jede Folie mit einem Rand gestalten und gleichmäßig füllen

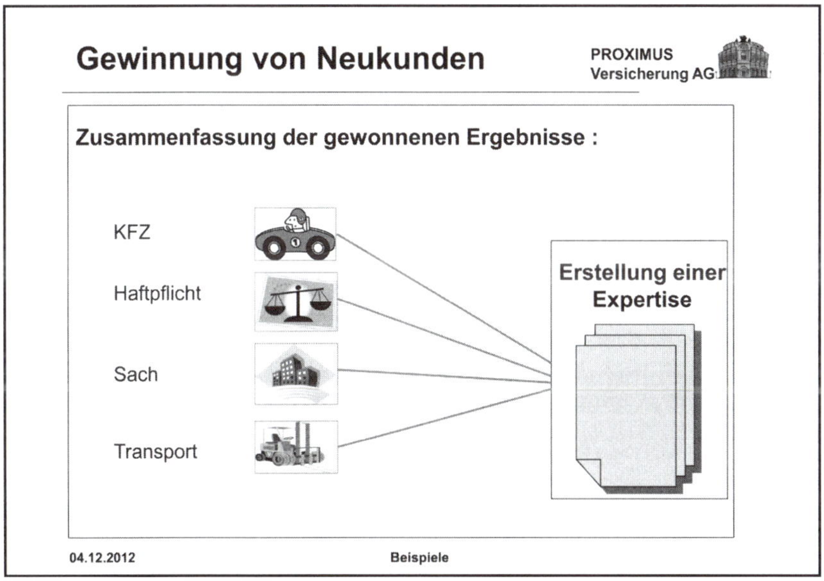

6

4. Kräftige Striche und Schrift verwenden

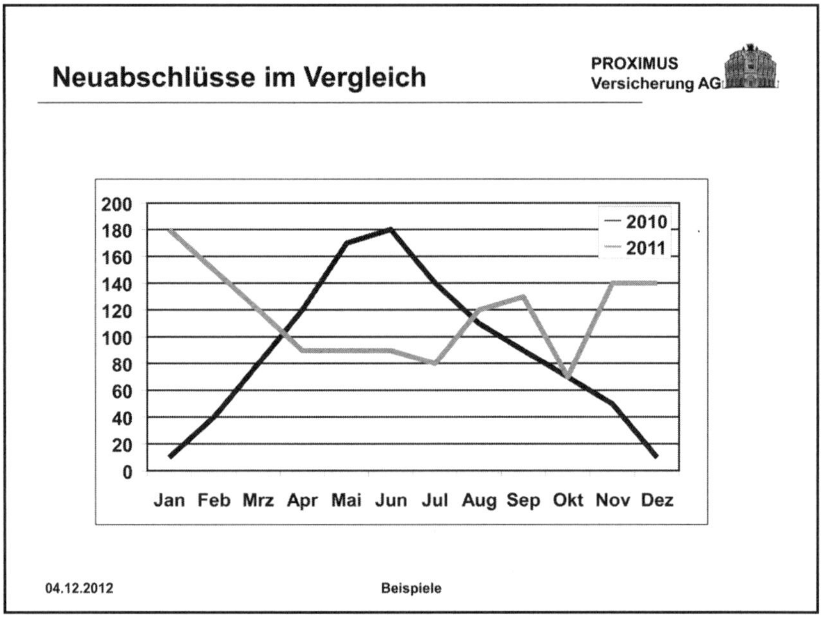

5. Große Flächen mit hellen Farben, kleine Flächen mit dunklen Farben füllen

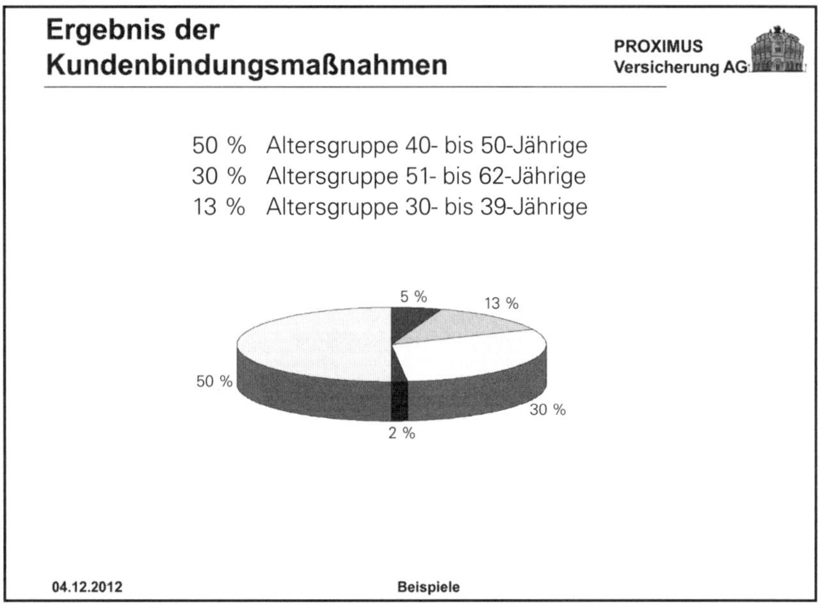

6. Textfolien Frische und Dynamik geben

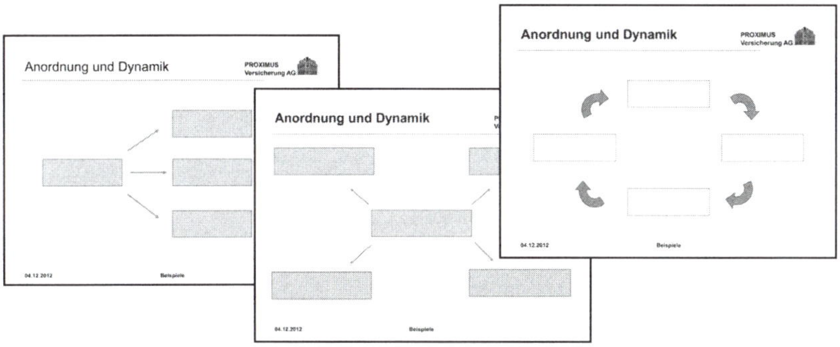

7. Bild links oder Bild rechts anordnen?

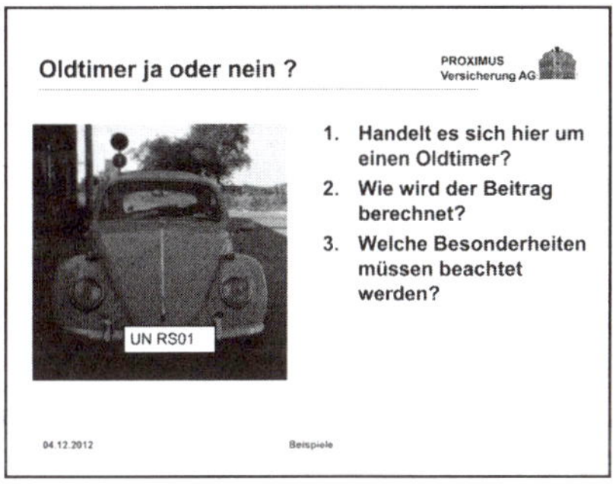

Bild steht im Vordergrund

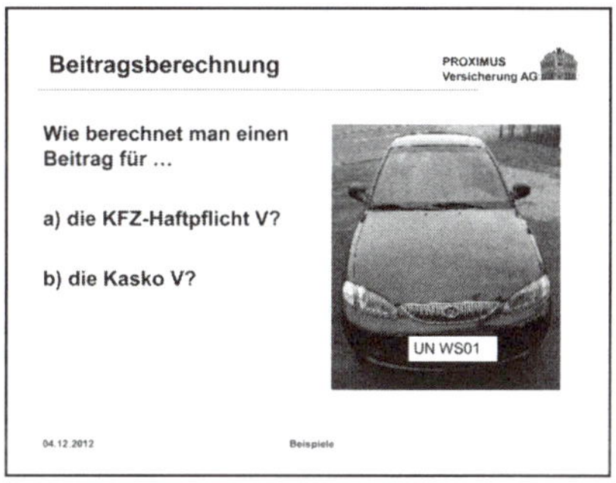

Text steht im Vordergrund

8. Textfolien ansprechend gestalten

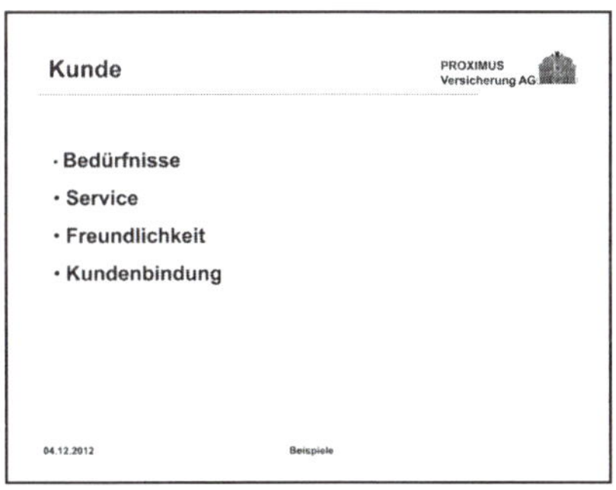

langweilig

ansprechend

6

9. Bilder und Fotos lockern auf

10. Am Ende der Präsentation zusammenfassen

Grundsätzliches zur Animation und Effekten:

Animationen und Effekte

- wenig Animation verwenden
- sich auf eine Form der Animation beschränken
- klassische, „ruhige" Formen der Animation nutzen
- auf Geräusche verzichten
- „Klickrate" auf ein Minimum reduzieren
- Animation und Effekte an Thema und Zielgruppe anpassen

Zusammenfassung „Visualisierungsregeln"

60/40-Regel 60 % beschriebene Fläche, 40 % freie Fläche	Farben und Formen sind Bedeutungsträger
jedes Bild hat einen Rand	Blau und Schwarz sind Schreibfarben; Rot und Grün sind Pointierfarben
Überschriften und Wichtiges hervorheben (pointieren)	Überschriften größer schreiben mit dickem Stift (max. 5 cm), Fließtext um die Hälfte kleiner (max. 2,5 cm – Flip-chart-Papier 1,5 Kästchen)
Groß- und Kleinschreibung be-achten	Gliederungszeichen (z. B. Kuller) in der gleichen Farbe verwenden wie das beschriebene Element (Karte, Schiene etc.)
Druckschrift verwenden	sparsam mit Farben und Formen umgehen (pro Plakat 3 bis 4 Formen)
„eng" schreiben (nicht „e n g")	für alle Plakate die gleiche Schriftfarbe verwenden
Ober- und Unterlängen der Buchstaben beachten	für gleiche Inhalte gleiche Formen und Farben verwenden
Abkürzungen vermeiden; nur allgemein bekannte Abkürzungen z. B. VVG verwenden	Bilder ja, aber die Präsentation nicht überfrachten (weniger ist mehr); keine Bilderrätsel
Schlüsselwörter und Kernaussagen verwenden, ganze Sätze vermeiden	übersichtlich gliedern; beim Aufbau der Visualisierung die Lesegewohnheit beachten
Überschriften in Form von Fragen formulieren (erleichtert das Zuhören)	

Tabelle 6: Visualisierungsregeln

Für Computer-Präsentationen gelten besondere Regeln:

Schriftgröße für Überschriften 24–36 pt (abhängig von Raum- und Gruppengröße), für Fließtext 20–28 pt (angepasst an Überschriftengröße)	dunkle Farben wie Schwarz und Blau für Schrift, Graphik, Zeichnung und Schraffur, Rot für Betonung, Pfeile und Umrahmung
max. drei Schriftgrößen verwenden	für den Hintergrund Weiß oder Pastelltöne verwenden
gut lesbare Schriftarten sind: Times New Roman, Arial oder Verdana	sparsam Farben einsetzen, max. drei pro Folie
Zahlen-Zusammenhänge in Diagrammen darstellen	bei Graphiken für größere Flächen helle Farben und für kleinere Flächen dunklere Farben verwenden
nicht zu viele Aufzählungen, da diese ermüden	grelle Farben vermeiden
Text dient als Gedankenführung, nicht als Lesestoff	Pointierungen kontrastreich erstellen, z. B. rote Pfeile, Einrahmungen
Text mit kleinen Piktogrammen kombinieren	Effekte und Animationen sparsam einsetzen
Bild und Foto lockern auf	keine Abschlussfolie einsetzen, wie z. B. „Danke für Ihre Aufmerksamkeit"

Tabelle 7: Visualisierungsregeln – Besonderheiten bei Computer-Präsentationen

2.4 Präsentationsfehler

häufige Präsentationsfehler

Präsentationsfehler können unterschiedliche Ursachen haben. Die häufigsten Fehler sind:

- Ziel und Konzept sind nicht erkennbar.
- Darstellung ist unverständlich.
- Die Visualisierung ist unverständlich und überladen.
- Darstellung ist trocken und langweilig.
- Präsentator hat keinen „roten Faden".
- Präsentator lässt zu viele Einwände und lange Diskussionen zu.
- Der Präsentator fühlt sich angegriffen und geht in Abwehrhaltung.

6.3 Persönliche Vorbereitung und Rolle des Präsentators

Vorbereitung und Rolle des Präsentators

Gute inhaltliche Vorbereitung und ansprechende visuelle Darstellung sind wichtige Eckpfeiler für den Erfolg der Präsentation. Das reicht aber nicht aus. Dem Präsentator muss es zusätzlich gelingen, Sympathie und Vertrauen zu gewinnen und durch sein Auftreten Widerstände abzubauen und Akzeptanz aufzubauen. Deshalb ist es wichtig, dass er sich auch persönlich auf seine Präsentation einstellt und vorbereitet. Da es sich bei einer Präsentation um einen Kommunikationsprozess handelt, prägen sein Verhalten und die Art des Umganges mit den Kommunikationspartnern die Präsentation wesentlich.

Ein Präsentator sollte sich in die Lage seiner Zuhörer versetzen können und eine positive Einstellung haben. Er sollte objektiv, natürlich und kritikfähig sein. Wichtig ist auch, dass er motivieren und mit Störungen umgehen kann.

Schritt	Was passiert in diesem Schritt?
Stopp	Sie stehen vor den Zuhörern kurz vor Beginn der Präsentation und lassen sich innerlich ankommen (mit leicht geöffneten Füßen stehen). Dadurch stürzen Sie sich nicht gleich in die Präsentation, als ob Sie es nicht erwarten könnten bis sie zu Ende ist. Auch Ihre Zuhörer können sich einen Moment lang auf Sie einstellen und ankommen.
Atmen	Atmen sie tief, ohne die Schultern anzuheben. Füllen Sie Ihre Lungen mit Luft und lassen Sie die Luft ruhig wieder heraus, bis alle Luft heraus ist. Wiederholen Sie dies mehrere Male. Sie werden ruhiger im Kopf und im Körper.
Schauen	Jetzt ist die Gelegenheit, wirklich mit den Zuhörern in Kontakt zu treten und umgekehrt. In einem kleinen Zuhörerkreis nehmen Sie, kurz bevor Sie anfangen, mit jedem Blickkontat auf z. B. mit jemandem, den Sie kennen oder der Sie anlächelt. Schauen Sie sich kurz in dem vortragsraum um. Nehmen Sie wahr, was Ihre Zuhörer gerade tun.
Hören	Hören Sie für einen Moment in den Raum hinein. Eventuell hören Sie die Klimaanlage oder jemand hustet. Dadurch bekommen Sie mit, in welchem Moment Sie anfangen sollten und die Zuhörer Ihnen Ihre Aufmerksamkeit schenken. Nicht an Stiften festhalten.
Fühlen	Wie fühlt sich Ihr Körper gerade an? Welche Körperteile sind angespannt, welche entspannt, sind Ihre Hände feucht? Ist Ihr Kiefer angespannt? Nehmen Sie die Anspannung wahr, akzeptieren Sie sie, versuchen Sie nicht, die Anspannung fortzujagen.

Tabelle 8: Schritte kurz vor der Präsentation zur persönlichen Vorbereitung (Lang, Conrads 2003, S. 119)

Umgang mit Störungen

Einfühlvermögen und Fingerspitzengefühl, sind wichtige Voraussetzungen einer erfolgreichen Kommunikation. Das setzt voraus, dass sich der Präsentator mit seiner Zielgruppe während der Vorbereitungsphase auseinandergesetzt hat. Dann kann er den „richtigen Draht" zu seinem Publikum finden und die richtigen Worte in einer für die Empfänger verständlichen Sprache wählen. Er muss sensibel sein, um die Signale seines Publikums aufnehmen und darauf reagieren zu können.

Eine gute inhaltliche Vorbereitung gibt dem Präsentator meist einen Wissensvorsprung, der sich auch auf die Sicherheit im Verhalten auswirkt. Je sicherer das Verhalten während der Präsentation ist, umso überzeugter wirkt der Präsentator auf seine Zuhörer.

Immer wieder können unvorhergesehene Dinge, so genannte „Katastrophen" passieren, wenn z. B. der Präsentator den Faden verliert oder ein Teilnehmer eine knifflige Frage stellt, die der Präsentator nicht beantworten kann. Patentlö-

6

sungen für solche Situationen gibt es nicht. Wenn sie eintreten, dann kann der Präsentator nur versuchen, das „Beste“ daraus zu machen. Es ist keine Schande, auch mal einen Fehler zu machen.

Der Präsentator muss auch mit Störungen während der Präsentation umgehen. Störungen können u. a. Zwischenrufe von Zuhörern sein, zwei Teilnehmer unterhalten sich oder es kommt zu einer technischen Panne.

Zwischenrufe können unterschiedliche Ursachen haben. Nicht jeder Zwischenrufer möchte stören. Es ist ratsam, sich unterschiedliche Reaktionsmöglichkeiten anzueignen.

Verhalten	**Wie sieht das Verhalten genau aus?**
Umgang mit Zwischenrufen offen klären	Sie können in der Eröffnung Ihrer Präsentation bereits ansprechen, wie Sie mit Zwischenfragen umgehen möchten. Es bleibt Ihnen überlassen, ob Sie sich wohler fühlen, wenn Zwischenfragen gleich während Ihrer Präsentation gestellt werden, oder ob Sie darum bitten, Zwischenfragen bis zum Ende zurückzustellen. Zwischenfragen notieren, sie werden im Anschluss bearbeiten.
Vertrösten	Wenn während der Präsentation Zwischenfragen gestellt werden, obwohl Sie darum gebeten haben, diese bis zum Schluss aufzuheben, können Sie so reagieren: ▪ Verständnisfragen, die nur eine kurze Antwort verlangen, können Sie sofort klären. ▪ Für weitergehende Fragen kündigen Sie Ihre Antwort für kurze Zeit später an und fahren in Ihrer Präsentation fort. Wenn Sie zu einem späteren Zeitpunkt antworten: Wiederholen Sie den Zwischenruf und geben Sie Ihre Antwort. ▪ Sie können auch auf den Zwischenrufer als Person eingehen und nicht auf den Inhalt des Zwischenrufs. Bitten Sie einfach um Geduld für die Beantwortung der Frage. Wenn Sie dies höflich äußern, bekommen Sie leicht Verständnis.
Nachfragen	Nehmen Sie den Zwischenruf inhaltlich auf, und klären Sie durch Nachfragen. Behalten Sie Ihr Konzept und Ihren Zeitplan im Auge. Stören Sie sich auch nicht an sogenannten Killerphrasen, lassen Sie diesen ernsthaftes Entgegenkommen zuteil werden. Für das Nachfragen existieren „sieben goldene Gegenfragen“: Wie meinen Sie das? Wie soll ich das verstehen? Worauf genau beziehen Sie Ihre Frage? Wie denken Sie selbst darüber? Welche Antwort erwarten Sie von mir? Aus welchen Gründen fragen Sie mich das? Was verstehen Sie hier unter…? Falls die Gefahr besteht, dass Sie mit einem Zuhörer in einen längeren Dialog treten, ist es Ihre Aufgabe, auch die anderen Zuhörer in die Diskussion mit einzubeziehen. Dies gelingt Ihnen mit Fragen wie: „Eine interessante Frage. Wer hat dazu ebenfalls Erfahrungen gemacht?“

Tabelle 9: Umgang mit Zwischenrufen (Lang, Conrads 2003, S. 121)

Wenn sich zwei Teilnehmer unterhalten, sollte der Präsentator nicht maßregeln, sondern versuchen zu schweigen. In der Regel wird die Gruppe reagieren und die Störung beenden.

Bei plötzlich auftretenden technischen Pannen ist es in dem Moment das Wichtigste, die Ruhe zu bewahren. Manchmal hilft es, eine kurze Pause zu machen, um die Panne zu beheben. Sollte die technische Panne nicht kurzfristig zu beheben sein, ist es ratsam mit einem anderen Medium weiterzumachen.

Lampenfieber

Auch das Thema „Lampenfieber" gehört mit zu einer Präsentation. Bei Lampenfieber handelt es sich um eine körperliche Reaktion, bei der Adrenalin ausgeschüttet wird. Viele Menschen, die präsentieren, haben mit Lampenfieber zu tun. Es gibt viele nützliche Tipps, damit umzugehen. „Je besser die Vorbereitung der Präsentation ist, desto geringer ist das Lampenfieber." Hinter dieser Aussage verbirgt sich die Erfahrung, dass man auf sein Publikum viel Sicherheit und Ruhe ausstrahlt und selbst mehr innere Sicherheit verspürt, wenn man sich umfassend und gut vorbereitet hat.

Das erreicht man, indem der Präsentator

- sein Präsentationsziel ausformuliert und es seinem Publikum vorstellt (Sie spielen mit „offenen Karten"),
- die Inhalte teilnehmerbezogen auswählt und aufbereitet,
- die Inhalte klar gliedert und den Ablauf der Präsentation sorgfältig vorbereitet,
- die Visualisierung ansprechend gestaltet,
- den Anfang und das Ende der Präsentation für sich ausformuliert,
- ein Stichwort-Manuskript vorbereitet (jeder gute Präsentator/Moderator hat Stichwort- oder Moderationskarten),
- die technische und räumliche Ausstattung überprüft,
- sich auf mögliche Fragen, Einwände oder Diskussionspunkte vorbereitet,
- die Präsentation vorher einmal übt,
- die eigene Stimme „ölt" (ein Glas Wasser vor der Präsentation trinkt)
- tief und ruhig atmet,
- versucht, seinen Füßen einen festen Standplatz zu geben (und dann steht wie ein Baum)
- Blickkontakt mit seinem Publikum aufnimmt und hält,
- sein Publikum freundlich anschaut.

Es gilt: Je häufiger man präsentiert, umso sicherer wird man – „Übung macht den Meister". Auch das Lampenfieber geht bei häufiger Übung zurück.

Wenn der Präsentator dennoch Nervosität verspürt, sollte man an den bekannten Musiker Herbert Grönemeyer denken, der in seinem Song „Flugzeuge in meinem Bauch ..." ein Kribbeln im Bauch beschreibt. So kann sich Lampenfieber anfühlen. Lampenfieber ist eine ganz normale Angelegenheit. Selbst große Schauspieler sagen von sich, dass sie auch deshalb so großartig sind, weil sie immer etwas Lampenfieber verspüren.

Der Präsentator sollte auch rhetorische Fähigkeiten besitzen. Darunter sind verständliches und sicheres Sprechen und der Einsatz einer lebendigen Sprache zu verstehen:

- Sprechen Sie in einer verständlichen Lautstärke.
- Sprechen Sie klar und deutlich.
- Verändern Sie Ihre Redegeschwindigkeit (mal langsamer, mal schneller).
- Variieren Sie die Lautstärke.
- Sprechen Sie hochdeutsch.
- Sprechen Sie verständliche Sätze (kurze Sätze aus Haupt- und einem Nebensatz).
- Vermeiden Sie Fremdwörter oder Fachausdrücke, die der Zielgruppe nicht bekannt sind.
- Vermeiden Sie Abkürzungen, die den Teilnehmern nicht bekannt sind.
- Beziehen Sie Teilnehmer durch Fragen ein.
- Setzen Sie rhetorische Fragen ein (sie erhöhen die Aufmerksamkeit).
- Versuchen Sie alle Lerntypen anzusprechen.
- Arbeiten Sie mit Beispielen (dadurch machen Sie Sachverhalte durchschaubar und verständlich).
- Starten Sie mit einer Geschichte, einem Tatsachenbericht oder einem Erlebnis.
- Fassen Sie zusammen.

Durch Gestik, Mimik sowie Körperhaltung und -bewegung kann das gesprochene Wort wirkungsvoll unterstützt werden. Körpersprache kann bewusst eingesetzt werden, um Aussagen zu unterstreichen und um dem Publikum Wertschätzung entgegenzubringen.

Tipps für den Präsentator zur Körperhaltung und Körpersprache

Darauf sollte der Präsentator während der Präsentation achten:

- Halten Sie während einer Präsentation Blickkontakt.
- Schauen Sie einzelne Teilnehmer auch mal direkt an.
- Zeigen Sie einen freundlichen und offenen Gesichtsausdruck (lächeln).
- Wenden Sie sich Ihrem Publikum mit einer offenen Körperhaltung zu und zeigen Sie nicht die „kalte Schulter" oder den Rücken.
- Setzen Sie Ihre Gesten nur im Oberkörper ein.
- Verstecken Sie nicht permanent Ihre Hände oder halten Sie sich nicht permanent an Stift, Zeigestock etc. fest.
- Unterstreichen Sie Ihre Aussagen mit kleinen Handbewegungen.
- Stehen Sie zu Beginn fest mit den Füßen auf einer Stelle.
- Bewegen Sie sich langsam (Sie müssen kein Sportabzeichen erwerben).
- Verwenden Sie Moderations- oder Karteikarten als Spickzettel (nicht als „Zeigestock" verwenden).

Lässige Haltung

Korrekte Haltung

Abbildung 8: Körperhaltung des Präsentators

Die Aufgabe des Präsentators besteht darin, die Inhalte und Ziele adressatengerecht und ansprechend zu präsentieren.

Zusammenfassung

Präsentation heißt vor allem Wissens- und Informationsvermittlung. Ziel einer Präsentation ist, das Publikum zu überzeugen und zu gewinnen sowie Ideen und Vorschläge durchzusetzen. Wichtig ist, dass die Zielgruppe von Anfang an begeistert ist und Interesse geweckt wird, um optimale Aufmerksamkeit zu erreichen. Denn in einer Präsentation ist es wichtig, die Wahrnehmungskapazität der Zielgruppe möglichst optimal auszuschöpfen. Die Visualisierung unterstützt die Präsentation. Bei der Gestaltung müssen Formen, Farben und Anordnung berücksichtigt werden. Insbesondere Farben sind Bedeutungsträger. Zur Vorbereitung einer Präsentation gehören die Analyse der Zielgruppe, die inhaltliche Festlegung, die Erstellung der Visualisierung, die Ablaufplanung, Organisation und die persönliche Vorbereitung des Präsentators. Die Präsentation unterteilt sich in die drei Phasen „Einleitung, Hauptteil und Schluss". Eine gut vorbereitete Visualisierung führt wie ein „roter Faden" durch die Präsentation. Visualisierung unterstützt die Merkfähigkeit der Teilnehmer.

Handlungssituation

Sie sind Abteilungsleiter in der Abteilung Kraftfahrt-Schaden. Sie wollen Ihren Mitarbeitern regelmäßig aktuelle Informationen (z. B. geänderte Rechtsprechung, geänderte Annahmerichtlinien, neue Tarifbedingungen etc.) vermitteln und führen deshalb in periodischen Abständen Schulungen durch. Sie wollen gewährleisten, dass alle Mitarbeiter den gleichen Informationsstand haben.

Die Präsentation eignet sich sehr gut zur Vermittlung von Fachwissen und Informationen. Klare Strukturierung und ansprechende Visualisierung unterstützen Ihre Präsentation. Zusammenhänge können verständlicher dargestellt und somit schneller verstanden werden. Die Präsentation kann auch als Grundlage für eine anschließende Diskussion dienen und weitere Bearbeitungsschritte z. B. in einem Projekt einleiten.

Aufgaben zur Selbstüberprüfung

1. Erklären Sie, was man unter einer Präsentation versteht.
2. Nennen Sie die vier Lerntypen nach Frederic Vester und bringen Sie diese in Zusammenhang mit dem Behaltensgrad des Lernens.
3. Führen sie auf, was im Hinblick auf eine Präsentation zu beachten ist.
4. Erklären Sie, was Visualisierung bedeutet.
5. Begründen Sie vier Ziele, die mit Visualisierung erreicht werden sollen.
6. Beschreiben Sie, was bei der Anordnung der Elemente zu beachten ist.
7. Stellen Sie heraus, worauf bei der optischen Pointierung von Elementen geachtet werden sollte.
8. Beschreiben Sie, welche Aufgaben der Präsentator im Kontakt mit den Teilnehmern zu erledigen hat, damit seine Präsentation die beabsichtigte Wirkung erzielt.
9. Nennen Sie drei Möglichkeiten, wie Sie in einer PowerPoint-Präsentation Zahlenzusammenhänge gut verständlich darstellen können und was dabei beachtet werden muss.
10. Erläutern Sie den Sinn und Zweck einer Masterfolie.

Kapitel 7

Gruppen anleiten, Moderationstechniken anwenden

Rita Stein

Nachzuweisende Befähigung

Die angehenden Fachwirte/Fachwirtinnen für Versicherungen und Finanzen sollen imstande sein, Gruppen anzuleiten und Moderationstechniken anzuwenden (gemäß Erläuterungsbroschüre, Qualifikationsinhalte und Handlungssituationen, 3.6).

Qualifikationsinhalte des Kapitels

Die Absolventen können im Einzelnen:

- die Vorbereitung und Strukturierung einer Moderation planen (3.6.1)
- Elemente und Arbeitstechniken auswählen (3.6.2)
- den Moderationsablauf durchführen (3.6.3)
- die Aufgabe, Rolle und das Selbstverständnis des Moderators erkennen (3.6.4)
- Störungen während einer Moderation berücksichtigen (3.6.5)

1. Einleitung: Begriff und Ziel einer Moderation

Handlungssituation

Sie sind Abteilungsleiter im Bereich „Leben" der Proximus Versicherung. Der Vorstand hat das Leitziel „Wir wollen Service-Versicherer Nr. 1 in Deutschland werden" festgelegt. Zur Umsetzung dieser Aufgabe haben Sie das Ziel, gemeinsam mit Ihren Mitarbeitern Lösungen zu finden, wie dieses Leitziel erfolgreich in der Praxis umgesetzt werden kann. Sie haben Ihre Mitarbeiter eingeladen, mit Ihnen Ideen und Lösungsansätze zu erarbeiten. Von Kollegen haben Sie gehört, dass diese mit der Moderationsmethode gute Erfahrungen gemacht haben.

Moderator und Moderation sind Begriffe, die aus der heutigen Alltagswelt nicht mehr wegzudenken sind. Durch Fernsehen oder Live-Veranstaltungen hat der Begriff „Moderation" eine stärkere Gewichtung bekommen.

Eine Sendung moderieren bedeutet, die Zuschauer, das Publikum, die Gäste oder die Teilnehmer durch eine Sendung führen. Das Ziel dabei ist, einer für diesen Zweck ausgewählten und zusammengestellten Gruppe während einer Sendung Information, Unterhaltung und Spannung zu bieten. Es ist hier nicht das Ziel, ein Gruppenergebnis zu erarbeiten

1.1 Moderation – was ist das eigentlich?

Begriffsdefinition

Moderation ist eine Form des interaktionellen Lernens und Arbeitens. Ihre Wurzeln liegen in der Pädagogik, Psychologie und Soziologie. Hinter der Moderation verbirgt sich eine eigene Geisteshaltung. Sie besteht nicht nur aus technischer Methode. Grundlage der Moderation ist eine spezielle Wertehaltung zu Menschen. Sie drückt sich durch den demokratischen Arbeitstil der Gruppe, im verantwortlichen Denken und Handeln des Einzelnen und der Akzeptanz gegenüber Andersdenkenden aus. Der Wahlspruch der Moderation lautet: „Aus Betroffenen Beteiligte machen!". Sie ermöglicht den Beteiligten, gemeinsames Wissen zu nutzen und zu potenzieren. Ergebnis, Ziel und Gruppenzusammensetzung sind offen. (vgl. Neuland 2003, S. 59)

Aus dem gruppentherapeutischen Bereich stammt die

Definition

eine Gruppe leiten

Eine Gruppe leiten bedeutet, den anderen Teilnehmern einer Gruppe durch Fragen helfen, das gesteckte Ziel zu erreichen.

Diese Definition kommt der Beschreibung der Moderation von Lern-, Arbeits- und Projektgruppen am nächsten. Bei der Moderation kommt es darauf an, die Teilnehmer durch Fragen zu einem Ziel oder Arbeitsergebnis zu führen.

1.2 Moderare – Moderieren

Geschichte des Begriffs

Der Begriff „Moderieren" leitet sich ab aus dem lateinischen Verb „moderare", es bedeutet „mäßigen", „lenken", „regeln" und wird seit dem 16. Jahrhundert im deutschen Sprachraum verwendet. In der Bedeutung „mäßigen" und „mildern" ist der Begriff weitgehend veraltet.

In der zweiten Hälfte des 20. Jahrhunderts hat sich in Deutschland der englische Begriff „to moderate" in der Bedeutung von „eine Versammlung oder ein Gespräch leiten" etabliert.

In unserem Zusammenhang von Bedeutung ist zudem das lateinische Wort „modus". Es bedeutet vor allem „Maß, Art und Weise". Damit hängt einerseits „modestus" (maßvoll, bescheiden), andererseits „moderare" (mäßigen) zusammen. Im Althochdeutschen hat das „Maß" eine dreifache Bedeutung. Zu einem versteht man unter einem „Maß" ein Trinkgefäß, zum anderen ist es das „Maß" der Angemessenheit und Schicklichkeit. Zum dritten wird es in der Bedeutung von „Muße", als „freie Zeit, Aufmerksamkeit und Gelegenheit zu etwas" verwendet. (vgl. Neuland 2003, S. 55)

Entstehung und Entwicklung der Moderationsmethode

Die Moderationsmethode wurde in den späten 60er und frühen 70er Jahren entwickelt. Sie entstand aus dem Wunsch von Betroffenen von Entscheidungen, in den Entscheidungsprozess mit einbezogen zu werden bzw. mitbestimmen zu wollen. Die Techniken und Verfahren sind immer weiterentwickelt worden. Die Moderationsmethode stellt sich als ein „Gebilde" dar, bei dem sich Visualisierung, Methode und Menschenbild zu einer Einheit ergänzen. Eigenverantwortliches Handeln, Streben nach Gleichberechtigung, zielorientiertes Handeln und ganzheitliche Orientierung sind Ausgangsbasis für den Prozess. Philosophie und Methode sind untrennbar miteinander verbunden, denn die Anwendung der Techniken – ohne die entsprechende Einstellung zu den Menschen – führt unweigerlich zur Manipulation.

Sinn und Zweck

Die Moderationsmethode will helfen, dass Entscheider und Betroffene an einem Tisch gemeinsam kreative Lösungen erarbeiten können. Sie versteht sich als prozessorientierte Steuerung einer Kommunikationsveranstaltung mit dem Ziel, alle Teilnehmer zu beteiligen und die Potenziale der Teilnehmer auszuschöpfen. Sie wird in Besprechungen, Projektarbeit, Planungs- und Problemlösungsprozessen eingesetzt.

1.3 Ziele der Moderation

Ziele

- gruppendynamische Prozesse „in Gang bringen" (Chance: Alle können sich beteiligen.)
- Einbringen von Ideen aus dem jeweiligen Wissens- und Erfahrungshintergrund der Teilnehmer in einer Atmosphäre gegenseitiger Akzeptanz
- Erzielen von gemeinsamen Ergebnissen (Ideen und Gedanken einzelner Gruppenmitglieder können bei anderen Teilnehmern Ideen hervorrufen. Bei der Ideensammlung gilt im ersten Schritt: Quantität vor Qualität)

- Mitwirkung aller Betroffenen am Entscheidungsprozess (größere Akzeptanz an der getroffenen Entscheidung)
- Fördern von Kommunikation und Offenheit untereinander

Visualisierungstechnik und Fragetechnik sind die wesentlichen Instrumente in der Anwendung der Moderationsmethode. Die Visualisierungstechnik begleitet und unterstützt den Prozess in der Gruppe. Die zweite wesentliche Technik ist die Fragetechnik. Es gilt der Grundsatz: „Fragen statt sagen."
(siehe Abschnitt 2.2, Elemente und Arbeitstechniken)

7

2. Vorbereitung einer Moderation

2.1 Planung und Strukturierung

Robert F. Mager hat einmal gesagt:

„Wenn man nicht weiß, wohin man will,
braucht man sich auch nicht zu wundern,
wenn man ganz woanders ankommt!"

Vorbereitung und Planung

Die Vorbereitung und Planung einer Moderation benötigt einen genügend großen Vorlauf. Bei der Vorbereitung sind die folgenden Dinge zu beachten:

Zielsetzung

Mit dem Auftraggeber ist zu klären, welches Ziel durch die moderierte Veranstaltung erreicht werden soll. Der Moderationsauftrag muss präzise formuliert sein. Die formulierten Ziele dürfen nicht das Ergebnis vorweg nehmen. Der Moderator hat darauf zu achten, dass es sich um einen durchführbaren Auftrag handelt. Zur Planung einer Moderation müssen ein Gesamtkonzept und eine Gesamtzielsetzung formuliert werden, damit darauf wiederum ein methodisches Konzept aufgebaut werden kann.

Es muss eine zeitliche Planung erfolgen, damit die Ziele in der zur Verfügung stehenden Zeit auch erreichbar sind.

Im Vorfeld sollte auch die Frage geklärt sein, ob die Ziele mit den betroffenen Teilnehmern erreichbar sind.

Zielgruppe

Der Verlauf und das Ergebnis der Moderation werden entscheidend durch die Teilnehmer geprägt. Deshalb ist es wichtig, im Vorfeld die Teilnehmergruppe zu analysieren.

Dabei helfen die folgenden Fragestellungen:

- Wie setzt sich die Teilnehmergruppe zusammen?
- Kennen sich die Teilnehmer untereinander?
- Gibt es unterschiedliche Hierarchiestufen?
- Welche Interessen und Einstellungen haben die Teilnehmer zum Thema?
- Welchen Informationsstand haben die Teilnehmer bezogen auf das moderierte Thema?
- Welche Kompetenzen haben die Teilnehmer?
- Welche Schwierigkeiten und Konflikte können auftreten?
- Gibt es Zielkonflikte zwischen einzelnen Teilnehmern?
- Welche Einstellung haben die Teilnehmer zum Moderator?

Strategie und Zeitplanung

Ausgehend von den Zielen ist eine Strategie zu überlegen, wie die Veranstaltung ablaufen kann. Der Moderator erarbeitet sich eine zielgerechte Dramaturgie. Als Dramaturgie wird der Ablauf der Moderation in allen seinen Schritten und Facetten bezeichnet:

- Welches Ziel für welchen Abschnitt?
- Welche Methode für welches Ziel?
- Welches Hilfsmittel für welchen Abschnitt (bezogen auf das Ziel)?

Die Dramaturgie umfasst die Einstiegsfrage und die Folgefragen. Diese Fragestellungen müssen sehr genau durchdacht und vorbereitet werden. Weiter ist zu planen, mit welcher Methode die einzelnen Schritte vollzogen werden sollen. Das erfasst man in einem so genannten Ablaufplan bzw. Moderationsplan (s. Kap. 7, 2.1, „Aufbau einer Präsentation").

Da es sinnvoll ist, die Teilnehmer dort abzuholen, wo sie stehen, muss der Moderator sich entsprechende methodische Schritte überlegen. Wenn die Teilnehmer wenig Erfahrung mit der Moderationsmethode haben, bedeutet das, dass beim Einstieg mehr Zeit aufzuwenden ist. Gerade bei konfliktträchtigen Themen empfiehlt es sich, Spielregeln für das Miteinander in der Gruppe zu formulieren.

Die Visualisierung als wichtiger Bestandteil der Moderation muss ebenfalls vorbereitet werden. Der Moderator legt fest, welche Materialien er während des Moderationsprozesses benötigt und plant sie in ausreichender Menge ein.

organisatorische Vorbereitung

In der organisatorischen Vorbereitung zu einer moderierten Veranstaltung müssen u. a. der Zeitrahmen, der Veranstaltungsort sowie die benötigten Medien festgelegt werden.

Schritt	Ziel	Methodik	Hilfsmittel	Zeit	Moderator
gesamte Moderation	sofort umsetzbares Konzept	gesamter Moderationsablauf	1 Moderationskoffer mit Karten und Stiften 1 Flip-Chart 3 Pinnwände	ca. 2,25 Std.	Team (A + B)
1. Einstieg	Eröffnung, gutes Arbeitsklima	Ein-Punkt-Abfrage	vorbereitetes Plakat: visualisierte Frage mit Antwortraster	15 Min.	A eröffnet, B stellt Frage vor

Schritt	Ziel	Methodik	Hilfsmittel	Zeit	Moderator
2. Sammeln	Kennen der Aspekte, über die aus Sicht der Gruppe gesprochen werden muss	Karten abfrage	vorbereitetes Plakat: visualisierte Frage Reservewände	20 Min.	B steuert A schreibt
3. Auswählen	Festlegen der Themen, über die zuerst gesprochen werden muss	Mehr-Punkt-Abfrage	vorbereitetes Plakat: Themenspeicher	10 Min.	A moderiert Mehr-Punkt-Abfrage
4. Bearbeiten	Problemanalyse, Ansatzpunkte zur Lösung	Gruppenarbeit	vorbereitete Plakate: Szenario für Gruppenarbeit	60 Min.	A, B betreuen methodisch die Gruppen
5. Planen	Katalog von Maßnahmen zur Umsetzung	Maßnahmenkatalog	vorbereitetes Plakat: Maßnahmenplan	30 Min.	A steuert B schreibt

Tabelle 1: Moderationsplan (Lang/Conrads 2003, S. 130)

2.2 Elemente und Arbeitstechniken

Handwerkszeug des Moderators

Zum Handwerkszeug eines Moderators gehören: Schreib- und Klebestifte, Moderationskarten, Packpapier, Pinnwände und Nadeln (siehe Abschnitt 2.2.1).

Die Arbeit des Moderators findet an der Pinnwand statt. Für eine typische Moderation werden in der Regel drei Pinnwände benötigt, die so zueinander angeordnet werden, dass ein unvollständiger Halbkreis entsteht. Das Packpapier dient zur Bespannung der Pinnwand. Er benötigt des Weiteren:

2.2.1 Moderationselemente

Moderationselemente

- *Kommunikationskarten* (auch Kommentarkarten genannt):
  Sie sind das Hauptinstrument in einer Moderation. Auf ihnen werden alle Diskussionsbeiträge, Ideen und Inhalte vermerkt. Wichtig ist, thematische Zusammenhänge immer in der gleichen Farbe darzustellen und auch die gleichen Kartenfarben für die gleichen Schritte einzusetzen. Für die Karten empfiehlt es sich, helle Farben zu nehmen. So kann man z. B. Ideen und positive Argumente, Feedback und Kompromisse auf hellgrünen Karten festhalten. Orangefarbene Karten eignen sich gut für Einwände, für Lösungssuche und für Themen, die die Beziehungsebene ansprechen. Auf hellgelben Karten hält man Ideen, Wissen, Alternativen, Erfahrungen, zu realisierende Schritte und Folgerungen fest.

Da Rot eine stark aktivierende Wirkung hat, sollten rote Karten vorsichtig eingesetzt werden. Blaue Karten eignen sich zur Präsentation von Fakten, Erläuterung von Tatsachen und zur Wissensvermittlung. Weiße Karten eignen sich gut, um die Organisation und offene Punkte kenntlich zu machen (siehe auch Kap. 6, 2.1 zu Visualisierungselementen und Farben).

- *Ovale Karten* (auch Eierkarten genannt):
  Für Ergänzungen, Anmerkungen, die Bezeichnung von Achsen, zur Visualisierung von Überschriften bei Clustern, für emotionale Aussagen und als Aufmerksamkeitsmittel können ovale Karten eingesetzt werden.

- *Kuller* (kreisrunde Scheiben in drei unterschiedlichen Größen):
  Der kleine Kuller dient ausschließlich der Nummerierung oder zur Pointierung von Inhalten. Der mittlere Kuller ist hilfreich bei der Umstrukturierung von Themen. Der große Kuller wird für Überschriften über Themenblöcken eingesetzt.

- *Schienen* (auch Streifen und Schlipse genannt):
  Sie dienen als Träger von Überschriften, zur Darstellung von Hauptpunkten und zur Visualisierung von Fragen und Thesen.

- *Wolken* (weiß mit roter Umrandung):
  Es gibt sie als Vollwolke oder als Eckwolke. Sie werden hauptsächlich zur Visualisierung des Hauptthemas bzw. als Überschrift oder als Titelposter eines Gruppengesprächs benutzt. Vorsicht: Der Einsatz einer Wolke sollte immer zum Thema passen.

- *Rhombische Karten:*
  Sie werden zur inhaltlichen Ergänzung und für offene Punkte verwendet. Sie unterstützen die Darstellung von Strukturen und Abläufen.

- *Waben-Karten:*
  Sie ermöglichen weitere Visualisierungsvarianten, z. B. bei der Erstellung von Projektstrukturplänen.

- *Sprechblasen:*
  Sie bieten die Möglichkeit, subjektive Kommentare und Zitate z. B. bei Einpunktabfragen zu visualisieren.

- *Moderationspeople:*
  Sie helfen, Beziehungsaspekte und Gruppenprozesse darzustellen.

- *Schreibstifte:*
  Darunter versteht man dünnere Pinnwand-Marker (z. B. Edding 500) und breitere Pinnwand-Marker (z. B. Edding 800). Der dünnere Stift ist der Hauptschreibstift für Text. Er wird auch von den Teilnehmern zur Beschriftung der Kommunikationskarten benutzt. Die Teilnehmer sollten immer alle mit einer einheitlichen Farbe schreiben. Schreibfarben sind blau und schwarz. Für Überschriften, Umrandungen, Unterstreichungen und Hervorheben (Pointieren)

7

wird der breite Pinnwand-Marker eingesetzt. Idealerweise nimmt man blaue und schwarze Stifte zum Schreiben und rote oder grüne Stifte zum Pointieren.

- *Klebepunkte:*
  Sie benutzt man zur Gewichtung visualisierter Äußerungen. Es ist hilfreich, wenn man sie in mehreren Farben bereithält.

- *Stecknadeln:*
  Man benötigt sie zum Befestigen der Papierbögen auf der Pinnwand und während des Moderationsprozess bei Kartenabfragen. Karten lassen sich so leicht umstecken, wenn Veränderungen vorgenommen werden bzw. Gedankenketten gebildet werden sollen. Stecknadeln sollten immer reichlich vorhanden sein.

- *Packpapierbögen:*
  Sie werden auch Kuhhäute genannt. Jede Moderationswand wird mit einem Bogen bespannt.

2.2.2 Arbeitstechniken

Arbeitstechniken und ihr Einsatz

Innerhalb eines Moderationsprozesses werden unterschiedliche Arbeitstechniken eingesetzt, um das geplante Ziel innerhalb eines Abschnitts zu erreichen. Was setzt man wann ein?

- *Kennenlernen-Plakat*

Kennenlernen und „Warming-up"

Ein Kennenlern-Plakat sollte man einsetzen, wenn die Teilnehmer sich vorher nicht kennen oder als „Warming up", wenn die Veranstaltung über mehrere Tage geht. In dem Beispiel „Wir über uns" füllt jeder Teilnehmer zu jeder vorgegebenen Rubrik eine Karte aus. Beim Steckbrief gestaltet er ein eigenes Plakat, das er anschließend präsentiert.

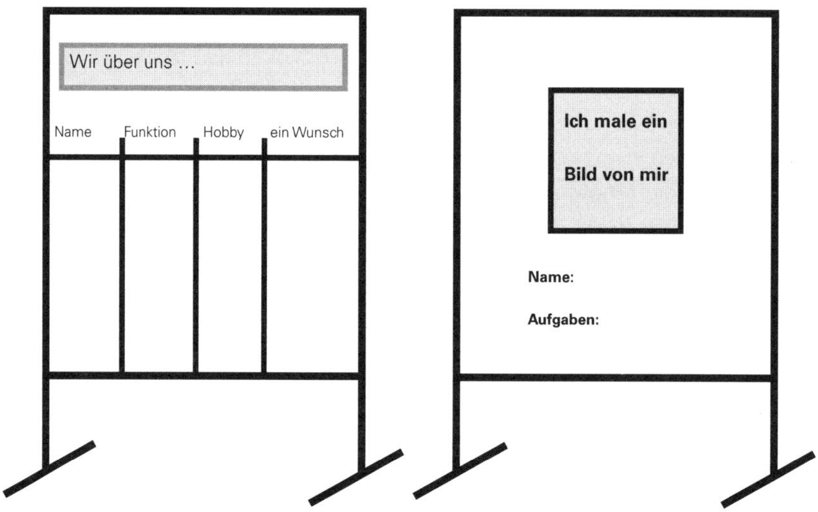

Abbildung 1: Beispiel für „Kennenlernen und Warming-up"

Erwartungsabfrage

Erwartungsabfrage

Teilnehmer und Moderator lernen die Erwartungen und ggf. die Befürchtungen oder Vorbehalte in Bezug auf die gemeinsame Veranstaltung kennen und können sich darauf einstellen. Vertrauen und Offenheit werden gefördert und Spannungen können dadurch abgebaut werden. Erwartungsfragen können so gestellt werden, dass mit einem Punkt geantwortet wird, oder dass eine oder mehrere Karten von jedem Teilnehmer beschrieben werden.

Bei den Punktabfragen unterscheidet man:
- Einpunktabfrage
- Zweipunktabfrage

Bei der *Einpunktabfrage* (Mehrpunktabfrage) wird eine Frage gestellt, die mit einem Punkt bewertet wird. Bei der Zweipunktabfrage werden zwei gefragte Kriterien gleichzeitig mit einem Punkt bewertet.

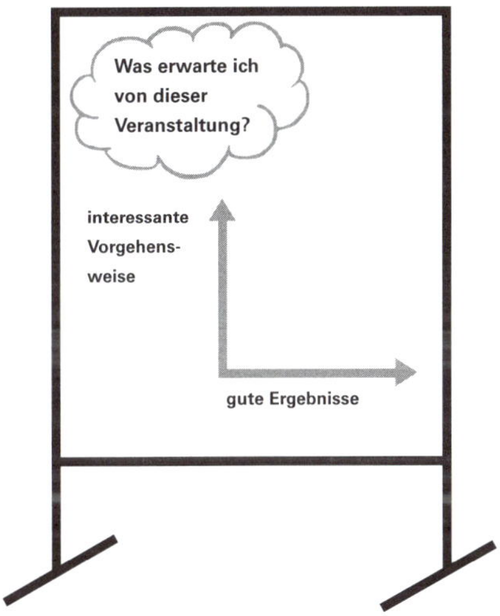

Abbildung 2: Beispiel für eine Erwartungsabfrage (Zweipunktabfrage)

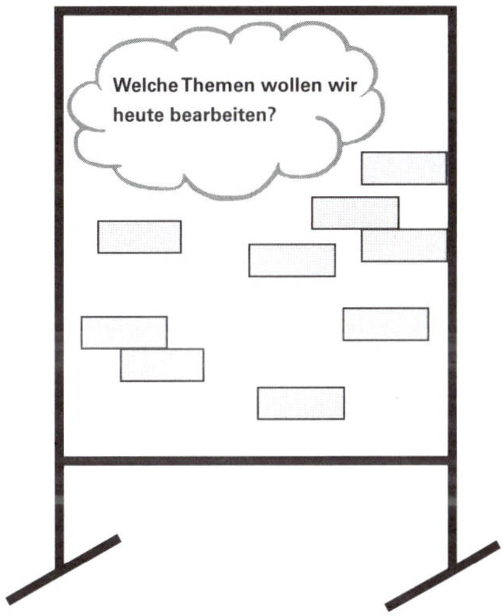

Abbildung 3: Beispiel für eine Kartenabfrage

Kartenabfrage

Kartenabfrage

Die Teilnehmer erhalten eine bestimmte Anzahl von Karten mit der Bitte, zu der moderierten Frage ihre Antworten, Ideen, Themen auf die Karten zu schreiben:
- pro Karte eine Idee
- im Querformat
- nur die Vorderseite

Alle Karten und Stifte haben die gleiche Farbe. Der Moderator sammelt anschließend die Karten ein, ohne dass er die Karten sortiert oder sich den Inhalt anschaut. Jede Karte wird vom Moderator vorgelesen. Mithilfe der Teilnehmer wird eine inhaltliche Struktur erarbeitet, d. h., dass die Karten, die thematisch zusammengehören, zusammengehängt werden. Auch Karten mit gleichem Inhalt werden vollständig berücksichtigt, unabhängig davon, wie häufig sie geschrieben wurden. Die Gruppe entscheidet, wo die Karte inhaltlich eingeordnet werden soll. Die gruppierten Karten bekommen im Anschluss eine Überschrift.

Kartenabfrage

Kartengruppierung

Die Kartenfrage ist ein grundlegender Arbeitsschritt zur:

- Themenfindung
- Ideensammlung
- Problemdefinition
- Ursachenanalyse
- Maßnahmenplanung

Ziel einer Kartenabfrage ist es, spontane Ideen, Gedanken, Wünsche, Meinungen oder Standpunkte einzelner Teilnehmer zu sammeln, sie der gesamten Gruppe sichtbar zu machen und zur weiteren Verarbeitung anzubieten.

Vorteil der Kartenabfrage ist:

- Die Menge der geschriebenen Karten: Jeder Teilnehmer hat die Möglichkeit, eine oder mehrere Karten zu schreiben. Bei dieser Technik gilt der Grundsatz „Quantität vor Qualität".
- Der demokratische Prozess: Alle Nennungen werden gleich wichtig behandelt.
- Jeder kann sich beteiligen: Anonymität ist gegeben. Durch die Anonymität erleben die Teilnehmer häufig, dass andere die gleichen oder ähnliche Ansichten, Meinungen, Probleme etc. haben, über die sie nicht gewagt hätten, offen zu sprechen. Dieses Erlebnis trägt dazu bei, dass das Vertrauen und die Offenheit in einer Gruppe und die Ergebnisorientierung zunehmen.

Man setzt sie ein, wenn

- ein großes Thema zerlegt werden soll,
- eine große Beteiligung an dem Thema gewünscht wird,
- jeder Einzelne die Chance haben soll, etwas zum Thema beizutragen (zu empfehlen, wenn es in einer Gruppe ein starkes Gefälle zwischen Redelöwen und sehr zurückhaltenden Teilnehmern gibt),
- sehr detailliert gesammelt werden soll,
- anschließend gewichtet werden soll.

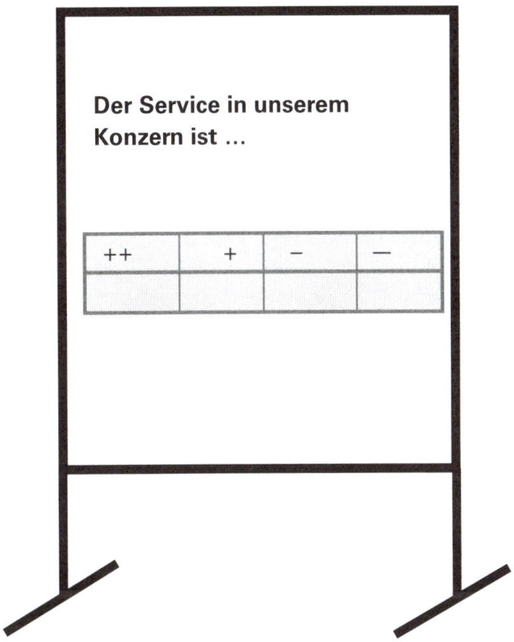

Abbildung 4: Beispiel für eine These

Zuruf-Frage

Zuruffrage

Hier werden die Teilnehmer aufgefordert, die Antworten zuzurufen. Aufgabe des Moderators ist es, die gegebenen Antworten in wenigen Worten zusammenzufassen und auf eine Karte zu schreiben bzw. durch einen Co-Moderator schreiben zu lassen. Die geschriebene Karte wird dann in einer systematischen Struktur an die Pinnwand geheftet. Diese Methode ist für den Moderator aufwändig. Sie wird eingesetzt, wenn man innerhalb einer kurzen Zeit Themen sammeln und sie sichtbar machen möchte.

Die These

These

Sie dient zur Einschätzung der Stimmung in der Gruppe. In der Regel wird eine These, wie z. B. „ Der Service in unserem Konzern ist ... " mit vier oder fünf Ausprägungsgraden (z. B. sehr gut, gut, befriedigend, schlecht, sehr schlecht oder einer Skala von 1–10) durch das Kleben eines Punktes bewertet.

Gewichtungsfrage/Punktfrage

Gewichtung

Wenn in einer Moderation entschieden bzw. gewichtet werden soll, z. B. bei der Auswahl von Themengebieten oder -schwerpunkten, oder zur Bewertung der Wichtigkeit dieser Themengebiete für den Einzelnen oder die Gruppe, wird die Punktabfrage genutzt. Worüber entschieden oder gewichtet werden soll, formuliert der Moderator auf einer Karte, die an die Pinnwand geheftet wird. Der Moderator erklärt, wo und wie viele Punkte geklebt werden können. Als Richtlinie für die auszuteilenden Punkte gilt: die Anzahl der gesamten Themenschwerpunkte geteilt durch zwei oder drei. Die Zahl der zu verteilenden Punkte ist abhängig vom Ziel. Wollen Sie nur wenige Themenschwerpunkte herauskristallisieren, dann sollten Sie wenige Punkte verteilen. Wenn die Frage lautet: „Welches ist für mich das wichtigste Thema?", dann darf aufgrund der formulierten Frage und des damit verknüpften Ziels auch nur ein Punkt verteilt werden. Nach dem Kleben werden die Punkte sichtbar gezählt. Es wird eine Reihenfolge gebildet, in der die Themen dann bearbeitet werden.

Tätigkeitslisten

Tätigkeitslisten

Nach einer Moderation werden Ergebnisse und Tätigkeiten in einer Liste erfasst. Die daraus resultierenden Aktivitäten oder Aufgaben werden tabellarisch erfasst. Sie können nach Terminen, Verantwortlichen oder Beteiligten zusammengefasst werden. Die Listen können sich nur auf anwesende Teilnehmer beziehen. Die vereinbarten Aufgaben müssen operational formuliert sein, d. h. konkret umsetzbar und mit messbarem Ergebnis sein.

Graffiti/Satzergänzung

Graffiti und Satzergänzung

Graffiti: Jeder Teilnehmer erhält eine Schiene mit einem Satzanfang, den er spontan zu Ende schreibt. Jeder Satzanfang ist unterschiedlich. Diese Technik kann zu Beginn einer Veranstaltung zum Anwärmen oder zum Ende zum Festhalten wichtiger Inhalte oder Erkenntnisse eingesetzt werden.
Satzergänzung: Auf dem Plakat steht ein Satzanfang. Jeder Teilnehmer erhält eine Schiene, auf der er den Satz auf dem Plakat ergänzt.

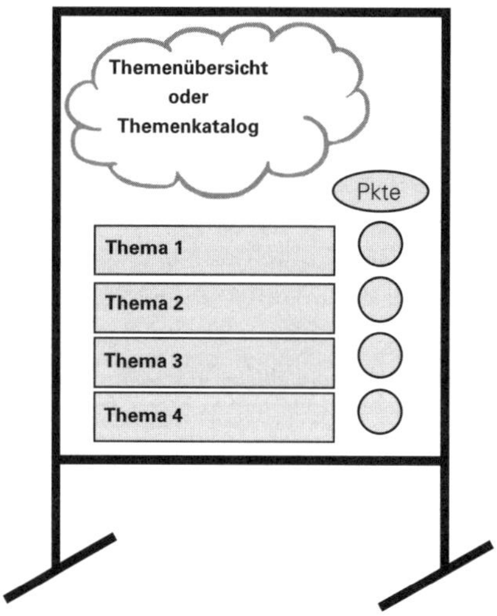

Abbildung 5: Beispiel für einen Themenkatalog

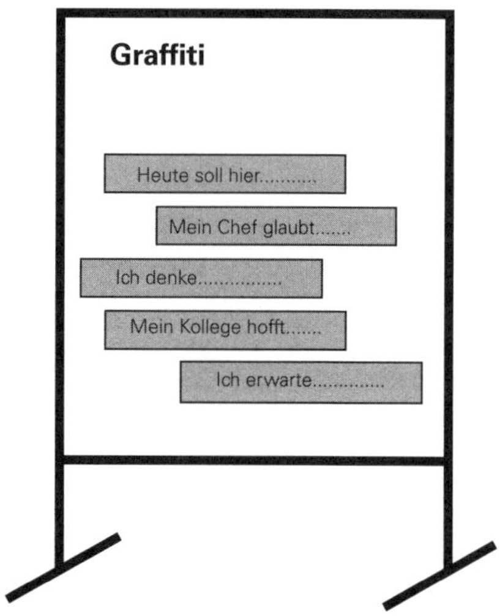

Abbildung 6: Graffiti

Blitzlicht

Blitzlicht

Das Blitzlicht ist eine Momentaufnahme in einer Gruppe. Es schafft schnell einen Überblick über Meinungen, Gedanken, Gefühle und Einschätzungen der Teilnehmer. Der Moderator stellt eine Frage oder formuliert eine Aussage. Sie wird reihum von jedem beantwortet.

Regeln für eine Blitzlichtrunde:

- Jeder Teilnehmer spricht nur über sich, seine Erwartungen und Vorstellungen.
- Die Aussagen beziehen sich nur auf die gestellten Fragen bzw. Aussagen.
- Es wird in der Ich-Form geantwortet.
- Die Antworten sollen nicht mehr als zwei Sätze betragen.
- Die Antworten werden nicht in der Gruppe diskutiert, kritisiert oder bewertet.
- Eine eventuell notwendige Diskussion kann sich an die Blitzlichtrunde anschließen.

Die Blitzlichtrunde wird in der Regel nicht visualisiert. Ein Blitzlicht ist sinnvoll, wenn die Meinung eines jeden Teilnehmers in einer bestimmten Situation oder zu einer Fragestellung von Bedeutung ist oder in der Gruppe eine Störung aufgetreten ist, die geklärt werden muss.

Ein Blitzlicht kann auch zu Beginn einer Veranstaltung (z. B. zum Anwärmen) eingesetzt werden oder auch zum Ende einer Moderation an, um die Veranstaltung zu reflektieren. Es kann dann in Form einer Ein- oder Zweipunktabfrage (*mit Visualisierung*) oder einer Kartenabfrage durchgeführt werden.

Mögliche Fragen und Aussagen für ein Blitzlicht:

- Ich befürchte gerade ...
- Das Problem ist meiner Meinung nach ...
- Was wünsche ich mir jetzt, wie es weitergehen soll?
- Ich erwarte jetzt ...

3. Ablauf einer Moderation

3.1 Ablaufplan

Moderationsablauf in sechs Schritten

Eine Moderation gliedert sich in mehrere Abschnitte. Der klassische Ablauf erfolgt in sechs Schritten.

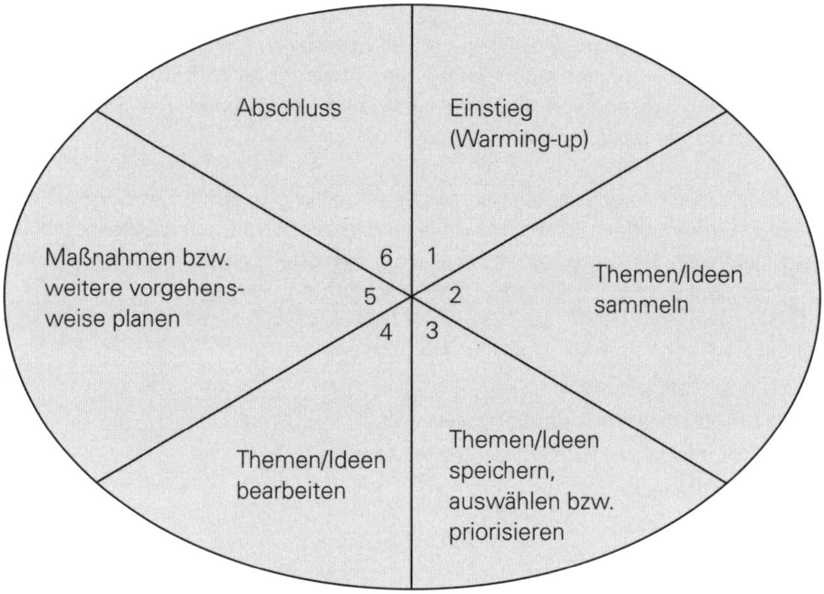

Abbildung 7: Moderationsablauf (angelehnt an Seifert 2003)

„Straße der Moderation"

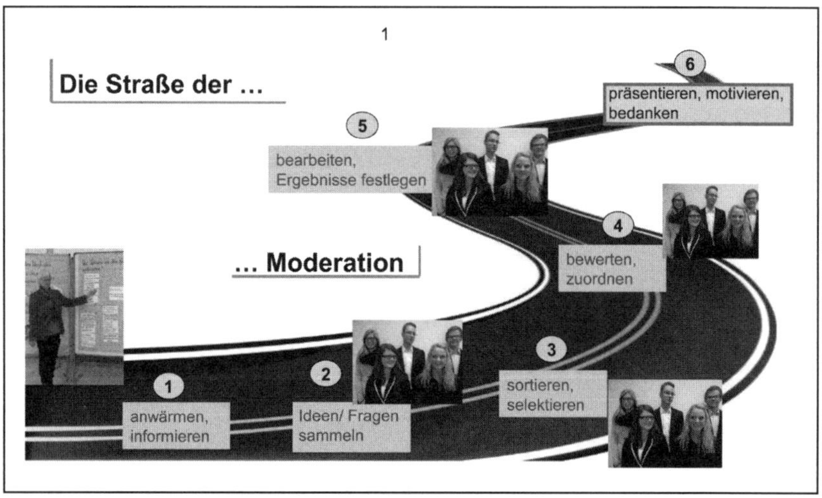

Die Moderationsstraße soll zeigen, dass nicht alle Abschnitte des Moderationsprozesses gleich lang sind. Die Dauer und Intensität hängt vom Ziel und der Zielgruppe ab.

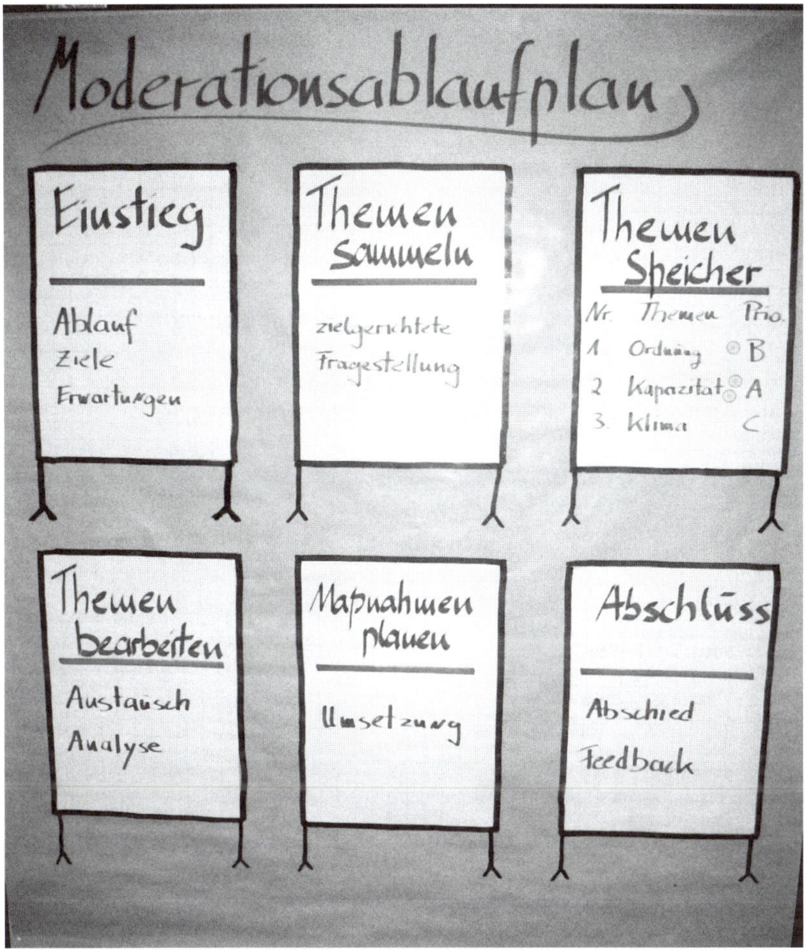

Abbildung 8: Beispiel für einen Moderationsablaufplan mit 6 Moderations-Charts

Einstieg

Einstieg

Im ersten Schritt geht es darum, den Moderationsprozess zu eröffnen. Man bezeichnet den Einstieg auch als Anmoderation. Ziel ist es,

- ein positives Arbeitsklima zu schaffen,
- auf das Thema einzustellen,
- sich untereinander kennenzulernen,
- den Teilnehmer u. U. die Methode zu erläutern,
- Orientierung für die gemeinsame Arbeit zu geben,
- Spielregeln festzulegen.

Die Moderation beginnt mit der Begrüßung der Teilnehmer durch den Moderator, er eröffnet die Veranstaltung, weckt Interesse und gibt Orientierung für Ziele, Erwartungen und Wünsche. Zum Aufwärmen und innerlichen Ankommen (Warming-up) hilft ein Blitzlicht oder eine Einpunktabfrage.

Um alle Teilnehmer inhaltlich auf den Prozess einzustellen und den gleichen Informationsstand herzustellen, kann ein Startplakat (Trailer) mit dem Veranstaltungsüberblick, mit der Darstellung der Vorgehensweise oder mit fachlichen Informationen zum Thema unterstützend beitragen.

Ist die Methode den Teilnehmern nicht bekannt, ist es wichtig, sie zu erläutern. Es empfiehlt sich, zu Beginn Spielregeln festzulegen. Spielregeln betreffen die Methode und den Umgang untereinander. Spielregeln sollte man während des gesamten Prozesses sichtbar hängen lassen. Spielregeln kann man gemeinsam mit der Gruppe erarbeiten oder auf einem Plakat vorbereiten und durch die Teilnehmer ergänzen. Moderator und Teilnehmer können bei Verletzung der Spielregeln auf das Plakat zeigen und so auf die Einhaltung der vereinbarten Spielregeln hinweisen.

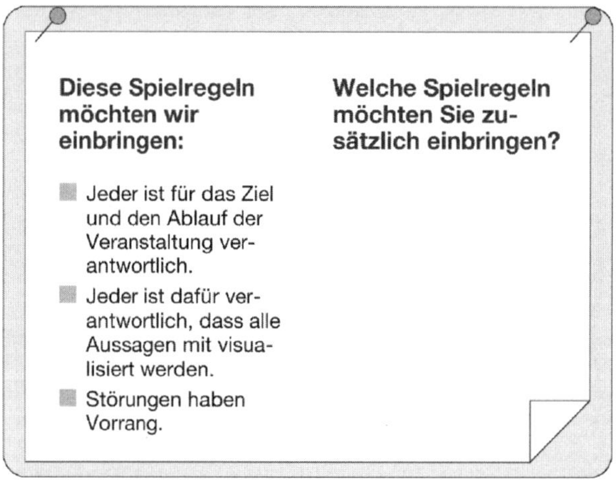

Abbildung 9: Spielregeln für eine Moderation (Lang/Conrads 2003, S. 134)

Dies kann der Fall sein, wenn

- die Teilnehmer während des Prozesses das inhaltliche Ziel aus den Augen verlieren,
- Teilnehmerbeiträge missachtet werden (z. B. weil vergessen wurde, sie zu visualisieren),
- ein Teilnehmer für einen anderen spricht (Sprich für dich – nicht für andere),
- Störungen auftreten (Störungen haben Vorrang).

Ursachen für Störungen

Wenn das Arbeitsklima nicht stimmt, ist eine inhaltliche Fortsetzung des Prozesses nicht sinnvoll. Störungen können Vorbehalte, Ängste, Ärger, Uneinigkeit, Müdigkeit, Desinteresse, die Raumtemperatur und andere atmosphärische Störungen sein. Aufgabe des Moderators wie auch der Teilnehmer ist es, diese anzusprechen und zu versuchen, sie auszuräumen. Ruth Cohn hat in ihrem Modell der *„Themenzentrierten Interaktion (TZI)"* die Notwendigkeit einer dynamischen Balance von ICH (jeder Einzelne), WIR (Interaktion und Beziehung), ES (Thema, Anliegen, Sache) und GLOBE (Kontext, Situation, Bedingungsrahmen) begründet.

Themenzentrierte Interaktion (TZI)

TZI beruht auf der Arbeitshypothese, dass jede Person (ICH), die Interaktion der Gruppe (WIR) und die Arbeit an der Aufgabe (ES) als gleichgewichtig angesehen werden sollen und der gegenseitige Einfluss von Gruppe und Umfeld beachtet muss. Daraus resultiert, dass Störungen immer Vorrang haben. Jede Art von Störung verhindert, dass eine Gruppe effektiv arbeiten kann.

Themenzentrierte Interaktion ist eine sehr praxisorientierte Methode, die dazu dienen soll, Themen und Aufgaben ins Zentrum der beteiligten Personen zu stellen, um sie dann gemeinsam zu bearbeiten.(siehe auch Kap. 5, 2.3.6 „Themenzentrierte Interaktion")

Themen sammeln

Themen sammeln

Im zweiten Schritt, dem Kernstück der Moderationsmethode, werden Ideen gesammelt und/oder Themen festgelegt. Das Ziel dieses Schrittes besteht darin,

- die Gedanken der Teilnehmer auf die gemeinsame Zielsetzung zu konzentrieren,
- einen inhaltlichen Ausgangspunkt für die inhaltliche Arbeit zu schaffen,
- alle Ideen zur Fragestellung zu sammeln (Quantität vor Qualität),
- alle Teilnehmer in die Bearbeitung und in den Prozess einzubeziehen und
- für alle Teilnehmer Transparenz herzustellen.

Der Moderator leitet diesen Schritt durch eine zielgerichtet präzise formulierte Frage ein, die er auf einem Plakat bereits visualisiert hat. Es sind dann die folgenden Arbeitsschritte durchzuführen:

- Der Moderator erläutert, zu welchem Themengebiet und mit welcher Zielsetzung die Ideen gesammelt werden sollen.
- Jeder Teilnehmer erhält einen Stift und eine Anzahl von Karten, auf die er seine Ideen stichwortartig schreibt (pro Idee eine Karte). Durch die gleiche Karten- und Stiftfarbe wird die Anonymität gewahrt. (siehe Abbildung 3 zur Kartenabfrage)
- Die Teilnehmer erhalten ausreichend Zeit zum Überlegen und Schreiben.
- Sobald die Teilnehmer die Karten geschrieben haben, sammelt der Moderator sie ein.
- Es empfiehlt sich dann, die Karten zu mischen.
- Der Moderator gibt den Hinweis, dass auch noch Karten nachgereicht werden können.
- Danach beginnt der Moderator mit dem Anstecken der Karten. Zunächst wird jede Karte vorgelesen und danach an eine vorbereitete Pinnwand angeheftet. Der Inhalt der Karten wird nicht vom Moderator kommentiert. Bei inhaltlichen Unklarheiten sollten der Teilnehmer oder die Gruppe die Aussage erläutern

bzw. festlegen, wie der Inhalt der Karte verstanden werden soll.

- Beim Anheften der Karten versucht der Moderator für inhaltlich gleiche Karten Gruppen oder Cluster (= Klumpen) zu bilden. Die Gruppe muss mit der Clusterbildung einverstanden sein. Jede Karte wird berücksichtigt, auch wenn die gleiche Idee mehrmals geschrieben wurde (keine Karte und keine Idee fällt unter den Tisch).
- Sollte ein Thema bzw. eine Karte in mehrere Schwerpunkte gehören, wird eine zusätzliche Karte geschrieben und dazu gepinnt. Die Teilnehmer entscheiden, ob alle Karten richtig hängen.
- Wenn alle Karten angeheftet worden sind und die Teilnehmer mit dem Clustern/Clustering (Klumpenbildung) einverstanden sind, werden die einzelnen Gruppen mit einem dicken Stift umrahmt und durchnummeriert. Wenn die Umrahmung abgeschlossen ist, wird auch keine Karte mehr verschoben. Der Sammelprozess ist abgeschlossen. Durch das Bilden von Überschriften werden die Teilnehmer noch einmal aufgefordert, ihre Äußerungen zu durchdenken. Einsprüche werden markiert.
- Die Überschriften werden auf runde oder ovale Karten geschrieben und zur jeweiligen Gruppe angeheftet.

Clustern (Klumpen)

Regeln zum Clustern (Klumpen):

- Lassen Sie alle Karten zu (auch wenn mehrere Karten den gleichen Inhalt haben).
- Jede Karte gehört dazu.
- Entfernen Sie keine Karte mit scherzhaften Beiträgen oder „Blödelbeiträgen".
- Hängen Sie Karten nicht übereinander, denn jede Karte soll sichtbar bleiben.
- Sprechen Sie alle Aussagen direkt an.
- Klären Sie direkt alle Fragen.
- Teilnehmer können Karten wieder zurückziehen.
- Unterbinden Sie Pro-Contra-Diskussionen bei den Nennungen. Es ist nur wichtig, was gemeint ist.
- Lassen Sie die Gruppe entscheiden, zu welchem thematischen Block die Karte gehört.
- Der Kartenschreiber hat Vetorecht bzw. entscheidet im Zweifelsfall über die Zuordnung seines Beitrages.
- Bei Uneinigkeiten kann „geblitzt" werden („Blitzen" nennt man das Kenntlichmachen mit einem Konfliktpfeil oder Blitz).
- Achten Sie darauf, dass ein einzelner Klumpen nicht zu viele unterschiedliche Aussagen enthält, denn dadurch wird das Thema zu breit, zu wenig konkret und unübersichtlich.
- Halten Sie eine Offene-Punkte-Liste bereit.

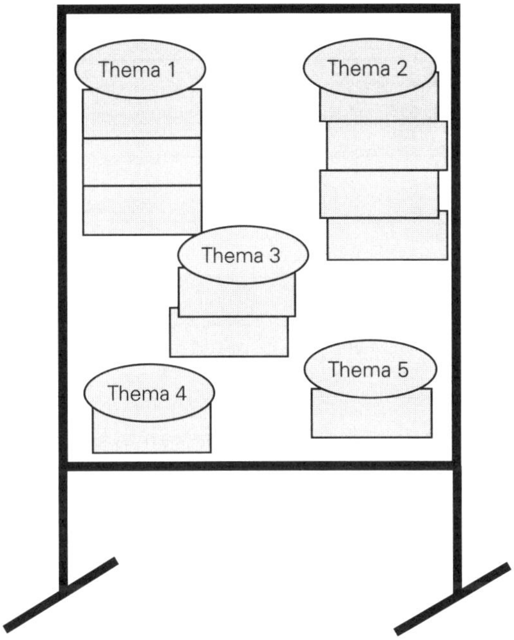

Abbildung 10: Clustern

Für diesen Arbeitsschritt sollte genügend Zeit einkalkuliert werden.

Themen speichern und auswählen

Themen speichern und auswählen

Im nächsten Schritt werden die Überschriften der einzelnen Gruppen in einen Themenspeicher übernommen (siehe Abbildung 5). Ziel des Themenspeichers ist es, die Oberbegriffe der Ideensammlung für alle auf einen Blick erfassbar zu machen. Das erleichtert die Weiterarbeit.

Bewertung der Themen

Der Moderator formuliert und visualisiert eine zielgerichtete Fragestellung, um z. B. anzuregen, ein persönlich favorisiertes Thema oder einen Schwerpunkt zu wählen bzw. herauszuarbeiten. Eine Frage könnte lauten: „Welche Idee wollen wir vorrangig umsetzen?" Wichtig ist, dass den Teilnehmern die Zielsetzung der Gewichtung verdeutlicht wird. Die Teilnehmer erhalten Klebepunkte, um zu gewichten. Sollen die Themen stark eingegrenzt werden (z. B. aus zeitlichen Gründen, weil nicht alle Ideen gleichzeitig umgesetzt werden können), bekommen die Teilnehmer nur wenige Klebepunkte und müssen die Klebepunkte auf die einzelnen Themen verteilen. Es gibt aber auch Gründe, viele Punkte zu verteilen, um eine breite Streuung oder auch starke Konzentration zu erreichen. Die Punkte können auch kumuliert verteilt werden. Bei der Kumulierung besteht u. U. die Gefahr der Manipulation.

7

Als Anhaltspunkt für die Anzahl der zu verteilenden Klebepunkte, kann die folgende Matrix genutzt werden:

Anzahl der Themen	**Anzahl der Teilnehmer**				
	5	**10**	**15**	**20**	
5	3	2	1	1	Anzahl Klebepunkte pro Person
10	5	4	3	3	
15	7	5	4	3	

Die Teilnehmer sollten gemeinsam zur Pinnwand gehen, damit nicht nachvollziehbar ist, wer welchen Punkt geklebt hat. Anschließend zählt der Moderator die geklebten Punkte aus und schreibt die Summe in die dafür vorgesehene Spalte (Spalte „Gewichtung"). Danach kennzeichnet der Moderator die Themen in der von den Teilnehmern gewünschten Priorität (Spalte „Priorität"). Das kann durch Ordnungsziffern oder Buchstaben auf dem Themenspeicher kenntlich gemacht werden.

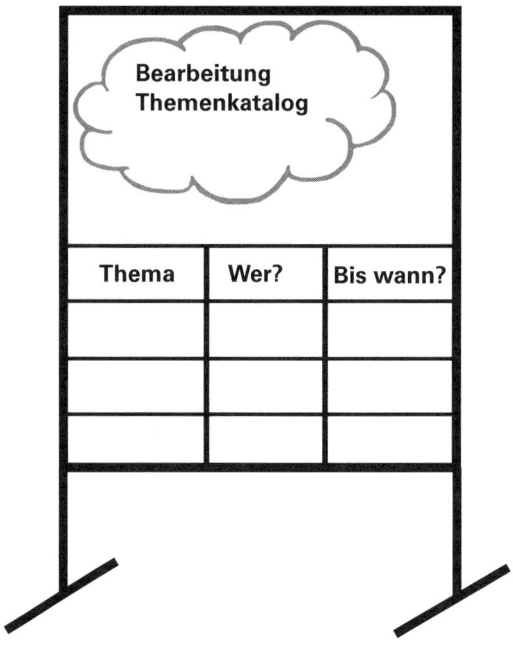

Abbildung 11: Beispiel Themenbearbeitung

Die Themen können auf eine weitere Pinnwand, der so genannten Themen- oder Bearbeitungsliste, mit entsprechender Rangordnung übertragen werden. Mit der Schwerpunktbildung der Ideen oder zu bearbeitenden Themen kann der Moderationsprozess an dieser Stelle beendet werden. Zur weiteren Bearbeitung können die Themen in die jeweiligen Bearbeitungs- oder Projektgruppen übergeben.

In der Regel fährt man mit der Moderationsmethode fort, um das favorisierte Thema (Schwerpunktthema) detaillierter zu bearbeiten. Das geschieht im vierten Schritt.

Themen bearbeiten

Themen bearbeiten

In der vierten Phase findet die eigentliche Problembearbeitung statt. Hier sollen, vertieft und spezifisch orientiert an den festgelegten Themen,

- Informationen gesammelt und ausgetauscht,
- Probleme analysiert,
- Lösungen entwickelt,
- Entscheidungen vorbereitet,
- Entscheidungen getroffen

werden.

Bearbeitung in Kleingruppen

Bei größeren Gruppen bietet es sich an, das ausgewählte Thema in Kleingruppen mit einer maximalen Gruppenstärke von fünf Teilnehmern bearbeiten zu lassen. In einer Kleingruppe kann man eher Meinungen und Haltungen aufzeigen, Widersprüche aufdecken, kontroverse Meinungen austragen sowie schneller Lösungen suchen und finden. Die Arbeit in der Kleingruppe sollte 60 Minuten nicht übersteigen. Wie kann man Kleingruppen bilden? Im Themenspeicher bietet sich die Möglichkeit an, eine weitere Rubrik zu ergänzen, in der die Teilnehmer sich der Gruppe zuordnen können, in der sie mitarbeiten wollen. Dazu schreiben sie ihren Namen auf einen kleinen Kuller und heften ihn hinter das Thema, an dem sie mitarbeiten wollen. Interessieren sich mehr als fünf Teilnehmer für das gleiche Thema, kann die Gruppe geteilt werden, oder Einzelne orientieren sich freiwillig um, indem sie ihren Kuller umheften.

Für die Kleingruppenarbeit sind vorbereitete Plakate hilfreich, auf denen sie ein mögliches Strukturbeispiel für die Bearbeitung ihres Themas finden. Man nennt diese vorgegebene Struktur „Szenario". Ist die Gruppe mit der Methode vertraut, kann sie auch – falls gewünscht – eigene Szenarien entwickeln. Jede Kleingruppe entwickelt auf einem Plakat ihre Lösung und visualisiert sie. Beispiele für Szenarien sind:

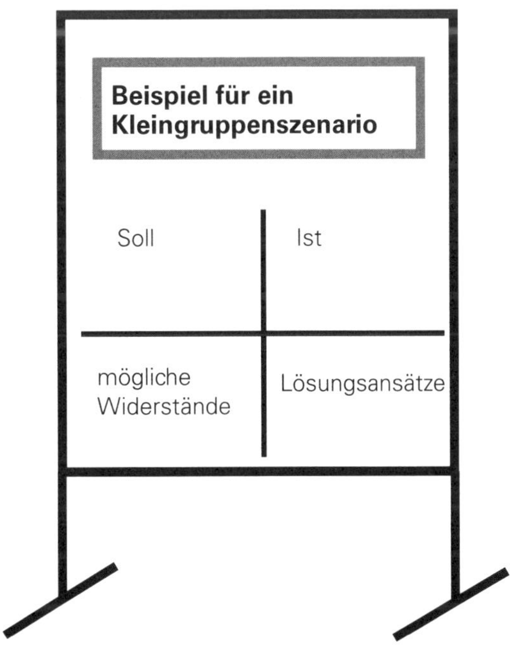

Abbildung 12: Kleingruppenszenarien

Die Kleingruppen präsentieren ihre Ergebnisse anschließend im Plenum. Die Präsentation sollte zwischen 5 und 15 Minuten dauern. Sollte das Thema in der Kleingruppe nicht erschöpfend bearbeitet worden sein, können die Plenumsmitglieder im Anschluss an die Präsentation auf Karten Ergänzungen, Widersprüche und sonstige Kommentierungen schreiben und sie dann auf dem Plakat der Kleingruppe anheften.

Maßnahmen planen

Maßnahmen planen

Ziel der Moderation ist es, zu einem Ergebnis zu kommen, das von allen Teilnehmern akzeptiert wird. Deshalb muss jetzt als weiterer Schritt definiert werden, welche Maßnahmen aufgrund der Ergebnisse aus der Bearbeitung der Themen realisiert werden sollen. Das wichtigste Instrument zur Ergebnisorientierung ist der Maßnahmenplan/-katalog oder Tätigkeitskatalog. Er enthält alle Aktivitäten, die im Laufe der Moderation angeregt wurden und die dazu dienen, die angesprochenen Lösungsansätze umzusetzen und Probleme zu lösen (Wer macht was bis wann?).

Die Maßnahmen sollten einfach, konkret und überschaubar formuliert werden, damit die Durchführung realistisch und kontrollierbar ist.

Maßnahmenkatalog

Der Maßnahmenplan/-katalog enthält mehrere Spalten, in denen sichtbar festgehalten wird, welcher Teilnehmer sich verpflichtet, welche Aktivität bis zu welchem Termin umzusetzen.

Der Maßnahmenplan kann um weitere Spalten ergänzt werden, z. B. eine Spalte „mit wem?" (hier können als Teilnehmer aber auch andere Personen und Organisationseinheiten stehen, die bei der Realisierung unterstützen oder einbezogen werden müssen). Es kann auch die Spalte „Bemerkungen" ergänzt werden. Hier können Stichworte zur Art der Durchführung vermerkt werden.

Abschluss

Abschluss einer Moderation

Nachdem der Maßnahmenplan erstellt wurde, ist die inhaltliche Arbeit beendet. Der Moderationsprozess sollte für alle ein bewusstes und erlebbares Ende haben. Das erreicht man, indem man den Prozess noch einmal reflektiert.

Die Reflexion bezieht sich auf

- das inhaltliche, sachliche Ergebnis der Moderation,
- die Gefühle der Teilnehmer.

Die Einschätzung des inhaltlichen Ergebnisses kann durch eine Einpunktfrage erfolgen, die zwei Dimensionen abfragt:

- *„Wie zufrieden bin ich mit unserer Zusammenarbeit und mit unserem Ergebnis?"*

Besonders bei Gruppen, denen diese Methode nicht so geläufig ist, bieten sich zum Ende Fragen oder Aussagen (Abschlussblitzlicht) an, die die Zufriedenheit festhalten:

- *„Haben sich meine Erwartungen erfüllt?"*
- *„Bin ich mit dem erreichten Ergebnis zufrieden?"*
- *„Habe ich mich in der Gruppe wohl gefühlt?"*
- *„Ich fühle mich jetzt ..."*

Stand im Moderationsprozess der zwischenmenschliche Bereich im Vordergrund, ist es am Schluss wichtig, positive und negative Gefühle deutlich zu machen. Das kann auch mithilfe einer Frage erreicht werden, z. B.

„Was war mir heute wichtig?"
„Was möchte ich der Gruppe noch sagen?"
„Was nehme ich für mich aus dieser Veranstaltung mit?"
„Was plane ich sofort umzusetzen?"

Neben der Bepunktung können auch Kommentare der Teilnehmer stichpunktartig (z. B. auf Karten) auf dem Abschlussplakat festgehalten werden.

Zum Abschluss einer jeden Moderation empfiehlt es sich, alle wichtigen Aussagen wie Informationen, Diskussionsbeiträge, Gruppenergebnisse und eingesetzte Blitzlichter festzuhalten. Das geschieht in einem so genannten Simultanprotokoll, d. h., dass alle im Moderationsprozess gemachten Aussagen abgeschrieben oder abfotografiert werden. Das hat den großen Vorteil, dass das Protokoll authentisch ist, nachträglich nicht mehr durch Ergänzungen manipuliert werden kann und jeder Teilnehmer sich wiedererkennt.

Moderationsprotokoll

Diese Art des Protokolls ist nur für die Teilnehmer des Moderationsprozesses geeignet, da nur sie den Prozess nachvollziehen können. Für Nicht-Teilnehmer wird dadurch oft ein nicht verständliches Bild vermittelt. Sollten andere Betroffene über Ergebnisse des Prozesses informiert werden, empfiehlt es sich, dafür ein eigenes zielgruppenspezifisches Protokoll aufzubereiten. Für eine intensivere Information von Nicht-Teilnehmern, die von dem Ergebnis betroffen sind, ist es sinnvoll, die Ergebnisse in einer eigens dafür angefertigten Präsentation vorzubereiten und durchzuführen.

Der Moderator verabschiedet sich und bedankt sich bei den Teilnehmern.

Beispiel für einen praktischen Moderationsablauf

Ziele	Methoden
1. Einstieg (Warming-up)	
Anwärmen (themabezogen)	Kurzpräsentation „Servicewüste Deutschland", Auswirkungen auf unseren Konzern
Anwärmen (teilnehmerbezogen)	Einpunktabfrage „Wie stark sind Sie von dem Thema betroffen?"
Vorstellen der Methode und des Ablaufs, Spielregeln festlegen	mündlich durch den Moderator
Hinführen zum Thema	Kartenabfrage „Durch welche bereits vorhandenen Serviceziele hat unser Unternehmen Wettbewerbsvorteile?" (eine Karte pro Teilnehmer)
2. Themen/Ideen sammeln	
Ideen sammeln	Kartenabfrage „Wie können wir unseren Service verbessern?" oder „Was müssen wir tun, um Service Versicherer Nr. 1 zu werden?"
Ideen gruppieren	gleiche Inhalte gruppieren (clustern) und für jede Gruppe einen Oberbegriff finden
3. Themen/Ideen auswählen	
Themenspeicher erstellen	Oberbegriffe in einen vorgefertigten Themenspeicher übertragen, durchnummerieren
Themen bewerten (priorisieren)	Gewichtung – „Welche Idee halten Sie für besonders wichtig?" oder „Welche Idee sollte Ihrer nach Meinung zuerst umgesetzt werden?"
Mitarbeit an Themen	An welchem Thema möchten Sie mitarbeiten?
4. Themen/Ideen bearbeiten	
Lösungsmöglichkeiten erarbeiten (diese Phase kann direkt im Anschluss oder zeitversetzt erfolgen)	Die Teilnehmer erarbeiten in Kleingruppen Umsetzungsstrategien nach vorgegebenen Rahmenbedingungen und halten ihre Ergebnisse fest.
Ergebnisse präsentieren	Die einzelnen Gruppen präsentieren ihre Ergebnisse im Plenum.
5. Maßnahmen planen	
Maßnahmenkatalog erstellen	Welche Aufträge müssen bis wann vergeben werden und wer unterstützt aus unserer Teilnehmergruppe?
6. Abschluss	
Reflexion der Veranstaltung	Einpunktabfrage oder Blitzlicht „Wie zufrieden sind Sie mit dem Ergebnis?"

Tabelle 2: Moderationsablauf

3.2 Aufgabe, Rolle und Selbstverständnis des Moderators

Der Leiter oder Führer eines Moderationsprozesses ist der Moderator. Am bekanntesten sind Moderatoren von Fernsehsendungen.

Rolle und Aufgabe

Die Rolle und die Aufgaben eines Moderators sind sehr facettenreich, denn jede Phase einer Moderation verlangt unterschiedliche Fähigkeiten und Vorgehensweisen. Sein Stil, die Gruppe und den Prozess zu leiten, ist gekennzeichnet durch eine spezifische Grundhaltung: Er versteht sich als Helfer der Gruppe. Eigene Meinungen, Ziele und Wertungen sollte er zurückhalten bzw. zurückstellen.

Die erste Aufgabe des Moderators besteht darin, sich von seinem Auftraggeber einen klaren und durchführbaren Auftrag zu holen. Der Moderationsauftrag muss präzise formuliert sein und das zu erreichende Ziel beinhalten. Die Formulierung des Auftrags fällt häufig auch unter die Aufgaben eines Moderators. Für das Gelingen eines Moderationsprozesses kommt dem Moderator eine entscheidende Funktion zu, indem er nicht nur den Prozess strukturiert, sondern auch für die Dokumentation der erarbeiteten Inhalte verantwortlich ist. Mit den richtigen Fragen hilft er der Gruppe, zu Ergebnissen zu kommen. Er gibt Impulse, damit die Gruppe eigenverantwortlich arbeitet, Lösungen selbst findet und ggf. geeignete Maßnahmen zu Problemlösungen beschließt. Er wirkt als Katalysator, indem er Entscheidungsprozesse zielgerichtet und mit der Gruppe einvernehmlich voranbringt. Auch sorgt er für das notwendige Moderationsmaterial und bereitet es vor. Er trägt die gesamte Verantwortung für das äußere Gelingen einer Moderation.

Der Moderator ist Methodenspezialist und muss nicht inhaltlicher Experte sein. Er trägt die Verantwortung für den Prozess, aber nicht für dessen inhaltliche Qualität. Von Vorteil ist, wenn er sich in die „Sache hineindenken" kann. Ein Moderator kann auch als „Sozialtechniker" bezeichnet werden. Zu seinen Aufgaben gehört es,

- eine Gruppe zusammenzuhalten (Kohäsion zu erreichen),
- Spielregeln für den Umgang miteinander zu erarbeiten und deren Einhaltung zu überwachen,
- Gesprächsregeln bei Diskussionen aufzustellen und dafür zu sorgen, dass sie eingehalten werden (z. B. 30 Sekunden Diskussionszeit nicht überschreiten, schriftlich diskutieren, Ergänzungen oder Einwände mit einem Konfliktpfeil „blitzen"),
- Gruppenkonsens oder Kompromisse herbeizuführen,
- eine offene Arbeitsatmosphäre zu schaffen,
- verbale Steuerungselemente einzusetzen.

„Fragen statt Sagen", „aktives Zuhören" und „Zusammenfassen" gehören zu den wichtigsten verbalen Steuerungsinstrumenten.

Fragen statt Sagen

Der Moderator sollte deshalb in der Lage sein, an der richtigen Stelle die richtige Frage zu formulieren. Fragen sind Schlüssel zu neuen Türen.
(vgl. Neuland 2003, Seite 95 ff)

„Wer fragt, führt"

„Wer fragt, führt" – das bedeutet in der Praxis, dass der Moderator durch gezielte Fragen die Teilnehmer in eine bestimmte Richtung lenken kann. Fragen müssen präzise gestellt werden. Gute Fragen sind verständlich, kurz, klar und exakt formuliert und sie engen den Spielraum möglicher Antworten nicht ein.

Einsatz von Fragen

Fragen haben die Aufgabe, die Teilnehmer in den Moderationsprozess einzubeziehen und anzuregen, über ein Problem nachzudenken und Alternativen zu erarbeiten, Fragen unterstützen darüber hinaus, Meinungen, Stimmungen, Bedürfnisse, Erwartungen und Befürchtungen der Teilnehmer zu verdeutlichen. Mit ihrer Hilfe können Informationen abgefordert, Bewertungen, Einschätzungen und Gewichtungen vorgenommen und die weitere Vorgehensweise abgestimmt werden.

Beispiele für offene Fragen

„Welches Thema wollen wir heute bearbeiten?" oder *„Was fällt Ihnen ein, wenn Sie den Begriff ‚Service' hören?"*

Bei offenen Fragen ist die Antwort frei zu formulieren und deshalb besonders geeignet für die Moderation.

Beispiele für geschlossene Fragen

„Können wir zum nächsten Schritt übergehen?" oder *„Sind Sie mit dem bisherigen Verlauf zufrieden?"*

Geschlossene Fragen werden immer mit „ja" oder „nein" beantwortet. Sie dienen der Orientierung.

Beispiel für eine alternative Frage

„Sollen wir diesen Punkt noch weiterbearbeiten oder sollen wir zum nächsten Punkt übergehen?"

Diese Fragestellung birgt die Gefahr, dass die Gruppe sich spaltet und der Prozess behindert wird.

Beispiel für eine rhetorische Frage

„Wollen wir jetzt nicht alle zum nächsten Punkt kommen?"

Rhetorische Fragen sollten nicht in der Moderation angewandt werden, da sie Gegenmeinungen im Keim ersticken und der demokratische Prozess behindert wird.

Beispiel für eine Suggestivfrage

„Sie sind doch sicher auch der Meinung?"

Diese Fragetechnik eignet sich nicht für die Moderation, da der Zuhörer manipuliert wird.

aktives Zuhören

Der Moderator kann sich durch aktives Zuhören in die Teilnehmer einfühlen und ihnen Aufmerksamkeit und Interesse entgegenbringen. Aktives Zuhören ist keine Methode, sondern Ausdruck einer Haltung und Einstellung. Es ist eine unabdingbare Voraussetzung für jeden Moderationsprozess (siehe auch Kap. 5, 3.2.1, „Aktives Zuhören").

Immer dann, wenn die Gruppe zu wichtigen Zwischenschritten bzw. Ergebnissen gelangt ist oder Arbeitsschritte abgeschlossen sind, sollte der Moderator zusammenfassen oder ein Fazit ziehen. Das erhöht die Merkfähigkeit und motiviert und verdeutlicht das Voranschreiten der Moderation.

Zusammenfassen

Darüber hinaus sollte der Moderator Fähigkeiten, Fertigkeiten und Kompetenzen besitzen wie z. B. Methodensicherheit beim Anwenden der Moderationstechniken, Ausstrahlung von persönlicher Autorität (überzeugen können, ohne autoritär zu sein) sowie sprachliche Gewandtheit (verständlich sprechen und Körpersprache einsetzen).

Fähigkeiten, Fertigkeiten und Kompetenzen

Er sollte zudem offen, ehrlich und geduldig sein und die Teilnehmer und ihre Beiträge wertschätzen. Er muss flexibel sein, um u. U. rasch intervenieren zu können.

Die Sprache ist ein wichtiges Verständigungsmittel in der Moderation. Man unterscheidet die Sprache und das Sprechen. Mit „Sprache" bezeichnet man den Wortschatz, Redewendungen, Sprachlehre und Satzbau. Unter „Sprechen" versteht man im Allgemeinen die laute Umsetzung der Sprache mithilfe der Sprechorgane. „Sprache in der Moderation umfasst den ganzen wechselseitigen Prozess der sozialen und personalen Interaktion zwischen Moderator und den Gruppenmitgliedern. Der Moderationsprozess wird ganz entscheidend durch mündliche Kommunikation gesteuert. Bei mündlichen Äußerungen werden klassisch die zwei Ebenen der Kommunikation, die Sach- und die Beziehungsebene angesprochen." (vgl. Neuland 2003, S. 241 ff, siehe auch Kap. 5, 2.3.4, „Die vier Seiten einer Nachricht")

Sprache

7

Tipps zum Sprechen:

Tipps zum Sprechen

- *Lautstärke* – wechseln, dem Inhalt und der Situation anpassen
- *Tempo* – nicht zu langsam
- *Pausen machen* – den Teilnehmern Zeit lassen, Aussagen aufzunehmen und zu verstehen und sie zur gezielten Erzeugung von Spannung einsetzen
- *Melodie* – zum Ende eines Satzes die Stimme senken und um Spannung zu erzeugen, die Stimme heben
- *Stimmklang* – wechselnde Tonhöhe einsetzen
- *Artikulation* – deutlich und flüssig sprechen
- *Nebenlaute* und Füllwörter vermeiden

Der Moderator ist Fachmann für die Kommunikation, dem „Wie" der Kommunikation zwischen den Menschen. Das bestimmt seine Haltung. Er stellt seine eigene Meinung, seine persönlichen Ziele oder Werte zum Thema zurück. Er bewertet und kommentiert weder Meinungsäußerungen noch Verhaltensweisen der Teilnehmer. „Richtig" oder „Falsch" gibt es für ihn nicht während des Moderationsprozesses. Jeder Beitrag wird ernsthaft angehört und er sorgt dafür, dass kein Beitrag verlorengeht. Er bleibt „neutral". Der Moderator nimmt während der gesamten Moderation eine fragende Haltung ein. Seine Aufgabe ist es, die Teilnehmer durch Fragen zu aktivieren (siehe „verbale Steuerungselemente"). Er ist sich seiner Einstellung zu Mensch und Thema bewusst. Er kennt seine eigenen Stärken und Schwächen. Dadurch bringt er die Teilnehmer dazu, möglichst selbstverantwortlich zu handeln. Er fasst alle Äußerungen der Gruppe als Signale auf, die ihm helfen, den Gruppenprozess zu verstehen. Dadurch versucht er, den Teilnehmern ihr eigenes Verhalten bewusst zu machen, sodass Störungen und Konflikte sofort angesprochen und bearbeitet werden können (siehe „Störungen haben Vorrang"). Es ist seine Aufgabe, auf Unstimmigkeiten oder Meinungsverschiedenheiten innerhalb der Gruppe hinzuweisen, damit Konflikte wahrgenommen und gelöst werden können und der Gruppenprozess fortgesetzt werden kann. Der Moderator diskutiert nicht über die Methode, sondern wendet sie an. Seine Handlungen und Aussagen rechtfertigt er nicht, sondern er klärt die Schwierigkeiten, die hinter Angriffen und Provokationen stehen.

Rollenwechsel

Wenn der Moderator inhaltlich oder organisatorisch mit den Teilnehmern verbunden ist und daher an der einen oder anderen Stelle auch seinen eigenen Standpunkt einzubringen hat, muss er im Prozess den Rollenwechsel sichtbar machen. Es muss klar erkennbar sein, wann er sich in der Rolle des Moderators befindet und den Prozess steuert, und wann er Teilnehmer in der Gruppe ist. Als Mitglied in der Gruppe kann er seine Meinung frei äußern. Das kann er verdeutlichen, indem er sich zu den Teilnehmern setzt. Unterstützen kann er den Rollenwechsel durch die verbale Einleitung „ Ich bin jetzt in der Rolle des Teilnehmers und ..." (Klebert/Schrader/Straub 1987)

Moderator und Helfer

Hilfreich ist die Durchführung des Moderationsprozesses zu zweit. Die Moderation zu zweit ermöglicht die Aufteilung der Aufgaben in die Rolle des Moderators und die Rolle des Helfers. Der Moderator übernimmt die Leitung der Diskussion und die Lenkung des Prozesses. Der Helfer übernimmt die Visualisierung der Teilnehmerbeiträge und unterstützt beim Clustern und Punkten. Dies erleichtert die inhaltliche wie auch die methodische Arbeit und auch die Konzentration auf das Gruppengeschehen.

Hilfsregeln

Der Moderator wie auch die Teilnehmer werden unterstützt durch so genannte Hilfsregeln:

- „Ich" statt „man" oder „wir" – vertritt dich selbst in deinen Aussagen!
- „Fragen" statt „sagen" – Führe durch Fragen!
- Sei dein eigener Chairman – Übernimm die Verantwortung für dich selbst!
- Erläutere die Vorgehensweise!
- Es ist alles eine Frage der inneren Haltung.
- Sei Steuermann und lass los!
- Störungen haben Vorrang (siehe Ruth Cohn).
- Nicht bewerten und nicht beurteilen!
- Wer sich rechtfertigt, klagt sich an.
- Jeder spricht für sich und nicht für andere.
- Nicht über die Methode diskutieren.
- Jeder ist für die Zielerreichung mitverantwortlich.
- Nur eine Person zur gleichen Zeit.
- Bleib beim Thema!
- Achte auf konkrete Vereinbarungen!

- Stelle Konsens her!
- Sei neutral!
- Schließe positiv ab!

3.3 Störungen während einer Moderation

Umgang mit Störungen

Immer wieder kann es in einer Gruppe zu schwierigen Situationen kommen. Hier gilt es, die Probleme rasch zu erkennen und Ursachen herauszufinden. Für den Erfolg der Moderation ist es entscheidend, ob man mit den Störungen positiv und konstruktiv umgeht.

Wenn eine Gruppe nicht mitmacht oder die Teilnehmer nur wenige inhaltliche Beiträge liefern oder destruktive Verhaltensweisen zeigen, dann sollte der Moderator die inhaltliche Ebene verlassen und die Störung ansprechen. Störungen anzusprechen kostet Zeit, ist aber notwendig, damit der Prozess eine Chance hat, fortgesetzt zu werden (siehe 3.1 zu Moderationsablauf und TZI). Zum Ansprechen der Störung kann sich der Moderator der Technik des Feedbacks bedienen oder auch eine Einpunktabfrage zur Prozessevaluierung nutzen. Die Regeln des Feedbacks (siehe Kap. 5, 4.2.1, „Feedback-Regeln") müssen hier auf jeden Fall eingehalten werden.

Schwierige Situationen entstehen immer dann, wenn persönliche Angriffe erhoben oder unsachliche oder ironische Äußerungen gegenüber Gruppenmitgliedern oder auch dem Moderator formuliert werden. Es ist für den Moderator zunächst hilfreich, wenn er versucht, den Angriff nicht persönlich zu nehmen und nicht mit einem Gegenangriff oder mit einer Zurechtweisung antwortet. Als Moderator nimmt man den Beitrag ernst und hinterfragt, wie das Gesagte zu verstehen ist. Der Moderator fragt, was die Gruppe oder der Einzelne mit der Bemerkung anfangen soll. Hier gilt es, Interventionstechniken zu beherrschen:

- Reviewtechnik: Das Ziel noch einmal kurz rekapitulieren und klären, wohin man letztlich will.
- Fragetechnik einsetzen.
- Blitzlicht einsetzen: Jeder sagt kurz seine Meinung oder äußert sich zu seinem Befinden in der Situation.
- Schriftlich weiterdiskutieren.
- Auf die Meta-Ebene wechseln (siehe Kap. 5, 2.4, „Metakommunikation").

Widersprüche und Einwände

Auch Widersprüche und Einwände von Teilnehmern fordern den Moderator zum Handeln auf. Nach dem Duden bedeutet „widersprechen", eine Aussage, eine Äußerung als nicht zutreffend zu bezeichnen bzw. einer Sache nicht zuzustimmen. Beim Widerspruch handelt es sich im Grunde um Argumentation und Gegenargumentation. Der Moderator muss in der Lage sein, das Ziel eines Widerspruchs zu erkennen und je nach Zweck zu reagieren.

Widersprüche aktivieren aber auch den Prozess, denn es ist das Ziel der Moderation, dass die Gruppe selbst Ideen und Lösungen findet. Es gibt der Gruppe Bestätigung und schafft eine gute Vertrauenslage. Der Moderator hat die Chance, die Sach- und Beziehungsebene anzusprechen (siehe Kap. 5, 2.3.3, „Eisbergmodell").

Um mit Einwänden (siehe Kap. 5, 3.2.3, „Einwandbehandlung") umgehen zu können, sollte der Moderator die u. g. Einwandtechniken beherrschen, damit er aus Betroffenen Beteiligte machen kann:

- *Einwand aufspüren* (herausfinden, was der andere meint)

  Der Teilnehmer kann seine Gründe nachschieben und Argumente nennen. Deren Stichhaltigkeit kann diskutiert werden. Damit ist der Einwand von der Sache her aufgegriffen und der Teilnehmer erhält dadurch eine persönliche Bestätigung.

- *Einwand vorwegnehmen*

  Auf diese Weise will man den Teilnehmern „den Wind aus den Segeln nehmen". Das kann aber auch dazu führen, dass man „schlafende Hunde" weckt.

- *Vergleichsmethode*

  Der Moderator verweist auf ähnliche Fälle und zieht den Analogieschluss: So wie da, auch hier und jetzt. Verstärken kann der Moderator das, indem er seine persönliche Erfahrung einbringt.

- *Einwand zurückstellen*

  Der Moderator verschiebt die Behandlung des Einwandes auf später. Das hat den Vorteil, dass der geplante Ablauf nicht gestört wird und es Zeit zum Überlegen gibt. Für den Teilnehmer kann dieses Verfahren sachlich unbefriedigend sein, denn es bleibt eine Unklarheit bestehen.

Selbst bei ablehnender, destruktiver Kritik ist es für den Moderator nicht ratsam, sich aus der Fassung bringen zu lassen.

In einer Gruppe gibt es unterschiedliche Teilnehmer, der eine ist etwas stiller und der andere dominiert durch vieles Reden. Der Moderator hat darauf zu achten, dass jeder Teilnehmer sich in die Gruppe einbringt. Es kann sich zu einer Störung entwickeln, wenn sich ein Teilnehmer ständig und sehr dominant in den Vordergrund drängt. Auch hier ist es wichtig, dass der Moderator die Beiträge ernst nimmt und anerkennt. Gleichzeitig ist es ratsam, die häufigen Beiträge dadurch zu verkürzen, dass der Moderator den Vielredner dazu bringt, auf den Punkt zu kommen. Er sollte gleichzeitig die Gruppe auffordern, Stellung zum Gesagten zu beziehen. Manchmal kann dabei auch ein entsprechender Blickkontakt oder eine „ausgehaltene" Pause hilfreich sein.

Zusammenfassung

Die Moderation ist eine Methode, um Gruppen und Teams bei Problemlösungen, Ideenfindungen und Themenbearbeitungen zu unterstützen und zu führen. Sie ist eine systematische, strukturierte und offene Vorgehensweise, um Workshops, Besprechungen, Meetings, Qualitätszirkel und Teamsitzungen effizient vorzubereiten, durchzuführen und nachzubereiten.

Jedes Gruppenmitglied bringt seine Ideen und Erfahrungen ein. Die getroffenen Entscheidungen werden von der Gruppe akzeptiert und umgesetzt. Gegenseitige Offenheit, Akzeptanz und partnerschaftliche Kommunikation sind Merkmale des Prozesses.

Die einzelnen Arbeitsschritte folgen logisch aufeinander und werden transparent dargestellt. Der klassische Moderationsablauf gliedert sich in sechs Schritte: Einstieg, Themensammlung, Themenauswahl, Themenbearbeitung, Maßnahmenplan und Abschluss. Ein Moderator muss sich auf eine Moderation gut vorbereiten. Zum technischen Handwerkszeug des Moderators gehören Schreib- und Klebestifte sowie Moderationskarten, Packpapier, Pinnwände und Nadeln. Der Moderator ist Methodenspezialist und muss, bezogen auf das zu bearbeitende Thema, kein inhaltlicher Experte sein. Er trägt die Verantwortung für den Prozess und bemüht sich, alle Gruppenmitglieder aktiv in die Arbeit einzubeziehen. Der Moderator nimmt eine fragende Haltung ein und beachtet Signale der Gruppe, die den Entscheidungsprozess beeinträchtigen. Störungen haben Vorrang. Der Moderator macht sie sichtbar und beseitigt sie gemeinsam mit der Gruppe.

7

Handlungssituation

Sie sind Abteilungsleiter im Bereich „Leben" der Proximus Versicherung. Der Vorstand hat das Leitziel „Wir wollen Service-Versicherer Nr. 1 in Deutschland werden" festgelegt. Zur Umsetzung dieser Aufgabe haben Sie das Ziel, gemeinsam mit Ihren Mitarbeitern Lösungen zu finden, wie dieses Leitziel erfolgreich in der Praxis umgesetzt werden kann.

Sie haben ihre Mitarbeiter eingeladen, mit Ihnen Ideen und Lösungsansätze zu erarbeiten. Von Kollegen haben Sie gehört, dass sie mit der Moderationsmethode gute Erfahrungen gemacht haben. Sie haben sich für die Moderationsmethode entschieden. Mit Unterstützung eines Kollegen aus dem Weiterbildungsbereich, der die Moderation übernimmt, erstellen Sie einen Moderationsplan. Mithilfe von visualisierten Fragen werden die Mitarbeiter angeregt, Ideen und Lösungen zu finden. Weil alle Mitarbeiter in den Prozess einbezogen sind, gibt es eine Vielzahl von Ideen. Diese werden von der Gruppe priorisiert. Gemeinsam wird eine Rangfolge aufgestellt, nach der die Ideen bearbeitet und umgesetzt werden. Der Moderationsprozess hat sich als ergebnisorientierter Prozess herausgestellt, der die Mitarbeiter motiviert hat, die erarbeiteten Ideen umzusetzen.

Aufgaben zur Selbstüberprüfung

1. Erklären Sie den Begriff „Moderation".
2. Erläutern Sie, was „Dramaturgie" im Hinblick auf die Moderation bedeutet.
3. Erläutern Sie die Arbeitstechnik „Kartenabfrage" und stellen Sie die Vorteile heraus.
4. Stellen Sie die Arbeitstechnik „Blitzlicht" im Vergleich zur Arbeitstechnik „Kartenabfrage" dar.
5. Begründen Sie, welche Bedeutung der Einstieg in Hinblick auf einen Moderationsablauf hat.
6. Erklären Sie das „Kernstück" der Moderationsmethode.
7. Beschreiben Sie fünf Aufgaben des Moderators.
8. Fragen haben die Aufgabe, die Teilnehmer in einen Moderationsprozess einzubinden. Formulieren Sie jeweils zwei offene und geschlossene Fragen eines Moderators.
9. Begründen Sie, warum es sinnvoll ist, den Moderationsprozess zu zweit durchzuführen.
10. Erläutern Sie zwei Interventionstechniken, die der Moderator bei Störungen anwenden sollte.

Literaturverzeichnis

Kapitel 1 – Führungsstile und -techniken anwenden

AGV Geschäftsbericht 2008/2009, München 2009

Berthel, Jürgen; Becker, Fred G.: Personalmanagement, 8. Auflage, Stuttgart 2007

Bisani, Fritz: Personalwesen und Personalführung, 4. Auflage, Wiesbaden 2000

Böck, Ruth et al.: Studienliteratur Personalwirtschaft, 3. Auflage, Karlsruhe 2006

Conrads, Sonja et al.: Studienliteratur Kommunikation und Management, 2. Auflage,

Karlsruhe 2003 (siehe besonders: Teil II, Führung: Barbara Oberhäuser: Grundbegriffe „Führung"; Dr. Sonja Conrads: Motivation, Leistungsbereitschaft; Dr. Angela Lang: Arbeit in Teams)

Gemünden, Hans Georg; Högl, Martin (Hrsg.): Management von Teams, Wiesbaden 2000

Heckhausen, Heinz; Heckhausen, Jutta: Motivation und Handeln, 3. Auflage, Heidelberg 2006

Höhn, Reinhard (Hrsg.): Das Harzburger Modell in der Praxis, Bad Harzburg 1967

Hersey, Paul: Situatives Führen, Landsberg 1986

Jung, Hans: Personalwirtschaft, 2. Auflage, München 1997

Kieser, A.; Reber, G.; Wunderer, Rolf: Handwörterbuch der Führung, 2. Auflage, Stuttgart 1995

McGregor, Douglas: The human side of enterprise (1960), 8. Auflage, New York 2005

Olfert, Klaus: Personalwirtschaft, 13. Auflage, Ludwigshafen 2008

Rheinberg, Falko: Motivation, 7. Auflage, Stuttgart 2008

Richter, Manfred: Personalführung im Betrieb, 2. Auflage, München,1989

Rosenstiel, Lutz von, Regnet, Erika, Domsch, Michel E. (Hrsg.): Führung von Mitarbeitern. Handbuch für erfolgreiches Personalmanagement (1991), 6. Auflage, Stuttgart 2009

Sandner, Karl: Prozesse der Macht, Berlin/Heidelberg 1990

Simon, Herrmann: Think – Strategische Unternehmensführung statt Kurzfrist-Denke, Frankfurt 2009

Steinmann, Horst; Schreyögg, Georg: Grundlagen der Unternehmensführung, 5. Auflage, Wiesbaden 2002

Tannenbaum, Robert / Schmidt, Warren: How to Choose a Leadership Pattern, in: Harward Business Review, Nr. 2, 1958

Wunderer, Rolf: Führung und Zusammenarbeit, Stuttgart 2009

Kapitel 2 – Mitarbeiterinnen und Mitarbeiter individuell fördern und entwickeln

Becker, Manfred: Bildungscontrolling – Möglichkeiten und Grenzen aus wissenschaftstheoretischer und bildungspraktischer Sicht, in: Georg von Landsberg, Reinhold Weiß (Hrsg.): Bildungs-Controlling, 2. Auflage, Stuttgart 1995, S. 57–80

Berthel, Jürgen; Becker, Fred G.: Personalmanagement, 8. Auflage, Stuttgart 2007

Bleiber, Richard: Crashkurs Controlling. Alle Zahlen fest im Griff, München 2001

Böck, Ruth et al.: Studienliteratur Personalwirtschaft, 3. Auflage, Karlsruhe 2006

Bronner, Rolf; Schröder, Wolfgang: Evaluierung der betrieblichen Bildungsarbeit, in: Gaugler, E.; Weber, W. (Hrsg.): Handwörterbuch des Personalwesens, 2. Auflage, Stuttgart 1992, Sp. 853–864

Diensberg, Christoph; Krekel, Elisabeth M.; Schobert, B.: Balanced Scorecard und House of Quality. Evaluation in Weiterbildung und Personalentwicklung, Bundesinstitut für Berufsbildung 2001

Dillerup, Ralf; Hannss, Susanne: Bildungscontrolling, in: Controlling-Lexikon (Haufe), Freiburg 2004, S. 5

Domsch, Michel E.; Harms, Martina; Sticksel, Peter: Methoden der Personalentwicklung II – Bildungsbedarfsanalyse, in: Personalentwicklung im lernenden Unternehmen (Studienbrief PEO 420), 2. überarbeitete und erweiterte Auflage, Universität Kaiserslautern 2000, S. 57–64

Graf, Werner: Bildungscontrolling. Messung betrieblicher Qualifizierungsmaßnahmen, in: Grundlagen der Weiterbildung (GdWZ), 3 (1992) 1, S. 9–12

Gust, Mario; Weiß, Reinhold: Praxishandbuch Bildungscontrolling für excellente Personalarbeit, 3. Auflage, München 2007

Horvath, Peter: Controlling, 4. Auflage, München 1992

Hummel, Thomas R. : Erfolgreiches Bildungscontrolling, 2. Auflage, Heidelberg 2001

Jung, Hans: Personalwirtschaft, 2. Auflage, München 1997

Phillipps, Jack J.; Schirmer, Frank C.: Return on Investment in der Personalentwicklung, Berlin 2005

Rost, Detlef H. (Hrsg.): Handwörterbuch Pädagogische Psychologie, 2. Auflage, Weinheim 2001

Will, Hermann et al.: Evaluation in der beruflichen Aus- und Weiterbildung, Heidelberg 1987

Wottawa, Heinrich; Thierau, Heike: Lehrbuch Evaluation, Bern 1990

Internetquellen

Baldin, Klaus Michael: Bildungscontrolling: Grenzen und Chancen, ChangeCulture-Consultants, Universität Landau 2004 www.unilandau.de/iew/Downloads/Downloads/Materialien/TN-Unterlagen202004.pdf (Zugriff am 05.07.2010)

Kapitel 3 – Planen und Organisieren der beruflichen Erstausbildung

AGV (Hrsg.): Tarifverträge für die private Versicherungswirtschaft, Karlsruhe 2010

Arbeitsgesetze (dtv-Taschenbuch), 72. Auflage, München 2008

Berufsbildungswerk der Deutschen Versicherungswirtschaft (BWV) e.V.: Erläuterungen zur Fortbildung Geprüfte/r Fachwirt/in für Versicherungen und Finanzen, Karlsruhe 2010 (FVF-Erläuterungen)

Berufsbildungswerk der Deutschen Versicherungswirtschaft (BWV) e.V.: Erläuterungen zur Verordnung über die Berufsausbildung Kaufmann/Kauffrau für Versicherungen und Finanzen, akt. Nachdruck, Karlsruhe 2007 (KVF-Erläuterungen)

Berufsbildungswerk der Deutschen Versicherungswirtschaft (BWV) e.V.: Leitfaden Ausbilden in Agenturen und Maklerbetrieben, Kaufmann/Kauffrau für Versicherungen und Finanzen, Informationen, Tipps, Beispiele, Karlsruhe 2006

Müller, Arnfried et al.: Der Weg zur Ausbilderprüfung, 35. Auflage, Dortmund 2001

Kapitel 4 – Lernprozesse unter didaktischen und methodischen Aspekten anleiten

Alef, Paul; Stein, Helmut: Die Ausbilder-Eignung, 7. Auflage, Hamburg 2000

Arbeitsgesetze (dtv-Taschenbuch), 72. Auflage, München 2008

Berufsbildungswerk der Deutschen Versicherungswirtschaft (BWV) e.V.: Erläuterungen zur Fortbildung Geprüfte/r Fachwirt/in für Versicherungen und Finanzen, Karlsruhe 2010 (FVF-Erläuterungen)

Berufsbildungswerk der Deutschen Versicherungswirtschaft (BWV) e.V.: Erläuterungen zur Verordnung über die Berufsausbildung Kaufmann/Kauffrau für Versicherungen und Finanzen, akt. Nachdruck, Karlsruhe 2007 (KVF-Erläuterungen)

Holthausen, Hubert et al.: Ausbildungsliteratur Unfallversicherung, Kaufmann/Kauffrau für Versicherungen und Finanzen, Versicherungsfachmann/-fachfrau, Karlsruhe 2008

Holthausen, Hubert et al.: Proximus Bedingungswerk 2, Karlsruhe 2008 (Proximus 2)

Höpfner, Hans-Dieter: Leittexte – ein Weg zum selbständigen Lernen. Referentenleitfaden (Bundesinstitut für Berufsbildung), Berlin/Bonn 1991

Leitner, Sebastian: So lernt man lernen, 6. Auflage, Freiburg 1995

Mager, Robert: Lernziele und Unterricht; 2. überarbeitete Auflage, Weinheim 1977

Müller, Arnfried et al.: Der Weg zur Ausbilderprüfung, 35. Auflage, Dortmund 2001 (mit Dokumentation des Ausbildungsrahmenplans Gießereimechaniker/Gießereimechanikerin vom 28. 5. 1997 (BGBl. I, S. 1269), Ziffer 11, „Manuelles Spannen", IV/19)

Schräder-Naef, Regula: Rationeller Lernen lernen, 18. Auflage, Weinheim/Basel 1994

Vester, Frederic; Denken – Lernen – Vergessen (1975); 33. Auflage, München 2009

Kapitel 5 – Mitarbeiterbesprechungen, Personalauswahl-, Beurteilungs-, Förder-, Zielvereinbarungs- und Kritikgespräche planen, durchführen und nachbereiten

Conrads, Sonja et al.: Studienliteratur Kommunikation und Management, 2. Auflage, Karlsruhe 2003

Covey, Steven: The 7 Habits of Highly Effective People (1989), New York 2004

Defersdorf, Roswitha: In der Sprache liegt die Kraft, Freiburg 2008

Edmüller, Andreas; Wilhelm, Thomas: Argumentieren, sicher, treffend, überzeugend, 3. Auflage Planegg/München 2005

Ernst, Heiko: Was ist Kommunikationspsychologie? Psychologie heute, Oktober 1976, S. 62

Harris, Thomas A.: Ich bin o.k., Du bist o.k., 41. Auflage, Reinbek b. Hamburg 2007

Hegmann, Sabine Anna: Reden ist Silber, Schweigen ist Mord, München 2002

Kolbe, Daniel Josef: Habermas' Theorie des kommunikativen Handelns – Jugend im Spätkapitalismus (Studienarbeit GRIN Verlag), München 2007

Krallmann, Dieter; Ziemann, Andreas: Die Informationstheorie von Claude E. Shannon (Erläuterung von: „The mathematical theory of communication, 1949"), in: ders: Grundkurs Kommunikationswissenschaft, Stuttgart 2001, S. 21

Lewinski, Manfred von: Wie einsam bleibt der Mensch? Grundlagen, Eigenarten und Grenzen menschlicher Kommunikation, Berlin 2006

Lorenz, Michael, Rohrschneider, Ute: Mitarbeiter professionell führen, Planegg/München 2004

Meggle, Georg: Grundbegriffe der Kommunikation (1981), 2. Auflage, Berlin/New York 1997

Regnet, Erika: Kommunikation als Führungsaufgabe, in: Lutz von Rosenstiel, Erika Regnet Michel E. Domsch (Hrsg.): Führung von Mitarbeitern. Handbuch für erfolgreiches Personalmanagement (1991), 6. Auflage, Stuttgart 2009

Rogoll, Rüdiger: Nimm dich, wie du bist: Mit sich selber einig werden, 2. überarb. Auflage (38. Gesamtauflage), Freiburg 2008

Saul, Sigmar: Führen durch Kommunikation: Gespräche mit Mitarbeiterinnen und Mitarbeitern, 2. überarb. Auflage, Weinhein/Basel 1995

Schmidt, Siegfried J.; Zurstiege, Guido: Orientierung Kommunikationswissenschaft. Was sie kann, was sie will, Reinbek b. Hamburg 2000

Schraft, Monika: Die Informationskaskade – Informationsverlust oder Informationsgewinn (Seminararbeit GRIN Verlag), München 2006

Schulz von Thun, Friedemann: Miteinander reden, 2 Bde., Reinbek b. Hamburg, Sonderausgabe 2005

Sonne-Neubacher, Petra, Weisbach, Christian-Rainer: Professionelle Gesprächsführung. Ein praxisnahes Lese- und Übungsbuch, 7. Auflage, München 2008

Watzlawick, Paul; Beavin, Janet H.; Jackson, Don D.: Menschliche Kommunikation. Formen, Störungen, Paradoxien, 10. Auflage, Bern 2000

Internetquellen

Dialog; Kaskade	www.wikipedia.de (Zugriff am 05.02.2013)
TZI-Hilfsregeln	www.feliz.de/html/tzi.htm#hilfs (Zugriff am 05.02.2013)
Woran erkennen Sie Konflikte?	www.soft-skills.com/fuehrungskompetenz/konfliktkompetenz/merkmale/merkmale.php (Zugriff am 05.02.2013)

Kapitel 6 – Visualisieren und Präsentieren

Belke, Michael: Gestik (unveröffentlichtes Referat), 2000

Birkenbihl, Vera F.: Kommunikationstraining, 22. Auflage, Landsberg am Lech 2000

Conrads, Sonja; Lang, Angela; Lorenz, Dieter; Oberhäuser, Barbara: Studienliteratur Kommunikation und Management, 2. Auflage, Karlsruhe 2003

Frieling, Heinrich: Gesetz der Farbe, 3. Auflage, Göttingen 1990

Goethe, Johann Wolfgang von: Farbenlehre, Bd. 1, Stuttgart 1979

Hartmann, Martin; Funk, Rüdiger; Nietmann, Horst: Präsentieren, Weinheim und Basel 1991

Itten, Johannes: Kunst der Farbe, Ravensburg 1987

Lehner, Franz: Wissensmanagement, 3. Auflage, München 2009

Molcho, Sammy: Alles über Körpersprache. Sich selbst und andere besser verstehen, Sonderausgabe, München 2001

Neuland, Michèle: Neuland-Moderation, 3. Auflage, Bonn 2003

Schilling, Gerd: Angewandte Rhetorik und Präsentationstechnik, Berlin 2003

Schilling, Gerd: Präsentieren mit Laptop und Beamer, Berlin 2006

Seifert, Josef W.: Visualisieren – Präsentieren – Moderieren, 20. Auflage, Offenbach 2003

Vester, Frederic; Denken – Lernen – Vergessen (1975); 33. Auflage, München 2009

Watzlawick, Paul: Wie wirklich ist die Wirklichkeit. Wahn, Täuschung, Verstehen, 19. Auflage, München 2010

Kapitel 7 – Gruppen anleiten, Moderationstechniken anwenden

Edmüller, Andreas; Wilhelm, Thomas, Moderation, 4. Auflage, Freiburg 2007

Hartmann, Martin; Funk, Rüdiger; Nietmann, Horst: Präsentieren. Präsentationen: zielgerichtet und adressatenorientiert, 7. Auflage, Weinheim/Basel/Berlin 2003

Klebert, Karin; Schrader, Einhard; Straub, Walter G.: Kurzmoderation, 2. Auflage, Hamburg 1987

Klebert, Karin; Schrader, Einhard; Straub, Walter G.: Moderations-Methode, 8. Auflage, Hamburg 2001

Conrads, Sonja; Lang, Angela; Lorenz, Dieter; Oberhäuser, Barbara: Studienliteratur Kommunikation und Management, 2. Auflage, Karlsruhe 2003

Lehmann, Günter: Grundlagen der Kommunikation. Die Moderation, Frankfurt 1998

Mühleisen, Stefan; Oberhuber, Nadine: Karrierefaktor Soft Skills, Freiburg 2005

Neuland, Michèle: Neuland-Moderation, 3. Auflage, Bonn 2003

Schilling, Gert: Moderation vor Gruppen, Berlin 1998

Seifert, Josef W.: Besprechungen erfolgreich moderieren, 11. Auflage, Offenbach 2004

Seifert, Josef W.: Visualisieren-Präsentieren-Moderieren, 20. Auflage, Offenbach 2003

Warhanek, Christoph: Trainings professionell planen, auswählen, durchführen, die Qualität sichern, Wien 1997

Zienterra, Gabriele: Moderation, Freiburg 2006

Stichwortverzeichnis

BWV Bildungsverband

DIE BILDUNGSARCHITEKTUR
DER VERSICHERUNGSWIRTSCHAFT

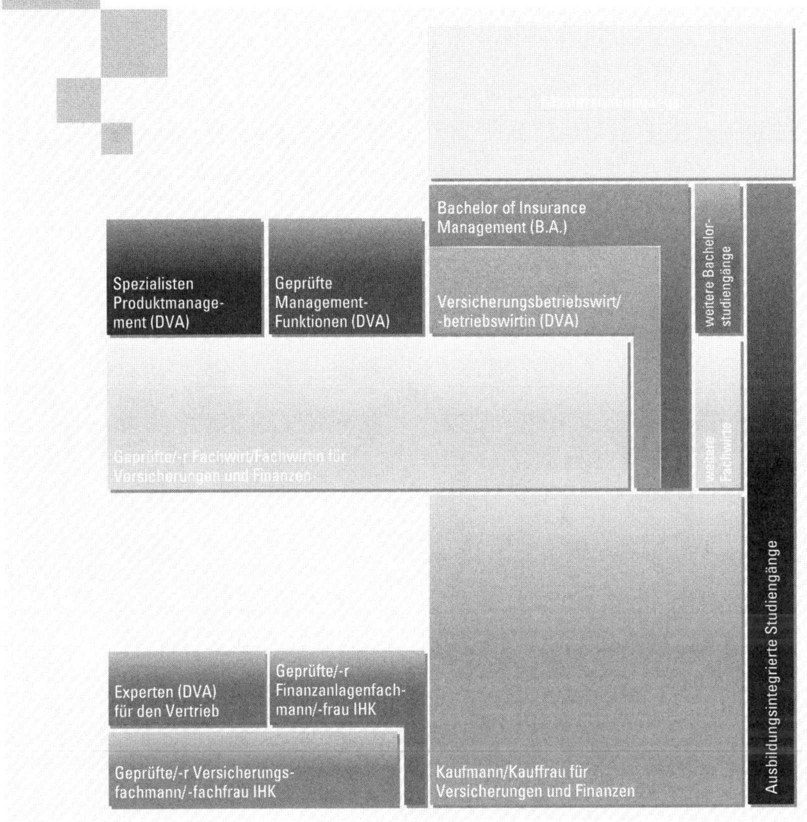

= Berufspraxis

Legende zum Bildungssystem der Versicherungs

- **B.A. = Bachelor of Arts**
- **Experten für den Vertrieb:**
  - Experte/-in Betriebliche Altersversorgung (DVA)
  - Experte/-in Kranken- und Pflegeversicherung (DVA)
  - Experte/-in Private Altersvorsorge (DVA)
  - Experte/-in Sach- / Vermögensversicherung im Gewerbekundengeschäft (DVA)
- **Spezialisten Produktmanagement (DVA):**
  - Haftpflicht Underwriter (DVA)
  - Spezialist/-in Betriebliche Altersversorgung (DVA)
  - Spezialist/-in Betrugsbekämpfung (DVA)
  - Spezialist/-in Kranken- und Pflegeversicherung (DVA)
  - Spezialist/-in Personenversicherung (DVA)
  - Spezialist/-in Rückversicherung (DVA)
  - Spezialist/-in Schaden (DVA)
  - Spezialist/-in Transportversicherung (DVA)
  - Technischer Underwriter der gewerblichen und industriellen Sachversicherung (DVA)
- **Geprüfte Management-Funktionen (DVA):**
  - Certified Insurance Risk Manager Solvency II (DVA)
  - Certified Compliance Officer Solvency II (DVA)
  - Certified Internal Auditor Solvency II (DVA)
  - Geprüfte/-r Agenturmanager/-in (DVA)
  - Geprüfte/-r Coach (DVA)
  - Geprüfte/-r Controller/-in in Versicherungsunternehmen (DVA)
  - Geprüfte Führungskraft im Versicherungsvertrieb (DVA)
  - Geprüfte/-r Interne/-r Unternehmensberater/-in (DVA)
  - Geprüfte/-r IT-Sicherheitsbeauftragte/-r der Versicherungswirtschaft
  - Geprüfte/-r Maklerbetreuer/-in (DVA)
  - Geprüfte/-r Marketing-Professional (DVA)
  - Geprüfte/-r Projektleiter/-in
  - Geprüfte/-r Projektmanager/-in (DVA)
  - Geprüfte/-r Trainer/-in (DVA)
  - Geprüfte/-r Vertriebsmanager/-in im Agenturvertrieb (DVA)

Weitere Informationen unter: **www.bwv.de**

Eine Branche macht Bildung